전래동화 · 민담의 철학적 이해

이 종 란 지음

전래동화·민담의 철학적 이해

이 종 란 지음

철학과현실사

1.

우리는 인간사회의 현실을 제대로 보는가? 곧 아무런 편견이나 가치를 보태지 않고 인간세상을 있는 그대로 바라볼 수 있을까? 물론 얼토당토않은 질문이다. '제 눈에 안경'이라는 속담처럼 인간은 어떻게든 자기의 시각이나 눈높이로 세상을 바라볼 수밖에 없다. 만약 문명의 수준이 우리보다 월등히 높은 어떤 외계인이 존재한다면, 이들이 지구상에 사는 인간에 대하여 있는 사실 그대로 볼 것이라고 기대할 수는 있겠다. 마치 우리가 인간사회와 무관한 개미 집단을 연구하는 것처럼 말이다. 그러나 이 경우에도 여전히 보는 자의 눈높이나 시각을 벗어나지는 못할 것이다.

이러한 관점에 동의한다면, 역사나 문화를 바라보고 평가하는 것도 이 같은 상황을 배제할 수 없다. 그래서 역사나 문화에 대한 해석이나 비평의 다양성을 인정할 수밖에 없지만, 그렇다고 해서 눈높이가 성숙하지 못한 것까지 인정한다는 뜻은 아니다. 문제는 일부 시각이나 방법이 보편성을 위장하여 그것과 다른 것을 무차별적으로 지배하거나 정복하려는 데 있다. 그래서 자기보다 못해 보이는 것에 대하여 우월감을 갖고 무시하며 인정하지 않으려는 태도를 갖게 된다. 이와 상반되게 자기보다 나아 보이는 것에 대해서는 의심이나 비판 없이 맹목적으로 추종하거나 모방하려 드는 것도 문제다. 지난 수세기에 걸친 서구인들의 동양적인 것에 대한 오리엔탈리즘이 전자의 예라면, 후자는 무작정 서구를 닮으려는 일부 개발도상국 삼류 지식인들의 행태였다.

필자가 청년 시절부터 소위 식자층에 속하는 인사들로부터 제일 듣기 싫어했던 소리는 '도대체 우리 것이 없다.'는 한탄조의 자조(自嘲) 섞인 발언이었다. 서양에서 유입된 학문과 종교는 차치하고라도 이른바 전통과 관련된 유교, 불교, 도교도 다 남의 나라에서 들어온 것이고, 우리 고유의 것이라야 겨우 '무속'뿐이라고 말이다. 지금 생각해 보니 그 말에 대하여 조목조목 반박할 수 있지만 각설하고, 이런 말만큼 우리의 역사와 문화에 대한 무지와 자기비하를 드러내는 것도 드물다. 자기 역사와 문화에 대한 자긍심이 없을 때 이 같은 자기부정과 자기비하에 빠져 자포자기의 허무주의나 정신적 노예 상태에 이르게 된다. 무서운 일이 아닌가?

지금 우리 사회의 현실은 촛불시위가 상징하듯 분명 무언가 문제가 있다. 그것의 본질은 쇠고기 협상 문제만도 아니다. 최근 10여 년 동안 국내외적인 경제 환경에서 시장주의는 계속 강화되었고, 그로 인해 뛰는 부동산 가격이나 주가에 쾌재를 부르는 사람들이 있는 반면, 경쟁에서 뒤처지는 개인이나 기업은 몰락을 길을 걸었다. 전혀 공정하지도 않은 무한경쟁에 내몰린 사람들에게 있어서 가난이란 무능함과 게으름의 대명사가 된 듯하다. 돈이 된다면 자연에 대한 무차별적 정복과 환경 파괴가 능사로 저질러지고, 돈을 위해서는 체면도 염치도 없는 야만의 세계로 질주한다. 이렇듯 시장의 횡포가 난무하는 한 쇠고기만이 아니라 곡식과 채소, 심지어 마시는 물이나 공기조차 안전하지 않게 되었다. 가난한 사람들의 생명마저도 교역의 대상이고, 미래의 삶은 보장이 없다. 돈 없는 자유는 병들거나 굶어죽을 자유밖에 없게 되었다. 시장 이데올로기는 우리 생활 전체를 경제적 식민지로 만들었다. 촛불집회의 출발은 적어도 본질적으로 그러한 시장주의를 더 강화하려는 데 대한 의도적 또는 무의식적 반발이 아닐까?

이러한 일상생활에 대한 시장의 지배 문제는 전 세계적인 것이며, 이는 과거 제국주의 이데올로기인 문명과 야만, 개화와 미개, 우승열패의 이분법을 옹호하던 백여 년 전의 사회진화론과 일정한 맥락이 닿아 있다. 즉 선진국을 중심으로 자유경쟁이라는 미명 아래 새로운 약육강식의 원리를 관철시키려는 것이 그것이다. 여기서 우리는 이같은 시장만능주의에 대응하는 독자적이고 창의적인 논리를 전통문화와 역사적 경험에서 발굴하여 발전시키지 못한 점에 대한 뼈저린 반성과 함께, 앞으로 그러한 시각이 왜 필요한지 새삼 확인할 필요가 있다. 남을 지배하거나 정복하는 것도 있어서는 안 되는 일이지만 그렇다고 남을 모방하고 따르기만 하는 태도도 분명 문제가 있을 것이므로, 스스로 서서 나도 살고 남도 살리는 상생의 방법이나 논리를 찾아야 한다.

그럼에도 불구하고 사회를 건전하게 유지·통합시키는 대안도 없이, 미국을 비롯한 선진국의 논리에 속수무책으로 문제점을 고스란히 노출시키고 있는 것이 지금 우리의 현실이 아닌지 모르겠다. 다만 백 년 전과 달리 지금 우리는 세계에서 상위권에 드는 경제대국이라고 위안을 삼을지는 몰라도, 불과 10여 년 전 국가부도라는 쓰라린 경험을 한 우리로서, 특별한 반성과 대안 없이는 또 이런 전철을 밟지 않으리라고 장담 못한다. 그 당시 위기 상황에서 누가 가장 먼저 길거리로 내쫓겼는지를 기억해 보라. 설령 경제지표가 상승해도 삶이 개선되지 않는 사람들은 여전히 있을 것이다. 일부 기업은 계속해서 흑자를 누리는데 다수의 시민들은 백만 원도 채 안 되는 월급으로 살아야 한다. 이런 현실이 조선 말 지주와 관리들에게 수탈당하던 민중의 처지와 무슨 차이가 있단 말인가? 다만 현재는 수탈하는 자가 관리나 지주가 아니라 시장과 제도에서 비롯한다는 차이만 있을 뿐이다. 정녕 현 상황을 개선시킬 대안이나 철학은 없는가?

동양적 전통에서는 하늘은 말이 없기에 민심이 곧 천심이라 여겼다. 그래서 정치가들은 항상 백성을 앞세웠다. 그렇다면 백성이 언제나 대접받고 살았나? 아니다. 정치적 이데올로기나 그 대항 논리 속에서만 대우받았다. 전통사회 속에서 백성들의 삶이 근본적으로 나아진 점은 없었다. 그렇다면 그런 백성들은 당시의 자신들의 현실을 어떻게 보았을까? 더 나아가 그들이 그들의 현실을 바라본 논리로 오늘날 우리의 현실을 바라보는 것이 여전히 유효할까? 아니면 그들이 남긴 텍스트에서 우리는 무엇을 얻어낼 수 있을까? 시장만능주의가 판치는 현재의 삶을 개선시킬 논리는 정말 있기나 할까? 혹 거기서 가난한 시민들을 위한 복음을 찾을 수는 없을까? 지금까지 그렇게 하지 못했다면 무지해서 못 찾았거나 찾아도 졸렬했기 때문이라고 믿어 보자. 결국 찾는 자의 눈높이와 시각이 문제다. 그래서 우리의 수많은 옛이야기는 지금도 성실한 연구자를 기다린다고 믿는다. 이 점이 필자로 하여금 그토록 민담에 매달리게 한 요인이다.

2.

앞에서 장황하게 너스레를 떤 것은 이 책에서 다루는 민담과 그 내용을 오늘날 입장에서 해석하는 데 따른 배경과 동기다. 이 책은 네 개의 중요한 민담, 곧 우리에게 가장 잘 알려진 전래동화로 개작되기 이전의 것을 골라 해석한 것으로 그 네 편은 '콩쥐팥쥐'를 포함하여 '여우누이', '해와 달이 된 오누이', '나무꾼과 선녀'이다. 이렇게 네 편을 고른 이유는 그것들이 우리 이야기를 대표할 만한 민담이기 때문이다. 이 민담들은 우리나라에서 가장 잘 알려진 이야기이기도 한데, 사람들은 가장 잘 아는 이야기에 친근감이나 호기심을 가지기 마련이다. 그래서 이에 대한 새로운 해석이 이루어진다면 더 흥미로울 것이라고 생각한다. 사실 필자는 청소년을 대상으로 지난 수년간 『전래동화 속의 철학』이라는 책을 시리즈로 5권까지 펴냈다. 책 한 권당 다섯 편의 전래동화를 해설했으니까 대략 25편을 다룬 셈이고, 그 외 다른 동화책에 간단히 해설만 붙인 것까지 합친다면 헤아릴 수 없이 많다. 이 책에 실린 네 편의 민담도 이미 한 번씩 다루어 본 것들이다. 그러나 『전래동화 속의 철학』은 전문 연구자나 일반인들을 위한 것이 아니라서 필자가 하고 싶은 말을 다하지 못했다. 더구나 그것을 펴내는 동안 연구하면서 새롭게 알게 된 사실도 있고 관점이 다소 바뀐 것도 있으며, 민담 자료의 선택에 있어서 객관성을 확보하기 위해 이렇게 다시 펴내게 되었다. 그래서 내용의 깊이나 해석상의 방법론, 현대에 적용되는 논리 등은 필자가 쓴 이전의 책이 견줄 바가 못 된다.

필자는 대학원에서 철학을 연구했는데 그 대상은 주로 지식인들의 저작이었다. 동양철학과 한국철학을 다루었으니 소위 양반들, 지배층의 학문을 대상으로 했다고 해도 과언이 아니다. 물론 지배층에 대항하는 이론이 있기도 하지만, 그것도 글줄깨나 읽고 쓸 줄 아는 사람들의 저작이니 순수하게 민중이나 백성의 것으로 보기는 어렵다. 그런 필자가 민담이나 전래동화에 관심을 가진 이유는 전통에 대한 반쪽 철학을 했다는 반성도 있었지만, 격동의 1970-80년대 청년 시절을 보내고 장년기에 시장주의가 지배하는 현실을 목도하는 와중에 시민들의 행태를 목격하면서 모종의 생각이 싹텄기 때문이다. 특히 일반 시민들의 현실인식이 필자와 일정한 거리가 있고, 또 매번 치르는 각종 선거의 결과를 보면서 느끼는 바가 많았기 때문이기도 하다. 투표에서 바람직한 선택을 하려면 계몽을 통해 이끌려 오는 것이 아니라 시민 스스로 깨어 있어야 한다. 이런 것이 과거 민중의 특징을 탐구하는 강한 호기심을 유발했다.

또 한편 그동안 우리는 우리의 문화적 자산에 대하여 소홀히 다룬 데 대한 유감이 없지 않았다. 기껏해야 보존하는 데 치중했지, 현실 속에 그 정신을 재현하는 데는 인색한 면이 있었다. 그것이 정신문화에 관계될 때는 더욱 그러하다. 어떤 종교에서는 우리와 상관없는 남의 민족의 이야기를 잘도 해석해 '일용할 양식'의 금과옥조로 되새기는 데 반해, 우리는 철학적 자료는 제쳐 두고라도 전승된 각종 구비문학적 자료가 풍부하게 있음에도 불구하고, 단지 전래동화란 이름으로 어린아이들의 호기심을 만족시켜 주는 수준에 머물고 만 현실이 안타깝다. 남의 얘기를 타산지석으로 삼는 것도 의미가 있지만, 정작 자신의 역사적 유전자 속에 들어 있는 내용에 무지할 때 자기부정적 태도와 정신적 노예의 삶을 살게 된다. 우리의 전통에 대하여 자만도 비관도 금물이지만, 자긍심을 갖는 것이야말로 다양한 잡종 문화가 판치는 현실에서 정체성을 간직한 채 정신분열에 걸리지 않고 살아갈 수 있는 방법이 아닐까?

그래서 이런저런 이유로, 과거 민중들은 현실 속에서 기존의 관념에 대하여 어떻게 반응했는지, 그리고 세계로부터 어떤 의미를 만들어 내었는지 등에 관심을 갖게 되었다. 철학이 삶의 현장을 떠난 사변적이고 순수한 이론적 논리만을 다루는 것이 아니라는 점에서, 또 그래서는 안 되겠기에, 비록 민중이 새로운 관념을 창출하지는 못해도 기존의 관념이 이들의 삶 속에서 어떻게 해석되고 영향을 미치고 상호작용하는지 살펴보는 것은 당대의 이론적인 학설이나 주장의 성격을 평가할 수 있는 기회가 된다. 덤으로 민중들이 살아 온 삶 속에서 철학적 지혜나 세계와 인간에 대한 성찰의 자료를 찾을 수 있다면, 이보다 더 큰 행운은 없을 것이다.

거기서 발견되는 것이 무엇이든 간에, 그것을 민중의 철학이라고 부르든, 하느님의 뜻이라고 말하든, 민중의 염원이나 꿈이라고 일컫든, 그게 중요한 것이 아니다. 문제는 그것들이 오늘날 우리가 부닥친 난제들을 푸는 데 얼마나 도움이 될 수 있느냐 하는 점이다. 아편처럼 한순간 고통을 잊게 하거나 공허한 정신적 자위를 해주는 것이 아니라, 온고이지신(溫故而知新)이 가능한 내용이어야 한다. 그렇게 만드는 일은 전적으로 해석자의 몫이고 독자들로서는 그것을 받아들이느냐 마느냐에 달려 있다. 그래서 언제든 다양한 해석을 기다리고 있다. 필자의 역할은 그 일의 극히 미미한 일부분이다.

따라서 이 책은 기존의 철학적 글쓰기 방식에 있어서 이단이다. 사변적인 주제만을 다루지도 않거니와 어떤 주제에 대해서도 이론적인 관념에 매몰되지 않는다. 대신 민담의 저자인 민중의 느낌과 욕망을 카메라로 추적하듯 필자 나름대로 사유의 프리즘으로 통과시킨다. 곧 민중 자신들이 몸담고 있는 현실 속에서 자신들의 문제를 자신들의 표현방식으로 이야기하는 것을 존중하면서, 그들이 만들어낸 상징과 풍자 또는 그들이 이용한 문학적 장치에 필자의 감각적 촉수와 상상력을 동원하여 의미를 탐색하거나 부여한다. 그래서 표현이 자유롭고 논리가 간단하거나 다소 당돌해 보이지만, 결코 역사적 맥락을 소홀히 하지 않는다. 다만 철학적 글쓰기의 생명인 논리적 정합성의 확보가 문제인데, 보기에 따라서는 허술할 수 있다. 이 또한 텍스트의 성격상 그럴 수밖에 없다는 것이 필자의 작은 위안이다.

3.

인문사회과학 분야에서 특수를 배제한 보편은 없다. 보편성이란 특수한 것들의 공통점의 집합이다. 이것은 서구적 학문이 지나치게 보편성을 지향하는 오만에 대한 필자 식의 대응논리다. 특수한 것을 배제한 보편성만 강조하면 이야기(민담)의 의도나 본질을 벗어나 전혀 존재하지도 않았던 결론에 도달하거나 이야기의 내용을 왜곡시킨다. 그래서 텍스트 선정의 신중성과 연구방법의 타당성이 요구된다. 이 책에서는 이렇게 역사적 특수성을 무시한 지나친 보편적 태도는 일정하게 비판된다. 민담의 해석에 정설이 없다고 해서 역사적 특수성을 배제한 채 아무 말, 아무 이론이나 동원한다면, 설명이야 되겠지만 그것은 이야기의 본래 의도와는 거리만 멀어질 뿐이다.

이야기란 원래 '어떤 배경' 속에서 '어떤 의도'를 갖고 '어떤 방식'으로 표출된다. 배경을 알려면 사학(史學)이나 민속학, 의도를 알려면 철학이나 심리학, 표현방식을 이해하려면 문학이나 예술 등이 동원되어야 한다. 그러니까 이야기는 여러 학문을 통하여 종합적인 방법에서 이해되어야지 하나의 학문방법만으로 이해하기에는 벅차다. 필자가 이 책의 제목을 '전래동화・민담의 철학적 이해'로 정한 것도 그런 맥락이다. 비록 철학이라는 하나의 학문적 시각으로 이해한 것으로 보이지만, 사실 철학이란 것도 종합적인 성격이 강한 만큼 그 정신을 살리려고 최대한 노력하였다. 이른바 전통적 선비들의 태도처럼 문(文), 사(史), 철(哲)을 겸하는 입장에서 보려고 애썼다.

기존의 연구방법들 가운데는 구조를 밝히기는 하나 의미와 가치를 포기한 것도 있는데, 즉 설화의 유형과 구조, 구성상의 특징과 공간・시간의 관계 등을 정리한 구조주의적 접근이 그것이다. 또 심리적 사실의 발견과 주인공의 심리적 추이를 연구하면서 텍스트를 주로 몰역사적 사실로 다루는 심리학적 접근도 있다. 한편 설화의 유사성과 지엽적 사실을 나열한 민속학적 접근, 또 설화의 내용과 발상, 분포, 성격, 계보 등을 다루거나 설화의 구성요소를 비교하여 발생시대와 발생지역을 추정하는 것 등도 있다. 그러나 그 어느 것도 필자가 원하는 답을 준 것은 아니다. 물론 이런 연구방법들이 학술적으로 가치가 없다는 말은 결코 아니다.

문제는 도대체 이야기가 말하고자 하는 것이 무엇인가 하는 점이다. 즉 이야기를 통해 민중들이 말하려고 하는 의도나 목적, 즉 이야기의 주제가 무엇인지 알려주는 연구는 많지 않다는 것이다. '그래서 어쩌자는 말인가?'라는 의구심을 떨쳐 버릴 수 없었다. 정작 훌륭한 자료와 그 분석을 통하여 연구를 했으면서도 그것을 종합했을 때 결국 얻어지는 관념이나 태도는 너무나 틀에 박힌 천편일률적인 해석이 많았다. 그 흔해빠진 권선징악 류가 아니면 심리적 성장과 갈등, 그리고 자아의 독립에 관련된 내용이 다수를 이루었다. 이런 현상은 전통에 대한 이해의 결여에서 비롯하는 것도 있고, 역사적 사실과 이야기 속의 논리를 관계 짓지 못하는 미숙함에서 나온 것으로 보인다. 당시 민중들의 생각은 아이들에게 읽히는 전래동화의 교훈처럼 그리 단순하지도 않지만, 심리적 무의식을 다룰 수 있을 정도로 현학적이지도 않다. 이들은 언제나 현실 속의 관습과 이데올로기에 대하여 일정하게 반응하고 상호작용하면서 자신들의 입장을 견지해 왔다. 간단히 말하면 역사와 논리를 떠나 이야기의 속내를 들여다보기 어렵다.

흔히 후대 학자들이 범하기 쉬운 오류, 특히 철학사나 사상사를 다룰 때 저지르기 쉬운 잘못은 그 철학이나 사상의 배경이 되는 사회·역사적 현실을 간과하고 그 내용의 상징성이나 논리만 가지고 설명하는 경우다. 이때 그 내용을 평가하는 것은 전혀 의미가 없다.

맥락이 빠져 있기 때문이다. 한국 현대사에서 '반공'을 이해하는 것이 6·25 전쟁과 분단 상황, 그리고 군사독재를 배제한 채 가능하겠는가? 따라서 필자는 바로 이러한 방법, 곧 역사적 사실과 이야기의 속의 논리를 두 축으로 삼고 이것들을 연관시켜서 해석할 것이다. 이는 민담의 해석에서 마치 수레의 두 바퀴와 같은 큰 역할을 할 것이다. 그리하여 왜 팥쥐를 죽여 젓갈을 담갔는지 이해하게 될 것이고, 예쁜 누이가 왜 여우인지도 알게 되며, 이미 해와 달이 있었는데 왜 또 오누이가 해와 달이 되었는지, 왜 나무꾼은 선녀와 행복하게 하늘나라에서 살지 못하고 땅에 추락하여 수탉이 되었는지 비로소 공감할 것이다.

4.

필자가 이 책을 통하여 한 가지 더 밝히고자 하는 것은 전래동화와 민담의 관계다. 전래동화와 민담은 엄연히 다르다. 물론 민담의 내용이 그대로 전래동화에 편입된 것도 있다. 그래서 이 책의 제목에도 전래동화라는 말을 넣었다. 민담이란 말 그대로 민중들의 이야기라는 뜻이다. 거기에는 온갖 것들이 있다. 교훈적인 것만 있다고 생각한다면 오산이다. 그렇기 때문에 민담으로서 가치가 있다. 인간의 삶의 표현이기 때문이다.

그러나 전래동화는 20세기 전반에 이러한 민담을 어린이들 수준에 맞게 개작한 것이다. 그래서 교훈적인 요소가 많이 드러나도록 원래 이야기의 내용을 수정하기도 하고, 잔인하거나 비교육적이라고 생각되는 부분을 삭제하기도 하였다. 바로 이 점이 문제다. 수정되거나 삭제되기 전의 것이 진짜다. 이런 뜻에서 기독교 성서에서 인류 최초의 살인사건이나 인간의 추악한 모습을 비교육적이라고 삭제하지 않은 이유를 짐작할 만하다. 그래서 텍스트 선정이 중요하다. 따라서 비교육적이라는 이유로 수정되거나 개작된 전래동화를 텍스트로 선정하는 것은 문제가 있다. 필자가 이 책에서 민담을 텍스트로 선정한 이유가 바로 여기에 있다. 물론 개작했지만 내용이 손상되지 않은 전래동화의 경우에는 문제가 없다. 그렇더라도 같은 이야기의 여러 유형(類型)이나 변이(變異)를 고려해서 살펴보아야 한다.

이러한 과정을 위해 임석재가 채록한 민담과 한국학중앙연구소의 자료를 많이 활용하였다. 지면을 빌려 감사의 뜻을 전한다. 아울러 이들의 민담 채록은 고려시대 일연선사(一然禪師)의 전통을 잇는 훌륭한 일이라고 생각하며 무한한 존경심을 보낸다. 이 책의 집필도 이런 선행 업적이 있었기에 가능했다.

이 책을 쓰느라 2년여 동안 다른 집필활동을 못했다. 그리 긴 세월은 아니지만 모든 관심과 역량을 여기에 집중하였다. 그러나 한편 많은 자료를 충분히 검토하고 생각을 정리하는 데는 더 많은 시간이 요구되지만, 생계를 위한 바쁜 직장생활 속에서도 빨리 출판하려는 필자의 성급함 때문에 더 이상 깊이 있게 다루지 못했다. 그로 인해 생기는 미숙함은 전적으로 필자의 몫이다. 독자들의 질책과 충고를 기다리겠다. 이 작업이 여기서 끝나지 않기 때문이다.

끝으로 부족한 원고를 마다하지 않고 기꺼이 출판을 허락해 준 철학과현실사에 고마움을 전하며, 평소 필자의 이러한 일에 관심을 갖고 늘 격려해 준 주변의 동학(同學) 여러분께도 깊은 감사의 뜻을 전한다.

2008년 초여름
우장산 寓居에서
이종란 쓰다

차 례

여우누이

왜 사랑스러운 누이가 소의 간을 빼 먹었을까?

1-1. 여우누이

옛날에 아들 셋을 가진 부자가 살았다. 그 부자는 고래등 같은 기와집에, 말과 소도 제법 많이 길렀다. 그런데 그 부자에게는 딸이 없었다. 딸하나만이라도 있었으면 하는 욕심에 지극 정성으로 딸을 점지해 달라고빌었다.

그 덕인지 소원대로 예쁜 딸을 낳았다. 뒤늦게 태어난 딸은 귀여움을한 몸에 받으며 자랐다. 부모는 딸을 무척 애지중지하며 키웠다. 세 아들도 누이동생을 무척 귀여워했다. 하지만 가끔 샘도 났다. 아버지가 너무누이동생만 예뻐했기 때문이다.

딸이 자라면서 집안에 심상치 않은 일이 생겨났다. 바로 말이나 소가날마다 한 마리씩 죽어 나가는 괴변이 발생한 것이다. 부모들은 그 영문을몰랐다.

그래서 어느 날 아버지는 세 아들을 불러 차례로 외양간을 지키게 했다. 첫째 날에는 큰아들에게 볶은 콩 한 되를 주면서 밤중에 외양간을 잘지키라고 하였다. 큰아들은 아버지가 시킨 대로 외양간 한 구석에서 볶은콩을 먹으면서 밤을 새워 가며 지키려고 하였으나 졸음을 견디다 못해 잠들고 말았다.

이윽고 밤이 깊어지자 누이동생의 방문이 스르르 소리 없이 열렸다. 누이동생이 살며시 외양간 근처로 나와 땅재주를 세 번 넘자 커다란 여우로 변했다. 여우는 외양간으로 가서 황소 한 마리를 보더니 소의 항문 속에 손을 집어넣어 간을 빼 먹었다. 그리고는 다시 나와서 땅재주를 세 번 넘어 사람으로 변한 다음 방으로 들어갔다. 간이 빠진 황소는 신음소리를 내며 그 자리에 퍽 쓰러졌다.

다음날 아침에 보니 황소 한 마리가 쓰러져 죽어 있었고, 아버지는 급히 큰아들을 불렀다.

"어젯밤에 무엇을 보았느냐?"
"······."
"어째서 소가 죽더냐?"

첫째 아들은 졸았기 때문에 아무 대답을 할 수 없었다.

그래서 아버지는 이번에는 둘째 아들을 시켜 볶은 콩 한 되를 주면서 그것을 먹으면서 자지 말고 지켜보라고 했지만 둘째 아들 역시 졸다가 보지 못했다.

마지못해 아버지는 셋째 아들에게 그 일을 시켰다. 셋째 아들은 잠을 자지 않고 볶은 콩을 먹으면서 계속 기다렸다. 이윽고 밤이 깊어지고 세상이 고요하자 누이동생의 방문이 스르르 소리 없이 열렸다. 누이동생은 살며시 외양간 근처에 와서 땅재주를 세 번 넘고 여우로 변하였다. 그리고는 외양간에 들어와 소의 항문에 손을 넣고 간을 빼 먹었다. 그러자 소는 신음소리를 내며 퍽 쓰러졌다. 누이동생은 다시 땅재주를 세 번 넘어 사람으로 변한 다음 아무 일 없었다는 듯이 제 방으로 돌아갔다. 그 광경을 지켜본 셋째 아들은 놀라서 자기도 모르게 '악!' 하고 비명을 지를 뻔하였다.

아침이 되자 셋째 아들은 아버지에게 밤에 있었던 일을 다 말했다.

"아버지, 누이동생이 불여우가 되어 소의 간을 빼 먹는 것을 이 두 눈으로 똑똑히 보았습니다.”

“뭐라고? 네가 아비를 속이려 드느냐? 하나뿐인 누이동생을 여우로 몰아 죽이려고 작정을 했구나.”

“아버님, 정말입니다!”

“시끄럽다. 꼴도 보기 싫으니 이 집에서 썩 나가거라.”

집 밖으로 쫓겨난 셋째 아들은 땅바닥을 치며 울었다. 이곳저곳 정처 없이 떠돌던 끝에 강을 건너다가 한 스님을 만나 산속 깊은 절에 따라갔다. 절의 주지스님은 그를 거두어 공부도 가르쳐 주고 절의 일도 시켰다.

어느덧 몇 년이 지나자 셋째 아들은 늠름한 청년이 되었다. 어느 날 셋째 아들은 주지스님에게 오랜만에 집에 돌아가 보고 싶다고 청했다. 주지스님이 만류했으나 한사코 가겠다고 하기에 마지못해 작은 물병 세 개를 주었다.

“이 물병들은 위급한 일이 있을 때 던져서 사용하도록 해라.”

세 개의 물병을 품속에 간직한 셋째 아들은 고향 마을을 찾아갔다. 헌데 고향 마을 어귀에 이르러 보따리를 싸고 나가는 한 가족을 만났다. 지금 마지막 남은 집에 예쁜 아가씨가 살고 있는데, 밤이 되면 여우로 변하여 사람을 해친다고 했다. 셋째 아들은 다소 놀랐으나 조금도 두려워하지 않고 절에서 준 말을 타고 자기 집을 찾아갔다.

집에 가보니, 그 사이에 무슨 일이 있었는지 집이 다 허물어져서 쑥대 밭이 되어 있고, 집짐승이란 짐승은 다 죽어서 뼈가 마당에 즐비했다. 아버지 어머니와 형들도 안 보이고, 빈 집에는 찬바람만 씽씽 불었다.

셋째 아들이 숨을 죽이고 살펴보는데, 다 찌그러진 방문이 스르르 열리더니 누이동생이 뛰쳐나오지 않는가?

"아이고, 오라버니, 어디 갔다 이제 왔소? 어서 들어갑시다."

하면서 소매를 잡아끄는 게 아닌가? 셋째 아들은 등골이 서늘해졌지만 어쩔 수 없이 누이동생에게 이끌려 방에 들어갔다. 누이동생은 밥을 차려 준다면서 부엌으로 나가면서, 실꾸리를 풀더니 한쪽 끝은 제 오빠 몸에 매고 한쪽 끝은 자기가 들고 나갔다. 아마도 그 사이에 도망갈까 봐 그랬을 것이다.

셋째 아들은 '이러고 있다가는 나까지 봉변을 당하겠구나.' 생각하고, 얼른 실을 풀어서 문고리에다 매어 놓고 몰래 밖으로 나왔다. 그리고는 말을 타고 마구 달아났다. 그런데 얼마 가지 않아서 누이동생이 뒤에서 달려왔다.

"히히 오라버니, 히히 오라버니, 밥을 차려 준다는데 왜 그냥 가?"

이러면서 따라오는데 무서워서 말에게 채찍질을 해 가며 더 빨리 달아났다. 그랬더니 누이동생이 꼬리 아홉 달린 불여우가 되어서 더 빨리 뛰어왔다. 어찌나 빨리 뛰어오는지 금세 말 꼬리를 붙잡을 만큼 가까이 왔다. 셋째 아들은 이거 안 되겠다 싶어서 얼른 허리춤에 차고 있던 검은색 병을 뒤로 던졌다. 그랬더니 병이 깨지면서 가시덤불이 생겼다. 여우가 그 가시덤불에서 빠져 나오려고 낑낑거리는 틈에 빨리 달아났다.

그런데 얼마 못 가서 또 여우가 뒤쫓아 왔다.

"히히 오라버니, 히히 오라버니, 밥을 차려 준다는데 왜 그냥 가?"

말꼬리를 붙잡을 만큼 따라오기에 이번에는 빨간 병을 던졌다. 그랬더니 병이 깨지면서 불이 일어났다. 여우가 불을 뚫고 나오느라고 버둥거리는 틈에 마구 달아났다.

　그런데 여우가 불을 헤치고 나와서 또 바짝 따라오지 않는가?

　"히히 오라버니, 히히 오라버니, 밥을 차려 준다니까 왜 그냥 가?"

　따라와서 말꼬리를 붙잡으려고 앞발을 내밀었다. 그래서 얼른 파란 병을 내던졌다. 그랬더니 병에서 물이 콸콸 쏟아지더니 그 둘레가 온통 물바다가 되었다. 제아무리 천 년 묵은 여우라도 어쩔 수 없었던지 그만 물에 빠져 죽고 말았다.

　막내아들은 겨우겨우 목숨을 건져서 집으로 돌아왔다. 그 뒤로는 부모님 무덤과 첫째 형, 둘째 형 무덤을 만들어 잘 돌보며 결혼도 하고 행복하게 살았다.

1-2. 매구 이야기

　옛날 참 어떤 분이 아들을 삼형제를 두고, 딸이 하나 안 낳아서 [제보자: 요샛말로 겉은갑더라, 그 귀한 거는. 뭐 할라고 그래 딸로 원을 했는고?] 공을 덜있는디, 딸이 한나 생깄다 말이라, 공도 물라기(1)[주: 지성으로] 덜있길래 그렇지. 그래 딸이 하나 생깄는데, 대차[1] 이기 뭐 재주가 인간해(어지간해). 보믄 뭐하는 소리가 따지고 인간해길래 해서 공든 값이 있는갑다쌓더마. 그랬디마는, 아이가나(어쩔거나) 고만 집안에 환란이 생기는디, 좋다고만쌓는디, 그 참 대손의 집안인디, 삼대 집안이든가 말도 몇 마리 있고한디, 막판에 말이 그마 어떤 때는 밤쭝 지내고 나믄 뒷날 말이 한 마리 없어. 죽어비리고. 그 큰 일일밖에는.

　"아이 이거 웬 일이꼬?"

　만구(萬古)에[2] 알 수가 있나. 그래 또 한 달포 갈라치믄 또 고마 하리[3] 저녁 자고 나믄 말이 또 없다. 말로 서너 마리 잊어삐리놓고는, 말이라 캐두우[4] 바리[5] 뻴이 없는디, 이거 낭패났거든. 무슨 이치가 있어 이런가 본디, 걱정을 한께, 부모들은 걱정만 하는디, 고 큰 아들이, 저그 큰 오래비가, 말하자믄, 동상들로 보고,

　"야 이 사람들아, 이걸 저 내 겨엄[6]에는 아매[7] 본께 끝으리[8] 저 여동생 저거 나고는, 어머이 아버이는 공더릿다쌓지만도 탈이 꼭 붙는디, 저 함 지키보자. 그나저나, 웬 일로 그리 되는고 함 지키보자. [청중: 그래 밤에

26

저 만 형지들이 지킨다.] 그래, 뉘가 먼저 지키보꼬(지켜볼까)?"

"아이 형님부텀 제일 먼저 지키보이소."

"오냐 한분[9] 그러자. 차리차리로 그러자 한분."

온 저녁에 오라비가 가마이[10] 본께, 여동생 거기 백여우라. 고만 사람이 도술 한 번 휘딱 넘디, 밤중 재밤중 된께, 휘딱 넘더이, 고마 백여우가 돼 가이고, 대차 그런 집에 참지름[11]이 있다느마. 참지름에다가 고만 손을 푹 담구더이, 말 창수(창자)를 그만 꺼내가 무삐리[12] 그만. [청중: 아이구 무시라.] 그만 집어 삼킨단 말이라. 그런께 말이 뵈기만 그석했지[13] 창수를 버이 잊어삐리고 죽은기라, 그걸 몰라 그렇지.

"옳거이 저게 그랬구나!"

"그래 엊저녁에 형님 저…."

동생들이 그런다.

"… 엊저녁에 형님, 뭐 발견했소?"

"어! 모르겄더라야. 밤이 돼논께, 뭐 밤중에 나무들이 잔단 말 그 말이 맞는갑더라야."

"에이가 에이가 씨은찮다[14] [청중: 여동생이 인자 그랬다 소리도 못하고.] 씨은찮다이."

그래 다음 동생이,

"아따 인자 그러믄 내 차렌께, 오늘 저녁에는 내가 좀 보지 뭐."

지랄 저도, 그 소릴 한 놈도, 이것도 본께, 그러는 걸. 내나[15] 또 한가지라. 동생이,

"아이 형님은, 작은 형님 어떻더노?"

"야 경솔한 소리 할 거 아이더라. 나도 내나 한가지로, 와 형님을 '에 씨은찮다' 그리 안 했나 와. 밤중 돼 잤다 캐도. 나도 장담해도 소용없더라."

"에이가. 씨은찮다 다. 에― 형님들. 다 내만 몬 한갑다."

"오냐 그라믄."

그 대차 '그렇더라' 말, 그 소리도 몬 허고. 그리 됐다 말이라 그럴거 아이[16]가 말잇. 그래,

"나는 징길(지킬) 빽이 없다. 꼭 그 일이 어떤 일이라고. 발견하고 말고. 잠을 자다이.[17] 그거 참말인기요?"

자꾸 잤다 쿤께.[18] 그만 물팍 꼭꼭 가친하믄(2)[주: 잠이 들 듯하면] 찔러 가면, 그리 안 해도 저도 볼 걸 그랬어. 그래 딱 보이께네 그러거든. '옳거니!' 그래 세이[19]들이,

"그래 너는 우찌 발견했나?"

그래 그만 형제간들 보고 저도 윗어삐리고(웃어버리고) 참 뭐 좋다고마 윗는기 아이라, 그런기 있었는데, 윗는기라 말이라.

"알았입니다. 형님들 사실은 알았입니다. 그런디 저 형님들, 우리가 떠납시다. 우리가 그만 다 갑시다."

그래. 그래, 큰 아들은, 저그 큰 세이가 하는 소리가,

"야야 죽어도 내 부모를 우찌 내삐리고 가겄노?"

그 다음 저그 세이도 부모 때민에 몬 간다 쿠거든(말하거든).

"예, 참 감사하요. 좋긴 좋습니다만도, 저는 부득이 뭐 알았인께, 저는 살구접네요.[20] 저는 뭐 어쩌겠읍니꺼 형님들 둘이 한문[21] 부모를 모시이소. 저는 갈랍니더."

"오냐. [청중: 막내이가 그래예?] [제보자: 하머.] 네나 한문 네나 가라."

그래 하나나마 뭐 사는기 있어야지 싶어서, 저그 형제간들이 그래. 저거 세이 둘은.

"오냐, 니나 가 살아라."

그래 갔지. 저거는 불원천리 갔지. 저게 인자 가다가, 에라이 이 말도 팔아 닦아삐리고,[22] 고만 차비나 맨그라[23] 가이고, 어찌 됐던가 그만 제

28

마음으로 저기 요구(요귀)긴께네 요귀 저거 모랄마침[24] 멀찌기 가는기지. 그래 자꾸 얻어 묵어감서[25] 인자, 차비는 나중 떨어진께 그만 얻어 묵어감서 술창(3)[주: 대단히] 멀리 가삤지. 갔더니, 거로 가가이고는 주저앉아가이고 넘[26]의 참 꼴담(4)[주: 꼴을 베는 머슴]이 일도 허고 이리저리 해가 지 혼자 넘구지.(5)[주: 세월을 넘겼지] 그러나마 그 주인이 마침 참 대종가 집안인디, 그 아 하는 게, 그 뭐 거레이(거지)로 자기에게 들어왔는디, 머리가 비상타 말이라. 보통이 아이란 말이라. '그렇구나' 하고 있었는데, 그 대감님 딸이, 무남독녀 딸이 하나 있었는디, 이 사람이 대차 일도 영리허고, 그 대감이 잘 봐서 참 '그 아[27] 그렇더라 그렇더라' 쌓고[28] 헌께, 그리 되는가 모르지만, 그러고 저 여식이 보통이 아이더라 그래. 그래 그 아가씨도 그만 그 총각을 나중, 저그 집에 있고 해논께, 가스나[29]가 고만 참 말하자믄, 애인이 됐는갑지, 속으로. 말하자믄, 그 점잖은 집안이라도, 서로 그리 됐는 모앵이라.

그러자, 이 사람이 한번 고향에 가보고져(가보고 싶어). 일이 우찌 됐는고? 잿더미가 돼, 물론 됐을낀디, 뭐 동네 사람꺼장[30] 다 주 무비렀는가[31] 우찌 됐는고? 저그 집안이야 물론이고, 우찌 됐는고 보고져. 보고져서, 한번 간다고 이래논께, 저그 처가 그만 몬 간다 캐.

"이미 나와 가이고, 당신이 살로 와 가이고, 당신이 보통 아인디, 시방 데기[32] 어렵게 사는 사람인디, 그런 사람이 그 들어가믄 씰데없소. 뭐 때민에 허사인디, 가지 마소."

아 그 사람은 안다 말이다. 내나 질질이[33] 뛰민서 안 된다 캐.

"아 안 되요, 안 가믄."

그래가지고 저그 장모가,

"어찌 고향을 한 분[34] 안 찾아보는고?"

"고향을 한분 볼 빼이 없다고, 더군다나 내 형제간이라 쿠는[35] 걸 세사아[36] 두고, 형제간에 고 짓을 해 놓으니 그게 어떠키나 부끄럽어서, 그리고 혹 인자 산 사람이나 있으믄 그 사람이 부끄럽어서도 개지[37] 안해야 옳지마는 딱 그럴 수가 없다. 아무리 생각해 봐도. 그날로 내가 넘어가며는 내 매음[38]이 도리가 아이라서 한 번 가 볼란다고요.”

“꼭 매음이 그렇걸랑은 내가 나 시긴 대로 하시오. 우리 집에 말로 타되, 기중 자기 보기에, 자기 내 그 소릴 안 하믄, 말 더 좋은 거 타고 갈기라. 비리묵은[39] 저 말이 기중 낫소. 저걸 타소 가소. 가고, 내가 저 댕기올 그 노자보다도, 자기 살아올 그 근원을 내가 디릴낀께[40] 이걸 받으시라고. 둘은 병이고, 하나는 쪽바름인디, 요 세 가지를 징기서 딱 징기가이고,[41] 요거는 제일 급헐 적에만 씨시요.[42] 그 첨면제[43] 씨는 걸 병부터 씨고, 고 다음에 아무 병을 씨고, 그래가이고 이 쪽바름[44]을라컨 그 제일의 끄트머리에, 쪽바름을 어디에 전하이는고이는(전하는 것이냐 하면) 그때라컨 말을 전하시오. 최고로 급한 마당에서는 자기 몸만 살아야 될낀께, 말을 고양(고향)에 가라 쿠믄, 말은 걱정 없이 찾아오요. 그래 그 말이라야 찾아오기 때민에, 그 말로 타고 가라 한 거요. 고 말 밑구녕에다가, 말은 발 두개가 가지런 안하요? 그 쪽바름을 말 발꼬락 발 밑에 새에다 꼭 찡구믄[45] 그기 안 빠진다고. 접어가 딱 꽃아노믄, 그러며는 내가 장 궁금께 말이 들어오믄, 내가 볼 거 아이냐고. 볼낀께네 그리 하이시오.”

“그래 됐다.”

그래 그리 징기고, 고향에 와 본께, 쑥대밭이라 참으로. 마 쑥대밭이라 캐도, 아이 쑥대에 대가 있나? [웃음] 대차 산으로 가서 볼라치믄 요새인자 쑥대, 쑥대밭하믄 인자 알것다 말이라. 만구에 쑥대 안 캐 묵고부터, 그래, 이약[46]하다가, 내 말로 어문(엉뚱한) 소릴 해싸서 탈이라. 그래서 쑥만 패가(피어) 있다 그말이지. 이약하다가 아까는 어문 소리 했고. 그래 인자 참 참혹한디, [청중: 백여우가 되논께 싸 자묵어삤는갑네.] (6)[주: 잡아 먹어버렸는갑지] 그래 동네 사람도 엄꼬,[47] 아무 흔적도 엄꼬 다 쑥대밭이 돼삤는디,[48] 막 일그라진거, 뭐 해가 있는 거, 있다 캐도 곧 일그라지겄고, 에나(7)[주: (부사) 참으로, 정말로] 가만 본께, 저그 살던 터로, 빈터나따나 둘러본다고 쪼옥 둘러분께, 저그 집이 통시(변소) 담이 여물기 기중[49] 여물었던가베. 다른 거는, 다 높은 것은 엎어졌을기라. 통시 담을 그거 대차 토담을 싸가이고 여물기 되어떤가 봐. 그런디 거기서 그 동생이 쑥 나옴서(나오면서),

"[여자 목소리로] 아이 오빠."

[청중: 아무것도 없는 데서.] 통시에서 쑥 나오더라네.

"오냐, 야 이 마을이 와 이리 됐노? 야 저 와 이리 돼가(되어 가지고) 너만 살아가 있니?"

그랬네.

"[여자 목소리로] 예, 오빠. 와 그런고 몰라요, 내도요."

"니가 모를 리가 있나? 너는 산 거 본께, 뭐 너 임잔가뵈."

"[여자 목소리로] 아니라요 오빠. 뭐 뱀[50]이 들어와 뱀이 그랬는가, 뭐이 그랬는가, 막 동네를 씰어삤어[51]."

"응, 그러냐? 오냐."

"[여자 목소리로] 하여간 오빠. 그것 봐. 오빠 한때(한끼) 몰(말) 한때, 오빠 한때 몰 한때."

뭐 이거 사람 소리 허다가, 뭐 대차 고만 또 여시[52] 꼴이 하는 소리한다. 참 겉다르지.

"[여자 목소리로] 오라비 한때 몰 한때, 오빠, 이리 오소. 저 웃집이 뭐 찌그라져 뭐 엎어져도, 거도 쓰러져가는 뱅이라도, 뭐 청이라도 남아있인께, 오빠 뭐이가(무엇을 가지고) 대접을 핫고? 이리 오이소. 저리 갑시다."

"오냐, 네 말도 옳다. 그리 가자."

그래가지고, 청에 그 떠윽 앉았네. 대차 청에 앉은기, 자리가 있더라 말이지. 위에서 내리앉아 막 꼬꾸라지는디. 그래,

"아이, 야야, 오쩔래(어찌할래), 뭐 내가 배가 고프다."

“[여자 목소리로] 아이가 그러고 말고요, 오라비 한때 몰 한때, 오빠 배가 고프고 말고, 오빠! 나 밥한다.”

　그래 가마이 밥한다고 요리 본께네, 내나 사람 그걸 막 잡아 가이고, 대차 그 놈 해(8)[주: 그것으로] 밥을 해 ‘그렇구나’ 그래 떠윽 상이라고 차리다 놓으니, 그 뭐 참 얄궂지 뭐.

　“네, 욕봤다. 아 뱁이 참 좋구나. 반찬 좋고 허허 그거. 너 인자 뭐 이리 해서 좋다만도, 야야, 나 고치53)로 안 질기더냐?54) 요새 그 채마 밭에 고치 겉은 거는 없나?”

　“[여자 목소리로] 아이가 오빠 있소.”

　“[아주 낮은 목소리로] 아이가, 그러믄 그 쪼깨라라55) 거기나 좀 갖고 오이라. 내가 여 어쩐지 마음에 끼꿈하다.56) 백지(9)[주: 이유 없이] 끼꿈한께네, 입이 그런께 네, 밭에 좀 고치 그 좀 따가오너라.”

　“[여자 목소리로] 오빠 갈라고? 오빠 한때 몰 한때, 오빠 갈라이.”

　“어허 그거 내가 안 간다. 내가 너를 만나로 와가이고, 더구나 동네 사람도 없제, 우리 부모도 없제, 형제간도 없제, 니 하나 있는디, 언제라도 인자 니허고 나하고 살기다. 내가 가다이. 아무 염려말고 날로 그 고추나 갖다 반찬이나 하찮게 잘 해주믄 나 살겄다야. 꼭 내 청이다이, 꼭 그래라.”

　“[여자 목소리로] 몰라, 그래도 오빠 갈라고, 오빠 한때 몰 한때, 오빠 갈라고.”

　“너 꼭 염여해싸믄57) 여 무신, 옛날, 우리, 와 줄 없더나? 그럼 줄에 뭐 네가 뭐 묶지도 안할기고 그런거 있제?”

　“[여자 목소리로] 아이가, 오빠 하머 그거 있제.”

　“그래, 그거보다는 너 실꾸리 있나? 그기 낫겄다. 아매 매노믄.”

　“[여자 목소리로] 아이가, 실꾸리 하머 있다. 그거 뭣하구로 오빠?”

　“아 니가 걱정을 해싼께, 갔가이(갈 것인가) 걱정을 해싼께, 안아(10)

[주: 내어 주면서] 쓰는 허사 여내 손꼬랑에다가 묶어라, 손목에다가. 여 딱 이리 묶어가이고 자꾸 품서(풀면서) 가라. 가가이고, 그 고치 땀선꺼장 (따기까지) 가서, 이 줄이 느낌이 드는가 안 드는가 봐라. 고만 내 가삔다 카믄 네 줄루 느낌이 듬서로 그마 끌고 가믄, 끈이 네 앞으로 가고 그럴끼 아이가? 가믄. 그런께, 그리 겨험을 해 보라믄. 그래 어서 가거라. 얼른 묵 고접다. 배는 고푸고."

"[여자 목소리로] 하아, 그러믄 돼겄다. 꼭 가지 마라이."

"허 그거 참 내나 내가 잘 도도,(11)[주: 둘 터이니] 염려 말고 그저 가 기나 가라."

고. 그래 삽짝 밖에 나가거든. 갈 때 버 그만 지동58)에다 매삤다. 매놓고, [청중: 매놓고 도망을 간다.] 매놓고, 그만, [청중: 저도 연구가 잘냈다.] 잘못하다간 까딱하다 잽힐긴데 이거는 뭐. 내나 딱 인자는 말을 타고 간 다. 빌어먹을거, 날랜 말을 타고 가봐야, 산을 하나 넘어 갔더니, 아 저놈 이 저 그만 뒤에서,

"[여자 목소리로] 오빠, 오빠, 말 한때 오빠 한때, 말 한때, 오빠 대차 너 그럴 줄 몰랐다. 날로 쐭이고59) 세상에도 지동에다 매놓고 가요. 가믄 몇 발 갈 줄 아니?"

에에따 정신 없는디,

그만, 가직가직(가까이 가까이) 그만 다아오는디(12)[주: 다가오는데] 참 급할 때 병을 씨라 쿠더라 싶어, 불병이지 인자. 불병인디 불병부터 씨 라 이래. 집어 내삐린께, 그만 동생이 홱 꼬실라져60) 죽어삐거든. 홱 꼬실 라져 네야 죽든말든. [청중: 죽어삔네 인자.] [제보자: 하머, 인자 뭐 요 거 불에 타자(태워) 죽있인께, 인자는 안심했다 하고] 말을 몰고 가지. 그래자 가기는, 말 얼른 달리간다. 지랄? 또 한 골(谷) 한 등 넘었더니, 또,

"[여자 목소리로] 오빠, 오빠 한때 몰 한때, 문자를 씨민서 가믄 오더로

갈 줄 알고, 날로 불로 직일라고? 내가 죽을 줄 아나봐라.”

염염(13)[주: 더욱더욱] 더 겁나는 짓을 한다. 인자 또 꼼짝없이 죽었는디, 또 그만 딱 아다리가(14)[주: (일본어) 부딪치다, 마주치다] 되거든. 물병을 집어 내삐린께, 그만 대갱(大江)이 돼삔다 말이라. 지까짓기(제까짓 것이) 인자 뭐 여 빠질긴께 못 오지 하고 간다. 간께네, 지랄 또 한 골한 등이 또 넘었더이, 또 저 등에서 마 넘어섬서(넘어서면서) 또 어르는기라. 아이고 그때는 그만 급해서 그 뭐 쪽바름 해간걸.

“말아. 말아. 인제는 내 기별이나 전해 도라, 고향으로. [수정하여] 집으로 가라 쿠고 나는 요기 떨어진데이, 말아. 말아. 앞발 들어.”

헌께, 딱 들어 주거든. 그래 접을 걸 딱 찡가[61] 좄지.

“어째든지 부디 잘 전해 도라고. 말아. 말아. 잘 전해 도라고. 아가씨한테가 전해 도라.”

고 이랬다. 그래 말이 막 울음을 치고, 그래 작별하고, 말이 그만 집싸게 달아나삐고, 본인은 가만이 본께, 그 총중에 우물이 한 군데 있는디, 큰기이 있는디, 정자나무가 큰 기 있는디, 물로 보고 이리 비시듬이 커가이고, 큰 높은 정자나무라. 그마 급해서 말 보내놓고는 그마 그 올라 가삤네. [청중: 정자나무로?] [제보자: 예.] 그래 그 고마 기 올라가이고 설마

제가 암만 백여우라도 내 여 든(15)[주: 가지] 속에 들다 중 알겄나? 올라온 중 알겄나? 저짜로(16)[주: 저쪽으로] 가삐린 중 알지 뭐’ 했더만, 지랄 나중에 근방을 빙빙, ‘요 어디 있을낀디’ 빙빙 도는디, 자꾸 돈께, 이놈 물에, 그 정자 있는데, 아 그만 그림자가 빈다(보인다).

“[여자 목소리로] 오빠가 물 안에 오찌[62] 가 있네? 오빠 한때 몰 한때, 물 안에 있네?”

아 요지랄로 하고, 조래[63]로 건짓까 함배기로 건짓까 지랄을 한다 말이라. [청중: 그림자가 아이가?] 물에 한분 보고. 그래쌓다가 우째,

“[여자 목소리로] 오라비 한때 몰 한때, 하하 아이 냄새가, 냄새가 난

다.”

저기 쳐다보이 대차 남개(나무에) 올라 앉아 있거든.

“[여자 목소리로] 오빠 그 있네. [청중: 웃음] 와 날로 그리 욕을 비노? 오빠 그리 마라. 내러 오이라.”

한께,

“막살해라.(17)[주: 포기해라] 내 니한테 자(잡아) 믹힐라 내러가.”

이제 고만 바로 말했지 뭐.

“니한테 자 믹힐라 내러가요? 안 내러갈란다.”

“[여자 목소리로] 안 자 묵께. 내리 오이라. 오빠 그 우찌 올라갔니?”

“그만 올라 왔지, 뭐 우찌 그래. 너 그마 올라 와보라머.”

그래 포로로 올라 갈라이 돼야지. 안 된께, 자꼬 우찌 올라간냐싸서. 욕을 좀 비일라고,

“내가 저 마을에 들어 가서 참지름[64]을 얻어다 보르고[65] 올라왔다.”

니가 지름도 치다 안 할끼고 친다 하더라도 미끄럽어서 더 몬 올라올끼고 싶어서 그래 났다.(18)[주: 그렇게 말을 해놓았다] 지가 또 사람이 돼가 마을에 들어가서 참지름 구한다쌌지만 누가 주는가? 그래 인자 후차(19)[주: 재차(再次)] 와가이고

“[여자 목소리로] 오빠 거지말 말아라. 참지름이 없더마.”

“참 너가 반피[66]다. 나는 있더라.”

“[여자 목소리로] 없더라.”

그래쌈서[67]로 그래 시간 보낼라고 든기라. 시간이 인자 제붑 갔지. 갔는데, 아 조기 고만 나중에는,

“[여자 목소리로] 오라비 한때 몰 한때, 말은 없다만도 아이고 배고파라.”

고마 몬 참아서 고만 배가 고파서 고마 물어쳐져. 물어쳐진께(물어뜯으니) 아 고마 나무가 얼매 안 남았는디, 이거 기가 맥힌다 이거. 나무만 꼭

넘어가믄 고만 자 믹힐낀디 저그한테 쪼까이[68] 남았는디, 휘융휘융(휘청휘청) 할라쿠는디, 여 겉으믄 저 건네 잘로가지(20)[주: 잘룩한 곳. 후미진 곳]에서 턱 백상(21)[주: 흰] 개가 세 마리가 온다. [청중: 저쪽에서 인자 온다.] 본께, 저그 처가집에서 보던 개라. 공공 짖고 넘어선께, 아 이놈이 고마 고 놈 쳐라보니라고. 그래 인자 안 물어치고 인자 그 놈 쳐라보고 있어요. 있은께, 그 개는 자꾸 인자 가직기[69] 온다. 온께, 여는 그마 저 백여우가 백상 개를 겁낸다는구마. 그래 인자 백상 개가 세 마리 오더이 참 그래 본래 쪽바름을 해 주되, 그래 문서도 해가 주던 모양이라. 그래 급할 쩍에 뒤에 일이 될짱일랑(될 것 같으면) 우찌해라 하고 이리 했는디, 그래 개를 불러 딜이는 법을 말했던가베. 그래 개비(22)[주: '호주머니'의 전남 방언]에 적어논 걸 내 가이고, 그래 고마 세 마리가 들이닥가가이고, 그마 물어뜯은께, 세 마리를 그마 당할 수가 없어. 제가 아무리 백여우라도. 그래 인자,

"찌질 때는 찌기고, 발릴 때는 발리라. 볶을 때는 볶아라."

고마 해삐리논께, 고마 찢고 발리고 고마 볶아 묵득기 고마 개 세 마리가 그만 바사서[70] 그만 배 속에 짝 들어가삔께 뭐 아무 탈도 없던 모양이라. 그래 깨운이[71] 됐더라고.

그러고 나서는 처가집을 가논께, 뭐 살어왔다고 그리 반가이 하더라 마. 하고, 그 마침 그 집 씨(23)[주: 후손]가 하나 떨어질라고 그래도. 그 끄트머리가 그리 안 했으믄 씨도 손도 없지. *

---

* 본문 속의 주석과 ( ) 안의 글은 원문에 그대로 있음. 위 첨자 주석은 필자.

1) 그러고 보니, 예상대로   2) 도무지   3) 하루

4) 두어   5) 마리   6) 경험   7) 아마

8) 끄트머리   9) 한 번   10) 가만히   11) 참기름

12) 먹어버려   13) 보이기만 그럴듯했지

14) 시원치 않다, 득 변변치 못하다   15) 여전히   16) 아닌

17) 자다니   18) 말하니   19) 형

20) 살고 싶네요   21) 한 번   22) 없애고, 먹고   23) 만들어

24) 모를 만큼   25) 먹어 가면서   26) 남   27) 아이

28) 말하고   29) 여자 아이, 또는 다 큰 여자 아이   30) 까지

31) 주워 먹어버렸는지   32) 몹시   33) 길길이

34) 한 번   35) 말하는   36) 세상에   37) 가지

38) 마음   39) 벌레 먹은   40) 드릴 테니   41) 지녀가지고

42) 쓰시오   43) 첫 번째

44) 일종의 '쪽지' 같은데 정확히 모르겠음   45) 끼우면

46) 이야기   47) 없고   48) 되어 버렸는데   49) 가장

50) 뱀   51) 쓸어버렸어   52) 여우   53) 고추

54) 즐기더냐?   55) 조금이라도   56) 꺼림칙하다

57) 염려를 자꾸 하면   58) 기둥   59) 속이고

60) 그으러져   61) 끼워   62) 어찌   63) 복조리

64) 참기름   65) 바르고   66) 바보, 반편

67) 그렇게 하면서, 그렇게 말하면서   68) 조금   69) 가까이

70) 부수어서   71) 개운하게

2. 아들을 박대하고 딸을 더 사랑해서는 안 된다

웬 의문이 이렇게도 많나?

이야기 1-1은 여우누이의 여러 종류의 이야기 가운데 비교적 아이들이 많이 접해서 알고 있는 것을 필자의 기억을 되살려 다시 쓴 것이다. 원래의 민담을 읽기 쉽게 개작(改作)한 것이다. 이야기의 뒷부분이 전승되는 과정에서 이것과 약간 다른 형태로 바뀐 이야기도 많이 있다. 나중에 그것을 포함해서 자세히 다룰 것이다.

그리고 이야기 1-2는 1984년 한국학중앙연구소가 경상남도 하동군 진교면 월운리에서 구연자 문금동에게서 채록하여 『한국구비문학대계』[1]에 수록한 내용이다. 사건의 상황과 인물들의 심리 묘사가 탁월하다. 원음으로 들어 보기를 권한다.[2] 이 두 가지를 함께 실은 것은 이야기의 전개상 세부 내용에 약간의 차이는 있지만 이 이야기가 말하고자 하는 의도는 같다는 점을 보여주기 위해서다.

---

1) 8집 14책, 323-334쪽.

2) 고맙게도 한국학중앙연구소 도서관에서 인터넷으로 원음까지 들을 수 있도록 해놓고 있다. 연구자의 한 사람으로서 감사를 드린다. 문금동의 구술은 '여우누이' 이야기를 실감나게 잘 전하기도 하지만, 경상남도 서부 지방의 문화나 생활모습을 짙게 드러내는 데서도 큰 가치가 있다.

필자는 이 두 텍스트를 절대적 기준으로 삼아 설명하지는 않을 것이다. 그 외 많은 다른 유형과 변이(變異)3)들 가운데서 공통적인 부분이 비교적 이 이야기의 원형에 가깝다고 보고 논의를 전개하고, 여러 변이와 유형들을 함께 고려하여 서로 비교 분석하면서 진행할 것이다.

대부분의 전래동화는 흔히 우리가 알고 있듯이 권선징악(勸善懲惡)을 주제로 하는 것들이 많다. 이 이야기도 표면적으로 보면 그렇게 보인다. 그러나 세밀히 살펴보면 이렇게 단정할 수 없는 이유들이 많다. 무엇보다 이 이야기에 대한 의문은 한두 가지가 아니다. 그것은 내용 자체가 현실세계에서 생겨나기 어렵기 때문이기도 하고, 사건의 인과관계가 표면적으로 볼 때 제대로 성립되지 않기 때문이다. 왜 사랑하는 딸이 여우여야 하는지와 또 특별이 원한을 살 만한 이유(원인)도 없는 가족들이 사랑하는 딸(누이)이 변신한 여우에게 당하는 점(결과), 그리고 병을 던져서 여우를 물리치는 점, 주인공이 여우를 물리치고 난 이후의 삶이 다른 동화나 민담의 결과처럼 행복한 결말이 아니라는 점 따위가 그것이다.

따라서 무엇보다 이 글 전체의 주제가 선명하지 않다. 표면적으로 권선징악 같기도 하지만, 누이에게 부모와 형제를 해쳐야 할 뚜렷한 동기나 의도가 보이지 않는다. 아무런 동기나 의도가 없는 악행을 우리는 윤리적으로 어떻게 보아야 할까? 그렇다고 셋째 아들은 또 선인(善人)인가? 선을 위해 노력한 점이 있는가? 단지 가족이 보고 싶었고, 자기가 살기 위해 여우를 죽인 것밖에 없지 않은가? 그것도 남의 도움으로. 물론 이 이야기의 다른 유형에는 거북이를 살려 주

---

3) 이야기의 공통적인 내용에서 세부적으로 차이가 나는 것을 변이(變異)라고 규정하고, 어떠한 특징이 여러 변이에 걸쳐 공통적으로 나타날 때는 하나의 유형(類型)으로 규정하여 설명하고자 한다.

는 행동이 나온다. 그렇다 하더라도 거북이를 살려 주었다는 단순한 사실 하나만으로 선한 인간으로 판단할 수 있을까? 사람이 살다 보면 선의로 동물 한두 마리 정도 살려 주는 일은 흔하지 않은가? 그렇다면 그 많은 사람들을 선인이라 단정 지을 수 있나? 도대체 등장 인물 누구도 선과 악에 대한 직접적인 의지도 없는데, 악행을 자행하는 인격적 의지도 없고 단순히 본능적 행동으로 보이는 여우의 공격적 행동과 셋째 아들의 방어적 행동만 가지고 선과 악의 투쟁이나 대립으로 볼 수 있을까?

이러한 의문을 다시 차근차근 살펴보자. 우선 왜 사람이 여우로 변할 수 있는가이다. 분명히 사람의 딸로 태어났으면 사람이지, 여우로 변할 필연적 이유가 보이지 않는다. 물론 다른 이야기에서는 여우가 사람을 잡아먹고 인간으로 둔갑하는 경우는 자주 나온다. 이럴 경우의 특별한 이유는 대개 복수나 원한 관계 때문이다. 그러나 이 여우누이의 경우는 처음부터 사람의 자식으로 태어난 정상적인 사람이 뚜렷한 설명 없이 갑자기 여우로 돌변한다.

이러한 의문을 자세히 해명하기 위하여, 부모가 빌 때 천년 묵은 여우가 그 소리를 엿듣고 부잣집의 딸로 태어나게 되었다고 말하는 친절한(?) 변이도 있다. 또 삼신할미의 미움을 사서 여우를 점지 받았다는 유형도 있다. 그렇다 하더라도 나쁜 짓도 하지 않은 부모에게 은혜도 모르는 그런 나쁜 딸이 태어나야 하는 불운한 일과 연관된 인과관계도 분명치 않다.

또 그토록 간절히 빌어서 태어난 귀여운 딸이 하필이면 사람까지, 그것도 부모와 형제를 잡아먹는 여우인가 하는 점도 의문이다. 사람이 여우로 태어나는 것이 현실적으로 가능할까? 귀여운 딸이 왜 부모와 형제를 잡아먹었을까? 단순히 공포감을 조성하기 위하여 이런 이야기를 만들었을까? 굳이 부모형제가 아니어도 다른 대상이 얼마든지 있는데 가장 친한 사람부터 해치는 이유가 도대체 무엇일까?

그 다음으로 생각해 볼 수 있는 것은 아들 셋이면 충분한데 왜 딸을 원했는지 궁금하다. 이것이 모든 의문을 풀 열쇠가 될지도 모른다. 남아선호(男兒選好) 사상이 지배하던 전통사회에서 아들 셋이면 충분하다. 더 많은 아들을 바랄 게 없다. 동양적 전통에서 3이란 숫자는 천지인(天地人)을 상징하듯, 꼭 세 명만을 말하는 것이 아닌 완전한 수를 상징하기 때문이다. 우리의 의식 절차의 관습인 '삼세번'을 생각해 보라. 다른 유형에서는 아들이 5, 7, 9명으로 등장하는데, 그것들은 모두 아들이 충분하다는 의미를 지닌다.

의문은 이것만이 아니다. 아무리 화가 난다고 해서 아들을 쫓아낸 이유는 무엇일까? 이 이야기는 막내아들이 쫓겨나지만, 다른 유형에서는 큰아들이, 또 다른 데서는 아들 모두 쫓겨나는 것으로 되어 있다. 아들을 쫓아낼 정도로 딸이 부자에게 그렇게 대단한 존재인가? 도대체 요술 병은 또 무엇인가? 게다가 나중에 부모도 형제도 다 죽었는데, 여우만 물리쳤다고 뭐가 그리 행복하겠는가? 색시가 생기고 부모와 형제의 무덤을 지키는 일이 행복하단 말인가? 결국 가족이 다 죽고 난 후 누이인 여우를 죽이는 것과, 그리고 자신만 살아남아 결혼하여 사는 것이 행복하다는 것이 말이 되는가? 이야기의 끝마무리가 어설프고 썰렁하다. 이러한 의문을 해소하기 위해서는 텍스트에 대한 분석과 이야기의 출처 및 배경, 무엇보다 전통문화의 특징과 관습을 따져봄으로써 이야기의 논리를 찾아보아야 한다.

이 이야기는 전래동화로서 가치가 있나?

이 이야기는 잔혹하고 공포감을 불러일으키기 때문에 어린이들에게 들려줄 이야기로 적절하지 않다는 평을 들어 왔다. 그리고 이야기의 주제도 아이들에게 그리 딱 맞는 교훈적인 것도 아니다. 더구나 그림책으로 그려내는 경우는 더 난감하다. 그러나 아이들이 무서운 이야기나 귀신 이야기를 좋아하기 때문에 이 이야기만큼 인기 있는 이야기도 그리 많지 않다.

이 이야기가 전래동화로서 아이들에게 들려주는 것이 적절한지를 논하기 전에, '전래동화'라는 말을 살펴볼 필요가 있다. 적어도 1920년대 이전에는 우리에게 이런 말은 없었다. 1920년대 전반 방정환, 손진태, 박달성 등에 의해 진행되어 왔던 전래동화[4] 발굴 정리 작업이 있었고, 개벽사는 1923년 '고래(古來)동화'를 현상 모집하여 모두 150편의 모집 작품 중 5편의 입선 작품과 20편의 등 외 입상작을 발표하고, 이 중 당선작 5편은 1923년 2월부터 6월까지『개벽』지(32-36호)에 게재하기도 하였다. 그리고 이즈음 1924년 조선총독부에서 『조선동화집』을 발간하는데, 여기에 조선에서 채록된 동화 25편이 일본어로 실린다. 우리나라에서 간행된 최초의 동화집인 셈이다.[5]

'전래동화'라는 말이 등장하기 전에 이와 유사한 말은 1922년 8월 『개벽』 26호에 실린 광고 '조선고래동화모집(朝鮮古來童話募集)'에 보인다. 바로 '고래동화'가 '전래동화'란 말의 전신인 것이다. 그리고 '전래동화(傳來童話)'란 명칭은 1940년 박영만이 쓴『조선전래동화집』에서 처음으로 나타나고 있다.

그러니까 '전래동화'란 말은 20세기 전반에 탄생한 말이고 그 이전에는 없었으므로 지금 우리에게 전래동화로 알려져 있는 옛이야기가 애초에 모두 어린이만을 대상으로 전승된 것이 아니라는 것이다. 어린이를 대상으로 한 전래동화는 이러한 과정을 거치면서 개작되거

---

4) 이때만 해도 아직 '전래동화(傳來童話)'라는 용어를 사용하지는 않았다.

5) 권혁래,「『조선동화집』의 성격과 의의」,『조선동화집』, 집문당, 2003, 153-190쪽.

나 수정되었을 것이다. 따라서 이 '여우누이'가 만들어진 원래 취지는 꼭 어린이를 대상으로 한 것이라고는 볼 수 없으며, 특별한 의도를 가진 민담 가운데 하나라는 점을 알 수 있다.

　많은 설화나 민담이 비록 전래동화라는 장르에 들어갔지만, 원래의 그것은 어린이들만을 위한 교훈 따위를 주려고 만들어진 것이 아님은 확실하다. 이것들은 우리 조상들의 모습, 보편적으로는 인간의 삶의 모습을 은유나 풍자, 상징으로, 때로는 직설적으로 나타낸 것이 아닌가? 그렇기 때문에 이런 전래동화에서 어린이들에게 교육상 부적절한 폭력성, 여성 비하, 부정적 요소 등 갖가지 문제점을 찾는 연구는 필요하겠지만, 그러한 내용을 깡그리 없애고 긍정적인 면만 채워 넣는 것은 이야기의 본질에 대한 왜곡이다. 기독교 성서에는 그런 것이 없는가? 최초의 인간인 아담의 아들 카인이 그의 동생 아벨을 돌로 쳐서 죽이는 살인사건이 인류의 서막이 아닌가? 그렇다고 해서 성서를 비교육적인 것이라 하여 아이들에게 보여주지 않도록 배려하는가?

　더구나 서양 동화와 비교해서 우리 동화가 잔인하거나 비교육적이라고 평가하는 것도 더욱 난센스다. 서양 동화의 경우 처음 채록한 것으로부터 많은 시간이 경과하였고, 또 여러 사람들과 나라, 사교계 인사들에게 전해지면서 대부분 개작되거나 새로운 모습으로 다시 씌어 본래의 고유성이 훼손된 것이 많다.6) 그만큼 입맛에 맞도록 다듬어졌다는 뜻이다. 문제는 전래동화와 서양 동화를 동일한 선상에서 평가해서는 안 된다는 점이다. 서양 동화가 서구적 보편성, 아니 세계적 보편성을 띠는 것처럼 보이는 것은 바로 서양 민담 속에 들어 있는 특수성을 배제하고 더 보편적으로 개작하였기 때문이다. 그만

---

6) 더 자세한 것은 로버트 단턴, 조한욱 옮김, 『고양이 대학살』, 문학과지성사, 1996을 참조 바람.

큼 서양 동화는 그들의 전통에서 멀어졌다. 대신 우리의 전래동화는 아직도 전통과 끈끈한 맥이 닿아 있다. 그러나 현재 우리 전래동화도 그런 개작의 과정을 거치고 있고, 무분별한 개작은 또 많은 문제점을 드러내기도 한다.

이 여우누이 이야기가 아동 정서 교육에 비록 부정적 요소가 없는 것은 아니지만, 그것은 단지 그것을 전래동화라는 장르 속에 편입시킨 것이 문제다. 그러나 이 이야기 또한 여전히 인간의 삶의 한 모습이고, 거기서 전달하고자 하는 강력한 메시지가 들어 있음은 분명한데, 그것을 해석해서 들려주려고 하지 않고 단순히 교훈적인 이야기로만 치부하기 때문에 이런 문제가 생기는 것이다.

그럼에도 불구하고 우리가 전래동화에 매달릴 수밖에 없는 것은 우리의 민담이나 설화가 이미 1920년대부터 시작하여 1960년대에 대부분 전래동화라는 장르에 편입되었기 때문이다. 물론 그것과 독립된 자료를 가지고 연구할 수 있지만, 그러기에는 매우 힘든 작업이고 사실상 불가능할지도 모른다. 역사를 거슬러 올라가 채록할 수도 없거니와 현대에 구연하는 사람들도 전래동화의 영향을 받지 않을 수 없기 때문이다.

사실 전래동화 속에는 엄청난 가치관의 충돌을 일으킬 수 있는 요소들이 있다. 배경이 되는 시대나 문화가 오늘날과 다르기도 하고, 신화적 요소나 상징, 그리고 풍자나 은유적 요소가 들어 있기 때문이다. 그것을 액면 그대로 받아들이게 하는 데는 무리한 점이 없지 않다. 기독교 성서 또한 그런 점이 있다. 그것을 곧이곧대로 받아들이고 믿으려고 하는 데서 문제가 생기지 않던가? 마찬가지로 성서처럼 전래동화도 해석되어야 한다. 해석하지 않고, 주제나 배경을 고려하지 않고 아이들의 입맛에 적당히 맞추어 개작하는 것은 역사와 전통에 대한 모독이요, 날조다.

이야기를 간추려 보자

이 이야기는 전국적으로 분포되어 있고, 채록한 이야기를 보더라도 제각기 다른 점을 발견할 수 있다. 게다가 오늘날까지 전승되면서 내용이 바뀐 것까지 합친다면 그 수는 많다. 그래서 의미 전달에 방해가 되지 않는 세부 사항을 다 빼고 이야기의 공통적인 줄거리만 요약해 보기로 한다.

(가) 아들만 셋 있는 부자가 있었다.

(나) 부자 부모는 딸을 갖고 싶어 빌었다.

(다) 부모는 딸을 너무 애지중지 키웠다.

(라) 딸은 여우가 되어 소나 말의 간을 차례로 빼 먹었다.

(마) 부모는 아들들에게 지키게 하였으나 셋째 아들만 졸지 않고 비밀을 알아내었다. 그 비밀을 말한 결과 쫓겨났다.

(바) 쫓겨난 셋째 아들은 다른 사람의 도움으로 절(용궁, 부잣집 등)에 몸을 의탁한다.

(사) 스님(아내, 도사)이 준 요술 병, 또는 용궁에서 얻은 병으로 생명력이 끈질긴 여우를 물리치고 행복하게 살았다.

이야기를 원형에 가깝도록 요약해 보았다. 원형을 보지는 못했지만, 제각기 다르게 전승되어 온 이야기의 공통점이 원형에 가깝지 않을까 생각된다.

이야기의 요지는 이렇다. 부자인 부부가 어렵게 얻은 딸이 결국 여우였고, 그 사실을 알고 사실대로 말한 것 때문에 아들이 쫓겨나고, 그 후 집안은 풍비박산이 난다. 결국 쫓겨난 아들이 스님(용녀)의 도움으로 돌아와, 끈질긴 여우누이를 죽인다는 이야기다.

이렇게 이야기를 요약해 보니 주제는 더 미궁으로 빠진다. 부자가 특별히 좋은 사람인지 나쁜 사람인지 말하지 않고 있다. 다만 자기가 아끼는 귀한 딸을 여우라고 말했다고 셋째 아들을 쫓아내는 정도다. 그것도 셋째 아들이 딸을 시샘해서 그랬다고 오해했기 때문이다. 셋째 아들 또한 여우를 물리치는 데 결정적인 선행을 하지 않는다. 물론 유형에 따라 약간의 차이가 있기는 하지만, 그 요술 병을 얻는 과정이 숨어 있다. 다시 말해서 어려움을 극복하는 과정이 생략되어 있다. 그 생략된 부분이 수수께끼다.

그런데 어떤 민담이든 그것을 들려주거나 들을 때 노리는 게 있다. 즉 전달하고자 하는 메시지가 있든지 답답한 마음을 달래기 위한 풍자가 있든지, 비밀스러운 메시지를 전하기 위해 은유나 상징을 사용하기도 한다. 그렇지 않다면 이야기가 생성되지 않는다. 원래 이야기의 원형은 만든 사람의 이 같은 의도가 들어 있고, 변이되는 것은 구연하는 사람들의 의도나 태도, 지역적 특성이 들어간다. 어찌 되었건 이야기 속에는 의도가 들어가기 마련인데, 이야기를 간추려 보아도 이 이야기 속에는 표면적으로 그것이 확실하지 않다.

이야기의 변이(變異)

구전되는 이야기가 변이되는 것은 필연적이고 민담의 속성이다. 구연(口演)하는 사람의 입장이나 태도, 문화적 또는 지역적 배경에 따라 변이가 생긴다. 또 그게 구전되는 이야기의 맛이기도 하다. 그렇게 변이된 이야기가 서로 유사한 공통점이 많을 경우 하나의 유형을 이룬다. 보통 민담들은 많은 변이를 보인다. 같은 이야기라도 지역에 따라, 또는 같은 지역이라도 구연하는 사람에 따라 차이를 보인다.

필자가 참고한 이야기가 많지만 중요한 것을 정리하면 대략 다음과 같다.

1. 임석재(任晳宰) 전집, 『한국구전설화』, 평민사

채록 연대	채록 지역	제목	특이한 내용
1917	전북 정읍	여우누이	- '아들은 다 죽어도 딸을 두었으면 좋겠다.' - 아들 모두 쫓겨남 - 거북을 살려 주고 용궁으로 가서 용녀와 혼인 - 용녀의 도움으로 물리침(고양이는 등장 안함)
1927	황해 김천	여우누이	- 삼형제 중 셋째 아들만 자지 않고 사실을 봄 - 셋째 아들에게 이미 혼인한 부인이 있음 - 거북을 살려 주고 용궁에 가서 용녀와 혼인 - 용녀의 도움으로 여우를 물리침. 병은 다섯 개
1932	경남 김해	狐妹	- 세 아들이 쫓겨남. 주인공은 셋째 아들 - 셋째 아들은 어떤 마을에서 결혼해 살았음 - 병을 준 사람은 어떤 마을에서 혼인한 그의 아내 - 끝부분 주인공이 나무 위로 도망, 강아지가 와서 여우를 물어 죽였다. 아내와 잘 살았다.
1939	충남 금산	여우누이	- '아덜은 다 잡아가드래도 딸 하나만 낳게 해달 라.' - 아들 모두 쫓겨남, 셋째 아들이 주인공 - 용궁으로 가게 된 사연이 없음
1970	경남 거제	狐妹	- 쫓겨난 사람은 큰 아들. 한 곳에서 머물러 혼인 함 - 물리치는 병을 아내가 줌
1973	충남 연기	여우누이	- 아들 오형제 - 절에 가서 백일기도 후 딸 낳음 - 큰 아들이 과거보러 갔다 와서 물리침 - 그 중간 과정은 생략됨

2. 한국학중앙연구소 편, 『한국구비문학 대계』

채록 연대	채록 지역	제목	특이한 내용
1984	경북 예천	여우가 된 누이를 물리친 올아버니	- 아들이 일곱 - 첫째, 둘째는 현장을 못 보고 셋째 아들이 쫓겨남 - 절 근처 부잣집 딸과 결혼 - 아내가 여우를 물리치는 데 도와줌
1984	경북 월성	여우가 둔갑한 딸	- 아들이 여섯, 일곱. 막내가 그 사실을 알고 쫓겨남 - 막내는 절에 가서 공부를 함 - 대사(나중엔 도사)가 병 세 개를 줌 - 여우는 나중에 죽어서 모기가 되어 사람피를 빤다.
1984	경남 하동	매구 이야기	- 큰 아들의 제의로 셋이 차례로 보고 사실을 앎 - 셋째 아들만 자신해서 집을 떠나고 두 아들은 부모 를 모심(부모가 쫓아낸 것이 아님) - 부잣집에서 머슴을 살다가 그 집의 사위가 됨 - 아내가 병 두 개와 쪽바름을 줌 - 병 두 개를 던져도 여우가 살아나 우물 위 나무에 올라감. 여우가 나무를 물어 쓰러뜨리려고 함 - 발굽에 쪽바름을 끼워 전달한 말을 보고 처갓집의 개가 와서 여우를 물어 죽임 - 막내 덕에 그 집안의 대가 끊어지지 않음
1982	경남 김해	매구 이야기	- 아들 셋, 딸 아홉, 여우는 막내딸 - 하인들이 먼저 보고, 아들들이 차례로 보고 모두 쫓 겨남 - 어떤 아들인지 명확하지 않지만 옥황상제의 딸로부 터 병 세 개를 받음 - 끝에 나무로 피신하여 올라감 - 줄을 타고 올라가서 옥황상제의 사위가 됨 - 여우도 줄을 타고 올라가다가 떨어져 죽음
1984	경남 울주	매구의 화신인 고명딸	- 오빠들이 망을 보고 그 중 한 명이 자진해서 집을 나감 - 절에 가서 살았음. 병 세 개도 절에서 줌 - 나중에 연못가 나무 위로 피신, 여우는 올라오다가 거기에 빠져 죽음
1979	경남 거제	매구 이야기	- 아들 다섯 - 대사의 말을 듣고 산에서 소발자국의 물을 마시라는 것을 여우의 발자국 물을 마심 - 말도 죽고 오빠들도 차례로 죽자 막내아들이 도망감 - 산중의 처녀 혼자 사는 부잣집에 가서 부부가 됨 - 아내가 봉지 몇 개를 줌 - 여우에 쫓겨 나무 위로 올라갔는데 아내가 구해 줌 - 아들 딸 낳고 잘 살았는데, 아내는 원래 선녀여서 자식과 남편을 두고 하늘에 올라감

3. 이원수·손동인 엮음, 『땅속나라 도둑 귀신』, 창비아동문고 한국전래동화집 25

채록 연대	채록 지역	제목	특이한 내용

?	?	여우누이
		동생과 삼형제
			- 아버지는 아들들이 지킬 때 콩을 한 되 볶아
			  줌
			- 사실대로 말한 사람은 큰아들과 둘째 아들, 쫓
			  겨남
			- 셋째 아들은 거짓말로 둘러댐
			- 쫓겨나 산속에서 도사를 만남. 도사 밑에서 공
			  부하고 도사의 도움으로 병 세 개 얻음
			- 큰아들과 둘째 아들이 고향에 옴(혼인하지 않
			  았음)
			- 여우를 물리친 두 형제는 다시 정처 없는 나
			  그네의 길을 떠남

    위의 표를 세밀히 살펴보면 현재에 가까울수록 변이가 더 심하다. 이야기의 전파가 시간적으로 길어지니까 당연한 현상이겠지만, 특이한 점은 변이된 한두 군데 이야기에서 '해와 달이 된 오누이'나 '나무꾼과 선녀' 이야기의 끝부분과 섞이고 있다는 점이다. 아마도 구술한 사람들의 기억에 의존하다 보니까 다른 이야기와 섞이는 현상이 생겼을 것이다.

    게다가 오늘날은 출판사와 작가의 입장에 따라 변이가 가속화되고 있다. 대개의 경우 동화 작가 또는 아동 문학가들이 전래동화를 엮어 책으로 출간하는데, 이때 출판사의 기획 의도나 작가의 역량에 따라 많은 변이가 일어난다. 출판사의 각종 전래동화 출판물을 살펴보면 금방 확인할 수 있다. 그러나 이 경우는 사실 변이라기보다 개작의 과정에 나타나는 일종의 텍스트의 파괴 내지 왜곡이다. 개작에 있어서 신중함이 요구되는 대목이다.

이 이야기 역시 그런 변이들을 찾아볼 수 있다. 그것을 앞에서 정리한 줄거리에 대입시켜 유형별로 살펴보기로 하자.

글 (가)의 '아들만 셋 있는 부자가 있었다.'에 대한 변이는 아들이 셋만이 아니라 다섯 명, 일곱 명, 심지어 아홉 명인 경우도 있다. 그러나 이러한 숫자의 변화는 그것으로 인해 뜻을 달리하는 것이 아니라, 공통적으로 3, 5, 7, 9로 나가는 전통적인 양수(陽數)이고 충분히 많음을 상징한다. 자식이라면 더 바랄 게 없는 숫자다. 그러니까 전통적으로 대다수의 부모들이 원하는 아들이 이들 부부에게는 충분히 있다는 뜻이다.

글 (나)의 '부자 부모는 딸을 갖고 싶어 빌었다.'에 해당되는 변이에 따른 유형은 먼저 딸을 갖고 싶어 빌었는데, 삼신할머께 빌었다거나 서낭에 빌었다고도 하고, 절이나 미륵에게 빌었다고도 한다. 또 동굴 옆에서 빌었는데 그 속에 살던 천년 묵은 여우가 그 비는 모습을 몰래 엿보고 그 집안의 딸로 태어나는 이야기도 있다. 게다가 빌 때 '여우같은 딸이라도 하나 낳게 해주세요.'라고 빌기도 했다고 한다. 아마 이런 말들은 사람의 딸이 왜 여우로 태어났는가에 대한 인과성이 부족하기 때문에 구연하는 사람이 첨가했을 것이다. 더 심한 경우는 "아덜을 다 잡어가드래도 딸 하나만 낳게 해달라고 항상 삼시랑님(삼신할미)한티 빌었다. 그래서 삼시랑님이 밉살스러워서 붙여시럴 하나 따로 태어나게 해주었다."[7]고 말하는 경우도 있는데, 여우로 태어난 인과성을 직접적으로 노출시키고 있다. 즉 아들보다 딸을 원하거나 더 소중히 하는 데 대하여 삼신할미의 미움을 받아서 여우를 점지했다는 점이다. 여기서 삼신할미의 말은 나중에 당시 사

---

7) 임석재 채록, 1939년, 충남 금산.

회의 관습이나 가치를 상징한다.

어쨌든 공통적으로 이러한 변이가 말하고자 하는 것은 부모가 어떤 방식을 택하든 상관없이 아들이 충분히 있는데도 딸을 원해서 빌었다는 점이고, 아들보다 딸에 대한 부모의 관심이 집중되어 있음을 상기한다. 여기서 자식(딸)을 달라고 비는 방식은 구술자의 문화적 관습과 상관이 있을 것이다.

글 (다)의 '부모는 딸을 너무 애지중지 키웠다.'의 변이 가운데는 부모가 딸을 너무 애지중지하여 '아들 같은 것은 없어도 좋다.'라는 심한 말까지 하는 경우도 있다. 이 말도 부모가 그 많은 아들보다 딸을 지나칠 정도로 귀여워했다는 구연자의 표현일 것이다.

글 (라)의 '딸은 여우가 되어 소나 말의 간을 차례로 빼 먹었다.'에서는 황소로 나오기도 하고 말로도 나온다. 말과 소를 같이 키우기도 한다. 경상도 지방의 이야기에서는 '몰'이라고 말하기도 한다. 말의 사투리다. 아직도 경상도 어느 지역에서는 파리를 '포리', 팔을 '폴'로 부른다. 그러니까 '아'를 '오'로 발음하는 경향이 있다. 각설하고 옛날의 부잣집에서는 소나 말을 동시에 키웠으므로 변이라기보다 화자(話者)가 임의대로 그렇게 표현하였을 것이다. 또 딸이 동물의 간을 빼 먹는 시점의 차이도 보인다. 경상도 지방의 이야기는 딸이 태어난 지 얼마 되지 않는 때가 대다수다. 또 간을 빼 먹기 전에 부엌에 가서 손에 참지(기)름을 바른다는 이야기도 있다. 모두 공통적으로 딸로 인해 집안에 재앙이 시작됨을 뜻하고 있다.

글 (마)의 '부모는 아들들에게 지키게 하였으나 셋째 아들만 졸지 않고 비밀을 알아내었다. 그 비밀을 말한 결과 쫓겨났다.'의 변이된 유형에는 진실을 말하고 쫓겨난 사람은 첫째와 둘째 아들인 것도 있다. 사실 어느 것이 원래 이야기에 가까운지 변이인지 구별이 되지 않는다. 대부분의 공통점은 아들이 쫓겨난다는 점이다. 심지어 아들 모두 쫓겨나는 이야기도 있고 이야기 1-2처럼 자진해서 집을 떠나는 아들도 있다. 나머지 아들들은 부모를 모시기 때문에 포기한다. 모두 어렵게 얻은 외동딸과 아들 모두의 대립 구도로 되어 있다.

또 외양간을 지키기 위해 졸지 않도록 '볶은 콩' 한 되를 주기도 한다. 참고로 필자가 어린 시절 들었을 때도 볶은 콩 한 되였다. 참고한 이야기에는 그것이 거의 보이지 않는다. 볶은 콩은 필자가 어렸을 때만 해도 당시로서는 최상의 간식이었다. 여우도 '여수', '여시' 또는 '백야시(백여우)'로 불렸는데, 필자의 고향은 경상남도 서부 지역이다.

이 변이들의 공통된 점은 아버지의 명으로 아들들이 밤에 보초를 섰다는 것과 여우로 변신한 누이의 실상을 말함으로써 아들(들)이 쫓겨났다는 점이다. 아버지의 딸에 대한 사랑이 지나쳐 진실을 말하는 아들에 대한 불신이 드러나는 대목이다.

글 (바) '쫓겨난 셋째 아들은 절, 부잣집, 산속, 용궁 등에서 누구의 도움을 받는다.'의 경우가 가장 변이가 심한 곳이다. 일례로 우선 쫓겨난 아들이 스님의 도움을 받기도 하고, 용왕의 도움을 받고 용녀와 혼인을 한다.

용녀와 혼인한 경우에는 변이가 워낙 커서 하나의 유형을 이루는데, 그 과정이 본문에 없기 때문에 그 부분의 줄거리를 간단히 정리해 보면 다음과 같다.

집에서 쫓겨난 아들은 길을 가다가 아이들이 거북이를 잡아 구워 먹으려는 보고 그들에게 돈을 주고 거북이를 사서 놓아준다. 거북이는 용왕의 딸이다. 그 후 얼마 되지 않아 아들은 용궁으로 초대를 받는다. 거기서 큰 대접을 받고, 용왕의 아들이 가르쳐 준 대로 좋은 선물 가운데 고양이를 달라고 해서 얻는다. 고양이는 용왕의 딸이다. 아들은 용녀와 혼인하여 살았는데, 용녀가 만류하는 것도 뿌리치고 집에 한 번 가보고자 하니, 용녀는 마지못해 명마와 요술 병을 내어 준다. 집에 가서 여우를 물리치고 용녀와 함께 잘 살았다.

또 어떤 곳에는 아들이 정처 없이 떠돌다가 산신령을 대접하고 요술 병을 얻기도 한다. 그리고 1-2 이야기처럼 그냥 어떤 마을의 부잣집에 가서 일을 해주다가 신임을 얻어 그 집의 사위가 되기도 하고, 산길을 가다가 처녀 혼자 사는 집에 살면서 혼인을 하기도 한다. 그리고 그냥 어떤 마을에서 혼인했다고만 하기도 하고, 쫓겨나기 전에 막내에게 아내가 있었다는 이야기도 있다. 어쨌든 모두 남의 도움을 받아서 여우를 물리친다.

글 (사)의 '아내(스님)가 준 요술 병, 또는 용궁에서 얻은 병으로 생명력이 끈질긴 여우를 물리치고 행복하게 살았다.'에서 요술 병은 유형에 따라 스님에게서 얻기도 하고 용왕 딸인 아내에게서 얻기도 하며, 그냥 아내에게서 받기도 하고 산신령에게서 얻기도 한다. 그러니까 병을 얻는 대상에는 스님, 용왕의 딸, 아내, 산신령 등이 있다. 그뿐만이 아니다. 얻은 병의 수도 세 개이기도 하고 네 개나 다섯 개이기도 하다. 병의 색깔도 차이가 난다. 드물게는 끝에 가서 부모와 다른 형제가 살아 있는 경우도 있다.

또 어떤 변이에서는 끝 장면에 쫓겨난 첫째와 둘째가 여우를 물리치고 정처 없이 떠나는 것으로 되어 있다. 심지어 아내는 선녀여서 아들과 딸을 버리고 승천한 경우도 있다. 끝이 결코 세속적인 행복한 결말로 끝나지 않았음을 말해 준다.

이렇듯 변이에 따른 많은 유형이 있지만, 이야기의 골격은 변하지 않는다. 이 골격만 가지고도 이야기의 주제나 전하고자 하는 의도를 짐작할 수 있다. 너무 교훈적인 데 초점을 빼앗기지 않는다면 말이다.

이야기 분석

부자와 아들 셋

전통사회에서 부자이면서 아들 셋을 가졌다면 더 이상 바랄 게 없다. 동양의 전통에서 셋이란 꼭 3만을 말하지 않는다. '삼세번'이라는 말이 있듯이 완전한 수를 상징한다. 바로 천지인(天地人)의 삼재(三才)나, 단군신화의 삼위태백(三危太白)이나 천부인(天符印) 세 개가 모두 3과 관련이 있으며 모든 것을 대표하는 완전한 수다. 그것도 모자라 다른 변이에서는 아들이 5, 7, 9명까지 있다고 한다. 그만큼 충분하다는 이야기다.

그러니까 아들 셋이란 자식이 충분한 상태다. 그것도 남아선호 사조가 풍미하던 전통사회에서 말이다. 부자니까 굳이 딸이 필요하다면, 수양딸로 삼을 수 있는 가난한 집안의 여자아이들이 줄을 설 법도 하다. 예전에 가난한 사람들에게는 식구 하나 덜기 위해 딸을 팔아먹는 경우는 흔한 일이었기 때문이다. 수양딸은 고사하고 부잣집의 첩으로 딸을 팔아넘긴 매정한 부모도 있었으니 수양딸이라면 금상첨화가 아닌가? 목구멍이 포도청이었으므로 이보다 더 좋은 일은 없었을 터이다. 그러니 이 민담 속의 부모가 굳이 친딸을 고집한 이유를 모르겠다. 아들을 낳기 위해 기도하는 것은 당시 풍습으로 보아 대를 이어야 하니까 당연지사이고, 그것이 여의치 않으면 양자를 들인다. 딸을 얻기 위해 그렇게 치성을 드리는 것은 과욕이 아닌지 모르겠다.

또 이 부모는 부자니까 가진 게 많아서 부러울 게 없다. 소나 말도 많았다고 하지 않았던가? 소는 말할 것도 없고, 말이란 당시 가치로 요즘의 자가용 한 대보다 귀하다. 그러니까 여러 마리면 대단한 부자가 아닌가? 그래서 권력과도 멀지 않았을 것이다. 관존민비(官尊

民卑) 풍토도 따지고 보면 관직에 있으면 재물이 따라오기 때문이다. 물론 관직에 있으면서 재물을 멀리한 청백리(淸白吏)도 더러 있었지만, 조선 후기로 오면 이런 사람들을 찾아보기 쉽지 않다. 관직에 있으면 으레 재물이 붙었다. 그걸 노리고 권력자와 결탁하여 관직을 사기도 팔기도 했다. 이른바 매관매직(賣官賣職)이 그것이다. 주인공의 부모는 어쨌든 부자니까 탐할 것도 많고 권력과도 가까웠을 것이다. 그러나 권세를 탐하는 모습은 보이지 않는다. 유독 딸이다. 딸.

딸을 갖고 싶어 빌었다

그런데 부자 부부는 아들도 아닌 딸을 낳기 위해 빌었다. 남성들만 우글거리는 집안에 여성이 필요했는지 모르겠다. 남성성이 넘치는 집안에 여성성과 조화를 이루려는 본능이나 무의식이 작용했는지 모르겠다. 그렇다면 아들들을 혼인시켜 며느리를 맞이하거나 수양딸을 들이면 간단히 해결될 문제다. 딸은 자라면 출가외인이 되니 며느리를 들여서 여성의 역할을 대신하는 것이 당시의 관례다. 게다가 며느리는 대를 이을 자손을 낳아 주니 딸의 역할보다 우선된다. 그러니 '며느리 사랑은 시아버지 사랑'이라는 말처럼 남성 중심의 사회에서 가장인 남성의 사랑을 받는 것도 며느리가 아닌가? 모자라는 여성성을 채우기에 그토록 딸만을 원해 기도하는 것은 사리에 맞지 않는다. 그것도 출가외인이 될 딸을 말이다.

민담 속의 부모의 이런 행동은 단지 수양딸이 아닌 친딸을 원했기 때문이다. 그것은 과욕이요, 지나친 탐욕이다. 왜냐하면 아들이 셋이고 부자이며 권력과도 가까운 이들에게 더 이상 바랄 게 없는데, 조금 부족한 그것마저 채우려고 드니 말이다. 당시 아들이 셋이나 있는데 딸을 낳기 위해 비는 부모는 거의 없었다. 실제로 민담이나 전래동화 속에서도 흔치 않다. 아들을 낳기 위해 빌다가 딸을 낳는 경우는 종종 있어도 말이다. 그런데 왜 딸을 갖고 싶어 했을까? 귀여운 아기가 보고 싶어서? 그렇다면 아들들이 혼인해서 손자를 얻으면 귀여운 사내아이와 계집아이의 재롱을 얼마든지 만끽할 수 있다. 아들이 셋이니 그건 너무나 당연한 일이 아닌가?

전통사회에서 딸은 출가외인이니 시집가면 그때부터 남의 집 식구가 된다. 그러니 그렇게 필요한 존재가 아니다. 아들에 비해 하찮은 존재다. 가난한 백성들에게는 있으면 귀찮은 존재, 부자에게는 '있으면 좋고 없어도 그만'인 존재다. 반면에 남자는 가문의 혈통을 잇고 조상을 모시기 위해 꼭 필요하다. 어떻게 해서든지 아들을 낳아야 한다. 이런 판국에 딸을 얻기 위해 비는 것은 어딘가 당시 사회적 가치로 볼 때 어울리지 않는다. 그런 아들에 비해 부차적인 존재를 위해 공을 들이고 노력하는 것은 상식에도 어긋난다. 그것은 바로 비본질적인 것, 복이 넘치는데 그 위에 더 많은 것을 바라는 행위를 상징할 것이다.

그리고 흔히 그렇듯이 자식을 낳기 위해 비는 것은 절에 가서 부처님께 비는 것이 정석인데, 이야기에서는 성황당이나 산에 가서 빌었던 모양이다. 가능한 이야기다. 그러나 그 많은 변이 가운데 절에 가서 빌었다는 이야기는 많지 않다. 바로 이것이 수수께끼의 해답과 관계되는 대목이다.

또 변이된 이야기 중에서는 산에서 비는데 천년 묵은 여우가 엿들었다고 했다. 불행히도 '여우같은 딸이라도 하나 낳게 해주세요.'라든지 '아들은 없어도 좋으니 딸을 달라.'고 말하여 여우가 개입할 틈도 열어 두었다는 이야기도 있고, 삼신할미가 미워서 여우를 점지했다는 이야기도 있다. 이런 이야기를 통해 보면 더 바랄 것도 없는 자들이 복에 겨워 비는 꼴에 삼신할미가 화(질투)를 낼 만도 하다.

이것은 화를 스스로 불러들이는 것을 상징한다. 문학적인 복선이다. 아마도 이야기가 표면적으로 딸이 여우가 되는 과정이 없기 때문에 필연성의 확보라는 차원에서 이렇게 변이시켰을 것이다. 아니면 정말로 더 큰 이유가 있을 것이다. 딸이냐 아들이냐의 양자택일을 하라면 당연히 아들일 텐데, '아들은 없어도 좋으니 딸을 달라.'고 극단적인 표현을 썼으니, 그것은 그 양자택일에 있어서 딸을 우선시하는 태도가 당시 사회적 가치에 대한 반항이다. 그래서 그 '괘씸죄'에 대한 보복은 삼신할미의 여우 점지로 나타난 것이다. 여기서 삼신할미는 사회적 관습이나 규범 또는 가치를 상징하기 때문이다.

부모는 딸을 애지중지 키웠다

애지중지는 한자로 '愛之重之'라고 쓴다. 아끼고 귀중하게 여긴다는 뜻이다. 신께 빌어서 얻은 딸이니 너무나 당연한 일이다. '愛'는 순수한 우리말로 '괴다'로 풀이된다. 유난히 귀여워하고 아끼는 것을 말한다. 또 '愛'의 뜻에는 사랑하다, 가엽게 여기다, 아끼다, 편들다 등도 있고, 특히 불교에서는 탐욕이나 물욕을 말하기도 한다. '重'의 뜻에는 무겁다, 소중히 하다, 귀중히 여기다 등도 있지만, 거듭 또는 중복이라는 뜻도 있다. 그리고 '之'는 형용사 뒤에 붙어 동사를 만들기도 하고, 동사 뒤에 붙어서 대명사로 쓰이기도 한다.

그러니까 애지중지는 단순히 사랑하는 정도가 아니라 지나치게 그 대상에게만 관심과 사랑을 쏟는다는 뜻이다. 이야기에서는 부모가 그 딸에게만 눈이 멀어 나머지 아들들에게는 안중에도 없는 지경에 이르게 된다. 그 상황을 다른 변이에서는 '아들 같은 것은 없어도 좋다.'라는 심한 말로 표현하고 있다. 그것이 애지중지의 결과다. 다른 중요한 것을 제쳐두고 특정한 것에 눈이 먼 경우를 상징한다. 사람이 육체적 눈이 멀쩡하게 있어도 마음의 눈이 멀게 되는 경우가 많은데, 그 대표적인 것이 자기가 아끼고 사랑하는 것 때문에 눈이 멀게 되는 경우다. 다시 말해 탐욕과 편벽으로 눈이 멀게 되는 것이다.

그러니까 아들(들)보다 딸을 더 애지중지했으니 당시 사회의 관습으로 보아 파격적이고 이례적이다. 처음에 딸을 원하는 것도 그렇고, 원하는 딸을 얻어 아들(들)과 함께 키우면서도 그런 태도를 보이는데, 이것은 딸에 대한 사랑의 강도가 아들에 비해 더 깊어져 가는 것을 표현한 문학적인 강조법이다.

딸은 여우가 되어 소의 간을 차례로 빼 먹었다

이제 딸은 가족 내에서 하나의 우상이 되었다. 딸에 대한 진실을 이야기해도 통하지 않게 되었다. 부모는 딸에게 눈이 멀어 아들을 믿지 못하는 지경에 이른다. 딸이 여우가 되어 소의 간을 빼 먹는 것은 비극의 서막이다. 자신이 가장 아끼고 사랑하는 그것이 자신이 가진 모든 것을 망치기 시작하는 것이다. 근원적으로 볼 때 그 출발은 이미 딸을 원하는 부자 자신의 탐욕과 가치관의 전도에 있다. 여기서 딸은 탐욕이나 그릇된 가치관에 반하는 행동의 결과, 즉 열매인 것이다. 인(因)에 따른 과(果)요, 업(業)에 대한 보(報)다.

딸이 여우가 되어 소나 말의 간을 빼 먹는다는 것은 딸이 생명을 해치는 요물(妖物)로 자란 것이다. 변이에 따라서는 태어나서 얼마 지나지 않아 그런 행동을 하기도 하고, 조금 자라서 그러기도 하지만, 어쨌든 부모는 그 악이 자랄 수 있는 환경을 잘도 조성해 주었다.

전통사회에서는 흔히 부모 말 안 듣고 사회적 가치에 반하는 사람을 괴물이나 요물 취급을 한다. 특히 여자의 경우는 행동이 지나치게 야무지거나 특이하면 여우나 요물로 여긴다. 현대에 와서도 자신이 마음을 둔 여성을 마음대로 어떻게 할 수 없는 용렬한 남자들이 여자를 요물 취급하는 것을 보면, 자신들의 가치나 이익에 반하는 여성을 마녀나 악녀로 여긴 과거 서양의 경우와 크게 다를 바 없다.

그러니까 '딸을 아들보다 귀여워하거나 아끼지 말라. 그러면 큰일 난다.'는 교훈을 주기에 당시 여우만큼 적절한 표현도 드물었을 것이다. 이렇다면 아들이 많은데 딸을 낳기 위해 비는 것을 하나의 금기로 여기지 않았을까? 그리고 금기를 깨는 것은 대개 탐욕이고, 그 결과 딸은 여우로 변한 것이리라.

그런데 왜 하필 여우인가?

우리 문화 전통에서 애초부터 여우가 나쁜 동물로만 취급된 것은 아니다. 역사를 좀 더 거슬러 올라가면 신성한 동물이라는 관념도 보인다. 그러나 후대에 와서 요사하고 사악한 존재로 인식되고 퇴치의 대상으로만 여겨져 왔다.

여우의 생태를 보면 사람을 직접 해칠 만한 동물은 아니다. 주로 토끼나 들쥐 같은 작은 동물이나 곤충을 잡아먹고 산다. 그런데 왜 이런 어마어마한 악의 화신으로 생각하게 되었을까? 그것은 아마도 여우가 구릉이나 묘지 근처의 땅을 파서 굴속에 살거나, 묘지에 묻힌 사람의 시체를 파먹는 습성(?)을 보고, 당시 사람들이 조상의 숭배를 지극하게 생각하는 유교적 전통에서 이런 여우를 도저히 용납할 수 없는 악의 화신으로 보았기 때문일 것이다.[8] 경상도 일부 지역에서는 여우를 '매구'[9]라고도 부르는데, '매귀(埋鬼)'[10]의 발음과 비슷하여 둘 사이의 연관성이 짐작된다. 아마도 여우를 악귀에 버금가는 나쁜 존재로 파악했기 때문이리라.

어쨌든 전통적 관습에 반하는 딸에 대한 집착은 그 딸로 하여금

---

8) 강진옥, 「변신설화에 나타난 여우의 형상과 의미」, 『고전문학연구』 제9집, 1994, 39쪽.
9) 국어사전에는 천 년 묵은 여우가 변하여 된다는 짐승으로 풀이되어 있다.
10) 매귀의 사전적 풀이는 정월에 농악대가 집집마다 돌면서 악귀를 제압하고 복을 비는 것이다. 경상도 서부 지방에서는 농악놀이를 '매구친다'고 말하기도 한다.

여우로 취급받게 만들 뿐이다. 자신의 눈을 멀게 한 탐욕의 대상이 아무리 자기와 가까운 자식이라 할지라도 지나치면 안 되는데, 그것을 막을 도리가 없었다. 탐욕으로 편벽됨이 이토록 자신에 가까울수록 잘라내지 못하는 법, 그래서 부자도 그것을 알아보지도 떨쳐버리지도 못했다. 단지 그것을 온전히 키워내고 있었다. 마치 인간의 몸속에서 '에일리언'의 새끼가 서서히 자라는 영화의 한 장면처럼 말이다.

셋째 아들이 쫓겨났다

이야기의 변이 가운데는 큰아들과 둘째 아들이 쫓겨나는 것도 있고, 아들 셋이 모두 쫓겨나는 것도 있다. 앞의 이야기 1-2처럼 아들 가운데 하나가 자진해서 출가하는 경우도 있다. 그러나 여우를 물리치는 것은 대개 셋째 아들이다. 여기서 아들이 하나나 둘 아니면 모두 쫓겨난다는 점과 여우를 물리치는 자가 셋째 아들이라는 점에 주목할 필요가 있다.

아들의 일부나 모두가 쫓겨났다는 것은 딸과 아들이라는 양자의 대립 구도를 의미한다. 딸이냐 아들이냐를 선택함에 있어서 딸을 더 중요시한다는 복선을 깔고 있다. 그리고 흔히 옛이야기에서는 항상 막내아들이나 막내딸이 구박받는 대상에서 성공하는 것으로 끝을 맺는데, 그것은 현실세계에서 막내가 항상 천대받거나, 아니면 부모나 형제의 관심 밖으로 밀려나기 때문이다. 다산(多産)을 미덕으로 알았던 전통사회에서 많은 자식들 가운데 막내가 관심을 끌거나 성공하기는 쉽지 않다. 필자의 개인적 경험도 그렇다.

그래서 그런 막내 콤플렉스의 화소(話素)가 앞의 1-1이나 1-2의 이야기에 반영되었다. 보초를 설 때 잠을 쫓기 위해 먹을 콩이 빠진 변이도 있지만, 두 형과 달리 막내는 볶은 콩을 먹으면서 자지 않았다. 부자가 두 형들에게도 볶은 콩 한 되씩 주었지만, 졸음을 이겨내지 못했다. 간식이 흔치 않았던 예전에는 곡식을 볶아서 그것으로 대신하는 경우가 많았다. 불과 30-40년 전만 해도 농촌에서는 그랬다. 볶은 콩이 단연 으뜸이다. 쌀은 귀해서 간식으로 먹기에는 알맞지 않기 때문이다.

이 맥락에서 콩은 인간의 영혼이 깨어 있게 하는 도구를 상징한다. 그것은 콩이 입 안에서 아이스크림처럼 스르르 녹지도 않거니와, 그냥 넣고만 있으면 아무 맛도 나지 않을 뿐더러 먹을 수도 없기 때문이다. 그래서 턱에 힘을 주어 이로 짓눌러야 한다. 그렇게 하면 졸 수 없다. 자연히 깨어 있게 된다. 그런데도 두 형은 졸음을 이겨내지 못했다. 졸음을 참는다는 것이 얼마나 힘든 일인지 수마(睡魔)라 부르지 않았던가? 여기서 아버지가 누이에 눈이 먼 것이나 형들이 졸음을 참지 못하고 잔 것은 진리에 대하여 눈이 먼 동일한 내용을 상징한다. 이들에게는 진실을 볼 눈이 없었다.

막내는 졸지 않고 깨어 있었기 때문에 진실을 목도한다. 진실은 상식을 뒤엎고 모두가 깜짝 놀라게 만들었다. 그러나 진리와 악은 공존할 수 없는 법, 여기서 진실은 거짓에 밀려 쫓겨난다. 부모는 자기가 아끼는 딸에게 이미 눈멀었기 때문이다. 진리가 왜곡되고 잘못된 현실에서 당하는 모습을 여실히 형상화시키는 대목이다. 그 대신 잠을 자버린 두 형들은 쫓겨나지 않았다. 진실에 눈감아 준 대가다. 어떤 변이, 가령 이야기 1-2와 같은 유형에서는 두 형들이 여우가 소의 간을 빼 먹는 것을 보았지만 사실대로 말하지 않은 것으로 말하기도 한다. 어쨌든 두 형들은 다행으로 여길지 모른다. 그러나 불행하게도 이것이 바로 비극의 시작이다. 진리를 보는 데 눈이 멀거나 게을리 하여 악을 보지 못하고, 그것에 동조하거나 방치한 결과가 어떻게 되는지 잘 보여준다.

여우를 물리치다

이제 동생은 쫓겨나 정처 없이 떠돌게 된다. 그를 쫓아낸 것은 부모지만, 실은 그가 진실을 목도한 것에 대한 결과다. 선과 악이 공존할 수 없는 이치 때문이다. 새로운 출발이다. 동시에 거짓된 세상으로부터 탈출이다. 방랑의 시작이요 고통의 연속이며 사랑하는 가족들과도 이별이다. 미지의 세계에 대한 두려움과 공포가 엄습하고, 이전의 안락한 삶이 그리울 것이다.

그런데 이야기 1-1에서는 스님을 만난다. 스님을 만나는 데 무슨 통과의례나 절차가 보이지 않는다. 대가가 없다. 하긴 스님은 지위가 높아서 만나기 힘든 상대도 아니다. 마음만 먹으면, 아니 대수롭지 않게 누구나 만날 수 있는 사람이다. 만나기 쉬운 상대이니 아무나 따라가서 스님의 제자가 되기를 바라지 않는다. 단 한두 가지 경우를 빼고는 말이다. 그 한두 가지 경우란 출가하여 스님의 제자가 되거나, 오갈 데도 없어 호구지책을 마련하기 위해 스님을 따라가서나, 잠시 절이라는 공간을 빌려 공부를 하거나 요양을 하기 위한 일일 뿐이다. 이야기 속에서는 호구지책을 위해서 마땅히 갈 곳도 없어서 따라갔을 것이다.

절에서 산다는 것은 공부와 수련의 시작이다. 절이라는 공간에 있는 것 그 자체만으로도 공부다. 그리고 셋째 아들은 스님 밑에서 공부를 한 지 몇 년이 지났으니 어느 정도 실력과 진리에 대한 내공을 쌓았으리라.

그런데 막내는 불현듯 가족에게 가고 싶은 생각이 났다. 요즘 맹랑한 아이들 같으면 자신을 믿지 못하고 쫓아낸 가족을 쉽사리 보려고 하지는 않을 것이다. 그러나 이 막내는 가족이 보고 싶었던 모양이다. 그래서 스님은 그를 보내면서 병 세 개를 주었다. 물론 어떤 이야기에는 병 네 개로 되어 있다. 왜 세 개냐 네 개냐 하는 것을 따지는 것도 의미가 있다. 어떤 대상과 관계가 있을 것이다. 나중에 알아보자.

또 다른 유형에서는 막내아들이 쫓겨나서 이리저리 방랑하다가 아이들이 거북을 잡아 구워 먹으려는 것을 보고, 돈을 주고 사서 살려 준다는 내용이 나온다. 그 거북은 용왕의 딸인데 그 은혜를 갚고자 용왕은 자신의 딸과 혼인을 시키고, 또 그 혼인한 용녀가 여우를 물리칠 병을 주기도 한다. 앞에서 간단히 줄거리를 소개했다.

앞의 이야기나 뒤의 이야기도 공통적으로 불교와 관련이 있다. 앞의 이야기는 스님과 절이 직접 등장하니 의문의 여지가 없고, 뒤의 이야기는 물고기를 살려 주는 불교의 방생(放生) 의례와 연관된다. 결국 막내아들이 여우를 물리치는 것은 불교(또는 아내)의 도움으로 가능하게 된다. 앞의 이야기에서는 막내아들이 진실을 보았기 때문에 쫓겨나고 절에 가게 되었다는 것 외에는 어떤 선행(善行)의 조건이 보이지 않지만, 뒤의 변이된 이야기 속에서는 방생을 통하여 문제를 해결하는 열쇠를 얻게 된다. 아내의 도움에도 특별한 뜻이 있다. 이 유형에 등장하는 아내는 대개 여우와 정반대의 순종적이고 남편을 위할 줄 아는 여성이다. 그리고 이야기 1-2나 다른 유형, 곧 부잣집이거나 산속의 어떤 집의 경우도 영락없이 처녀가 등장하여 혼인을 하게 되는데, 순종적이고 여성적이다.

그런데 어떤 유형의 전승자는 이야기의 속뜻을 간파하지 못하고, 이야기를 듣는 사람들의 심리적 안정성에 신경 쓰느라 이야기를 다른 유형으로 전개시킨 것으로 보인다. 이야기를 표면적으로 볼 때는 막내아들이 여우를 물리칠 수 있는 요술 병을 얻기까지의 논리적 근거를 확보할 길이 없어, 결국 거북의 방생이라는 선행(善行)과 보은(報恩)의 화소(話素)로 이야기의 후반부를 이끌었기 때문이다. 그런 논리적 근거를 확보하지 않더라도 얼마든지 이 이야기를 설명할 수 있는데도 말이다.

그럼에도 불구하고 공통된 결론은, 대개 부모와 형제들은 이야기 결말에서 죽고 막내 혼자만 살아남는다. 이 점은 이 이야기의 주제에 매우 중요한 역할을 한다. 한국학중앙연구소에서 제공하는 1-2 이야기를 구연한 사람의 녹음 내용을 들어 보면, 구연자 옆에서 맞장구치는 소리도 수록되어 있는데, 거기서 막내가 혼자 살아남은 것이 얼마나 다행인지 모른다고 입을 모은다. 이 시골 노인들도 이 이야기의 주제를 무의식적으로 간파하고 있는 것이다.

그것도 모르고 또 어떤 변이에서는 다른 아들은 죽고 부모가 사는 경우도 있다. 이러한 변이들은 모두 이야기의 원형을 제대로 이해하지 못한 데서 나오는 무지의 소치다. 그 때문에 이야기가 엉뚱하게 전해지기도 하지만, 이 또한 그 자체의 재미를 더하기도 한다.

아들을 박대하고 딸을 더 사랑해서는 안 된다

이 이야기의 표면적인 줄거리에서 금기사항을 말하는 곳은 없다. 그러나 내용적으로는 강력한 금기가 있다. 원래 금기는 개인의 안녕이나 사회적 질서와 관련이 있는데, 일반적으로 사회적 질서를 깨뜨릴 수 있는 위험 요소가 금기가 된다. 그럼 당시 사회의 질서를 깨뜨릴 만한 위험한 금기는 무엇일까?

사회적 질서는 항상 지배층의 관심에서 나온다. 전통사회에서 사회적 질서의 확립 의지는 일차적으로 예악형정(禮樂刑政)을 통하여, 다음으로 학문이나 교육을 통하여 그것이 점차 아래로 교화되어 퍼지기 마련이다. 그 질서를 크게 보면 국가와 사회, 좁게 보면 가문이나 가정의 안정과 번영에 관계된다. 국가나 사회의 번영은 우선 정치적 안정인데, 바로 대통을 잇는 후계자 구도의 안정적 확립이요,

그것이 경제, 군사 등의 이권이나 권력의 행방을 좌지우지한다. 이러한 권력의 이동은 원칙적으로 수직적인 것이며 그것도 아들을 통하여 이루어진다. 이렇게 중요한 아들에 대한 배제는 강력한 금기다.

특히 이야기 1-2의 "그 마침 그 집 씨가 하나 떨어질라고 그래도 그 끄트머리가 그리 안 했으믄 씨도 손(孫)도 없지."에서 알 수 있듯이 유교적 사회에 있어서 일반인들의 염원도 가문의 유지와 번영이 으뜸이다. 그것을 위해 입신양명(立身揚名)이 강조되는 것이고, 충신, 열녀가 되는 것도 그것과 무관하지 않다. 가문은 혈통을 중심으로 이어지고, 그 혈통이란 것도 남성 중심인 부계혈통만 인정되었다. 따라서 가문의 대를 잇는 아들이 딸보다 중시되는 것은 너무나 당연한 결과다. 바리데기 설화에서도 오구대왕은 딸은 많으나 아들이 없어 아들 낳기를 원하다가 바리공주를 낳자마자 서천 강가에 버렸다. 그런데 나중에 바리공주가 온갖 고생을 하여 자신을 살리자 "친손봉사는 못할망정 외손봉사는 못할쏜가?"라는 체념 섞인 푸념을 한다. 대를 잇는 아들을 얼마나 소중하게 여기는지 역설적으로 보여주는 장면이다.

더구나 출가외인이 될 딸을 아들보다 더 사랑하는 것을 도저히 용납할 수 있었겠는가? 지금은 상황이 상당히 호전되었지만, 필자가 어렸을 때만 해도 사람들은 모계를 중심으로 모이는 집안을 보고 '망할 놈의 집구석'이라고 혀를 찼다. 필자의 집안도 외가 쪽보다는 친가 쪽으로 자주 모였던 기억이 난다. 그 덕분(?)인지 지금 다 자라서도 친가 쪽보다 외가 쪽이 더 소원(疏遠)하다. 거기다가 딸이 많은 집에 아들이 하나 있으면 음기(陰氣)에 눌려 아들이 기를 펴지 못한다고 걱정하기도 했으니, 남성 중심의 가부장적 질서를 얼마나 소중하게 생각했는지 알 만하다.

이렇듯 딸은 아들에 견줄 대상이 못 된다. 아들이 아무리 많아도 아들보다 딸을 더 귀여워하고 차별하는 것은 강력한 금기다. 극단적으로 말하면 딸은 아무리 많아도 아들 한 명만도 못한 존재이며, 아들이 없다면 양자라도 들어서 가문의 대를 잇고 제사를 받들게 했다. 딸은 양자보다 못한 존재인 것이다. 그런 점에서 여우는 가부장적 질서 유지에 방해되는 여성성의 부정적 모습의 상징이라는 연구자들의 지적은 전적으로 옳다. 전통사회의 여성은 혈통이나 권리의 계승이라는 점에서 배제되고 가문의 대를 잇는 부속물로 전락되며, 소극적 태도인 순종이 여성의 미덕으로 미화된다.

다른 유형 가운데 하나는 거북을 살려 주고 막내아들이 용궁으로 간다. 살려 준 거북은 용왕의 딸이다. 거기서 용왕의 딸과 혼인을 한다. 그런데 용왕의 딸은 아버지의 말에 아무런 저항이나 반대 표시 없이 순순히 막내아들의 아내가 된다. 가부장적인 질서에 순종하는 전형적인 모습을 보인다. 그리고 여우를 물리칠 병을 주는 것도 용왕의 딸이다.

흔히 선녀와 용녀는 전통사회에서 남성들에 의하여 이상적인 여인으로 그려진다. 가부장적 질서에 대항하지도 않거니와 이 이야기의 여우 캐릭터와 판이하게 다르다. 이상적인 여인이므로 당시의 규범적 가치를 가장 충실하게 따를 것이고, 그런 여인상이 가부장적 질서에 방해가 되는 못된 여우를 물리치기에 딱 맞다. 그래서 이 변이에서는 여우를 물리칠 병을 용왕의 딸이 막내아들에게 주는 것으로 설정되어 있다. 착한 여자의 성품으로 가부장제에 방해되는 백여우 같은 못된 여성을 물리치는 것이다.

또 다른 유형에서는 이야기 1-2처럼 그냥 보통의 착한 처녀가 막내의 아내가 된다. 남편을 지극히 따르고 돕는 여성이다. 그러니까 여우와 성격이 판이하게 다른 순종적이고 당시의 관습을 모범적으로 잘 따르는 여인상으로 앞의 설명과 동일한 맥락이다. 다시 말해 망해 가는 집안을 일으킬 수 있는 여성이다.

그런데 이들은 모든 것을 포용하고 풍요롭게 생산하며 창조적이며 너그러운 인격을 지닌 신화 속의 대지의 여신[11]과는 거리가 멀다. 이런 종류의 이야기를 접하자마자 마치 기다렸다는 듯이 서구적 잣대를 들이대어 해석하는 것은 삼가야 한다. 용녀는 결코 대지의 여신이 아니고, 단지 유교적 질서 속에서 이상적으로 생각하는 여성일 뿐이다.

이렇듯 이 이야기는 아들보다 딸을 더 사랑한 대가가 얼마나 끔찍한 결과를 초래하는지를 상징적으로 보여주고 있다. 이 이야기의 단순한 뼈대만 놓고 볼 때 이야기의 결말은 심리학적 이론에서 말하는 부정적인 여성성의 치유가 아니라, 가문의 유지와 번영을 해치는 존재를 몰아냄과 동시에 가문의 대를 잇고 조상을 돌보는 일은 결국 남자를 통해 할 수밖에 없다는 점을 말하고 있을 뿐이다. 즉 용왕의 딸과 혼인하여 그녀의 도움으로 여우를 물리친 것도, 당시 문화 코드로 볼 때 여우와 상반되는 유교적 가치에 충실한 이상적인 여성과 혼인하여 억울하게 돌아가신 부모와 죽은 형제의 무덤을 돌보고 가문을 일으키는 일이 결국 남자를 중심으로 이루어지고 있음을 말하는 것이다. 그것도 적통이 아닌 셋째 아들이 겨우 차선책으로 가문을 유지시켜 명맥을 이어간다는 것이 금기에 대한 파기가 얼마나 위험스러운 일인가를 말해 줄 뿐이다.

따라서 이 이야기는 여성성을 치유하기 위한 하나의 시도가 아니라, 딸을 아들보다 우대해서는 안 된다는 금기에 대한 확인일 뿐이다. 결국 유교사회의 질서를 유지하기 위한 하나의 규범이 이야기로 구성된 것이다.

---

11) 자세한 것은 이도희, 「한국민담 '여우누이'의 분석심리학적 해석」, 『심성연구』 21, 2006 참조.

왜 누이가 여우였을까?

유교적 사회질서 유지라는 금기를 깨뜨림으로써 발생할 수 있는 결과라는 옛 시대의 보편적 담론을 지나 이야기를 좀 더 심층적으로 다루어 보자. 이렇게 하는 이유는 이야기의 변이에 따른 유형이 많고, 유형에 따라 보편적 담론과 연관되면서도 전승자의 관심과 주관에 의하여 전달하려는 또 다른 의미가 발견되기 때문이다. 그래서 이 이야기의 또 다른 유형은 불교적 세계관과 맞닿아 있다고 생각되며, 그것을 지금 해명하고자 한다.

부자 부모는 탐욕에 눈이 멀어 아들이 많이 있는데 딸을 원했다. 자식 탐이다. 자식은 인연에 의하여 잠시 부모에게 맡겨진 존재다. 구도(求道)에 대한 본질적인 대상은 아니다. 그런 행동은 불교의 10악업(惡業) 중 의행업(意行業)인 탐진치(貪瞋癡) 또는 삼독(三毒)인 탐진치(貪瞋癡) 가운데 하나인 탐욕이다.

그래서 그 탐욕으로 말미암아 낳은 딸이 여우다. 물론 사람의 탈을 쓴 여우다. 그런데 여우와 같은 동물이 사람으로 변신하는 이야기는 많지만, 사람으로 태어나 짐승으로 변하는 것은 흔치 않다. 다만 불교와 관련된 이야기에서는 자주 볼 수 있다. 가령 불교 설화 가운데 '구렁이 아들'이라는 이야기에는 어떤 스님이 아기의 부모를 대신해 삼대독자 아기를 관 속에 넣어 불에 태워 죽이는 사건이 나온다. 불에 넣자마자 관 속에서 구렁이가 나와 타 죽었다. 아기가 구렁이로 변신한 것이다. 그 이유는 임신한 아기 엄마가 낫으로 구렁이를 찍어 죽여서 구렁이가 아기로 화신한 것이기 때문이다. 스님은 아기가 더 자라서 그 집안에 닥칠 화를 면하기 위해 그렇게 했노라고 말한다. 충청남도 부여군 임천면, 지금은 절터만 남아 있는 보광사에 얽힌 설화의 내용이다.[12] 바로 어떤 업보에 의하여 짐승이 사람으로 태어나는 경우가 있다. 이 여우누이 이야기도 이런 방식을 통하여 자연스레 누이가 여우로 변신되는 것이다.

어쨌든 부모는 딸을 낳아 원하는 것을 얻었으니 거기에 눈이 먼 것은 당연하다. 눈이 멀어 미혹되었으니 진실이 보일 리가 없다. 미혹되면 그것이 여우일지라도 귀한 딸로 보이듯이, 자신에게 해로운 것도 이롭게 보인다. 아니 이야기에서 누이가 여우로 등장하는 것은 그 대상이 사람이라 할지라도 가장 아끼는 그것이 바로 미혹의 함정이 될 수 있다는 점을 극단적으로 보여주는 장치일 뿐이다. 부모가 사랑하는 딸에 눈이 멀어 여우라는 진실을 알아보지 못한 것은 삼독 가운데 하나인 어리석음, 곧 치(痴)다.

그리고 미혹된 것의 극치는 자기가 아끼고 사랑하는 것에서 가장 크다는 것을 보여준다. 가장 사랑하는 가족이 수행과 진리의 실천에 방해물이 될 수 있다는 것은 동서고금의 모든 종교에서 한결같이 말하지 않던가? 자신이 가장 아끼는 그것마저 버리라고 말하지 않는가? 세속적 인연을 끊으라는 말을 상기해 보라. 자신이 세속적으로 가장 사랑하고 아끼는 그것이 진리를 향한 자신의 수행을 방해하고 끝없이 구르는 바퀴처럼 윤회의 세계로 이끈다. 고(苦)다.

출가, 수행, 그리고 해탈

그런데 미혹에서 벗어날 기회가 부모에게 없었던 것은 아니다. 가축이 죽어 갈 때 그 연유를 알아내면 가능한 일이었다. 그래서 진실을 알기 위해 아들들을 보초로 세웠다. 아들들은 진실을 알기 위해 깨어 있어야 했다. 그래서 아버지는 그들에게 볶은 콩을 주었다. 볶

---

12) 김용덕 엮음, 『김교수가 들려주는 불교 이야기』, 부름이, 2004, 99-104쪽.

은 콩은 간식 또는 비상식량이지만, 이 이야기의 맥락에서는 목탁이나 종 같은 수행의 도구나 절차를 상징한다. 여기서는 수마(睡魔)를 쫓는 도구다. 두 형들에게는 그것이 무용지물이었으나, 막내아들은 그걸 의지하여 깨어 있어서 진리를 상징하는 진실을 보게 된다.

진리에 눈을 뜬 사람은 더 이상 거짓이 판치는 세상에 살 수 없다. 출가해야 한다. 막내아들이 쫓겨난 사건이 그것을 상징한다. 진실을 말하는 막내아들을 집에서 쫓아낼 때 부모가 성내는 것은 진(瞋)이다. 막내아들이 집에서 쫓겨나는 것은 비록 자발적인 것은 아니지만 어쨌든 출가를 상징한다. 타력에 의하여 출가하는 경우도 있음을 말한다. 세속적 인연을 끊고 미혹된 세계와의 이별이다. 거기에는 방황과 고통이 따른다. 대신 그 무지와 성냄, 부조리와의 타협으로 말미암아 이들에게 남은 것은 죽음뿐이다. 부모와 두 형의 처참한 모습이 그것이다.

사람이 참 세상에 살아가려면 거짓된 세계로부터 탈출해야 한다. 아브람이 고향 우르를 떠나고, 욥이 소돔과 고모라에서, 이스라엘 백성들이 이집트에서 탈출하듯이 말이다. 비록 자의는 아니지만, 막내는 진실이 외면당하고 쫓겨나는 과정을 통해 거짓된 세계로부터 탈출한다. 출가가 그것이다. 추방이 출가가 된 것이다. 자신이 원하지는 않았지만, 이미 진리에 접근한 사람은 다른 세계로 갈 수밖에 없기 때문이다.

막내아들은 강을 건너다 스님을 만난다. 강은 다른 두 세계를 갈라놓는 경계선이다. 황천(黃泉)이 이승과 저승을, 은하수가 견우와 직녀를, 요단강이 광야와 젖과 꿀이 흐르는 세계를 갈라놓듯, 막내는 스님을 따라 강을 건넘으로써 거짓되고 미혹된 세계에서 진리의 세계로 들어간다. 그것은 예수의 말대로 중생(重生), 곧 거듭남이다.

그래서 막내아들은 스님을 따라 진리의 본향인 절로 갔다. 스님은 진리의 안내자요, 절은 진리가 숨 쉬는 공간이며 수행의 도량이다. 절에 있는 건물들에 극락전이니 적멸보궁이니 하면서 서방정토를 상징하는 이름을 붙인 이유를 이제 알 것이다. 막내는 절에서 공부한다.

진리의 전당에서 수행한다고 해서, 곧장 모든 세속적 인연과 유혹을 끊을 수 있는 것은 아니다. 두고 온 가족이 그리운 것은 세속적 인연에 대한 집착이요, 유혹일 수 있다. 여기서 불교와 유교가 갈린다. 유교는 세속적 가족의 인연을 중시한다. 유교에서는 그것이 천리다. 그런데 막내아들은 그런 유혹을 물리칠 수 없었다. 고향집이 보고 싶었기 때문이다. 주지스님은 그의 앞에 다가선 더 큰 유혹의 본질을 안다. 그래서 병 세 개를 주었다. 병 세 개는 부처님의 진리의 말씀이다. 수행자가 유혹이 밀려올 때 그 말씀에 의지하여 물리칠 수 있다.

그럼 왜 하필 병 세 개인가? 다른 곳에서는 네 개로 나온다. 동양적 전통에서 3은 완전한 수를 상징하므로 부처님의 말씀으로 충분히 무장시켰다는 뜻도 되고, 불교의 기본 교리 가운데 하나인 삼법인(三法印), 즉 제행무상(諸行無常), 제법무아(諸法無我), 열반적정(涅槃寂靜)일 수도 있다. 미혹을 물리치는 데 이 가르침이 효과가 있다. 필자도 불교 신자는 아니지만 개인적으로 우주와 인간의 본질을 이해하고 유혹에 흔들리지 않는 마음을 지키는 데 이 삼법인에게서 도움을 받은 바가 적지 않다. 병이 네 개로 변이된 것은 아마도 역시 불교의 기본 교리인 사성제(四聖諦)인 고집멸도(苦集滅道)를 상징하였든지, 아니면 물, 불, 가시에다가 화살을 하나 더 추가시킴으로써 그만큼 여우의 생명력이 끈질기다는 점을 부각시키고 아울러 이야기의 반복적 공포 분위기를 더 살리기 위해서일 수도 있다.

그리고 병은 불교에서 불성을 깃들게 하는 법신(法身)이나 말씀을 상징하며 탄생과 죽음의 윤회에서 해방되는 영적인 승리를 뜻하고, 관음보살이 지니는 물건의 하나이기도 하다. 탑 속에 든 사리(舍利)가 왜 병 속에 들어 있는지를 이제 이해할 것이다.

이제 병을 소지하고 막내가 집에 도착하니 이미 두 형들과 부모님은 없었다. 이것은 세속적 인연이 다했음을 뜻한다. 죽은 사람들은 자신들이 아끼는 것에 미혹되어 거기서 벗어나지 못했으니 무명(無明, Avidya)의 상태였다. 이들은 진리와 멀어졌고 결과적으로 죽음으로 끝없는 윤회에 들어갔다. 이제 막내는 그런 인연에 연연할 것이 없으니 집에서 탈출한다.

그러나 여우가 된 누이가 끝내 쫓아온다. 이것은 수행자에게 있어서 또 다른 유혹이나 업(業, Karma)을 의인화시켜 표현한 것이다. 유혹은 물리치고 업은 풀어서 없애야 한다. 막내는 그 끈질긴 업이나 유혹을 마침내 물리치고 끊는다. 병을 세 개 혹은 네 개를 던져서야 여우가 죽는데, 그토록 여우의 생명력이 강한 것은 업이나 유혹이 그만큼 질기고 강하다는 뜻일 게다.

끝에 가서 결혼하여 가족의 묘를 돌보며 행복하게 살았다는 것은 해탈과 열반에 경지에 든 것을 세속적으로 표현한 말이다. 해탈을 해도 역시 세속에서 살아야 하는 적극적 진리관이 반영되었거나, 아니면 역시 가문의 전통과 대를 잇는 것은 남자가 하는 일이라는 유교적 가르침을 이야기에 그대로 수용한 탓일 것이다. 사실 인간적으로 보면 부모와 형제를 잃은 그가 뭐가 그리 행복하겠는가? 극단적으로 가족이 다 죽더라도 아내만 있으면 행복한가? 그렇지 않을 것이다. 다른 변이에는 다시 방랑의 길로 떠나기도 한다. 역시 해탈과 세속적 인연과의 단절을 상징한다. 방랑이란 단순한 방황이 아니라 해탈한 수도자가 중생을 구제하기 위한 여정이다.

세속적 가치나 상식적으로 볼 때 이 이야기만큼 던져주는 메시지가 썰렁한 것도 드물다. 평범한 해석을 가지고는 교훈적인 내용이 담긴 동화로 보기는 어렵다. 그래서 비교육적이라는 이유로 동화책에 그리 자주 수록되지 않는다. 단지 그 공포감을 누그러뜨리기 위해 책의 분위기를 달리해 보려는 시도는 있지만 말이다.

여기서 이 이야기의 후반의 내용이 이것과 다른 유형을 살펴보기로 하자. 막내아들이 집에서 쫓겨나 방황하다가 아이들에게 잡힌 거북을 구해 주고, 용궁에 초대받아 용왕의 딸과 혼인한 후 병 세 개를 가지고 와 여우누이를 물리치고 용녀와 행복하게 살았다는 이야기가 그것이다.

분석심리학적 관점에서 해석한 어떤 연구자는 거북을 영혼의 인도자로, 물속인 용궁을 무의식의 세계로 묘사한다.[13] 필자는 유럽을 비롯한 모든 문화권에서 말하는 물이 정말로 칼 융이 말하는 무의식을 상징하는지 솔직히 모르겠다. 다만 우리의 전통적 입장에서 보면 거북의 방생을 계기로 용궁에 초대되어 가는데, 방생은 불교의 의식 가운데 하나이며 불교적 살생을 금하는 태도와 잇닿아 있다. 또 용궁은 이 세상과 다른 세계를 나타내는 도교적 상징이며 불교와 일정한 연관이 있다.

왜 그토록 많은 보은(報恩) 설화에서 잉어나 자라가 등장하고 용궁을 배경으로 하는지 따져보아야 한다. 그것은 하늘과 땅과 물이라는 자연적 구성요소 가운데 잉어나 자라와 같은 동물이 물과 관련되기 때문이다. 그래서 용궁으로 초대되어 간 것이다. 만약 새를 살려 주었다면 학을 타고 천상으로 초대되었을지도 모른다. 어쨌든 거북이를 살려 주었다는 것은 불교적 방생 의식과 관련이 있는 것은 확실하다.

---

13) 이도희, 앞의 논문 참조.

게다가 다른 변이된 이야기를 보면, 막내아들이 용궁에 초대되어 갔을 때 용왕이 자기 딸인 거북을 살려 준 대가로 선물을 준다고 했다. 그는 용왕의 아들이 시키는 대로, 금은보화를 달라고 하지 않고 고양이를 달라고 했다. 그 고양이를 받아서 쓰다듬으니 그것이 용왕의 딸로 변하였다. 용왕은 셋째를 사위로 삼아서 용궁에 살게 했다고 한다.

여기서 막내아들이 고양이를 달라고 한 것은 상징적인 의미가 있다. 고양이를 달라고 한 것은 이미 세속적인 가치를 떠난 것이다. 고양이는 민간에서 호랑이 버금가는 영물(靈物)로 생각하는 경향이 강하다. 그래서 수많은 민화(民畵)에 고양이가 등장하는데, 이것은 호랑이와 마찬가지로 사악한 것을 물리치는 벽사(辟邪)의 역할을 한다고 믿었기 때문이다. 어떤 민담에는 호랑이 새끼가 바로 고양이라고 말하기도 한다. 그리고 고양이는 밤이 되어도 눈빛이 빛나므로 항상 깨어 있어 지키는 형상이므로 수행하는 자에게 고양이의 이런 상징이 필요했을 것이다. 서양 민속에서는 고양이는 여성, 특히 생식력과 여성의 성욕을 함축하기도 하지만, 대개는 부정적이다.[14] 그러나 주술성을 부여하는 것은 동일하다. 즉 고양이로 변한 용녀가 여우를 물리칠 수 있는 병을 준다는 데서 그것과 연관됨을 알 수 있다.

그런데 용녀는 천문을 보더니 막내아들에게 집에 가지 말라고 말한다. 이 역시 세속적 인연을 단절하라는 의미로 통한다. 그래도 고집하니까 말과 병을 준다. 병이 상징하는 것과 이후의 결말에 대한 해석은 앞에서 말한 것과 같다.

---

14) 그 외 고양이가 부정적으로 상징하는 것은 마법(마녀), 주술적인 힘, 특히 고양이의 울음은 성적인 유혹, 광란의 향연, 강간 등을 암시한다(로버트 단턴, 앞의 책, 135-140쪽). 우리 전통에서도 고양이를 주술적으로 이용한 곳이 보이는데 고양이 점이 그것이다. 고양이에 대한 신비성을 부여한 것은 동서가 동일한 모양이다.

불교적 구도(求道) 민담

이 이야기는 불교와 관련된 내용이 많다. 그래서 불교적 내용과 불교적 진리관과 수행관을 배제하면 이 이야기 자체를 다르게 해석하기 쉽지 않다. 불교적 교리와 진리는 민중들에게 어려운 개념이다. 그것을 언어로 풀이해 주기는 결코 쉽지 않다. 그들에게는 그저 착하게 살고 살생하지 말고 부처님께 소원을 열심히 비는 것이 전부다. 그러나 그렇게 하는 것만이 불교에서 추구하고자 하는 근본적인 방법은 아니다. 그 때문에 불교적 개념을 형상화시켜 이야기를 꾸몄다. 대표적인 것이 우리가 잘 아는 『서유기』다. 기독교에도 있는 존 번연이 지은 『천로역정』도 이 같은 방법으로 쓰인 소설이다.

우리 이야기에는 이처럼 불교와 관련된 이야기가 많다. '손톱발톱'이란 이야기만 해도 그렇다. 여기에 등장하는 가짜 도령과 진짜 도령은 인간의 마음을 상징한다. 가짜 도령은 참 나를 발견하지 못한 미혹된 세계에서 사는 사람들을 상징하고, 진짜 도령은 참 나를 상징한다. 스님은 불교 또는 수행하여 진리를 깨달은 사람을 상징한다. 불교에서는 진리를 깨닫기 전의 모든 사람은 미혹된 세계에 산다고 보는데, 그래서 사람들은 진정한 자기를 깨닫지 못하고 있다고 본다.

여기서 부모도 가짜인 나와 진짜인 나를 구별하지 못한다. 이것은 세속적인 인간관계나 제도가 참 나[眞我]와 가짜인 나[假我]를 구별하지 못한다는 것이다. 그래서 이 이야기에서는 대다수 사람들의 경우 이 세상에서 가짜인 내가 진짜인 나의 주인 노릇을 하면서 산다고 넌지시 알려 준다. 그 때문에 현실세계에서 살다 보면 고통과 번뇌가 생기는 것이다. 진짜인 나를 찾는 것은 고난과 수도의 길이다. 그러다가 이 이야기에서는 스님의 도움으로 인간은 진짜인 자기를 발견할 수 있도록 한다. 여기서도 어김없이 고양이가 등장한다. 스님이 진짜 도령에게 고양이를 준 것이다. 그 고양이를 가지고 와서 가짜 도령에게 던지니 쥐로 변했다는 이야기다. 진짜라고 착각하는 가짜인 나는 쥐새끼처럼 하찮은 존재라는 점을 암시한다. 물론 이 이야기는 손톱과 발톱을 함부로 버려서는 안 된다는 유교적 신체를 소중히 여기는 효도의 외피를 입고 있다. 이와 같은 점은 '옹고집전'에서도 더 리얼하게 성인들이 이해할 수 있게 표현된다. 가짜 옹고집이 허수아비로 변하자 그 자식도 모두 허수아비로 변하는 것을 보면 알 수 있다. 가짜가 만든 업보는 가짜일 뿐이기 때문이다.

그런데 여기서도 그냥 두 마음이 있다고 하면 될 텐데 굳이 어떤 인물로 등장시킨 이유는 무엇일까? 그것은 '마음'이라고 하는 보이지 않는 대상을 일반 백성들에게 설명하기가 쉽지 않았기 때문으로 보인다. 따라서 이런 종류의 이야기는 일종의 불교를 전도하는 이야기로 보면 된다. 불교의 도움으로 참 나를 발견하면 행복하게 살 수 있다는 메시지로 이해하면 될 것이다.

이처럼 불교에 관련된 이야기는 수없이 많다. 그 가운데는 일반 민중들이 만든 것도 있고, 스님들이 만든 것도 있을 것이다. 이 여우 누이는 스님이나 불교에 조예가 깊은 사람이 그들의 관심을 덧붙여 변이로 만들지 않았나 생각된다. 이야기의 구성이 불교적 수행관이나 진리관에 너무나 정치하게 맞아떨어지기 때문이다. 우리가 잘 아는 『삼국유사』도 일연 스님이 엮었다. 이렇게 보면 스님들이 이야기를 만든 주체가 될 수 있다는 점이 전혀 낯설지 않다.

가부장적 남성 중심의 질서에 대한 반발?

요즘 우리 동화를 프로이트의 정신분석학이나 칼 융의 분석심리학으로 해석하는 경우가 꽤 있다. 특히 프로이트의 무의식, 칼 융의 분석심리학에서 사용하는 영혼 심상(soul image) 아니무스(animus)와 아니마(anima)를 동화에 적용시키려는 시도를 볼 수 있다.

그런 방법을 가지고 동화를 해석한 것 가운데는 필자와 이해를 달리하는 것도 있다. 그리고 이 동화도 예외는 아니다. 그런 방법론으로 해석한 것 가운데 하나는 이 이야기가 '남아선호 사조가 극심한 남성 중심의 가부장적이고 합리적인 당시 사회의 문제점을 드러내고 그것에 대한 해결책을 제시하려는 목적'이라고 규정하고, 이러한 사회에서는 여성성이 무의식적으로 억압당했기 때문에 누이인 여우가 파괴적이라고 본다.15)

그 이유는 다음과 같다고 한다. 아들이 셋이나 되는데 딸을 원하는 것은 가부장적 사회의 상식을 뒤엎는 행위다. '여우라도 좋으니 딸을 낳게 해달라.'고 빈 것이 그 증거다. 그래서 삼신할미에게 괘씸죄에 걸려 여우를 낳게 되었다. 따라서 가부장적 가치에 도전하는 것은 악마적 여우고, 셋째 아들과 결혼한 용왕의 딸은 너무나 착한 여성인데, 여기서 자신의 의사와는 상관없이 아버지인 용왕의 명에 의하여 셋째 아들과 결혼한 것은 가부장적 논리를 충실히 따르고 있기 때문이다. 따라서 이런 이론에 따른다면 동화에 등장하여 사람을 잡아먹거나 해치는 여우는 여성 억압에 대한 부정적 아니마의 원형이다. 쉽게 말하면 여우란 남성지배적 세계에 대한 여성의 파괴적인 무의식이다.16)

그런데 필자의 생각은 좀 다르다. 물론 앞의 주장에 전혀 동의하지 않는 것은 아니다. 가령 아들이 셋이나 되는데 딸을 원하는 것은 가부장적 사회의 상식을 뒤엎는 행위고, 용왕의 딸이 자신의 의사와는 상관없이 아버지인 용왕의 명에 의하여 셋째 아들과 결혼한 것은

15) 이도희, 앞의 논문, 32-33쪽.
16) 같은 논문.

가부장적 논리를 충실히 따르고 있다는 점 등은 생각이 일치한다.

그러나 가부장적 가치에 도전하는 것도 여우지만, 그 원조는 부모다. 아들이 충분히 있는데 딸을 원하고, 또 아들보다 딸을 더 사랑하는 것 그 자체가 가부장적 사회의 일종의 금기 파괴다. 더구나 정작이 이야기가 '무얼 말하고자 했는가?'를 말할 때는 앞의 견해와 완전히 다르다. 한마디로 말해 이 이야기는 '가부장적인 당시 사회의 문제점을 드러내고 그것에 대한 해결책을 제시하려는 목적'에서 만들어진 것이 아니다. 오히려 그 반대다. 가부장제도의 틀을 더 공고히하는 내용이다. 용왕의 딸은 여성성의 원형인 아니마가 아니라, 가부장제에서 가장 순종적이고 남성들이 바람직하게 생각하는 여인을 상징한다. 즉 용녀는 풍요한 여성성의 상징인 여신이 아니라, 당시 사회를 지배하는 남성들의 시각에 가장 이상적인 여인상일 뿐이다. 곧남성 자신들의 아니마이다. 따라서 용왕의 딸의 역할은 여우로 상징되는 부정적이고 파괴적인 아니마를 치유하는 것이 아니라, 그것을 공격하여 죽임으로써 가부장제에 대한 반발의 싹을 잘라 버리는 일이다. 제도권 내의 착한 모범생이 말썽꾸러기 학생을 보란 듯이 짓누르는 역할이다.

만약 분석심리학자들의 해석대로 용왕의 딸이 상징하는 풍요한 여성성의 아니마가 병든 여성성을 치료하는 이야기라면, 용궁이 등장하지 않는 다른 유형을 어떻게 해석해야 할지 문제가 생긴다. 그래서 분석심리학에서 연구한 이 동화는 주인공이 용궁에 가는 유형만가지고 이렇게 분석했지만, 절이나 또 다른 곳에 가서 보통의 처녀와 혼인한 일에 대해서는 침묵하고 있다.

더구나 우리 문화에 등장하는 선녀나 용녀는 대개 지극히 순종적인 모습을 띤다. 용녀는 용왕에게, 선녀는 옥황상제에게 그렇다. 그리고 그들이 인간세상에 와서 혼인을 한 경우에도 남편에게 아내의 도리를 다한다. 이것을 거꾸로 보면 이들은 당시 남성들이 그려내는 이상적인 여인상이다. 다시 말해 가부장적 질서를 존중하면서 시부모를 잘 받들고 남편을 잘 섬기며 아이들에게 어진 태도를 보인다. 일반적 신화에서 말하는 풍요를 상징하는 대지의 여신과는 거리가 멀다. 연구자들은 자신들이 주장하려는 의도나 분석심리학적 연구방법에 너무 충실하다 보니 문화적 배경을 무시한 채 이야기를 왜곡시키고 있는 것이다. 특히 여신 관념이 그렇다. 동양의 선녀나 용녀는 만물을 낳고 기르는 지고(至高)의 여신과 거리가 멀다.

이렇듯 이야기의 의도를 살피려면 우선 텍스트를 치우치지 않게 선택하여 거기에 충실하면서, 문화적 맥락과 역사적인 이해 방법과 문학적 분석 방법을 가지고, 이 이야기가 말하고자 하는 주제를 우선적으로 살펴야 한다. 이 같은 민담들은 고도의 은유와 상징과 풍자를 사용하지만, 그것을 보편적 신화 해석의 방법으로 해석하는 것은 어울리지 않는다. 민담은 대개 신화처럼 우주의 시작이나 사물의 기원 등을 말하고자 함이 아니라, 당시 사람들의 삶이 투영된 자신들의 현실을 말할 뿐이다. 따라서 민담을 제대로 이해하려면 이야기의 배경이 되는 문화적 코드를 정확히 집어내야 한다. 다시 말해 문학적 작품이라 하더라도 역사적 사실과 일정한 연관을 갖고 있다는 점을 유념해야 한다.

설령 심리학적 방법이 동원되더라도 그 심리의 이면에는 특정 지역의 역사적인 통치 또는 지배 방식, 그것과 연관된 내면화된 이데올로기나 관습이 녹아 있다. 그것을 무시하고 이야기를 보편적인 심리적 상징성으로 해석하면 이 이야기의 의도와 무관한 다른 차원의 해석이 나올 수 있다. 보편적인 것도 따지고 보면 특수한 것들끼리의 공통점인데, 그 특수한 것에서 공통점을 제대로 잡지 못하면 성급한 보편화에 이르게 되고, 그로 말미암아 왜곡된 해석이 가능해진다. 이 이야기의 표면적인 주제가 다소 모호하다고 해서 이야기를 다른 방향으로 이해해서는 안 된다.

그래서 필자가 이 이야기의 전승된 각종 변이와 유형들의 공통적인 측면에서 살핀다면 가부장적 질서를 강화하는 이야기라고 본 것이며, 이야기 1-1이나 주인공이 용궁에 간 두 가지 경우를 놓고 본다면 불교의 구도관(求道觀)과 상당히 연관되어 있다는 점을 밝힌 것이다.

바로 여기서 우리는 민중들의 의식이 제도화된 이데올로기를 벗어나기 힘들다는 점을 확인할 수 있다. 제도가 그들의 삶을 규정하고, 또 그 제도를 떠나 살 수도 없었고, 그리고 그 제도를 벗어나 존재할 능력도 없었기 때문이다. 정확히 말해 민중들로서는 그 체제를 벗어나는 다른 세계를 상상하는 데 한계를 지니기 때문이다. 이런 점은 오늘날 민주정치라고 믿는 중우정치(衆愚政治) 판에서 민중들이 선거 결과에 대해 언제나 자기 발등을 찍는 후회를 반복하는 것과 결코 무관하지 않다.

3. 금기는 깨뜨리면 안 되는가?

고전은 물론이고 종교적 경전(經典)이라 할지라도, 후세 사람이 거기에 대해서 묻지 않으면 답을 주지 않는다. 민담, 곧 옛이야기도 마찬가지다. 재미삼아 읽기만 한다면, 등장하는 많은 사건과 인물들은 내가 묻지 않은 이상 나와 무관한 것들이다. 그리고 그 답은 묻는 주체의 성격이나 능력에 따라 달라질 수 있겠다. 묻는 방식과 수준이 다르다면 말이다.

이제 우리는 이 '여우누이'에 대해 질문을 할 때가 되었다. 질문이 없다면 '여우누이' 또한 나와 상관없는 먼 시대의 이야기일 뿐이다. 혹자는 현재는 부모가 자식에 대해 남녀에 따른 차별을 하지 않기 때문에 이 이야기가 의미 없다고 할지 모른다. 그러나 아직도 아들과 딸의 차별이 있는 가정도 엄연히 있고, 이 '여우누이'가 굳이 그러한 차별만 다루는 것이 아니기 때문에 여전히 우리의 물음을 기다리고 있다. 그보다 더 중요한 것은 민중들이 그러한 관념을 자연스럽게 뼛속 깊이 새기도록 당시 현실의 제도적 장치가 그런 역할을 했는데, 바로 오늘날 우리의 의식과 행동을 규정짓는 시스템을 반성하는 데 유용한 자료가 될 수 있다는 점이다.

언제나 그렇듯이 해답은 묻는 자의 몫이다. 제대로 된 물음이라면 이미 물음 속에 답을 갖고 있다. 이 무슨 해괴한 말인가? 문제의 본질을 파악하고 묻는 질문은 해답을 찾기가 쉽다는 뜻이다. 무엇을 물었는지 명확하지 않으면 답 또한 그렇다.

이제 독자를 대신해서 필자가 질문을 하고 그 질문에 대한 답을 들을 때가 되었다. 그 질문이란 일차적으로 이야기의 주제와 관련된 논리적 측면에서 도출되는 것이기도 하지만, 이 논리와 연관된 물음일 수도 있다. 그리고 그 답은 주로 철학적인 면에서 고려될 것이다. 관련된 많은 사실과 문제를 종합해서 판단을 내리기 때문에 철학적인 답변이 될 수밖에 없다.

이 민담의 주제를 통하여 생각해 볼 수 있는 질문은 대개 다음과 같이 정리될 수 있다.

1. 금기를 깨뜨리면 정말로 비극적 상황을 발생시키는가?
   1-1. 그렇다면 정말로 금기는 깨뜨려서는 안 되는가?

2. 아들보다 딸을 귀하게 여기는 것이 금기가 될 수 있는가?
   2-1. 딸보다 아들이 중요한 것은 아직도 유효한가?
   2-2. 자식을 성에 따라 차별해도 되는가?

3. 사람들이 사실을 제대로 보지 못하는 이유가 무엇인가?
   3-1. 직접 확인할 수 없는 사실은 어떻게 믿어야 하나?
   3-2. 진리를 알면 사람이 어떻게 되나?

이상과 같이 몇 개의 질문을 상정해 보았다. 이 외에도 이 이야기를 보는 시각에 따라 다른 질문이 가능할 것이다.

금기

우선 첫 번째 질문, 곧 '금기를 깨뜨리면 정말로 비극적 상황을 발생시키는가?'에 대한 답을 알아보자.

그러나 그것을 알아보기 전에 먼저 금기가 무엇인지 확인할 필요가 있다. 금기(禁忌)는 폴리네시아 말로 '표를 붙였다'라는 말인데,[17] 터부(taboo)라는 이 말을 유럽에 최초로 소개한 사람은 1777년 영국의 쿡(James Cook) 선장이라고 한다.[18] 금기에 대한 정의는 많지만 간단히 정리하면, 금기란 원래 원시적 공포와 함께 경험이 풍부한 원시인들이 기피하는 혐오스러운 것들로부터 발생하여, 성스러움에 대한 사회적 오염의 위험을 막기 위하여 형성된 꺼리는 것이다. 또한 금기는 종족이나 집단의 안녕과 질서, 그리고 경제적 보호를 주목적으로 하나 여러 다양한 원인이 복합적으로 결합하여 발생하며 그 구조 역시 매우 복잡하다.[19]

따라서 금기의 사회적 기능은 개인이나 사회의 불안과 위험에 대하여 특정 행동을 제한함으로써 보호하고 방어하는 기능을 수행하며, 또 사회통합의 기능을 수행한다. 바로 여우누이 이야기에서 딸을 아들보다 귀하게 대우하는 것을 금기로 여긴 것은 가부장적 사회의 가치를 통합하고 그 질서를 유지하기 위한 것이었다. 그래서 아들, 그것도 적장자를 중요시하는 것을 가부장적 사회에서 필수적으로 통용되는 도덕적 명령, 곧 하늘의 뜻으로 여겼던 것이다.

또한 금기를 생산하는 주체는 사회의 지배계층이며, 기본적으로 금기가 깨지지 않고 유지되는 사회는 그 사회구조와 연결된 정신적

---

17) 전영태, 「나무꾼과 선녀에 대한 통합적 해석」, 『선청어문』, 2005, 229쪽.
18) 최창모, 『금기의 수수께끼』, 한길사, 2003, 25쪽.
19) 같은 책, 26-34쪽.

힘을 인정하는 것, 곧 법을 집행하거나 정신을 지배하는 자들의 힘과 권위를 인정하는 사회다. 그러니까 민담에서 아들을 귀하게 여기는 것은 유교사회의 지배층의 종법(宗法)제도를 확고히 따르는 것으로, 국가권력 계승과 사대부의 가통의 승계와 맞물려 있는 핵심 사안이었던 것이다.

그런 까닭에 고대사회에 있어서 금기를 깨뜨린다는 것은 비극적 상황을 발생시킬 수 있는 나름대로의 근거를 갖고 있다. 물론 그 비극이란 사회구성원 모두에 해당될 수도 있고, 지배적으로 통용되는 질서일 수도 있고, 지극히 개인적인 문제일 수도 있다.

그런데 현대는 금기가 많이 사라졌다. 그 이유는 무엇일까? 금기가 작동할 수 있는 사회적 환경이 변했기 때문이다. 게다가 숨 막히게 돌아가는 현대사회에서는 다양한 문화가 교류되고 온갖 잡종 문화가 탄생한다. 그 잡종 문화 속에서는 특정한 문화권의 금기가 통하지 않는다. 그리고 무엇보다 사회질서를 유지하는 힘의 구조가 바뀌어 버렸기 때문에 이전의 금기가 필요 없게 되었다. 그리고 사회적 질서와 경제적 보호가 금기의 주목적이라면, 그것이 합리적인 방법으로 바뀌지 않았을까? 바로 간접적인 금기로부터 직접적인 법이나 도덕이 그것을 흡수해 버렸거나 과학이 그것을 밝혀냈기 때문에 금기의 힘이 상실된 것이다.

그렇다면 현대에는 금기가 전혀 작동하지 않는 것일까? 금기를 깨뜨리면 비극적 상황을 발생시키는 것은 여전히 유효한가? 비록 이전의 많은 금기가 폐기되고 사라지고 법이나 도덕으로 바뀌었지만, 현대의 금기는 없는가? 그에 대한 답은 여전히 있다고 말할 수밖에 없다. 일례로 여우누이 이야기와 정반대의 금기가 생기지 않았을까? 남녀차별 문제가 그것이다. 정치가나 사회적으로 영향력 있는 사람들에게 있어서 남녀차별이나 노인차별, 또는 지역차별에 대한 발언은 곧 사회적 매장을 의미한다. 대단한 금기가 아닌가? 그뿐만이 아니다. 이전의 금기가 여전히 유효한 것도 있다. 근친상간이나 종교적 금기 등이 그것이다. 더욱이 과학과 기술의 발전으로 새로운 금기가 생기고 있다. 복제인간 문제 등이 그것이다. 물론 이런 것들은 법적이고 윤리적이고 종교적인 문제를 파생시키면서 진행되고 있다. 그리고 아직도 우리 사회에서는 반미운동과 사회주의(공산주의) 운동은 금기다.

그런데 정말로 금기를 깨뜨려서는 안 되는가? '금기는 깨뜨리기 위해 존재한다.'는 말처럼, 불합리하고 인간을 억압하는 족쇄일 경우는 깨뜨려야 한다. 특히 기득권을 가진 사회 상층부가 다수의 민중을 편리하게 지배하기 위한 가치나 태도, 또는 종교적 외피를 위장한 생활신조 등이 그 대상이다. 모든 금기가 다 금기는 아니다. 지배 문화의 이데올로기로서 작용하는 금기도 있고, 사회의 보수적 집단의 이해관계나 종교적 관습에서 금기로 여기는 것도 있다. 한때 우리나라도 북한과의 접촉은 물론 북한 관련 물건이나 서적을 가지고만 있어도 문제가 되기도 했다. 강력한 금기였다. 그 금기를 깬 사람은 다름 아닌 통일운동가였다. 트랜스젠더나 동성애 문제도 그렇다. 모 연예인이 그것을 밝히고 활동하기 이전에는 말하기 꺼리는 금기였다. 그것이 깨지고 나니 더 이상 금기가 아니다.

그러니까 깨뜨려야 하는 금기도 있고, 깨뜨려서는 안 되는 금기도 있다. 금기를 깨뜨려서는 안 되는 이유는 그것이 금기이기 때문이 아니라 인간에게 재앙을 가져오기 때문이다. 그것이 바로 금기의 속성이다. 문제는 금기라는 이유로 인간을 억압해서는 안 되고, 모든 금기는 깨뜨려야 한다고 좌충우돌하는 것도 위험하기는 마찬가지다. 지혜롭게 대처해야 할 문제다.

가부장제

우리가 읽은 이야기는 '딸을 아들보다 귀하게 여겨서는 안 된다.' 라는 금기를 깨뜨리면서 비극적 상황이 발생되고, 그것을 수습하는 방향으로 전개되었다. 그러나 이제 우리는 '아들보다 딸을 귀하게 여기는 것이 금기가 될 수 있는가?'라는 물음에 답할 때가 되었다. 물론 원론적인 입장에서 지금은 '아니다'라고 간단히 말할 수 있다. 그러나 이것은 사회 전체 구성원들의 생각을 두고 한 말은 아니다. 전체는 부분을 사상(捨象)시키지 않고 한마디로 말할 수 없기 때문이다. 그래서 아직도 가부장제의 전통이 강하게 유지되고 있는 사회나 가정에서는 금기가 될 수도 있다.

가부장제를 국어사전에서 찾아보면 '부계(父系)의 가족제도에서 가장이 그의 가족 전원에 대하여 지배권을 가지는 가족 형태' 또는 '가부장제적 가족의 체계 및 이를 원리로 하는 사회의 지배 형태'로 설명하고 있다. 가부장제도의 가족 내의 현대적 특징은 가족구성원에 대한 가장의 거의 절대적인 지배권, 즉 혼인, 이혼, 상급학교 진학 등 가족 내의 모든 문제가 가장인 남성 아버지의 의사에 따라 진행됨을 의미한다. 다음으로 가정 재산에 대한 독점적 지배권으로 상속받은 재산은 물론 가장 자신이 취득한 재산에 대하여 독점적으로 소유하며 처분하는 것을 말한다. 또 가족의 영속성을 실현할 가계계승권으로 호주 승계, 조상의 제사, 가통 유지 등이 그것이다. 그러나 사실상 이렇게 운영되는 가장 중심의 가정은 드물다. 그리고 민법이 개정되어 전통적인 가부장제는 보기 힘들게 되었다. 그러나 상속할 재산이 많거나 승계해야 할 대상이 있는 가정, 그리고 전통적 흔적이 많이 남아 있는 가정이나 사회에서는 여전히 가장이 강력한 힘을 발휘하고 있다.

전통적 가부장제도는 중국 주(周)나라에서 완성된다. 그것이 종법(宗法)으로 정착되는데, 당시 종법은 천하를 다스리는 통치 방법 가운데 하나였다. 즉 주나라 왕실의 후계자와 권력 계승과 친족의 제후 임명, 또 제후국에 있어서 후계자와 대부(大夫)들, 또 대부가 다스리는 지역에서의 그런 절차가 하나의 체계를 이루어 진행된다. 이것은 서주(西周) 시기에 완성된 것이며, 고대 중국 귀족사회에 있어서 혈연관계를 기초적 사회제도로 삼은 것으로, 그 목적은 천자에서 제후(諸侯), 경(卿), 대부(大夫), 사(士), 서민(庶民)에 이르기까지 공통적인 규범을 지키게 함으로써 다툼이나 갈등을 피하고 사회를 안정적으로 다스리기 위함이었다.

　종법제도의 기본은 적장자를 중심으로 계통이 확립되는데, 적자(嫡子)란 처첩의 아들 가운데 정처(正妻)의 아들이며, 장자(長子)란 여러 아들 가운데 첫째 아들을 말한다. 그러니까 정처의 첫째 아들이 적장자이고, 그가 가부장제도의 핵이다. 이 적서(嫡庶)의 구별이 있는 이후에 대종(大宗)과 소종(小宗)이 나누어졌다.

　이러한 내용은 고대 왕통 계승의 전범이 되었고, 후대의 국가들이 이 제도를 참고로 따랐으며 조선의 경우도 여기서 크게 벗어나지 않는다. 그런데 우리 역사에서는 조선 후기로 내려오면서 유교적 이념, 정확히 말해 성리학적 이념이 사회제도로 정착하면서 전통적 가부장제가 더욱 강화된다. 즉 친족제도, 제사상속, 재산상속, 양자제도 등이 남성, 그것도 장남을 우대하고 여성과 차남 이하를 차별하는 방향으로 진행되었다.

　그것은 임진왜란과 병자호란 후의 사회의 혼란을 유교적 제도로 통제하고자 한 당시 지배층에 의해서 확고히 굳어졌던 것이다. 즉 효(孝)라는 개념을 통하여 가족 내에서 가장에 대한 절대적 복종이 요구되고, 여자들에게는 정절(貞節)이 장려됨과 동시에 삼종지도(三

從之道)나 칠거지악(七去之惡)[20]이라는 장치가 작동하였으며, 국왕에 대해서는 충(忠)이라는 규범에 입각하여 사회 요소요소에 가부장적 관계가 적용되었다. 그리고 일제강점기를 거치면서 호주제가 법제화됨으로써 일반인들에게 그것이 더욱 강화되었다.

게다가 이런 시스템에서 한 개인에 있어서 노후 문제를 해결할 수 있는 것은 딸이 아니라 아들이며, 그것도 적장자다. 그가 가통을 잇고 조상을 모시며 부모를 섬기는 중심에 있기 때문이다. 딸은 출가외인이요, 차남 이하는 소종(小宗)으로 갈라져 나와 장남에 비해 그 책임과 의무가 비교적 자유로웠으며 자기 대부터 새로이 종통(宗統)을 만들어 가야 하는 입장이었다.

따라서 부모는 아들, 그것도 장남을 우대하여 그에게 권한과 재산을 승계하는 것이 너무나 당연하지 않은가? 사실이 이러한데 아들보다 딸을 애지중지하는 것이 언감생심 가당키나 한 일인가? 그러니 누구나 아들을 낳으려고 했고, 아들을 낳지 못하면 양자라도 들이려고 했다. 당시 여성은 사회적 활동을 할 수 없었고, 따라서 딸은 시집을 갈 수밖에 없는 운명이었으며, 시집을 간 이상 그 집안의 며느리와 어머니의 역할에 충실할 수밖에 없었다. 그래도 여성은 시집을 가서 아들을 낳으면 언젠가 그 집안에서 그 아들의 효도를 받으며 여생을 편안하게 지낼 수 있었다.

이렇듯 개인의 노후나 복지 문제를 국가나 사회가 아직 해결할 단계가 아닌 사회에서, 가족 내에서 이처럼 갈등 없이 해결할 수 있는 좋은 제도(?)가 거의 없다고 말한다면, 필자의 지나친 망발일까? 모르긴 해도 이런 것이 굳이 우리 전통에만 있는 것은 아니니라. 그럼

---

20) 물론 칠거지악만 있어 여성에게 절대적으로 불리하게 만든 것은 아니다. 여성을 쫓아내지 못하는 삼불거(三不去)가 있었고, 후대에 오면 오불거(五不去)까지 있었다.

에도 불구하고 우리의 전통을 지나치게 비하하고 다른 나라 전통은 그렇지 않은 듯 호들갑을 떠는 것은 지나친 자기부정이 아닌가? 이 것은 여성의 사회진출과 경제활동 참여로 그 지위가 향상된 오늘날 입장에서 볼 때 분명한 적서와 남녀 차별이지만, 당시에는 누군가 한 사람에게 권한과 책임을 주어서 가정이나 사회를 이끌어 가게 해 야 하는 나름대로 좋은 제도였고 질서였던 것이다. 그 점을 비난하 기보다 이해해야 한다는 것이다. 그 제도는 경제구조, 즉 생산양식의 문제에서 오는 것이며, 결국은 생산관계의 낙후성과 생산력의 한계 때문인 것이다.

그런데 현대의 우리 문화 가운데 어떤 부분이 가부장적 영향 아래 있었기 때문에 그것을 거부해야 한다고 해서, 가령 성(姓)도 어머니 의 것을 따르거나 아버지의 성과 어머니의 성을 같이 쓰거나, 또는 자기 나름대로 만들어 쓴다면, 그 혼란을 어찌할 것인가? 아무런 기 준이 없이 단지 전통 속에 부정적 요소가 있다고 해서 다 철폐해 버 리고 마음대로 한다면, 그 혼란으로 인해 생기는 불행은 누가 막을 것인가?

사실 고대사회에 있어서 가부장제도의 본질은 여성의 정치적 또는 사회적 활동에 대한 배제와 장남 이하는 그 권력이나 지위가 한 등 급씩 내려가는 데 있다. 이들은 몇 세대만 흘러도 결국 권력의 핵심 에서 멀어질 수밖에 없다. 남이 되는 것이다. 그것이 종법제도의 운 명이다. 누구의 성을 따르느냐, 어떤 자식을 소중히 여기느냐 하는 것은 다 여기서 근원한다. 가부장제는 동서를 막론하고 승계할 사유 재산이 있었던 사회의 보편적인 현상이었다.

이렇게 여성의 사회참여의 배제라는 조건하에서 아들을 낳으면 공 부시켜 과거시험을 통하여 사회활동에 참여할 수 있고, 권세를 얻어 집안을 일으키고 가풍을 세울 수 있다. 특히 적장자보다 상대적으로 불이익을 받았던 차남 이하도 벼슬을 얻으면 그것을 만회할 수 있었다. 그러나 딸은 그럴 수 없다. 사위의 경우는 집안이 번창해야 제대로 된 사람을 고를 수 있기는 해도 사위가 그 집안의 대를 이을 수는 없기 때문이다. 게다가 집안 사정이 형편없으면 괜찮은 사위를 맞이할 수도 없다. 설령 사위가 나중에 출세를 하더라도 한계가 있을 수밖에 없다.

오늘날 문명국가에서 여성에 대한 사회·정치적 차별을 두는 나라는 원칙적으로 없다. 딸이 잘나면 훌륭한 사윗감을 얻을 수 있다. 그럼에도 아직도 많은 나라에서 남녀차별은 여전히 존재한다. 이런 나라에서의 남녀차별의 문제가 단순히 전통적 가부장제도 영향 때문인지는 더 조사해 봐야 한다.

앞에 언급했던 중국 고대의 가부장제도의 본질은 가통이나 종통을 승계하는 것이지만, 그 핵심에는 사유재산의 상속 문제가 연관되어 있다. 상속에 대한 차등 역시 종법제도의 핵심 사안 가운데 하나였다. 당시 권력이란 곧바로 봉(封)해진 땅의 크기와 중요성에 비례한다. 권력자에게서 멀고 가까움에 따라 봉토의 크기와 중앙에서의 거리가 결정되었다. 우리나라의 '경기도(京畿道)' 가운데 '기(畿)'라는 글자가 바로 그 주(周)나라 종법제도에 기반을 둔 봉건제도의 산물이다. 천자가 다스리는 직할지(直轄地)를 기내(畿內) 또는 왕기(王畿)라고 불렀는데, '경기도'의 '기' 자가 바로 여기서 연원한다. 물론 조선은 주나라와 같은 봉건제가 아닌 관료제였기 때문에, 경기도가 왕의 직할지라기보다 도성[京]에 가까운 땅이라 그렇게 불렀을 것이다. 이러한 종법원리가 천자인 왕에서부터 제후(諸侯), 경(卿), 대부(大夫), 사(士), 서민(庶民)에까지 적용되었고, 조선에서도 그 원리가 모든 사람들에게 보편적으로 지켜졌다. 물론 조선 중기 전만 해도 자녀 균분 상속이라 하여 시집간 딸에게도 유산이 돌아갔으나, 성리학적 예법이 확립된 중기 이후에는 적장자를 중심으로 이루어졌던 것이다.

아이러니컬하게도 그 가부장적 요소가 오늘날 돈 많은 부잣집에 더 많이 남아 있다고 말한다면 틀린 것일까? 그런 집에 사는 여성들이 사회활동은 고사하고 자기 목소리를 내는 것을 본 적이 있는가? 그 집안의 며느리는 특히 더 그렇다. 재산권을 가장을 중심으로 소유하고 있기 때문이다. 재산을 제대로 상속받으려면 제 목소리를 낼 수 있을까? 물론 경영권 승계는 꼭 적장자 중심이 아니라 능력 있는 아들 중심으로 옮겨지고 있지만, 만약 아들들의 능력이 비슷하다면 당연히 장자를 중심으로 상속한다. 이 점은 우리나라 재벌가들이 잘 보여주고 있다. 여전히 가부장적 분위기는 남아 있다. 그 또한 그 부자 집안의 질서 유지와 다툼을 방지하기 위한 것이리라.

그런데 가부장제 사회와 남성 중심의 사회를 혼동하는 사람들이 많다. 그래서 우리의 남녀차별 문제를 걸핏하면 유교적 가부장제의 폐단이라고 비난하는 사람들이 있다. 전통을 거슬러 올라가면 어느 나라나 가부장제도가 있다. 또 일부 선진국을 제외하고 대다수 세계의 여러 나라가 아직도 남성 중심의 사회다. 유독 유교에만 있었다고 말할 수는 없다. 유대교나 이슬람교 전통에는 더 강하다. 우리의 전통에 그것이 있다고 해서 다른 문화권의 그것보다 비하할 이유가 없다. 다만 우리는 여기서 왜 남성 중심의 사회가 계속 유지되고 있는지 그 원인을 밝혀 보아야 한다. 단순히 과거 가부장적 전통의 영향 때문인지, 아니면 그럴 만한 이유가 있는지 말이다.

사회적 조건이 변하면 남성 중심의 사회도 오래가지 못한다. 요즘 사람들은 과거처럼 대를 이어 조상을 지극히 모신다든지, 가통을 잇는 것을 그렇게 중요하게 여기지 않는 경향이 있다. 과거의 인습과 전통에 얽매여 현재의 삶을 희생하려 들지도 않는다. 또 토지에 매여 살던 농경시대가 아니기 때문에, 그것을 매개로 삶의 조건을 규제하는 풍습이나 관습도 사라지고 있다. 게다가 요즘 부부들은 자식을 낳지 않거나 겨우 한두 명 낳고, 또 매장하는 풍습도 사라져 가고, 세계 여러 종교의 전시장이 되어 버린 마당에 더 이상 이전과 같은 유교적 가부장 전통은 크게 힘을 발휘하지 못하고 있다. 그러니 남자 아이를 통해 대를 잇거나 가정의 질서를 확립한다는 것은 이제 그다지 중요하지 않은 일이 된 것이다. 오늘날 남녀차별의 문제는 점차 개선되고 있고, 평등한 사회가 되기를 원하는 사람들이 늘어나고 있다. 남녀평등이 대세요, 시대의 흐름이다. 고로 자녀에 대한 차별은 원칙적으로 있을 수 없다.

그러니 개인적으로 딸을 아들보다 귀하게 여긴다고 해서 금기가 될 수 없으며, '딸보다 아들이 중요한 것은 아직도 유효한가?'라는 질문에 대해서도 반드시 '그렇다'고 대답할 수 없게 되었다. 아직도 딸보다 아들을 중요하게 생각하는 가정들도 엄연히 존재하고 있지만 말이다.

여기서 아직도 딸보다 아들을 중요하게 생각하는 가정들이 우리 문화 풍토에서 여전히 존재하는 이유는 무엇일까? 그것은 사유재산의 계승 또는 가통(家統)을 잇는다는 면 외에 이 세상에 자신의 핏줄을 남긴다는 생각과 닿아 있을 것이다. 왜 여성이 그것을 이으면 안 되는가라고 반문할 수 있으나, 그것을 섣불리 받아들이지 못하는 것은 사상이나 관념의 관성(慣性)과도 관련된다. 전통적 관념의 무게가 강하게 남아 있는 사람들에게는 아직도 남아선호 사상에는 변함이 없다. 사상이나 교육, 비록 그것이 세뇌의 효과에 의한 것이라 할지라도 그것을 하찮게 여기는 사람들이 눈여겨보아야 할 대목이다. 이런 맥락에서 철학이나 역사, 문학 등 인문교양 강좌를 폐지하고 학부제 중심의 기능적이고 실용적인 것만 강조한 대학교육 개혁은 개악이요, 장래 시민들의 비판의식을 원천적으로 봉쇄하고자 하는 고도로 계산된 음모일 수 있다.

그렇다면 현대에 와서 그것이 꼭 아들이어야 하는가라고 묻는다면, 그렇지 않을 것이다. 아들이 없으면 양자를 들여서라도 가통을 잇는 조선시대는 아니다. 아직도 아들이 없는 문제를 놓고 비정상적으로 아들을 들이는 일이 텔레비전 주말드라마의 소재가 되고 있긴 하지만, 어떤 경우는 자식에게 아예 그것을 기대하지 않는 부모들도 있다. 이 세상에 자신의 흔적을 남긴다는 것이 도대체 무슨 의미가 있느냐고 하면서 말이다.

그러니 자식을 차별하는 것은 원칙적으로 있을 수 없는 일이다. 그러나 이성적으로 볼 때 자식에 대한 차별을 하지 말아야 하지만, 그렇지 않은 경우도 있다. 딸이 부모의 뜻을 잘 따르고 착하다면, 걸핏하면 사고만 치고 다니는 말썽꾸러기 아들보다 정이 더 가는 것은 보통사람들의 인지상정이다. 그런 의미에서 차별은 있을 수 있다. 공자나 부처에게도 제자에 대한 눈에 보이지 않는 차별이 없었을까? 이상이 질문 2-2에 대한 답이다.

수신(修身)과 제가(齊家)

자신과 관련된 어떤 문제에 대하여 사실대로 보는 사람은 현명하다. 그 사람은 문제의 답을 찾을 수 있다. 그러나 어떤 사람들은 그러한 사실을 인정하지 않으려 한다. 문제가 자기 자신에게 있을 때 더욱 그러하다. 이제 우리는 '사람들이 사실을 제대로 보지 못하는 이유가 무엇인가?'의 세 번째 질문에 대한 답을 들을 때가 되었다. 일반적으로 사람들이 사실을 제대로 보지 못하는 이유는 인식론적으로 볼 때 여러 요인이 있다. 여기서 그것을 다 설명할 수는 없고, 다만 그 가운데 하나를 여우누이의 민담이 말해 주기 때문에 살펴보기로 한다. 여기서 아버지가 딸이 여우라는 사실을 알지 못한 것은 아버지가 딸을 너무 애지중지하여 진실을 말하는 아들(들)의 말에 귀를 열지 않았기 때문이다. 남의 진실한 말에 귀를 기울이지 못한 것은 그의 수양이 덜 된 탓이다.

이렇게 아버지가 딸만 애지중지한 나머지 아들(들)의 말을 믿지 않고 가정을 제대로 다스리지 못해서 풍비박산이 났는데, 이런 경우를 『대학(大學)』에서는 수신(修身)이 제대로 되지 않았기 때문이라고 본다. 그 내용을 소개하면 다음과 같다.

이른바 그 가정을 가지런히 하는 것이 수신(修身)에 달려 있다고 하는 것은 사람이 그가 친애하는 것에서 치우치고, 천시하거나 미워하는 것에서 치우치고, 두려워하고 공경하는 것에서 치우치고, 슬퍼하고 긍휼히 여기는 데서 치우치고, 오만하고 게으른 데서 치우치기 때문이다. 그러므로 좋아하면서도 그 악을 알며 미워하면서도 그 선한 것을 아는 자는 천하에 드물다. 그래서 속된 말에 있기를 가로되 "사람이 그 자식의 나쁜 점을 알지 못하며 그 묘(苗)의 큼을 알지 못한다."고 하니, 이를 일러 몸이 닦이지 않으면 가정을 가지런히 할 수 없다는 것이다.21)

『대학』에서 말하는 이 말은 정확히 여우누이의 부모가 왜 진실을 보지 못하고 가정이 파멸의 직전까지 가게 되었는가를 여실히 보여 준다. 결론적으로 아버지가 제가(齊家), 곧 가정을 잘 다스리지 못했는데, 그 이유는 딸을 너무나 친애(親愛)하는 데 치우쳐 그 딸이 여

---

21) 『大學章句』 제8장, "所謂齊其家, 在脩其身者, 人, 之其所親愛而辟焉, 之其所賤惡而辟焉, 之其所畏敬而辟焉, 之其所哀矜而辟焉, 之其所敖惰而辟焉. 故好而知其惡, 惡而知其美者, 天下, 鮮矣. 故諺, 有之, 曰人, 莫知其子之惡, 莫知其苗之碩. 此謂身不脩, 不可以齊其家."

우라는 사실을 제대로 보지 못했기 때문이다. 더구나 진실을 말해 주는 아들을 믿지 않고 쫓아냈다. 그래서 『대학』에서는 "그러므로 좋아하면서도 그 악을 알며, 미워하면서도 그 선한 것을 아는 자는 천하에 드물다."고 했는데, 자신의 감정과 상관없이 이성적으로 사물에 대한 객관적인 태도를 견지하는 것의 중요성을 말하고 있다. 부자는 아들의 말을 듣고 딸의 본모습을 알았어야 했다. 그 아들의 말을 믿지 못할 것 같으면 자신이 직접 밤에 자지 않고 살펴보아야 했다. 그래서 이 이야기의 또 다른 작은 주제는 '아비가 수신을 제대로 못하면 가정을 망칠 수 있다.'는 것으로 생각해 볼 수 있다.

이렇듯 미워하면서 상대방의 장점과 좋은 점을 안다면 그 사람은 대단한 사람이다. 크게 성공할 수 있는 사람이다. 또 좋아하면서 그 사람의 나쁜 점과 단점을 안다면 그 또한 제대로 사랑할 수 있다. 그러나 이러한 모습이 쉽지 않다고 말하고 있다. 그래서 일반적으로 사람들은 자식의 나쁜 점을 보지 못하며, 자기 밭에 있는 곡식의 싹이 다른 사람의 그것보다 크다는 것을 모른다. 남의 떡이 더 커 보이기 때문이다.

필자는 교사이기 때문에 이런 부모들을 가끔 경험한다. 자식의 말만 듣고 자식이 학교에서 잘 하는 줄 믿는 사람들이 있다. 어린아이들은 자신의 불리한 점을 가능한 한 부모에게 말하지 않고 순간을 모면하기 위하여 자신에게 유리한 쪽으로 둘러대는 경향이 있기 때문이다. 학교에서 하는 행동과 부모 앞에서 하는 행동이 전혀 다른 경우가 많다는 뜻이다. 정작 부모는 자식을 사랑하기 때문에 그 사랑에 눈이 멀어 자식의 단점을 제대로 보지 못하는 경우가 많다. 고슴도치도 제 새끼가 예쁘다고 하지 않던가? 그래서 자기 자식을 제대로 볼 줄 아는 사람이야말로 자식을 훌륭하게 키워낼 수 있다.

무엇이 진리인가?

이처럼 사람이 사물을 제대로 보지 못하는 것은 치우침 때문이기도 하다. 그러나 근원적으로 볼 때 무지(無知)의 탓이기도 하다. 그렇다면 사물을 제대로 보면 되는가? 여기서 사물에 대한 참모습을 잠정적으로 진리(眞理)라고 말해 두자. 인식이론에 따라 진리란 무엇인가에 대한 논의를 더 해야 하기 때문에 그렇게 간단하지는 않지만 말이다.

그렇다면 사물을 제대로 본다는 것은 무엇을 의미하나? 도대체 사물을 제대로 볼 수는 있나? 또 어떻게 볼 수 있나? 이러한 질문에 대해서도 대답해야 할 것들이 참 많다. 이것들은 모두 사물에 대한 진리관, 인식 가능성, 인식 내용, 인식 방법에 대한 질문들이다.

여기서 우리는 위의 내용과 관련지어 질문 3-1의 '직접 확인할 수 없는 사실은 어떻게 믿어야 하나?'라는 질문에 답할 차례가 되었다.

우선 우리가 흔히 '무엇을 안다'고 할 때는 알 수 있다는 인식 가능성을 열어 놓고 출발한다. 그렇지 않다면 어떤 진리에 대한 확신은 물론이고 종교나 도덕, 법률적 근거도 보증할 수 없다. 그렇기 때문에 대부분의 종교에서도 근원적으로는 무지(無知)는 죄가 될 수 있다고 여긴다. 게다가 현대사회에서 자신이 속한 사회의 법이나 규칙에 대한 이해는 필수적이다. 범법자에게 있어서 무지가 사면(赦免)의 조건이 안 되는 이유가 바로 그 때문이다.

무엇을 알 수 있다고 한다면, 무엇을 아는가 하는 점을 밝혀야 한다. 여기서 과학과 종교, 예술과 도덕이 갈라진다. 흔히 고등학교 윤리 교과서에서 말하는 진선미(眞善美)가 그 대상에 속한다. 그러나 전통적인 동양적 사고에서는 대체로 그것이 분리되지 않는다. 가령 유학에서는 인의예지(仁義禮智)와 같은 인간의 성품인데, 그 자체가 인간의 참 모습이며 선하며,[22] 그것을 잘 발휘하는 것[23]이 아름다운 인간이다.

　도가(道家) 또한 이것이 통합된 입장을 보인다. 진인(眞人)이란 진리를 체득한 사람으로 바로 진리인 도와 함께 노니는 사람이고, 비록 선과 악을 구분하지 않지만 그 도와 함께하는 것이 절대적 선의 경지이며, 그것이 바로 아름다움의 모습이다. 동양의 산수화를 보면 그 도와 자연과 인간이 어우러져 하나 된 아름다움의 극치를 보여주고 있지 않은가? 동양의 산수화는 대개 도가와 관계된다. 그래서 그 속에서 인물은 크게 강조되지 않는다. 자연의 일부이며 자연과 하나가 되기 때문이다.

　그러나 오늘날의 입장에서 보면 과학과 도덕과 종교가 추구하는 목적이 비록 다른 것일지라도 서로 보완이 되어야 한다. 과학이 물질(세계)의 사실 관계의 규명이라면, 도덕은 그것을 토대로 당위를 구축해야 한다. 사실을 무시한 당위는 허위이기 때문이다. 종교 또한 과학과 대치되는 점도 있지만, 그 이론을 포용하는 사람들도 있는데 종교도 미신에서 이성적인 쪽으로 방향 전환하는 것이 옳다고 보기 때문이리라.

　이렇듯 인식 내용 문제는 과학과 예술과 종교와 도덕이 다르나 서로 의존하고 있다. 그렇다면 인식 방법은 어떠한가? 한마디로 말하기 어려울 정도로 복잡하다. 경험, 직관, 신비적 체험, 계시, 합리적 방법 등이 있다. 그래서 어떤 사람이 무엇을 알았다고 한다면 어떻게 알았는지 확인해 볼 필요가 있다. 그 인식 방법에 보편성과 합리

---

22) 인의예지를 인간이 본래부터 가지고 있는 성품으로 보는데, 성리학에서는 인간의 본래 성품이 곧 리(理)라고 본다. 그 테제가 '성즉리(性卽理)'다. 성리학은 맹자의 성선설을 이었으므로 본래의 성품으로만 본다면 인간은 선하다.
23) 본성이 잘 발휘되는 것은 희로애락(喜怒哀樂)이 잘 발로되어 절도에 맞아 중화(中和)의 덕을 갖춘 모습, 곧 중용(中庸)의 덕을 갖춘 것이다.

성이 있는지 살펴야 한다. 과학을 예로 들면 인간의 오감(五感)을 통한 관찰, 즉 경험을 기초로 하여 가설 설정과 검증 과정이 요구되는데, 전 과정에 걸쳐 사고력을 필요로 하며 모든 과학적 연구에 보편적으로 적용된다.

그래서 사물을 제대로 보는 것이 신념(종교)이나 입장의 차이에 따라 다르기 때문에 쉽지 않다. 그러나 그 어떤 것도 이성적이고 합리적인 입장에서 보는 것이 중요하다. 그것이 필자의 생각이다. 왜냐하면 이성적이고 합리적인 성격을 담보로 하지 않는 앎은 보편성과 객관성을 상실하기 쉽기 때문이다. 필자가 설령 어떤 종교적 세계관이나 도덕관이 마음에 든다고 판단한다면, 그것은 바로 그 보편성과 객관성을 띠고 있기 때문이고, 달리 말하면 과학적 사실들을 포용하고 있기 때문이다.

그렇다면 3-1의 질문 곧 '직접 확인할 수 없는 사실은 어떻게 믿어야 하나?'에 답해 보자. 어떤 종교인들은 알기 위해 믿는다고 한다. 달리 말해 모르기 때문에 믿는다는 말과도 통한다. 심지어 안 보고 믿는 것이 더 복되다고 말한다. 설령 이것을 그 종교에 대입해 보더라도 말도 안 되는 난센스다. 그 믿는다는 것이 사실이라면 다행이지만, 거짓이라면 어찌할 것인가?

사실 우리가 아는 것 대부분이 우리가 직접 확인한 것은 아니다. 그런데도 우리는 그것을 믿고 산다. 가령 지구가 도는 것을 우리가 본 적이 없고, 내 몸속 세포를 육안으로 직접 본 사람은 없을 것이다. 그런데도 그 사실을 믿고 산다. 이런 것을 어떻게 설명해야 할까? 단순히 많은 사람이 믿고 있다고 해서 사실로 믿는 것일까? 아닐 것이다. 사람의 수가 문제가 아니다. 그것이 사실이라는 것을 검증했고, 그 검증한 사실을 교육을 통해 전달받았기 때문이다. 이렇듯 어떤 사실을 교육을 통해 전달하는 것은 매우 중요하다. 학술적 이론만이 아니라 종교적 진리를 전파하는 것도 이런 과정을 거친다.

그렇다면 전달하는 교육이 잘못되면 어떻게 해야 하나? 전달하는 자가 원래의 진리를 잘 이해하지 못했다면 어떡하나? 아직도 교육을 통해 전달받는 것에 믿음이 생기지 않는다면, 그 다음으로 생각해 보아야 할 것은 무엇인가? 그것은 내가 좀 더 그 이론에 가까이 다가서야 한다. 전달의 오류가 없는지 알아보기 위해서는 바로 그 가르침이나 이론의 논리나 정합성을 따져 보아야 하고, 역사적 왜곡이 생기지 않았는지 따져야 한다. 그렇게 함으로써 맹목적 믿음에 대한 강요의 본질, 교육상의 허점과 논리의 비약을 발견할 수 있다. 그러면 그것으로 다 된 일인가?

이런 과정을 거쳐서 그러한 앎에 대해서 만족하는 사람도 있겠지만, 아직도 만족하지 못하는 사람들도 있다. 그 이론의 논리만으로 이들을 만족시키지 못한다. 논리는 종종 내용을 배제시키기 때문이다. 만족하려면 그 이론이 나온 현장에 접근해 보아야 한다. 그래서 아예 처음부터 자신이 직접 확인해 본다. 진리에 가까이 가는 것이란 바로 이런 과정이다. 내가 그 사실을 믿지 못하므로 직접 확인해 보는 것이다. 직접 확인할 수 있는 능력이 없기 때문에 초보 단계부터 믿어버리는 사람도 있지만, 거기에 머물지 않고 직접 확인까지 해보는 사람도 있다. 무엇을 믿고 확인할 것인지도 전적으로 그 사람의 몫이지만 말이다. 이렇게 기존의 앎에 대하여 만족하지 못하고 회의가 들면 자신이 직접 확인하는 수밖에 없다. 여우누이에서 아들의 말을 믿지 못하였으면, 아버지 자신이 직접 확인했어야 했다. 그렇게 함으로써 비극을 사전에 막을 수 있었으리라.

진리가 너희를 자유롭게 하리라

공부해서 이론도 살피고, 더 나아가 현장 체험을 통하여 이렇게 나름대로 진리를 확인했다고 하자. 그럼 진리를 알면 사람이 어떻게 될까? 질문 3-2에 대한 답을 찾아보자.

기독교의 『성서』에 "진리가 너희를 자유케 하리라."[24]라는 말이 있다. 여기서 진리는 하느님[25]의 말씀이라고 말하기도 한다. 그렇더라도 정말 여기서 말하는 진리가 우리를 자유롭게 할까? 필자가 기독교 신자였던 젊은 시절의 경험을 되살려 보면, 적어도 필자에게는 기독교 안에서는 노예의 자유밖에 없었다. 물론 이 말도 전적으로 필자의 주관적 생각이다. '주여! 주여!'라고 외치는 것은 '내가 바로 당신의 종(노예)입니다.'라고 반복해서 말하는 것에 다름 아니다. 지금도 목회자들은 자랑스럽게 스스로 주의 종이라 부른다. 거기에 종의 자유 외에 무슨 또 다른 자유가 있겠는가? 물론 필자도 한때 종의 자유를 참 자유로 착각했었다. 비록 어떤 사도의 고백처럼 이제 주(主: 주인)라고 부르지 않고 친구라고 부를지라도, 여전히 정통적 기독교 전통에서는 신과 인간은 주종 관계, 조물주와 피조물의 관계에서 한 치도 벗어나지 않으니, 거기에 몸담은 인간은 본질적으로 자유롭지 않다. 평안과 안식을 주는 자유는 참 자유가 아니라 실은 노예의 자유이며, 일시적인 마취 현상에 불과하다. 그 마취에서 깨면 또 부자유에 얽매인다. 그래서 계속 마취제를 요구하는 것이다. 그러나 진정한 자유란 불안하지만 용기와 희망을 갖고 책임지고 누리는 것이다. 그것이 죽음이라 하더라도 마다하지 않는다. 마취제가 없기

---

24) 「요한복음」 8:32.
25) 우리나라 개신교 교파 가운데 다수는 '하나님'으로 부르지만, 필자는 특수한 경우를 제외하고 모두 '하느님'으로 통일하여 부르겠다.

에 부자유도 엄습하지 않는다. 그래서 외친다. '나는 두렵지 않다.'고.

교회를 떠나니 자유로웠다. 필자 같은 취향을 지닌 사람이 자유로우려면 교회를 떠나야 한다. 교회 밖에도 혹 자유가 있을지 모른다. 여전히 그 속에서 자유롭다고 느끼는 사람들은 편안한 자유를 알지는 몰라도 흥미진진한 자유를 모르는 사람들이다. 그러나 솔직히 말해 나는 "진리가 너희를 자유롭게 하리라." 하는 그 말이 좋다. 필자가 이렇게 당당하게 말할 수 있는 것은 사물에 대한 나름대로 진리를 터득했기 때문이기도 하거니와, 형식적으로 볼 때도 이 말은 타당하다. 그리고 『성서』에서는 단지 "진리가 너희를 자유롭게 하리라."고 말했지, "교리(敎理)가 너희를 자유롭게 하리라."라고 말하지 않았기 때문에 더욱 좋다. 그러니 어찌 진리를 사랑하지 않을 수 있겠는가?

그럼 필자가 말하는 종교적 진리는 무엇인가? 참고로 필자는 어떤 종교인도 아니다. 종교가 없다. 아니 정확히 말해 기존 종교의 신이란 나하고 상관없는 그들의 신일 뿐이다. 그렇다 하더라도 종교적 진리를 인정한다. 그것에 비록 약간의 신비적 요소가 있더라도, 합리적이고 이성적인 근거가 있다면 말이다. 흔히 말하는 '진리가 하느님의 말씀'이라는 것에 동의한다.

그러나 『성서』에서 선지자나 제사장 또는 사도들의 입을 통하여 전달된 하느님의 말씀이 모두 하느님의 말씀이라고 생각하지는 않는다. 하느님의 말씀은 도깨비방망이나 알라딘의 램프같이 필요할 때마다 우려먹는 만고불변의 진리가 아니다. 각 시대마다 들어야 할 말씀이 있기 때문이다. 진리란 해당되는 시대의 사람들이 들어야 할, 찾아내야 할 역사적 소명이다. 우리가 『성서』를 통해서 진리를 찾아야 하는 이유는 오늘날 하느님이 우리에게 주는 메시지를 전달받기 위해서다. 즉 옛날 사람들은 어떤 근거에서 어떻게 하느님의 말씀을 듣고 자신들의 처지를 고백하고 문제를 해결했는지 알아봄으로써, 오늘날 우리가 당면한 문제를 해결하고자 하는 것이다. 그 열쇠가 진리다. 아니 하느님 자체가 진리다. 당신은 하느님을 아는가?

불교적 입장에서 볼 때도 진리가 자유롭게 한다는 점이 이해된다. 시간적 관점에서 볼 때 세상 만물은 항상 변하며 고정된 모습이 아니라는 제행무상(諸行無常)이나, 공간적으로 보아서 세상 만물에 영원히 고정된 실체가 없다는 제법무아(諸法無我)는 과학성과 합리성이 내포되어 있다. 그래서 그런 세상의 이치에 근거해 욕심을 끊고 현실적인 집착에서 초극할 수 있다. 그래서 진리라고 말한다.

그러나 의식(意識)의 불을 끄고26) 현실의 잡다한 문제로 일어나는 번뇌를 초극하는 것이 진리를 소유한 행동일까? 그렇다면 원시불교 이후로 불교의 교파나 이론이 이렇게 많이 생기지 않았을 것이다. 세상이나 우주의 본질이 그러하더라도, 아니 몇 년 후에 지구의 종말이 오더라도 오늘 하루의 문제를 고민하고 해결해야 하지 않을까? 고해의 바다에서 그 고(苦)와 씨름하며 살아야 하지 않을까? 그것이 인간의 모습이 아닌가? 바로 그 문제를 해결하는 열쇠가 진리가 아닌가?

날카로운 독자들은 이미 눈치를 챘겠지만, 필자가 이 전래동화를 분석하고 검토하는 것도 실은 우리 문화나 사유체계에서 이러한 진리를 찾고자 함이다. 그것을 하느님의 음성이라 부르든, 시대적 사명이라 부르든 상관없다.

이렇게 진리를 알면 자유로울 수 있다. 그러나 동시에 진리를 알면 위험해질 수도 있고, 드물게는 희생양이 되기도 한다. 때로는 죽음과 연결된다. 바로 셋째 아들이 쫓겨나는 것이 그것을 상징한다.

---

26) 원래 열반(涅槃)이라는 말이 등불이나 촛불을 불어서 끈다는 취소(吹消)의 뜻이다.

진리와 비진리는 태생적으로 공존할 수 없고, 또 진리는 불의와 타협할 수도 없다. 이 경우 진리를 아는 자는 참으로 고독하다. 갈릴레이나 코페르니쿠스가 그런 심정이 아니었을까? 심한 경우는 세상이 모두 그를 배척한다. 예수가 십자가에서 죽는 순간 그것을 느끼지 않았을까? 비록 우리가 예수처럼 되지는 않더라도 어떤 사회 내에서 바른 소리를 하거나 원칙대로 하자고 주장하게 되면 왕따가 되기 십상인 경우도 바로 이 때문이다. 그래서 진리를 아는 사람이 기인(奇人)이나 이방인 취급을 당하기도 하며, 이단아로 낙인찍히기도 한다. 그것은 원래 이러한 진리가 전통적으로 약자의 입장을 대변했기 때문이다. 동시에 강자나 부자들이 지배하는 질서나 세계관 또는 가치에 도전하기 때문이기도 하다.

아이러니컬하게도 진리가 있는 곳에 사람들이 가지 않는다. 좁은 길이다. 많은 사람들이 북적거리는 넓은 길에는 십중팔구 진리가 없다. 진리는 확신과 용기를 주지만, 때로는 폐부를 찌르는 아픔과 고통을 수반하기 때문이다. 그래서 그 길을 자진해서 가려는 사람은 거의 없다. 우연찮은 기회에 역사의 중심에 서는 경우가 있는데, 이를 두고 신이 그에게 사명을 부여했다고 한다. 때로는 그 사명을 감당하기 싫어 도망가다가 신의 진노로 어쩔 수 없이 맡은 사람들도 있다고 말한다. 어찌 되었건 그런 사람 덕분에 역사가 발전하고 많은 사람들이 이 땅에서 살아서 구원을 받는다. 민주화 이후 우리 역사를 보라. 좁은 문으로 들어가라!

앞에서 필자는 종교적 또는 역사적 진리에 대해 말했는데, 오늘날 자본주의의 가치가 현실을 이끌어 가는 우리 사회에서 요구되는 진리의 속성은 실용성과 쾌락이다. 실용성은 대개 과학적 진리와 기술을 이용한다. 실용성이 없고 즐거움을 주지 못하는 것들은 진리 자리를 내놓아야 할 판이다. 이제 종교집회의 설교와 학교의 교육도

코미디처럼 재미있게 하지 않으면 신도들이나 학생들에게 인기가 없다. 지식인들의 고민이 여기에 있다. 즉 실용성과 오락성을 외면한 채 홀로 고고하면서 세상 물정 모른다는 비난, 또 학문을 하는 목적이 과연 실용성이나 즐거움을 주는 것이 아니라면 도대체 무엇이냐는 비아냥거림에 대한 것이다. 이제 학문을 위한 학문, 지적 만족을 위한 학문이 무슨 소용이냐고 떠들어대는 판에 지식인 자신들도 정말 그런 것인지 종종 회의가 들 때가 있다. 쉽게 말해 학문이란 어딘가에 쓸모가 되어야 하고 돈을 버는 데 도움이 되면 더욱 좋다고 생각하게 되었다.

그러니 나를 자유롭게 하는 진리 탐구를 위해 학문에 종사한다고 하면, 남들이 뭐라고 말할까? 아마 배부른 소리 한다고 말할 것이다. 그가 어디에 있든지, 어디에서 일하든지, 무슨 일을 하든지, 누구를 위해 일하든지, 자유는 소중한 것이다. 그러나 진정한 자유는 누가 주는 것이 아니라 스스로 발견하지 못하면 누릴 수 없는 것이다. 자유를 모르면 한적한 전원주택의 호숫가에서 홀로 낚싯대를 드리우며 여유롭게 살아도 부자유스럽고, 자유를 안다면 복잡한 도심의 철가방을 실은 오토바이 위에서도 자유롭다. 그 기준은 그가 진리를 아느냐 모르느냐에 달려 있기 때문이다.

그러니 옛날의 진리가 지금의 진리라고 말하지 말라. 진리는 언제나 새롭다.[27] 옛날의 진리가 언제 어디서나 그대로 적용되는 것은 아니다.[28] 그렇지 않다면 고전이나 경전의 그 많은 주석의 존재 이

---

[27] 명말청초(明末淸初)의 왕부지(王夫之, 1619-1692)는 『중용(中庸)』에서 말하는 '天命之謂性'의 천명을, 성리학자들이 태어날 때 한 번 받는 것으로 말하는 것과 상반되게, 매일매일 하늘로부터 받는 것으로 이해했다. 진리란 바로 이런 것이다(왕부지, 왕부지사상연구회 옮김, 『왕부지 대학(大學)을 논하다』, 소나무, 2005, 111-113쪽).

[28] 노자(老子)의 『도덕경(道德經)』의 첫 구절 "道可道, 非常道, 名可名, 非常

유를 설명하지 못한다. 고로 진리는 새로워야 한다. 사회적 약자에게 는 더욱 그렇다. 즉 이전의 진리는 재해석되어 다시 태어나야 한다. 결국 무엇이 진리인지 물어야 한다. 역사적, 종교적 진리가 동서고금 에 통용된다는 주장은 기득권 세력의 함정이다. 형식만 통할 뿐이다.

여우누이가 남긴 우리 미래의 문제: 금기와 우리의 현실

여우누이 이야기에서 표면적으로 드러난 주제인 '아들보다 딸을 더 소중하게 여겨서는 안 된다.'라는 말을 금과옥조로 받아들일 사람 은 많지 않겠지만, 이런 식으로 전통을 해석하여 받아들이면 위험하 다. 기독교『성서』해석의 문제를 예로 들어 보자. 가장 위험한 것은 텍스트에서 말하는 것을 직접 수용하는 것, 가령 히브리의 율법(대부 분의 보수적 교인들은 지금도 십계명을 비롯한 각종 율법을 액면 그 대로 철저하게 지킨다. 그것이 모두 필요 없다는 말은 아니다)이나 잠언, 선지자와 사도들의 발언 등을 곧이곧대로 따르는 것이다. 그것 들은 해석을 통하여 당시의 상황이 이해되어야 하지만, 우리들에게 는 오늘에 맞게 비판적으로 재해석되어야 한다.

따라서 여우누이 이야기에 대한 우리의 태도는 당시 지배적 사회 질서를 옹호하는 적장자 중심에 대한 금기의 파기가 가져오는 문제 를 비판적으로 검토하고, 그 논리가 오늘날에 어떤 의미를 갖는지 살피는 것이다. 물론 우리가 지금 적용하려는 논리는 우리의 입장에 서 재해석된 것이며, 이때 우리가 지켜야 하는 금기는 만고불변이라 여기는 종교적인 것도 아니고, 지배층이 금하는 것도 아니며, 구성원 들의 안녕과 관계된 보편적인 것이다.

名."도 이것과 맥락을 같이하는 면이 있다. 진리를 진리라고 말하는 순간 언 제나 적용되는 진리가 아니라는 말로 풀이될 수 있다.

분명하게도 '여우누이'에서 말하는 금기는 당시에 사회적 혼란을 방지하고자 한 질서 관념이 반영되어 있다. 일차적으로는 왕실의 왕위 계승에 대한 질서이고, 다음으로 사대부 가문 내의 질서이며, 더 나아가 국가 사회 전체의 질서다. 앞에서 말한 종법제도에 근거한 가부장제는 당연히 유교적 질서이고 이는 유교 철학이 뒷받침하고 있으며, 그것은 춘추시대의 공자(孔子)나 그 이전의 서주(西周) 시대까지 거슬러 올라간다.

특히 사회적 질서 유지를 위하여 철학에 반영된 것은 공자의 사상에서 찾아볼 수 있다. 물론 공자 당시 사회는 후대처럼 유교적 이념과 질서가 적용되던 사회는 아니다. 오히려 주나라의 종법질서가 형식적으로 남아 있었으나 제대로 지키지 않았고, 그 때문에 혼란이 가중되었다고 보며, 공자는 당시의 이러한 사회가 주나라의 예법으로 돌아가기를 원하고 있었다. 물론 이러한 예법은 공자 자신에 의하여 그 정신이 재해석된 것이기는 하지만 말이다.

공자는 이러한 혼란 극복의 방안으로 인(仁)을 토대로 한 예(禮)의 회복, 곧 인간다움을 토대로 주례(周禮)의 회복을 통하여 사회적 질서를 확립하고자 하였다. 즉 '자신의 사사로움을 이기고 예로 돌아가는 것(克己復禮)'이 표현하는 바와 같이 인과 예는 서로 연관되어 있는 문제다. 쉽게 말한다면 인은 인간다움의 본질이요, 예는 그것을 표현하는 수단이라 이해하면 될 것이다. 다시 말해 의례적인 주례(周禮)에서 한 걸음 더 나아가 인간 내면의 도덕적 성찰로 발전하고 있다.

공자가 인을 실천하는 구체적 내용을 언급한 것은 수없이 많다. 그러나 정작 인이 무엇이냐고 한마디로 정의하기는 쉽지 않다. 인이 우리말로 '어질다'라고 표현되지만, 그 말도 어렵기는 마찬가지다. 쉽게 말해 '사람다움'이라고 말해 두기로 하자. 그 가운데 공자의 제자인 유자(有子)가 '효(孝)와 제(弟)가 인을 실천하는 근본'이라고 말한 것에 주목해 보자. 효란 부모를 잘 섬기는 것이요, 제란 형이나 웃어른을 잘 섬기는 것이다. 그런데 왜 이것이 인을 실천하는 근본이 된다고 했을까? 유자의 말을 다시 들어 보자.

> 사람 됨됨이가 어버이에게 효도하고 형이나 어른을 잘 모시는 사람치고 윗사람에게 좋지 못한 일을 하는 사람은 드물다. 윗사람에게 좋지 못한 일을 하는 것을 좋아하지 않으면서 난동을 부리는 자는 없다. 군자는 근본에 힘쓸 것이니 근본이 서면 사람의 도리가 생긴다. 어버이를 섬기고 형이나 어른을 잘 모시는 그것이 인을 실천하는 근본일 것이다.[29]

여기서 효제를 잘 하는 사람은 '윗사람에게 좋지 못한 일'을 하지 않는다는 데 초점이 맞춰져 있다. 효제를 잘 하는 사람은 가정에서뿐만 아니라 사회에 나가서도 윗사람에게 거스르는 행동을 하지 않는다고 확신한다. 그러니 가정윤리라고 할 수 있는 효제가 사회에 나가서도 사람다움을 실천하는 근본이 된다. 바로 이 점이 효제가 인을 실천하는 근본이 되는 이유다. 이것은 강력한 사회적 질서의식의 표현이 아닌가?

이에 대해 좀 더 자세히 남송 때의 유학자인 주희(朱熹)의 주석을 살펴보자. "사람이 효제를 할 수 있으면 그 마음이 온화하고 양순(良順)하여 윗사람에게 좋지 못한 일을 하는 것이 적고, 필연적으로 난동부리기를 좋아하지 않는다."고 하였다. 또 북송의 정이천(程伊川)의 이 말에 대한 뜻풀이를 살펴보면, "효제는 자연스러운 덕이다. 그러므로 윗사람에게 좋지 못한 일 하는 것을 좋아하지 않는 사람이

---

29) 『論語』, 「學而」, "其爲人也孝弟, 而好犯上者, 鮮矣, 不好犯上, 而好作亂者, 未之有也. 君子務本, 本立而道生. 孝弟也者, 其爲仁之本與!"

어찌 다시 이치를 거스르고 떳떳한 도리를 어지럽히는 일을 하겠는 가? 덕에는 근본이 있고 근본이 서면 사람의 도리가 크고 충만하여, 효제가 가정에서 실천된 이후라야 인(仁)과 사랑이 사물에 미치니, 이른바 친한 사람을 가까이 하고 백성들에게 인을 베푸는 것이다. 그러므로 인을 실천하는 데는 효제를 근본으로 삼는다."고 하여, 공통적으로 효제가 기본이 되어 사회적으로 인이 확대되어 감을 말하고 있다.

후대에 오면 효자가 결국 충신이 된다는 논리로 귀결이 된다. 역으로 아무리 국왕이고 권세 있는 사람이라도 불효자로 지목되면 힘을 발휘하지 못한다. 광해군이 서인들의 쿠데타에 의하여 쫓겨난 명분이 바로 폐모살제(廢母殺弟), 곧 어머니가 되는 인목대비를 폐하고 동생인 영창대군을 죽였다는 것이었는데, 바로 이 효제를 제대로 못했다는 구실이다.

효제에 대하여 공자는 다음과 같이 말하였다.

제자는 집에 들어와서는 어버이에게 효도하고 밖에 나가서는 웃어른을 섬기되, 삼가고 미덥게 하며 널리 무리를 사랑하되 어진 사람을 친하게 여길 것이니, 이렇게 행하고 남은 힘이 있으면 글을 배울 것이니라.[30]

이렇듯 효와 제의 덕행에 대하여 당시 공부의 기초가 되는 육예 (六藝: 禮, 樂, 射, 御, 書, 數)를 배우는 것보다 우선적으로 생각했음을 알 수 있다.

이 문제를 좀 더 깊이 있게 이해하기 위하여 맹자(孟子)의 "친한

---

30) 『論語』, 「學而」, "弟子, 入則孝, 出則弟, 謹而信, 汎愛衆, 而親仁. 行有餘力, 則以學文."

이를 가까이 하는 것이 인이다(親親仁也)."[31]를 상기할 필요가 있다. 앞의 정이천의 말에서도 나왔는데, 친한 이란 다름 아닌 부모형제 같은 가족이다. 즉 효제는 친한 이를 가까이 하는 행위 규범이다. 이 것은 혈연적이고 자연스러운 애정을 바탕으로 한 가족 결합의 윤리다.

여기서 친한 이를 가까이 하는 것이 친한 사람만 가까이 하는 것이 아닐진대, 나의 어버이를 사랑하는 것에서 남의 어버이까지 사랑하는 데까지 미친다. 비록 이 사랑에 분명한 차별이 있지만 말이다. 그리하여 그것의 외연을 넓힘으로써 사회나 국가의 질서를 유지하며 평화가 올 수 있다고 믿었다. 그렇기 때문에 효제가 인을 실천하는 출발이 되는 것이다. 이것을 실천하지 않으면 인간이 아닌 것이다. 앞의 유자의 말에서도 사람의 도리가 근본이 서면 생긴다고 보았다. 후대의 성리학은 이 인을 일종의 자연적 이법(理法), 곧 '사랑의 이치요, 마음의 덕'으로서 존재론적으로 실재하는 것으로 여겼다.

여기서 제는 후대에 오면 오륜(五倫) 속에 녹아 들어간다. 맹자가 말한 윗사람을 공경하는 '경장(敬長)'과 함께 오륜 가운데 '장유유서(長幼有序)'에 편입된다.[32] 또 형을 공경하는 것은 『춘추좌전(春秋左傳)』의 형우제공(兄友弟恭)에 보이는 바와 같이 형은 동생을 우애 있게 대하고 동생은 형을 공경해야 한다는 쌍무적(雙務的) 형제 간

---

31) 『孟子』, 「告子下」.

32) 오늘날 우리가 알고 있는 오륜은 『좌전(左傳)』의 오교(五教)에 그 시원이 보이며 『맹자(孟子)』에 비로소 나타난다. 『중용』에는 천하(天下)의 달도(達道)로 군신(君臣), 부자(父子), 부부(夫婦), 곤제(昆弟), 붕우(朋友)의 관계에서 찾고 있는데, 거의 오륜의 형태를 갖추고 있다. 여기서 '곤제'라는 말 속에 제(弟)라는 말이 남아 있고, 『맹자』에서 장유(長幼)의 관계로 전환된다. 『좌전』의 오교는 부의(父義), 모자(母慈), 형우(兄友), 제공(弟共(恭)), 자효(子孝)다.

의 윤리였다.33) 결과적으로 효와 충, 그리고 오륜이 크게 강조되어 효자와 충신을 높이고 기리면서 사회적 질서를 지키려 하였다. 이렇듯 효제는 결국 고대사회의 가족에 대한 정감을 기초로 하여 점차 국가 사회적으로 확대되어 그 질서 유지를 위해 이데올로기화된 점이 없지 않다.34) 특히 효는 국가나 부모의 입장에서 주장하는 덕목이 되어 최근 학자들에 의하여 강자의 논리라는 비판을 받기도 했다.

그러나 효의 문제를 단순히 고대국가의 이데올로기만으로 볼 수는 없다. 효도는 동서고금을 막론하고 존재해 왔으며 중요한 규범 가운데 하나다. 중국인을 비롯하여 조선인들도 천재지변이나 난세, 또는 폭정으로부터 자신들의 삶을 지키기 위해 혈족이 동거하여 협력하며 살아남아야 했다. 이렇게 효도를 기본 덕목으로 하여 자연히 가부장적 가족 형태가 구성될 수밖에 없었던 것은 이런 구성원들이 하나의 조상이나 부모를 중심으로 생활하면서 다툼 없이 부모를 봉양하고 공경하며 순종하고 조상을 모셔야 했기 때문이다. 이것이 자녀들이 단합하는 최상의 길이다.

비록 우리가 상식적으로 알고 있듯이 효도가 부모나 사회로부터 일방적으로 강요되는 규범의 성격이 강한 것이라는 점을 부인할 수

---

33) 이 형우제공(兄友弟恭)은 부의자효(父義子孝)와 깊은 관계가 있다. 고대에는 다산(多産)의 미덕이 있었으므로 부모가 나이 들어 낳은 자식은 부모가 죽으면 형이 동생을 자기 자식과 같이 키웠다. 반면에 그 동생은 형을 부모처럼 따르고 섬겨야 했다. 우리나라 고대 관습에도 그대로 남아 있었다. 그 맥락에서 형우제공을 이해해야 한다. 여기서도 효도가 일방적인 것이 아님을 알 수 있다.

34) 효도가 국가적 이데올로기의 역할을 하게 된 데에는 『중용』에서 그 단초를 엿볼 수 있다. 즉, 애공이 정치에 대하여 묻자 공자가 대답하는 말 가운데 등장한다. 그 요점은 정치를 잘하려면 지도자가 사람을 잘 얻어야 하는데, 사람을 잘 얻으려면 수신(修身)을 잘해야 하고, 또 수신을 잘하려면 사친(事親)을 하지 않을 수 없다는 데서 보인다(20장).

없지만, 그렇게 강요한다고 해서 진정한 효도가 발휘되는 것은 아닐 것이다. 그래서 『춘추좌전』의 오교(五敎)에서 "아비는 의로워야 하고[父義], 어미는 자애로워야 하며[母慈], 자식은 효성스러워야[子孝] 한다."고 했다. 이 얼마나 인간의 심리를 꿰뚫고 하는 말인가? 이 논리에 따른다면 부모가 자식을 사랑하는 것은 거의 본능에 가깝긴 하지만 그조차도 조리에 맞고 정당해야 한다. 그래서 사랑만 강조하지 않고 의로움을 두었다. 부모의 자식 교육에 대한 역할 분담이다. 부모가 이렇게 사랑과 정의를 보여야 자식이 제대로 효도한다는 논리다. 자식의 효도는 단순히 의무감이나 마지못해 하는 것이 아니라, 사랑하기 때문에, 비록 그 사랑이 부모가 자식을 사랑하는 것보다 대개 크지 못할 수도 있지만, 자연스레 효도를 할 수밖에 없는 것이다.

이렇듯 효도는 쌍무적(雙務的)인 관계에서 생각해 보아야 할 문제인 것이다. 공자가 『논어』에서 삼년상을 주장하는 근거로 부모는 자식을 위해 적어도 3년을 품에서 보살핀다고 했다.[35] 이것은 자식이 부모를 노후에 봉양하는 것의 근거가 될 수도 있으며 이 또한 쌍무적인 관계에서 한 말이다.[36] 쌍무적인 관계에서 서로의 은혜를 모른다면 인간도 아닌 것이라 규명된다. 아쉬운 점은 이런 쌍무적 인간관계를 무시하고 무조건 효도가 강자의 논리라든지 국가적 이데올로

---

35) 『論語』, 「陽貨」, "宰我出. 子曰, 予之不仁也, 子生三年然後, 免於父母之懷, 夫三年之喪, 天下之通喪也, 予也有三年之愛於其父母乎."

36) 지구상에 남아 있는 원시부족(예를 들어 문명의 흔적이 전혀 없는 파푸아뉴기니 지방)의 경우, 효도라는 정치·윤리적 이론이 없어도 부모가 늙으면 잘 모셔야 한다는 것을 쌍무적 관점에서 말하고 있다. 즉 그들은 어린아이들에게 사냥해 온 것을 주면서 "너희들도 다음에 커서 우리가 늙으면 이렇게 해야 한다."고 가르치는 것을 볼 수 있다. 따라서 효도는 발생학적으로 볼 때 인간이 존속·생존하는 방식이 아닐까?

기라고 치부해 버리는 태도다.

따라서 효의 문제는 정치적 질서 유지라는 점도 있었지만, 가족 공동체의 유지와 번영이라는 필요성에서 요구되는 덕목이었던 것이다. 즉 유교적 사회질서를 더욱 공고히 함과 동시에 가족 내에서의 질서 유지와 가문의 존속과 발전, 그리고 노부모의 봉양이라는 현실적 문제와 맞닿아 있는 규범인 것이다. 그리고 무엇보다 누구나 노인이 되기 때문에 그것을 거부할 이유도 없었다. 그러니 국가적으로나 사회적으로 권장하고 강요하는 강력한 도덕규범이 되었던 것이고, 그 규범을 깨거나 위반하는 것이 금기였던 것이다.

효도란 단순히 부모를 공경하거나 봉양하는 일에 그치지 않는다. 가문의 대(혈통)를 잇고, 조상의 제사를 지내며 그들의 유지(遺志)를 받들어 가업을 잇고, 입신양명하여 조상의 이름을 높이는 데서 끝난다.[37] 이런 것들은 결국 남성 위주의 가부장적 제도 속에서 이루어지는 것이고, 이것을 주도하고 계승해야 할 아들에 대한 차별은 강력한 금기가 되는 것이다. 즉 불효도 강력한 금기가 되지만, 아들에 대한 차별도 큰 금기가 된다. 왜냐하면 앞에서 말한 효도가 주로 아들을 통하여 이루어지기 때문이기도 하다. 즉 대(혈통)를 잇고 입신양명을 해야 하는 자가 결국 아들이다.

그런데 역사적으로 볼 때 불효는 가장 큰 악행 가운데 하나였다. 조선의 형률이 원용한 중국의 『대명률(大明律)』에는 불효가 '열 가지의 가장 악한 범죄[十惡]' 가운데 하나로 설정되어 있다. 그 내용을 살펴보면 다음과 같다.

---

[37] 여기서 공자, 맹자가 말한 효와 관련지어 왕부지는 부모를 봉양하고 공경하는 것 외에, 『효경(孝經)』에서 말하는 입신양명하여 부모의 이름을 드러내는 것은 용렬한 소인들이 부모를 빙자하여 벼슬이나 관직을 탐하게 하는 핑계가 될 뿐이라고 비판한다(王夫之, 『讀四書大傳說』, 「中庸」).

조부모·부모나 남편의 조부모·부모를 고소·고발하거나 악담·악설을 하며 조부모나 부모가 현존하고 있는데 적(籍)을 따로 하고 가재(家財)를 나누어 가지며 봉양을 제대로 하지 않고, 조·부의 상중(喪中)에 있으면서 시집가거나 장가를 들거나 연회를 즐기며 거상(居喪)기간 중에 상복을 벗고 길복(吉服)을 입으며, 조부모나 부모의 상을 당하였다는 말을 듣고도 숨기고 발상(發喪)하지 않으며, 생존한 조부모나 부모를 죽은 것처럼 거짓 일컫는 것.[38]

이 십악(十惡)은 모반죄와 같이 법정 최고형에 처해지는데, 그만큼 효도를 중시했다는 뜻이다. 그리고 효도를 최고의 규범으로 여겨 이를 장려하고 법적 구속력까지 요구했던 당시에서 존속에 대한 모욕, 구타, 살해 등의 행위도 십악 가운데 악역(惡逆)으로 규정하여 일반 범죄보다 더 가중치를 두어 처벌했다는 것[39]은 당시 효도에 대한 가치를 실감나게 하는 대목이다. 이렇듯이 『대명률』을 원용한 조선에 있어서 불효자에 대한 처벌을 어떻게 했는지 가히 짐작할 수 있다.

그러나 오늘날에는 부모를 봉양하지 않는다고 고발하지 않는 이상, 범죄로 노출되지 않는 불효에 대하여 자녀에게 그 책임을 물을 수 없다. 다시 말해 범죄에 가까운 패륜 행위 외의 불효, 즉 봉양을 안 하거나 게을리 하는 것, 부모의 말을 거역하는 것, 부모를 욕하거나 모욕하는 것, 부모의 재산을 가로채거나 나누는 것 등에 대한 행위는 당사자가 고발하지 않는 이상 사회적 구속력을 가지지 못하고, 단지 도덕이나 관습에 맡겨져 있을 뿐이다. 그러니 효도에 관한 강제적 구속력이 사라지고, 효도가 사회적 규범이나 교육의 핵심 가치로 부각되지도 않는 지금 세상에 어찌 불효가 강력한 금기로 작용하

---

38) 『大明律』, 「名例律」, '十惡' 중의 '不孝'條.
39) 이재룡, 『조선 예의 사상에서 법의 통치까지』, 예문서원, 1995, 266쪽.

겠는가?

정말 그럴까? 파기한 데 대한 결과가 당장에 닥치지 않는다고 금기라 할 수 없을까? 아니 많은 사람들이 금기라고 의식하지 못해서 저지른 결과로 마침내 위험에 처하게 된다면, 그 또한 금기가 아닌가? 필자는 불효 또한 여기에 해당된다고 본다. 효도가 비록 과거 유교적 사회에서 지나치게 강조했던 덕목[40]이고, 또 1970년대 유신정권에서 충(忠)과 함께 정권 유지를 위한 이데올로기로 사용했고, 또 오늘날 나이든 노인층이나 보수적 인사들이 강조한다고 해서, 효도가 필요 없을까? 불효를 저질러도 괜찮을까? 불효는 패륜이 아니라 효도하지 않는 것이다. 앞의 『대명률』에서도 그것을 분리해 놓았다.

그렇다면 불효가 금기라는 것의 근거는 무엇인가? 도대체 그것 때문에 우리의 어떤 질서가 무너지며 또 어떤 불행이 닥친단 말인가? 그것을 살펴보기 이전에 먼저 지금의 현실을 알아볼 필요가 있다.

오늘날 실질적으로 효도가 이루어지지 않는 배경에는 몇 가지 이유가 있다. 우선 산업화로 인한 가부장적 요소의 해체를 들 수 있다. 전통사회는 토지를 중심으로 농업에 종사하여 많은 노동력이 소요되므로 다산(多産)을 미덕으로 여겨 씨족 중심의 가족공동체를 이루고 살았다. 자연히 위계질서는 가장인 노부모를 중심으로, 그리고 연장자 중심으로 이루어졌다.[41] 그리고 그 재산은 대부분 적장자를 중심

---

40) 가령 '심청 이야기'처럼 부모를 위해 목숨을 버리거나 병을 고치기 위해 자기 살을 베어 드리는 것, 설리구순(雪履求筍), 부빙득리(剖氷得鯉) 설화 등은 효도의 중요성을 말하는 것이지만, 그것이 지나쳐 실제로 그런 행동을 하는 효자들도 있었다. 효도의 중요성은 조선 초기부터 『삼강행실도(三綱行實圖)』, 『소학(小學)』 등의 간행을 통해 알렸다. 이와 관련하여 훈민정음도 이러한 유교적 교화를 위해 효과적으로 이해시킬 필요에서 제정되었다는 설도 있다.

41) 가족 내에서도 같은 항렬일 경우는 연장자가, 항렬이 다르면 항렬이 높은 쪽이 우대되었다.

114

으로 상속이 되므로 그것을 물려받은 사람들은 다른 사람보다 효도가 더 요구되는 것이 당연하였다. 더구나 가족이 공동체를 이루어 함께 산다면 재산을 나눌 필요도 없었다. 시집간 딸이 문제이기는 하지만 말이다. 그러나 조선 후기에 오면 시집간 딸에게 재산을 물려주는 경우는 거의 없다. 아들이 없으면 모르지만, 딸에게 유산을 상속하지 않는 것이 대개 암묵적인 사회적 관습으로 정착되었던 것이다.

오늘날은 산업화와 도시화로 핵가족 속에서 그런 모습을 보기가 어렵다. 가부장적 질서의 필요성도 느끼지 않게 되었다. 단지 호적법상에 남아 있었지만, 그것마저 사라졌다. 핵가족 속의 개인은 사회의 분자가 되어 활동하고, 개인을 묶어 두던 씨족공동체의 역할과 구속력이 거의 없어졌다. 현대사회에서 가부장적이라고 비난받는 것은 재벌가나 보수적 인사들의 관습, 그리고 일부 간 큰 남성들이나 지극히 전통을 숭상하는 여성들의 태도의 문제일 것이다. 우스갯소리로 아줌마들은 시금치를 먹지 않는다고 한다. 시댁의 '시' 자와 같은 발음이라고 해서 말이다. 얼마나 시댁이 싫었으면 그런 말이 나왔을까 하는 생각이 든다. 정작 자신들의 친정을 되돌아보면 그들 자신도 시댁의 일원인데 말이다. 얼마나 이율배반적인가? 아마도 여자가 시집을 온(간)다는 그 풍습과 아들을 통하여 집안의 일을 해결하려는 부모의 바람이 상승작용을 한 결과 그 역풍으로 이토록 고약한 말이 나왔을 것이다. 그러니까 이것은 여성들이 가부장제도에 대해 자발적으로 수긍하지 않는다는 단적인 예다.

이런 세태 속에서 재산이 많은 부모는 그것을 나누어 줌으로써 효도를 기대하지만, 정작 물려받는 자식 쪽에서는 형제 사이에 그 재산상속의 다툼으로 부모를 나 몰라라 하는 사람들이 많다. 더구나 재산의 분배 과정에서 조금이라도 불리하다고 느낀 자식들은 형제나 부모를 원수처럼 대하는 경우도 더러 있다. 부모의 재산이 없는 것이 더 나을 수도 있다는 푸념도 나온다.

그래서 재산을 물려주는 순간 자식들로부터 찬밥 신세 당한다는 우려도 작용하고, 일부 부모들은 자식들에게 재산을 물려주어도 효도를 기대할 수 없을 바에야 따로 노후대책을 세우는 것이 낫다고 생각하는 이들도 있다. 더구나 재산이 없는 부모는 자식들에게 나누어 줄 것도 없고, 그 때문에 자기 한 몸 의탁할 곳이 거의 없다. 왜냐하면 그 자식들도 겨우 부모를 떠나 직장을 찾아 도시 빈민으로 근근이 살아가기 때문이다. 물론 성공한 자식들도 있다. 이 경우 부모를 잘 모시기도 하지만, 아내 또는 남편과 의견이 맞지 않아 그렇지 못하는 가정들도 많다. 어쩔 수 없는 불효가 진행된다.

자식들의 입장에서 볼 때 노부모는 자기들에게 짐이 된다고 생각하는 현실이다. 왜냐하면 부모가 건강할 경우는 아이들도 돌보아 주고 집안일도 거들어 도움이 되지만, 정작 이들이 병들어 자리에 누우면 시간적으로나 경제적으로 돌볼 여력이 없다는 것이다. 직장일로 각자의 볼일로 바쁘다는 것이다. 그래서 요양시설에 모셔 놓고 며칠에 한 번이라도 찾아가면 다행으로 여긴다. 그것이 물론 잘못된 것만은 아니다. 어쩔 수 없는 현실이다. 게다가 친부모만 모시는 것이 아니라 양가 부모를 모두 모셔야 할 경우에는 자식의 부담이 증가한다. 오죽하면 부모의 '긴 병에 효자 없다.'라는 말이 생겼을까? 자식의 간호도 중요하지만 병에 따라서는 엄청난 경제적 손실도 감수해야 한다. 다행히 부모가 돈이 많거나 돈 많은 자식이라면 문제될 것이 없지만, 겨우 살아가는 자식이라면 사정이 달라진다. 그러니 옛날 식 효도를 기대한다는 것 자체가 시대착오적 발상이다. 이제 부모들도 이러한 상황을 잘 안다. 그래서 젊은 부모들은 이제부터라도 가능한 한 스스로 노후대책을 마련하려고 한다.

그런데 가난한 부모를 만난 덕분에 결혼 적령기가 되어도 짝을 만나지 못하는 젊은이들도 늘어나고 있다. 결혼에 대한 비용이 많이 드는 것도 문제이지만, 무엇보다도 직장도 변변치 못하고, 결혼해서 살 집이나 셋집도 장만하지 못했기 때문이다. 이것은 당사자의 부모가 가난한 이유도 있지만, 근본적으로 기성세대가 기득권을 점유하여 부동산 가격을 상승시켜 놓았고 학력 인플레로 인하여 직장에 들어가기 위한 경쟁이 치열하기 때문이며, 더 나아가 경제 시스템이나 경영합리화 방침이 인력 감축을 원하기 때문이다. 이 때문에 결혼을 기피하거나 못하는 젊은이들이 늘고 있다. 이제 이들을 통해 효도를 받으려고 하는 것이 금기가 되었고, 국가적으로 인구가 감소하는 문제를 야기하기도 한다.

다음으로 옛날처럼 효도가 이루어지지 않는 배경으로는 사회 시스템의 변화를 들 수 있다. 법률이나 교육, 경제 제도가 변하는 사회 환경에 걸맞게 바뀌었기 때문이다. 한때 시설에 수용되는 노인들에 대한 복지정책은 무연고 노인들을 대상으로 이루어졌다. 그러나 지금은 실버타운이니 노인복지니 하여 돈 많은 자식을 둔 부모나 재력이 있는 부모들도 스스로 그런 곳을 선택하여 여생을 보내고 있다. 게다가 각종 보험이나 복지정책의 활성화로 점차 자식에게 의존하지 않고 노후를 보내려는 부모들이 늘고 있다. 이제 자식의 효도란 케케묵은 것으로 전락될 위기에 놓였다.

게다가 유교적인 사회질서가 붕괴되면서 국가 사회적으로 효도를 모든 도덕적 덕목 가운데 으뜸으로 설정하지도 않았다. 그 대신 반공과 같은 좌우 대립적 이념이 강조되기도 하였고, 서구적 개인윤리와 민주적이고 수평적인 사회윤리 그리고 국가윤리가 강조되었다. 가령 도덕과 제7차 교육과정 가운데 초등학교에서 가르치게 되어 있는 '효도'에 대한 내용은 3학년의 '효도와 우애'라는 것이 유일하고,

이와 유사한 것에는 4학년의 '친족 간의 예절'이 전부다. 더욱이 새롭게 개정되는 새 교육과정에는 '효도'와 관련된 내용은 3학년의 '가족 간의 사랑과 예절'이 유일하고 유사한 내용에는 5학년의 '이웃 및 친족 간의 예절'이 있는데,[42] '효도'는 따로 노출된 것이 아니라 그 가운데 녹아 있을 뿐이다. 따라서 가르치는 사람이 어떤 비중과 관심으로 가르치느냐에 따라 편차가 드러날 것이다.

이렇듯 우리 사회가 효도에 대해서 이미 그 가치의 중요함을 인정하지 않거나 포기하고 있는 것이다. '효도'는 박물관에 가야 할 운명에 처했다고 한다면 지나친 말일까? 교육이란 어떤 관념이 우리의 의식을 지배하게 만드는 중요한 수단이다. 설령 그것이 잘못되었다 하더라도 사람들이 그것을 마치 진리인양 따르고 헌신하는 것은 그것이 관성처럼 작용하기 때문이다. 이제 보통사람들의 의식에는 효도가 아니라, 돈 버는 문제, 쾌락의 추구, 종교적 신념이나 정치적 이데올로기가 그것을 대신하고 있다.

그래서 요즘 젊은 부모들은 자신들의 노후를 자식들에게 기대지 않으려는 경향이 강하다. 일부 부모들은 요즘 '싸가지 없는' 젊은 세대의 세태를 보면 그것을 기대하기 어렵다고 일찌감치 판단하고, 자식 문제에 대해서 그다지 집착하지 않으려는 태도를 보인다. 이러한 태도들은 효도를 사회적 가치에서 멀찌감치 배제시키는 일을 가속화하는 작용을 한다. 더 무서운 경향은 자식들을 통하여 더 이상 아무 것도 바라지 않고, 자식이 스스로 독립해서 사는 것을 빼고는 자식에 대해 더 이상 관여하지 않으려는 점이다. 복지정책이 활성화되면 이제 부모는 낳기만 하고 자녀 문제에 관여하지 않는 현실이 언제 닥칠지 모른다. 이때에는 효도를 들먹이는 것이 하나의 금기가 될

---

42) 이종란, 「초등학교 도덕교육과 동양윤리」, 『동양철학연구』 제47집, 2006, 41-47쪽.

것이다. 부모가 장성한 자식을 볼 수 있는 경우는 자식이 부모의 도움이 필요할 때가 아니면, 일년에 한두 차례, 그것도 아니면 죽을 때나 본인의 장례식 때가 아닐까?

끝으로 효도가 더 이상 필요 없게 되는 경우로는 가정의 해체를 들 수 있다. 가정이 없는 사람은 효도를 받을 수도 없거니와 효도를 해야 할 대상도 줄어든다. 가정의 해체에 대한 이유는 여러 가지 요인이 있을 것이다. 그 가운데 가장 중요한 것이 앞에서 살펴본 경제적 요인과 제도의 변화일 것이다. 복지제도의 향상, 혼인 비용의 증가, 원하는 상대를 맞이할 수 없는 사회적 환경, 자녀 양육의 어려움, 이혼 비용의 증가, 노후에 대한 불안감 등이 그 이유가 될 것이다. 따라서 자식 낳기를 거부하면서 동거는 하되 결혼은 하지 않는 커플과 아예 독신으로 살아가는 사람들이 늘어날 것이다. 독신일 경우 부양할 가족이 훨씬 줄어드니까.

불효가 왜 여전히 금기가 되는가?

그렇다면 다시 이야기의 처음으로 돌아가, 불효가 오늘날에도 금기가 되는 근거는 무엇인가? 효도를 하지 않는다고 해서 그것이 우리의 생존이나 질서에 무슨 해가 된단 말인가?

우선 들 수 있는 근거는 인간성의 상실이다. 어째서 효도하지 않는 것이 인간성의 상실인가? 유교에서는 앞에서 살펴본 대로 효도를 인간성의 핵심인 인을 실천하는 근본으로 보았다. 이것은 전적으로 옳은 방향이다. 왜 그런가? 인간다움을 인이라고 말한 것은 결국 인간답다는 것에 인간에 대한 사랑과 애정이 있기 때문이다.

그러나 여기서 주목해야 할 것은 생물학적 본능에 가까운 자연스러운 습성을 인간답다고 말할 수 없을 것이다. 가령 제 짝인 이성(異

性)을 사랑하는 것이나 제 자식을 귀여워하는 것 등이 그것이다. 이 것은 짐승들도 그렇게 한다. 반면에 짐승은 새끼가 자라면 쫓아버리며, 새끼 또한 그 어미를 돌아보지 않는다. 우리 인간이 그렇게만 한다면 짐승에 불과한 것이며, 또 그렇게도 못한다면 짐승만도 못한 것이다. 당위적인 차원에서 본다면 말이다.

그러니까 인간에 대한 사랑과 애정이란 짐승도 할 수 있는 그런 사랑이 아니라, 짐승이 결코 할 수 없는 사랑이다. 곧 미워도 버릴 수 없는 장성한 자식에 대한 사랑이나 다 자란 자식의 부모에 대한 사랑이 그것이리라. 나와 가장 가까이 있는 부모나 자식에 대한 사랑, 그것이 인간다움을 실천하는 기본이 아닐까? 형제자매와 자식, 부모를 제쳐두고 남을 사랑한다는 것이 정말 가당키나 할까? 혹 이렇게 말하면 부모를 멀리 떠나 타국이나 다른 지역에서 남을 위해 봉사하는 사람에 대한 비난으로 들릴지 모르겠다. 그런 뜻이 결코 아니다. 부모의 동의를 얻거나 또 부모의 뜻이 그렇고, 설령 부모가 당장 이해해 주지 않더라도 언젠가 이해할 만한 일을 하고, 그리고 부모에게 당장 위급한 일이 닥치지 않는다면, 그 자체도 훌륭한 효도가 될 수 있다. 그러나 불가피하게 부모를 돌볼 수 없는 경우는 예외로 하더라도, 그것이 불효에 대한 핑계가 될 수는 없다.

자식이나 이성(異性)에 대한 사랑은 쉽다. 자연스러운 본능일 수 있다. 오죽하면 자식과 부인을 자랑하는 것이 팔불출 가운데 하나라고 하지 않았던가! 그렇기 때문에 자식이나 부인에 대한 맹목적인 사랑은 당위(當爲)가 못 된다. 그러나 다 자란 자식의 부모에 대한 사랑은 생물학적으로 보면 쉽지 않다. 우리 속담에도 "내려가는 사랑은 쉬워도 올라오는 사랑은 어렵다."고 하지 않던가? 그런 입장에서 보면 자식은 부모에 대해서 언제나 상대적인 이기주의자다. 인간다움이란 이렇게 인간이 되기 위해 요청되는 필수요건이며 인간이 쉽게 도달할 수 있는 것이 아니다. 그래서 당위가 되는 것이다.

이렇게 이성(異性)이나 자식만큼 쉽게 사랑할 수 없는 사람이 부모요, 한 둥지 속에서 생존경쟁의 상대자인 형제다.[43] 그러나 남보다는 더 쉽게 사랑할 수 있다. 그러니 조건 없이 남을 사랑한다는 것이 말이 되는가?[44] 부모나 형제에 대한 진정한 사랑 없이 남을 사랑하는 것은 다 거짓과 속임수, 꼼수나 노림수임을 유가(儒家)들은 간파했다. 그래서 효도를 그렇게 강조했다. 아니 강요하다시피 했다. 그것을 가장 기본적인 윤리의 출발로 보았기 때문이다. 왜 출발인가? 인간다움을 곧바로 남에게 실천하기란 참으로 어렵기 때문이다.[45] 출발이 쉬워야 실천이 된다.

사람들은 자신들에게 누군가 짐승이라고 말을 하면 화를 내거나 수치로 여긴다. 필자가 볼 때 그것은 전혀 화낼 일이 아니다. 인간은 어쩌면 다른 사람에게 폐가 안 된다면 짐승처럼 사는 것이 가장 행복하다. 실제로 사람들은 그렇게 살고 그것을 희망한다. 자신의 본능에 충실하니까 말이다. 사실상 사람들의 행동은 이성보다 감성에 의해 주도된다. 유일한 이성이란 서로간의 이해관계에서 발휘되는 도구적 이성일 뿐이다.

---

43) 동물의 생태에서는 한 둥지(우리) 안의 형제끼리 생존경쟁이 치열하다. 맨 나중에 태어나거나 부화된 동물은 생존의 가능성이 먼저 태어난 것보다 희박하다. 인간의 경우도 부모의 사랑과 헌신적인 양육이 없는 빈곤한 가정 내에서는 형제끼리의 경쟁이 그렇지 않은 가정보다 심한 편이다.

44) 여기서 유가적 사유와 반대되는 쪽에는 불교나 묵가(墨家)적 사유, 그리고 기독교 등이 있다. 그러나 근본적으로 볼 때 이들 사상은 모두 부모에 대한 사랑을 배제하지 않는다. 유가사상은 다만 가족에 대한 집착이 강하다는 비판을 받아 왔는데, 그것이 문제이면서 동시에 대안이 될 수도 있다.

45) 인(仁)을 실천하는 것의 어려움에 대해서 다음의 예를 보라. "顔淵問仁, 子曰, 克己復禮爲仁, 一日克己復禮, 天下歸仁焉. 爲仁由己而由人乎哉?"(『論語』, 「顔淵」)

이렇듯 현대문명이란 따지고 보면 짐승처럼 자연스럽게 욕망을 충족하며 살아보자는 경향이 강하다. 자본주의의 속성은 원래 그것을 밑거름으로 피어나는 꽃이니 두말할 필요도 없고, 각종 제도나 기관도 전문 담당자들에게 맡겨 놓고 나머지는 마음 편하게 신경 쓰지 않고 제 할일에 몰두하자고 만든 것이 아닌가? 가령 남에게 피해를 입혀도 마음 쓰지 않고 보험으로 해결하며, 경우에 따라 법을 어겨도 벌금만 내면 그뿐이고, 노부모도 복지시설에 돈 주고 맡기면 아무 문제가 없다.

정말 아무 문제가 없을까? 모든 문제를 돈이나 제도에 맡겨 버리면 그뿐인가? 얼마 전 어떤 사람이 밤중에 음주운전으로 사람을 치어 죽였는데, 알고 보니 죽은 사람이 불행히도 자기 어머니였다. 이런 문제가 그저 보험이나 돈으로 해결될 문제인가? 분명 죽은 사람이 남이라면 그랬을 것이다. 그런데 자기 어머니이니 그리 간단한 문제가 아니다. 현대문명의 제도들은 그것이 내 문제가 아닌 남의 문제를 해결할 때는 분명 편리하다. 다시 말해 인간성이니 도덕이니 양심이니 하는 것을 제쳐두고 실리적으로 해결할 때는 편리하다는 말이다. 동물적으로 사는 것은 이렇게 명쾌하고 간단하다. 제도나 법으로 해결하니 어쩌면 쾌락적이고 실용적이다. 돈만 벌면 된다. 그것이 본능에 부합하기 때문이다. 분명 이런 것은 인간다움이 아니다. 짐승다운 것이다.

그렇다면 왜 인간이 동물과 달라야 하는지, 그것이 당위가 되어야 한다고 고집하는지 모르겠다고 생각하는 사람이 있을 것이다. 인간의 본성이 생물학적으로 볼 때 원래 동물의 본성인데, 인간성이 어쩌고 본성이 어쩌고 얘기하는 것 자체가 불만일 수 있겠다. 생물학적 본능이든 본성이든, 기본적으로 이것은 이기적이고 생존경쟁을 본질로 하며 승리는 우승자의 몫이라고[46] 항변할 수도 있겠다.

그렇다면 이런 본능(본성)은 일차적으로 개체 중심이다. 이기적인 인간이 이웃이나 동료를 생각할 때는 그들과의 협동이나 공생이 결국 나의 이익으로 돌아올 경우다. 그러나 이렇게 경쟁과 약육강식을 본질로 하는 원리가 우리 인간사회에 적용될 수 없는 것은 명약관화한 일이다. 강자만을 위한 사회가 되니까 말이다. 우리가 생물적 본능을 충실히 따르는 길로 가는 것을 어느 정도 인정하더라도, 그 도착점은 결국 약육강식의 강자의 논리가 도사리고 있다는 점을 잊어서는 안 된다는 이유가 바로 여기에 있다.

따라서 인간다움[仁]을 인간성의 본질로 보고 부모에 대한 사랑[孝]을 그 출발로 삼는 것은, 바로 실용적이고 제 한 몸 편하게 쾌락적으로 사는, 그리고 그 도착점이 약육강식인 문화에 대한 대안이다. 그래서 불효가 여전히 금기가 될 수 있다는 것이다. 비록 다수의 사람들이 자각하지 못하고 있지만 말이다.

다행히 아직 우리 사회에는 효에 대한 전통이 많이 남아 있다. 필자의 친구들 가운데 아직도 부모님 모두 살아 계신 친구가 있다. 다른 친구들은 두 분 다 돌아가셨거나 한 분만 살아 있다. 그런데 다들 부모를 모시고 있는 그 친구를 모두 부러워한다. 자식은 부모가 돌아가고 나서 효자가 된다는 말을 실감하는 대목이다. 어쨌든 효에 대한 미덕이 남아 있다는 점을 지적하고 싶다.

이렇게 말하면 많은 사람들이 효도에 갇혀 사회적 영역으로 선행이 확대되지 못할 것이라고 우려할 것이다. 실제로 우리 전통에 그런 사람들이 있었다. 부모의 봉양을 핑계로 벼슬을 탐내거나 구차하

---

46) 이렇게 다윈의 생물적 생존경쟁을 인류사회에 적용시켜 보편적 법칙으로 확대해서 보는 것이 20세기 초반의 사회진화론이다. 이것은 강자와 제국주의의 논리임과 동시에 일제가 조선을 침략한 논리 가운데 하나다. 오늘날의 신자유주의도 그것의 아류 내지 복사판이다.

게 정권에 아부하기도 하고, 부모의 삼년상 때문에 한창 일할 나이에 관직에서 떠나기도 했으며, 자신의 가문의 영화와 입신양명에만 집착한 경우도 있었다. 혹자는 필자가 효도를 인간성의 회복을 위한 근본이라는 유가의 논리를 지지한다고 해서, 과거에 효자들이 했던 방식을 찬성한다고 생각할지 모르겠다. 물론 그 가운데도 훌륭한 것이 있고, 폐단도 있을 것이다.

그러나 현대는 이전의 그런 시스템이 작동하는 사회가 아니므로 전혀 염려할 일이 아니다. 여기서 그 실천 방법을 논하지는 않겠다. 본인들이 직접 자신의 부모와 형제를 생각해 볼 때 어떤 방법이 최선인지 생각해 볼 문제다. 다만 부모와 자식의 관계가 제대로 정립되기만 하면, 사회는 한층 밝아지고 발전될 것이다. 가령 『좌전』의 오교(五敎)에서 보이는 것처럼 아비는 정의롭고 어미는 자애로우며 자식은 효도해야 하는 데서, 먼저 부모가 자식에게 제대로 모범을 보인다면, 틀림없이 그런 자식이 될 가능성이 높다. 형과 동생의 관계도 형이 우애를 보이면 동생은 자동적으로 공경할 것이다.

그 가능성에 대해서 한 번 살펴보자. 예를 들어 아이의 성장 과정을 보자. 일반적으로 아이들이 어릴 때는 자기 아빠나 엄마가 최고라고 생각하고 잘 따른다. 그리고 청소년이 되면 연예인이나 운동선수를 그렇게 생각하고 부모는 관심 밖으로 밀려난다. 그러다가 청년이 되면 또 다른 대상을 이상적으로 생각하거나 존중하게 되고, 부모는 존경이나 존중의 대상이 아니라 도덕적으로 어쩔 수 없이 따르거나 봉양해야 하는 대상으로 밀려난다. 이것은 일반적인 현상이다. 그러나 세밀하게 들여다보면 그렇지 않은 자식들도 있다. 어릴 때는 물론이요 커서도 여전히 자신의 부모가 자랑스럽고 존중과 존경의 대상으로 남은 사람들도 있다.

왜 이런 일이 일어나는가? 바로 효도를 강요해서 될 일이 아니라,

부모와 자식 간의 눈에 보이지 않는 쌍무적(雙務的) 도덕률이 그렇게 만든 것이다. 다시 말해 부모는 자식에게 제대로 모범을 보이고 가르쳤으며 그 결과 자식은 반듯하게 자라 효도를 다하는 사람이 된 것이다. 이것이 바로 사회가 제대로 되는 바탕이 아닌가? 이런 부모나 자식이 어찌 자기 가족만 제일로 알고 집착하겠는가? 직장에서 사회에서 일을 잘못하겠는가? 부모가 자기 자식만 알고 정의롭지 않다면, 어찌 자식이 존경하고 존중하겠는가? 그런 부모 밑에서 자란 자식이 정의롭지 않겠는가?

효도의 교육적 효과는 이것만 보더라도 누가 강요하거나 억지로 교육시켜서 될 일이 아님을 알 수 있다. 이전 시대처럼 국가 사회의 이데올로기로서가 아니라, 사람다움의 출발로서 하는 행동을 자식의 입장에서 볼 때 그것이 효도일 뿐이다. 부모의 입장에서 볼 때는 그 사람다움이란 부모 노릇 제대로 하는 것일 게다.

끝으로 불효에 대한 금기가 깨어졌을 때 일어나는 인간성 상실에 따른 사회문제를 거론하고 이야기를 맺을까 한다.

우선 노인들의 복지 문제다. 물론 연고가 없는 노인을 국가가 책임지고 있지만, 연고가 있더라도 가난한 노인 문제는 여전히 남는다. 설령 자식들이 돈이 많고 본인도 여유가 있어 훌륭한 시설에서 여생을 보낸다고 하더라도 노후가 쓸쓸하기는 마찬가지다. 이들은 새로운 환경 속에서 새로운 사람들을 가족처럼 생각하며 살아야 한다. 옛날의 가족을 잊고 새로운 가족과 잘 어울려 적응해야 한다. 현재의 추세로 본다면 우리 모두의 운명이다. 노후를 새로운 세대와 자신의 분신인 혈족과의 교류 없이, 쓸쓸하게 황혼을 바라보는 이들과 함께 보내야 하는 운명이다. 얼마 전 인터넷에 나돈 '괴팍한 할망구'라는 어느 영국 노파의 시를 상기해 보라. 노인들을 시설에 노인들끼리 방치하는 것은 실용적일지는 몰라도 인간에 대한 모독이며 예의가 아니다. 현대판 고려장이다. 그들도 인간이 그립고 손자의 재롱이 그리우며 젊은이가 아름답게 보인다.

　이러니 누가 자식을 낳아 기르려고 하겠는가? 자식은 더 이상 노후 보험이 아니다. 본질이 이러할진대 인구 대책을 위해 세 자녀 이상에게 보조금을 준다고 유인해도 크게 개선되지 않을 것이다. 대신 부자들의 경우는 다르다. 자손을 많이 낳고 번창하고 대대로 이어진다.[47) 그러나 그 부자들의 머릿수로 인구를 다 확보하지는 못한다. 그러니 외국인이라도 들여와서 인구수를 늘릴 수밖에 없다. 단일민족이란 간판은 일찌감치 내려야 하지 않았을까?

　그래 단일민족이라는 간판은 깨버리자. 그게 속 편할 것이다. 그렇다면 민족문화의 정체성을 어찌할 것인가? 그것조차도 깨버리고 잡종 문화를 꽃피우면 그게 우리의 전통이 아니냐고 말할지 모르겠다. 장기적인 안목에선 그렇다 치자. 그런데 복수민족인 다른 나라들도 그렇던가? 아니다. 우수한 문화는 보존되고 지켜진다. 그것이 그네들의 생존을 위해 필요한 일이다. 그러니 우리는 어찌할 것인가? 실용과 쾌락과 편의를 위해 다 주고 양보하면 남는 것은 무엇인가? 그래도 뭔가 끄나풀은 있어야 하지 않겠는가? 그게 효도가 아닐까?

---

47) 아이러니컬하게도 오늘날 한국 성씨(姓氏)의 시조는 귀족이나 권문세가가 아닌 것이 거의 없다. 이것이 실로 부자들만 살아남아 자손을 남기는 예가 아닌가? 강자가 살아남은 현실이라 하더라도 그것을 방지하는 당위적 논리가 그래서 필요한 것이다.

둘째 마당

해와 달이 된 오누이

오누이 이전에는 해와 달이 없었나?

1-1. 해와 달이 된 오누이

옛날 어느 산골 외딴 집에 어머니와 어린 오누이와 갓난아기가 정답게 살고 있었습니다.

어머니는 산 너머 마을에 가서 빨래며 설거지며 길쌈이며 남의 집안일을 거들어 주었습니다. 그리고 집으로 돌아올 때면 쌀이나 곡식을 얻어 오고, 어떤 때는 곡식과 함께 떡이나 묵 같은 먹을 것도 얻어 왔습니다.

어머니는 일을 나갈 때마다 오누이에게

"못된 호랑이가 올지 모르니 문 꼭 잠그고 있어라."

하고 몇 번이나 일러 주었습니다. 그리고는 산 너머 마을에 일을 나갔습니다.

하루는 어머니가 마을 사람의 일을 도와주고 메밀묵을 몇 덩이 얻어 머리에 이고 집으로 돌아오고 있었습니다.

어머니가 첫 번째 고개를 넘을 때였습니다. '어흥' 하고 난데없이 호랑이가 길을 딱 막고 기다리고 있었습니다.

"할멈, 머리에 이고 가는 게 뭐지?"
"이거, 묵이다."

"그 묵 내 좀 주면 안 잡아먹지."

호랑이가 입을 커다랗게 벌리며 말했습니다. 어머니는 얼른 묵 한 덩어리를 호랑이에게 던져 주었습니다. 호랑이는 그걸 갖고 어디론가 사라졌습니다.

두 번째 고개를 넘을 때였습니다. 호랑이가 또 길 가운데 죽 엎드리고 앉아서 말했습니다.

"할멈, 묵 한 덩어리 더 주면 안 잡아먹지."

어머니는 호랑이의 날카로운 이빨을 보자, 그만 다리가 후들후들 떨려서 얼른 손으로 묵 한 덩어리를 던져 주며 종종걸음으로 내달았습니다. 호랑이는 그걸 받고 사라졌습니다.

또 한 고개를 막 넘을 때였습니다.

"어흥, 묵 한 덩어리 더 주면 안 잡아먹지."

어머니는 마지막 남은 묵까지 몽땅 주었습니다. 호랑이는 그걸 받고 또 어디론가 사라졌습니다.

또 한 고개를 넘으려고 하자 호랑이가 나타났습니다.

"저고리 벗어 주면 안 잡아먹지."

라고 호랑이가 말하자 어머니는 저고리를 벗어 주었습니다. 그래서 다음 고개, 그 다음 고개에서도 치마, 속옷도 벗어 주고, 심지어 팔과 다리까지 떼 주었습니다. 팔다리까지 뺏어 간 호랑이는 어머니를 덥석 잡아먹고 말았습니다. 그리고는 빼앗은 어머니의 옷을 입었습니다.

"엄마가 왜 아직 안 오지?"

아이들은 늦게까지 어머니를 기다렸습니다. 그때 누군가가 문을 두드렸습니다.

"얘들아, 엄마 왔다. 문 열어라."

그런데 어머니 목소리가 이상했습니다.

"우리 엄마 목소리가 아닌데."
"고단해서 목이 쉬었단다."

그래도 아이들은 문을 열어 주지 않았습니다.

"그렇다면 문틈으로 손을 내밀어 보세요."

그러자 호랑이가 문틈을 손을 내밀었습니다.

"이건 우리 엄마 손이 아니다. 우리 엄마 손은 이렇게 꺼칠꺼칠하지 않아요."
"이건 말이다, 일을 하다가 손에 풀이 묻어서 그렇단다. 어서 문 열어라."

오누이는 그때서야 문을 열어 주었습니다.

"얘들아, 아기 젖 주련다. 아기 좀 내놓아라."

호랑이는 아기를 얼른 받아 부엌으로 안고 갔습니다. 그리고 아기를 잡아먹으면서 쩝쩝 소리를 내었습니다. 오누이는 그 소리를 듣고

"엄마, 뭐 먹으세요?"

라고 하자 호랑이가

"무 먹는다."

라고 대답하였습니다. 오누이는 어머니의 행동이 아무래도 이상하여 문틈으로 살며시 엿보니 부엌에 있는 사람은 어머니가 아니라, 어머니의 옷을 입은 호랑이였습니다. 치마 아래로 호랑이의 꼬리가 보였기 때문입니다.
　오누이는 깜짝 놀랐습니다. 그리고는 너무나 무서워 큰 소리도 지르지 못하고 살금살금 뒷문으로 방을 빠져나와 뒷마당에 있는 나무 위로 올라갔습니다.
　호랑이는 방안이 하도 조용해서 안을 살피다가 아이들이 없어진 것을 눈치 채고 집안 곳곳을 뒤지기 시작하였습니다. 그러다가 뒷마당까지 찾으러 나왔습니다. 마침 그때 뒷마당 나무 아래 우물이 있었는데, 우물에 나무 위에 있는 오누이가 거울처럼 비쳐 보였습니다.

"너희들 재주 참 좋다. 거기 어떻게 내려갔니?"

이렇게 말하며 우물 속으로 뛰어들려고 하였습니다. 그 모습을 보고 동생이 까르르 웃고 말았습니다. 이 웃음소리에 호랑이가 위를 쳐다보았습

니다. 나무 위에 숨었던 것이 그만 들키고 말았습니다.

그제야 호랑이는 나무 위로 올라가려고 애를 썼지만 자꾸 미끄러지고 말았습니다.

"얘들아, 거기에 어떻게 올라갔지?"
"참기름을 손에다 바르고 올라왔지."

오빠가 얼른 꾀를 내어 말하였습니다. 호랑이는 부리나케 부엌으로 달려가 참기름을 발에 잔뜩 발랐습니다. 그리고 나무에 기어오르려고 하자 아까보다 더 미끄러졌습니다. 누이동생이 또 까르르 웃으며 말했습니다.

"바보! 도끼로 찍어서 올라오면 되는데….."

그 말에 호랑이는 도끼를 가져와 그것으로 나무를 쿵쿵 찍어가며 성큼 성큼 올라오기 시작하였습니다.

이제는 꼼짝없이 호랑이 밥이 될 지경이 되었습니다. 오누이는 하늘을 보며 기도를 하였습니다.

"하느님! 불쌍한 저희들을 살려 주시려거든 튼튼한 동아줄을 내려 주시고, 저희들을 죽이시려거든 썩은 동아줄을 내려 주세요."

그러자 하늘에서 동아줄이 스르르 내려왔습니다. 오누이가 동아줄에 매달리자, 동아줄이 하늘로 올라가기 시작하였습니다.

코앞에서 오누이를 놓친 호랑이는 너무 아까워 한 나머지, 아까 오누이가 한 기도를 따라 자기도 기도를 하기 시작하였습니다.

"하느님! 불쌍한 저를 살려 주시려거든 튼튼한 동아줄을 내려 주시고, 저를 죽이시려거든 썩은 동아줄을 내려 주세요."

그러자 하늘에서 동아줄이 내려왔습니다. 호랑이는 신이 나서 동아줄을 덥석 잡았습니다. 그런데 하늘 높이 올라가던 동아줄이 뚝 끊어졌습니다. 하늘에서 썩은 동아줄을 내려 보냈던 것입니다. 못된 호랑이는 마침 추수 때라 수수 모가지만 자르고 남은 뾰족한 수숫대 위에 떨어져 찔려 죽고 말았습니다. 그때부터 수숫대에 호랑이의 피가 묻어 붉은 얼룩이 생겼습니다.

한편 하늘나라에 올라간 오누이는 어떻게 되었을까요? 오빠는 해가 되고 동생은 달이 되어 세상을 환하게 비추는 일을 맡았습니다. 하지만 동생은 깜깜한 밤이 무서워 하는 일을 바꾸자고 오빠를 졸라 동생은 해가 되고 오빠는 달이 되었습니다.

해가 된 동생은 사람들이 빤히 쳐다보는 것이 부끄러웠습니다. 그래서 쳐다보지 못하도록 센 빛을 내쏘아 쳐다보지 못하게 하였습니다. 그래서 지금도 해를 쳐다보면 눈이 부신 건 바로 그 때문이랍니다.

1-2. 해와 달이 된 남매

옛날에 한 여자가 있는데 집안 살림이 간구해스[1] 남으 집이 가스 일두 하구 품도 팔구 해스 믁고 사는디 하루는 즈으 믄 디 산 느므[2] 동네 장자네 집이로 베를 매주로 갔다. 베를 다 매주고 즈늑때[3] 올 즉에는 그 집이스 준 쑤시팥뜩[7)]을 한 동구리 이고 집이로 왔다. 밤늦게 산질[4)]을 글으스[5)] 오는디 고개 하나 늠을라고 고개 우에 올라가니게 호랭이가 앞질[6)]을 딱 막고 앉으스 그 쑤시팥떡 주면 안 잡아믁지, 했다. 그래스 이 여자는 할 수 읎이 쑤시팥뜩을 다 주었다. 호랭이는 그 쑤시팥뜩을 각고 가 브룄다.[7)] 이 여자는 또 질을 글어서 다음 고개를 늠을라고 고개 우에 올라가니께 아가 그 호랭이가 앞질을 뚝 막고스 조구리[8)] 붓으 주문 안 잡으믁지, 했다. 그래스 즈구리[9)]를 붓으주었드니 호랭이가 받아각고 갔다. 그래스 이 여자는 고개를 늠으스[10)]갔는데 다음 고개를 늠을라고 고개 우에 올라갔드니 아까 호랭이가 질을 막고 앉으스 치매[11)]를 붓으 주문 안 잡으믁지, 해서 치매를 붓으 주었다. 그랬드니 호랭이는 치매를 받으각고 질은 비끼고 워디[12)]로 갔다.

또 가다가 고개가 있으스 고개를 늠을라고 올라가니게 아까 그 호랭이가 질을 막고 앉으스 팔을 떼여 주문 안 잡으믁지, 해서 팔을 떼여 주었다. 그랬드니 호랭이는 팔을 받으각고 질을 비껴주고 워데로 갔다. 이 여자는 집이로 가나라고 또 고개를 넘니랑게[13)] 아까 그 호랭이가 질을 막고 앉으스 다리를 떼여 주면 안 잡으믁지, 했다. 여자는 할 수 읎이 다리를 뜨여 주읐다. 호랭이는 다리를 받고 질을 비끼고 갔다.

이 여자는 또 고개를 늠을라고 올라가니께 아까 호랭이가 질을 막고 있다가 이 여자를 잡으믁었다.

호랭이는 이 여자를 잡으믁고 이 여자으 즈구리를 입고 치매를 입고 아그들이 있는 집이로 가스, "아가 아가, 나 왔다. 느그매[14] 왔다. 문 따라"고 소리쳤다. 아그들은 목소리를 듣구 즈그매[15] 목소리가 아니니게 "우리 으매[16] 목소리 아닌디" 함스[17] 문을 따주지 안했다. "아가, 왜 내가 느그으매 아니겠냐? 내가 옴스[18] 찬 바람을 쐼스[19] 와서 목이 쉬으스 쉰 소리가 난다." 아이들은 이 말을 듣고 "우리 으매라믄 문구녕으루 손 좀 딜이밀으느 봐." 호랭이는 손을 문구녕으로 딜이밀으놨다. 아그들은 만즈보고 "으매 손이 왜 이리 끄끌끄끌하지? 우리 으매 손은 보들보들한디." "장자네 집이스 베를 매니라고 풀이 손에 말라 붙으스 그렇다. 으스[20] 문이나 따라, 추워 죽겠다" 이릏게 말하니 아이들은 그른가 하구 문을 따 주읐다.

호랭이는 방으로 들으와스 으린애기 즞[21]을 믁이야겠다[22] 하고 갓난애기를 안구 웃묵으로 가스 젖 믁이는 치하고 애기를 잡으믁었다. 애기 뻬를 깨미니라구 오도독 오도독 소리를 내스 아그들은 뭘 믁으 하고 물읐다. "장자네 집이스 콩 볶은 그 주으스 믁는다" 하니게 아그들이 즈그 좀 달라고 했다. 호랭이 믁든 애기 손가락을 내든즈주읐다. 아그들은 이긋을 집으보고 즈긋은 으매가 아니구 호랭이가 분명하다, 여기 있다가는 잽혜 멕히겠다 하구 도망갈 생각으로, "으매 으매, 똥 매르" 했다. "그그다 누으라." "여그 누문 방 안에 쿠린내가 나스 못쓰." "그름 마룽으다[23] 누으라." "마룽으다 누면 나가다가 밟으문 안 돼." "그름 토방에다 누으라." "토방에다 누문 마룽스 내레오다 밟으면 안 돼." "그름 칙간에 가스 누으라." "그름 칙간에 가스 누께." 아러고스 아그들 남매는 밖으로 나와서 칙간에 가는 치하고 그그스 뛰여나와서 샘 앞에 있는 노송나무에 올라가 있

136

었다.

호랭이는 아이들이 똥 누로 간다 하고 나가드니 아무리 지둘르도[24] 오지 안해서 이굿들이 워디 갔일꼬 하고 챗이로[25] 나스스 여그즈그 챗으보는디 아무 디도 읎으스 샘 속에나 숨었나 하구 샘 속을 딜이다봉게 샘 속즈 밑바닥에 아그들이 있었다. "아가 아가 이리 나오느라. 이리 나와!" 하고 소리질르도 아그들이 나오지 안했다. 그르니게 호랭이는 즈굿들은 근즈내얐는디 뭇으로 근질가? 함박으로 근질가 조리로 근질가 함스 궁등이 춤을 추었다. 아그들은 그 모양이 하도 우스워스 히히 하구 웃었다. 호랭이는 웃음소리를 듣구 웃음소리 나는 디를 츠다보니게 아그들은 노송나무에 올러 있으스 "느그들 워틓게 해서 그그 올라갔느냐?"고 물었다. 사내아그는 앞집이스 찬지름[26] 은으다가 발르고 올라왔다, 하니게 호랭이는 앞집이스 찬지름을 은으다 발르고 올라갈라고 하는디 미끄르스 못 올라갔다. 호랭이는 "아가 워틓게 느그들은 그그 올라갔냐?"고 물은게 어린 지집아는 뒷집이스 짜구를 은으다가 나무를 찍으감스 올라왔다고 했다. 호랭이는 이 말을 듣구 뒷집이 가스 짜구를 은으다가 나무를 찍음스 우그로 올라갔다.

아그들이 가만히 봉게 호랭이는 차차 올라오는데 그짐[27] 다 즈그들 있는 디꺼지 올라오게 됐다. 그리스 아들은 하늘이다 빌었다. "하느님 하느님, 우리를 살려 주실라면 새 동아줄하고 새 삼태기하고 내려주시구 우리를 쥑이실려면 흔 동아줄과 흔 삼태기를 내리주시유" 이렇게 비니게 하늘스 새 동아줄과 새 삼태기가 내리와스 오래비와 누이동생은 그굿을 타구 하늘로 올라갔다.

호랭이가 나무에 다 올라가봉게 아그들이 하늘스 내레온 동아줄과 삼태기를 타구 하늘로 올라가구 있으스 호랭이도 하늘에다 대고 빌었다. "하느님 하느님, 즈를 살려 주실라면 새 동아줄과 새 삼태기를 내려주시구 즈를 죽이시려면은 흔 동아줄과 흔 삼태기를 내레주시유" 이렇게 호랭이가

비니게 하늘스 흔 동아줄과 흔 삼태기가 내레왔다. 호랭이는 그 흔 동아줄
과 흔 삼태기를 타고 하늘로 올라가다가 흔 줄이 돼스 끊으즈스 호랭이는
아래로 뜰으즈 죽웠다. 호랭이가 뜰으진 디는 쑤시대[28]를 비여 낸 자리가
돼스 호랭이는 쑤시대 끄틍이에 찔려스 피를 흘리구 죽웠다. 오늘날 쑤시
대에 뻘건 피 같은 긋이 묻으 있는 긋은 그 호랭이가 흘린 피라구 한다.
  아이들은 하늘에 올라가스 오래비는 해가 되고 누이동생은 달이 됐다.
그른디 달이 된 누이동생은 밤질[29]을 댕기기가[30] 무습다 함스 낮에 다니
게 해달라고 했다. 그래스 오래비는 밤에 댕기기로 하고 달이 되고 누이는
낮에 댕기게 해가 되게 했다. 그른디 해가 된 누이동생은 사람들이 많이
즈[31]를 자꾸 츠다봐싸스 부끄르스 즈를 못 보게 하나라구 온몸에다 바늘
을 뒤집으썼다. 그리서 지금 우리 사람들이 해를 보문 눈을 바늘로 찌르
는 긋츠름[32] 눈이 신 긋은 그 까닭이라구 한다. *

 - 1941년 4월 당진군 고대면 성산리 박태희(朴太羲)
 - 1943년 9월 홍성군 장곡면 지정리 서원재일(西原在一)

[주] **

가) 수수로 만들어 팥고물을 묻힌 떡		1) 가난해서	
2) 저 먼 데 산 너머		3) 저녁 때	4) 산길
5) 걸어서	6) 앞 길	7) 버렸다	8) 저고리
9) 저고리	10) 넘어서	11) 치마	12) 어디
13) 넘으니까	14) 너희 엄마	15) 저희 엄마	16) 엄마
17) 하면서	18) 오면서	19) 쐬면서	20) 어서
21) 젖	22) 먹여야겠다	23) 마루에다	24) 기다려도
25) 찾으러	26) 참기름	27) 거의	28) 수숫대
29) 밤길	30) 다니기가	31) 저	32) 것처럼

 * 임석재 전집, 『한국구전설화』 6. 충청남북도편, 평민사, 2003, 298-301쪽.
** 2-1 본문의 위 첨자의 번호로 된 주석은 필자가 달았다. 충청도 서부 방언이
   라 'ㅓ'를 'ㅡ'로 많이 발음하고 있다. 가)는 원문에 딸린 주석.

2. 네게 환란이 닥치면 하느님을 의지하라

옛이야기와 전래동화

이 이야기는 '해와 달이 된 오누이'라는 제목으로 잘 알려져 우리에게 친숙하다. 다른 제목으로는 '일월전설', '수숫대가 빨간 이유', '하늘에 올라간 오누이', '해숙이 달순이 별옥이', '해님 달님', '해님과 달님이 된 유래', '수숫대가 빨간 유래', '천벌 받은 호랑이',[1] '해와 달',[2] '해와 달 이약이',[3] '콩단이 팥단이와 호랑이'[4] 등이 있다.

앞의 1-1 이야기는 필자가 어렸을 때 어머니로부터 들은 기억을 되살려 각색한 것이다. 필자의 어머니는 1920년생이고 학교나 교회를 다닌 적이 없어 한글을 해득하지 못하셨다. 어머니의 고향은 도시와 너무나 멀리 떨어진 벽촌의 섬마을이고 글을 배울 기회조차 없었다. 그곳 사람 거의 모두가 그랬다. 그러니까 어머니는 이 이야기를 책에서 읽은 것이 아니라 전승된 것을 들려주었다고 생각된다.

---

1) 1924년 조선총독부에서 간행한 우리나라 최초의 동화집이라 할 수 있는 『조선동화집』에 실린 이야기의 제목이다.

2) 『개벽』, 1922년 10월호에 실린 제목이다.

3) 『어린이』, 1929년 3월호에 실린 제목이다.

4) 한국학중앙연구소가 편찬한 『한국구비문학 대계』의 경북 선산군 무을면의 백연식이 구술한 이야기 제목이다.

그때가 1960년대 후반이다. 나중에 살펴보겠지만 세부적인 사항 몇 가지를 제외하고는 전국에 분포되어 있는 다른 이야기와 구조나 내용 면에서 거의 일치한다.

그리고 이야기 1-2는 민속학자 임석재가 일제강점기 때 충남 지방에서 채록한 것이다. 충청도 서부 지방의 방언으로 되어 있지만, 이해하기 쉽고 구조와 내용이 앞의 것과 거의 일치한다. 주로 이 내용들을 텍스트로 하여 설명할 것이다. 물론 다른 이야기들도 종합적으로 고려될 것이지만, 전래동화로 개작된 것과는 약간의 차이가 있다.

따라서 이 같은 이야기는 전래동화가 아니다. 그냥 옛이야기일 뿐이다. 고상하게 말해서 설화(說話) 또는 민담(民譚)[5]이라고 부른다. 요즘 일반인들에게는 옛이야기나 설화, 민담보다는 전래동화라는 말이 더 익숙하다. 그러나 앞에서 살펴본 것처럼 전래동화란 20세기 전반에 생겨난 말로서,[6] 옛이야기를 어린이들의 정서나 이해수준,

---

5) 설화를 신화(神話, myth), 전설(傳說, legend), 민담(民譚, folk tale)으로 나누기도 하는데, 세계적인 통례다(장덕순 외,『구비문학개설』, 일조각, 2006, 39쪽). '해와 달이 된 오누이'의 경우는 설화 가운데서도 민담에 속한다. 그것이 왜 신화나 전설이 아닌 민담인지는 이후 논의되는 과정에서 자연히 드러난다. 최초의 한국 민담집은 알렌(H. N. Allen)의 *Korean Tales*(1889)이다 (장덕순 외,『구비문학개설』, 일조각, 1997, 49쪽).

6) '동화(童話)'란 말은 일본이 외국 동화를 번역하여 소개하면서 만들어진 말이다. 서양의 경우는 설화를 수집하여 아동용으로 개작하면서 märchen이 이루어졌고, 우리나라와 일본은 이보다 1세기 뒤에 메르헨과 안데르센의 창작동화를 모두 동화라 불렀다(박정용,「설화의 전래동화 개작의 문제점 연구: '해와 달이 된 오누이'를 중심으로」,『한남어문학회』제29집, 2005, 105쪽). 그래서 우리나라 최초의 동화집이라고 할 수 있는 1924년 조선총독부가 간행한 책도『조선동화집』이고, 나까무라 료헤이(中村亮平)의『朝鮮童話集』 (1926), 심의린 편,『조선동화대집』(1926)에도 그 말이 들어 있다. 이렇듯 전래동화라는 말이 생기기 전에 '조선고래동화', '전설동화', '조선동화'로 불리다가, 박영만 편,『조선전래동화집』(1940)에 비로소 '전래동화'라는 말이 등장한다.

그리고 교육적 효과를 고려하여 개작한 것이다.[7] 그래서 이런 영향 때문에 전래동화 하면 으레 권선징악이나 보은, 충과 효 등의 덕목의 교훈이 있어야 한다고 생각하여 이야기가 원래 지니고 있던 활기찬 삶의 흔적과 상상력을 죽이고 만다.

참고로 말하면 우리의 근대적 동화는 서양의 민담이나 창작동화를 일본을 통하여 번역한 것인데, 흥미로운 것은 서양 민담이 우리의 전래동화와 같은 개념을 내포하고 있는 경우다. 특히 베텔하임 (Bruno Bettelheim)의 해석은 네 가지 그릇된 명제로 압축되는데, 민담은 어린이를 위하여 의도된 것이고, 언제나 해피엔딩이어야 하며, 시간의 차원이 없고, 현대의 미국인들에게 친숙한 판본처럼 그것은 어떤 사회에도 적용될 수 있으리라는 점이다.[8]

어쨌든 교훈이 있어야 한다는 이러한 강박관념은 곧 이야기의 의문을 증폭시키기도 한다. 그 대표적인 이야기가 바로 이 해와 달이 된 오누이다. 전래동화 하면 교훈이 있어야 한다고 배운 이 땅의 어린이들은 이 동화의 주제를 생각할 때 큰 혼란에 빠지게 된다.

우선 생각해 볼 수 있는 것이 이 이야기의 주제가 권선징악이라는 점이다. 이 이야기에서 호랑이는 분명 악의 화신이라 할 수 있다. 그래서 이야기의 결말에서 악에 대하여 강하게 징치한다. 그러나 우리는 오누이와 어머니가 선을 지향하는 윤리적 의도를 엿볼 수 없다. 인물에서 선악이 대비되지 않는다. 게다가 권선징악을 드러내는 작품의 결말에서 선을 지향하는 인물들은 대개 해피엔딩으로 끝난다.

---

7) 최초의 동화집이라고 할 수 있는 『조선동화집』의 작품은 교훈적인 성격을 직접적으로 드러낸 경우가 많은데, 대표적 덕목으로는 효, 우애, 우정, 자비, 성실, 착함, 보은, 유순, 친절 등이다(권혁래, 「『조선동화집』의 성격과 의의」, 『조선동화집』, 집문당, 2003, 163쪽.). 이것을 보면 총독부가 이 책을 간행한 의도를 유추할 수 있다.

8) 로버트 단턴, 조한욱 옮김, 『고양이 대학살』, 문학과지성사, 1996, 29쪽.

그런데 어머니와 갓 태어난 동생이 처참하게 죽고 오누이가 해와 달이 되었다고 해서 뭐가 그리 행복한가? 그것이 악에 대한 도피의 대가인가? 해와 달이 되어 밤낮을 교대하면서 쉬지 않고 하늘을 빙빙 도는 것이 과연 행복한가? 차라리 슬프지 않은가? 이것은 필자만이 갖는 의문일까?

그렇다면 이 이야기에서 억지로 교훈성을 끄집어내는 것은 무리다. 이야기의 다른 의도가 있을 것이다. 그것이 필자가 이토록 이 이야기에 집착하는 이유다. 사실 어떤 이야기든 그 이야기를 발생시킨 모델이 있다.[9] 그리고 그 모델을 토대로 현실의 문제를 덧씌워 전승시킨다. 장면이 세밀하게 묘사된 이 이야기도 역사적 경험이나 배경이 있을 것이다.

더구나 이 이야기가 해와 달이 생긴 유래를 알려 주는 신화나 어느 특정한 지역의 특정한 사건을 말해 주는 전설이 아니라, 우리 민족의 공통의 경험이라는 것을 확증시켜 주는 대목이 될 수 있다는 가정의 근거는 이렇다. 이것은 좀 똑똑한 초등학생이라면 쉽게 가질 수 있는 질문이다. 즉 해와 달이 된 오누이가 있기 전에는 진짜 해와 달이 없었나 하는 점이다. 그렇다면 밤과 낮도 없었으며 수숫대나 떡도 없었을 것이다. 해가 없다면 곡식이 자랄 수 없으니까 말이다. 또 호랑이는 육식동물인데 떡이나 묵 같은 것을 과연 먹을 수 있나 하는 점이며, 호랑이가 분명 어머니를 '할멈'[10]이라고 부르는데 어머니에게는 젖먹이가 있다. 아버지도 없고 늙은 어머니인데 젖먹이가 있다는 게 말이 되나? 그리고 왜 호랑이는 그토록 집요하게 단계를

---

9) 대표적인 이야기가 '장화와 홍련'으로, 이 이야기는 실화를 바탕으로 만들어졌다(신병주 · 노대환, 『고전소설 속 역사여행』, 돌베개, 2006, 165-177쪽).
10) 상당수 이야기에서 호랑이가 어머니를 '할멈' 또는 '할머이'라 부른다. 아예 어떤 이야기에서는 어머니를 할머니라고 하면서도 오누이의 어머니의 역할을 한다.

밟아가면서 그 단계를 하나도 빠뜨리지 않고 자신의 계획을 차근차근 실행에 옮겼을까? 오누이는 비록 잠시 도망을 쳤어도 끝내 꼼짝도 못하고 잡아먹혀야 할 운명의 바로 그 순간, 무슨 선행으로 기도의 응답을 받게 되었을까? 현실 속에서는 좀처럼 이런 응답이 없는데도 말이다. 당하기만 하고 힘없는 사람이 과연 하늘을 향하여 기도만 한다고 문제가 해결될까? 그 외에도 호랑이는 왜 어머니를 단숨에 잡아먹지 않았는지, 어머니는 왜 비명을 지르지 않았는지, 토막난 신체로 어떻게 산을 넘을 수 있었는지, 호랑이는 아이들의 집을 어떻게 알았는지 하는 것 등이 의문으로 남는다.

이런 의문들은 이 이야기가 고도의 은유를 통하여 어떤 메시지를 전달하고자 하는 의도가 숨어 있다고 믿는 근거가 된다. 호랑이는 그냥 호랑이가 아니다. 오누이와 식구들도 단지 가난하고 불쌍한 사람이 아닐 것이며, 해와 달은 진짜 하늘에 있는 해와 달이 아닐 것이다. 이것들이 상징하는 그 무엇이 있을 것이다.

더욱이 이 확신을 더욱 신빙성 있게 만드는 것은, 뒤에서 살펴보겠지만, 이 이야기만큼 전국에 퍼져 있는 것[11]도 그리 많지 않으며 변이도 적다는 점이다. 그렇다면 단시간에 전국적으로 널리 유포되었다고 믿을 수밖에 없다. 그것은 전승자의 의도가 일반 민중들의 현실적인 경험과 일치하여 쉽게 공감을 일으킬 수 있었기 때문이리라.

따라서 이 이야기의 가장 큰 의문은 주제가 무엇이냐 하는 점이다. 도대체 이 이야기는 무엇을 말하고 있는가? 많은 연구자들이 이 이야기를 연구했지만 일치된 견해가 적다. 물론 이야기는 다양한 해석이 가능하다. 이야기가 잉태되거나 전승된 역사적인 배경을 무시한다면 말이다. 그런데 그 배경이나 민중의 역사적 경험을 무시한 해

---

11) 『한국구비문학 대계』에는 총 19편인데, 전국(남한)적 분포(제주도 제외)이다 (박정용, 앞의 논문, 110쪽).

석이 과연 무슨 생동감이 있으며 어떻게 이야기의 본래 의도를 파악할 수 있을까?

어쨌든 이 이야기를 해석한 내용이나 방법을 간단히 열거하면, 해와 달의 기원을 설명하는 신화의 원형으로서의 해석, 현실적 의미로서의 해석에서는 어머니의 죽음은 민중의 수난사를 상징하고 지혜와 용기를 보여주며 민중의 소망이 담긴 것으로 본다.12) 또 분석심리학적으로는 부모로부터의 의존에서 독립하는 이야기 또는 지상에서의 경험과 천상의 지향13) 등이다. 이렇듯 이야기를 크게 두 가지 갈래로 해석하고 있는데, 그것은 민족 또는 민중의 수난사라는 점과 무의식적 민중의 심리를 나타내고 있다는 점이다.

그러나 필자가 볼 때는 이런 해석이 이야기의 주제를 현실적인 논리로 꼭 집어 말하지는 못하고 있다. 특히 분석심리학적 해석에서는 이 이야기가 크게 생동감 있게 전승된 때가 일제강점기라는 사실을 간과하고 있고, 그야말로 이야기의 논리를 언제 어디서나 적용할 수 있는 보편적인 것으로 본다. 더구나 융의 분석심리학에서 말하는 무의식의 원형이 실제로 인간에 있어서 정말로 언제나 선한 것인지, 창조적이고 생명력이 넘치는 것인지, 언제나 하늘을 지향하는지 모를 일이다. 이는 세상을 선과 악이 첨예하게 대립하는 구도로 보는 서구적 잣대를 가지고 바라보는 한 가지 관점일 뿐이다. 그래서 인간이 지향해야 할 곳이 천상이라고 한다. 지상도, 때로는 지하나 물속도 이상세계가 될 수 있음에도 말이다. 여기서 민중들이 왜, 무엇

---

12) 이 분야의 글은 이현주, 「우리를 살리시려거든」(『호랑이를 뒤집어라』, 생활성서사, 1999), 박정세, 「'해와 달이 된 오누이' 민담에 투영된 역사적 현실과 민중의 희망」(『신학사상』 94호, 한국신학연구소, 1996) 등이다.

13) 이 분야의 연구는 노제운, 「해와 달이 된 오누이에 나타난 변형된 모성, 나르시시즘적 욕망」(『어문논집』 제47집, 2003), 이호주, 「일월설화와 복수설화 연구: 분석심리학의 관점에서」(『어문논집』 28권, 1989) 등이 있다.

때문에, 무엇을, 어떻게 하고자 이 이야기를 전승시켰는지 시원하게 답하지 않고 있다. 이러한 의문들은 줄곧 이 이야기가 해석되면서 밝혀지게 될 것이다.

이야기 분석

이야기의 줄거리 파악은 그것의 구조를 알아보기 위함인데, 이 이야기의 줄거리를 말하기 전에 먼저 이 이야기의 원형과 변이에 따른 유형을 찾아볼 필요가 있다. 그것을 확인하기 위해 필자는 채록된 여러 이야기를 비교해 보았다. 그 내용은 다음의 표와 같다.

1. 임석재 전집, 『한국구전설화』, 평민사

채록 연대	채록 지역	제목	특이한 내용
1927	강원 평창	해와 달이 된 남매	- 강원 평창 대화(大和)공립보통학교 황인섭(黃仁燮) - 오누이, 젖먹이, 개떡 - 개떡, 저구리, 치마, 속곳, 팔, 다리 - 똥마려움, 우물 옆 노송나무, 동아줄, 해와 달
1927	부산 동래	해와 달이 된 남매	- 부산 동래공립보통학교 김순덕(金順德) - 오누이, 젖먹이, 개떡 - 개떡(떡), 저구리, 치매, 속곳, 폴, 다리 - 똥마려움, 샘, 노송나무, 동아줄과 두렁박
1940	전북 순창	해와 달이 된 남매	- 전북 순창군 순창면 남계리 나씨(羅氏) - 오누이, 젖먹이, 어머니에게서 빼앗는 과정 생략 - 똥, 샘가의 노송나무, 동아줄, 해와 달이 된 유래
1941	충남 당진	해와 달이 된 남매	- 충남 당진군 고대면 성산리 박태희(朴太羲) - 오누이, 젖먹이, 쑤시팥뜩 - 쑤시팥뜩(한동구리 단번에 다줌), 주구리, 치매, 팔, 다리 - 똥마려움, 샘 옆 노송나무, 동아줄과 삼태기

1942	황해 연안	해와 달이 된 오누이	- 황해도 연안군 호동면 남당리 장본진수(張本鎭守) - 오누이, 젖먹이, 개떡 - 개떡, 저구리, 초매, 속곳, 팔, 다리 - 똥마려움, 우물 옆 나무, 동아줄
1973	충남 연기	호랑이와 어머니와 어린아이	- 충남 연기군 금남면 원전리 성윤옥(成允玉, 15세 여) - 아들 둘, 밥, 뜩, 팔, 발 *옷 빼앗는 것 생략됨 - 장갑, 문을 따주고 즉시 도망. 나무 위, 동아줄, 해 와 달이 된 유래는 없음

2. 한국학중앙연구소 편, 『한국구비문학 대계』

채록 연대	채록 지역	제목	특이한 내용
1981	경북 상주	해와 달이 된 오누이	- 경북 상주군 공검면 이명분(7집 8책) - 남매, 팥죽, '할머이' - 팥죽, 팥죽, 팔, 팔, 다리, 다리 - 오줌, 똥마려움, 젖먹이는 안 나옴, 노송나무, 도끼 는 안 나옴, 동아줄, 해와 달
1984	경남 울주	해와 달이 된 자매	- 경남 울주군 강동면 김성련(8집 12책) - 흉년, 두 딸, 젖먹이, 딸집에 다녀옴 - 묵, 묵 - 노송나무(버드나무), 새끼줄, 수숫대는 없음
1982	전남 장성	수수대가 빨간 유래	- 전남 장성군 남면 임묘금(6집 8책) - 아이 둘, 밥, 잡아먹히는 과정 간단히 처리 - 중간 과정 많이 생략, 해와 달 유래 없음
1982	경북 봉화	수숫대가 빨갛게 된 내력	- 경북 봉화군 소천면 안금옥(7집 10책) - 아들 셋(젖먹이 포함), 딸집에 베 매러, 호랑이에 게 물려감(간단히) - (단순히) 탈출. 미루나무, 놋밧줄, 수숫대. 해와 달 유래 없음

146

3. 임동권 엮음, 『한국의 민담』, 서문문고 031, 서문당, 1996

채록 연대	채록 지역	제목	특이한 내용
1954	경기 파주	해님 달님	- 경기 파주군 천현면 법원리 조규징 - 아버지, 어머니, 오누이, 젖먹이, 떡, '할멈' - 떡, 떡, (계속 되풀이) 팔, 팔, 다리, 다리 *옷을 빼앗는 내용은 없음 - 똥마려움, 새끼줄 매고 나감, 우물가의 버드나무 - 동아줄, 수숫대, 해와 달

 더 많은 이야기가 있지만, 우선 간단히 위의 표를 관찰해 보면 사건의 줄거리에 있어서 특별히 다른 점을 발견하기가 어렵다. 어머니가 이고 오다가 호랑이에게 준 것이 떡이냐 밥이냐 개떡이냐 수수떡이냐, 이런 것에 차이가 있고, 또 오누이가 도망치기 위해서 올라간 나무가 노송나무냐 미루나무냐 버드나무냐 감나무냐 하는 차이, 그리고 하늘에서 내려온 줄이 동아줄이냐 놋 밧줄이냐, 거기에 삼태기가 달렸느냐 두렁박이 달렸느냐 하는 차이가 있다. 또한 구술자의 기억의 한계 때문에 앞이나 뒷부분이 생략되거나 간단히 처리된 것도 있고, 어머니가 호랑이에게 음식을 빼앗기고 잡아먹히는 과정에서 약간의 차이를 보이기도 한다.
 그러니까 대체적으로 볼 때 이야기의 전체 흐름이 바뀔 정도로 달라진 변이는 보이지 않는다. 이것은 이야기의 발생과 전승이 그리 오래되지 않았다는 것을 의미한다. 이 점은 이 이야기의 전승 주체와 관련된 문제로서 나중에 논의될 것이다.
 이야기의 줄거리는 다음과 같다. 오누이와 젖먹이를 둔 홀어머니가 이웃마을에 가서 일을 하고 돌아오다가 고개를 넘으면서 호랑이에게 가진 것을 차례로 다 빼앗기고 잡아먹혔으며, 어머니를 잡아먹은 호랑이는 어머니로 위장하여 젖먹이를 잡아먹고, 오누이까지 잡아먹으려고 하자 오누이가 기지를 발휘하여 나무 위로 도망친다. 오누이가 호랑이에게 발각되어 영락없이 죽게 되었는데, 하늘에 기도를 하여 승천해 해와 달이 되고 호랑이는 수수밭에 떨어져 죽었다. 더 간단하게 말하면, 가난한 오누이가 호랑이에게 어미를 잃고 도망가다가 호랑이는 죽고 자신들은 하늘에 올라 해와 달이 되었다는 이야기다.

그러면 사건별로 이야기를 나누어 살펴보자. 즉 이야기의 구조를 정리해 보자.

(가) 옛날 어느 외딴 산골에 가난한 홀어머니와 오누이가 살았다.
(나) 어머니는 이웃 마을에 일하러 갔다가 돌아오다가 고개에서 호랑이에게 가진 것을 차례대로 다 빼앗기고 잡아먹혔다.
(다) 호랑이는 어머니로 변장하고 오누이가 사는 집으로 와서 아이들을 다 잡아먹으려 하였다.
(라) 오누이는 호랑이를 피해 나무 위에 올라갔으나 호랑이도 가까이 올라왔다.
(마) 오누이는 하늘에 기도하여 승천하고 호랑이는 떨어져 죽었다.
(바) 누이는 해가 되고 오라버니는 달이 되었다.

이렇게 쉽게 정리된다. 변이가 거의 없기 때문이다. 변이가 없다는 것은 구조가 간단하기 때문이기도 하겠지만, 무엇보다 이야기의 발생 배경이 지금 시대와 그리 멀지 않다는 것이다. 그래서 면 옛날의 이야기가 아니라 현대의 우리와 시간적으로 가까운 시점으로 이해하면 되겠다. 더욱이 이야기 속에 면 옛날을 뜻하는 사물이나 사건이 전혀 없는 것을 보면 그렇게 믿게 만든다. 그럼 사건 별로 하나씩 살펴보기로 하자.

외딴 산골의 가난한 홀어머니와 오누이

우선 외딴 산골이라는 곳은 고립된 공간이다. 무슨 일이 닥쳐도 이웃에 도움을 청할 수 없는 장소다. 이것은 이 이야기를 만든 민중 또는 그 민중이 속한 사회의 처지를 은유적으로 표현한 말일 것이다. 여기서 아버지가 없고 가난한 홀어머니가 등장하고 이웃마을에 가서 일을 해주고 살아가는 것은 민중의 일상적인 삶으로서 남자의 역할이 소외된, 하나로 대표된 민족 전체의 일상적 삶을 상징하는 것으로 보기도 한다.[14] 그리고 각 지역마다 채록된 대부분의 이야기에서 아버지는 없고 오누이 그리고 젖먹이의 네 식구가 등장하는데, 간혹 아버지가 거론되기는 해도 그것은 이야기의 전개상 필요에 의해서다. 가령 똥이 마렵다고 핑계대고 탈출하려고 할 때 호랑이가 방이나 마루에 누라고 하자 오누이의 입에서 "거기에 누면 아버지한테 혼난다."는 말에 등장할 뿐이다.

아버지가 없고 가난한 어머니와 그 슬하의 남매나 젖먹이만 등장하는 것, 또 큰 이웃동네와 떨어져 산골에 살고 있다는 것, 그리고 이웃과 통하는 길은 여러 고개를 넘어야 하는 산길밖에 없다는 것은 이들의 처지가 의지할 곳 없는 불쌍하고 가련한 상태라는 것을 말해주고 있다. 더구나 젖먹이는 어머니가 데리고 다닐 수도 없어서 아이들에게 맡겨져 있다. 젖먹이의 생사는 참으로 위태하다. 여기서 아버지와 어머니, 또 오누이 그리고 젖먹이는 상징하는 것이 있을 것이다. 여기서는 그 답을 일단 보류하기로 하자.

---

14) 박정세, 앞의 논문, 197쪽.

어머니는 호랑이에게 가진 것을 차례대로 빼앗기고 잡아먹히다

예전에는 이웃집에서 일을 하고 집에 남아 있는 아이들을 위하여 음식을 얻어 가는 일이 흔히 있었다. 필자가 어릴 때도 수없이 본 일이다. 친절하게도 어떤 이야기에서는 어머니가 이고 오는 음식을 품삯으로 받았다고 하는데, 음식을 품삯으로 받았다는 말은 들어본 적이 없다. 아무리 인심이 각박해도 그렇지, 흔한 일은 아니다. 왜냐하면 대개 가난한 사람이 부잣집에서 품삯을 받고 일하더라도 음식은 덤으로 얻어 오는 경우가 많기 때문이다.

어머니는 날이 저물어 고개를 넘어 오다가 호랑이를 만난다. 고개를 넘을 때마다 반복해서 빼앗긴다. 도대체 고개는 무엇을 뜻하며, 차례차례 빼앗기는 것은 또 무엇인가? 고개란 약자가 강자에게 당하는 시련의 계기[15]로 사건의 과정을 암시할 것이다. 그리고 차례차례 빼앗기는 것은 시간의 흐름에 따른 사건일 것이다. 그렇다면 고개란 일종의 고비로서, 어머니로 상징되는 민중의 입장에서 거시적으로 볼 때 역사의 과정이며 차례차례는 어떤 사건의 시점과 결말을 말할 것이다.

여기서 호랑이는 "떡 하나 주면 안 잡아먹지."로 시작하여 그 약속을 어기고, 차례로 떡(묵, 수수팥떡, 개떡, 콩죽)과 옷과 사지와 몸을 차례로 빼앗는다. 특히 옷을 빼앗는 과정에서 저고리, 치마, 속곳으로 이어지는데, 성적 겁탈까지 암시하고 있다. 그리고 이어서 팔, 다리까지 떼어 달라 하고 끝내 잡아먹어 버린다. 호랑이는 약탈 과정에 있어서 행동이 용의주도하고 계획적이며 세심하게 힘과 지략을 사용한다.

대부분 전래동화에서는 이 과정이 생략되어 있다. 일례로 이 '해와

---

15) 이호주, 앞의 논문, 138쪽.

달이 된 오누이' 이야기가 최초로 전래동화로 개작된 것은 『사랑방 손님과 어머니』의 작가로 널리 알려진 소설가 주요섭의 '해와 달'[16] 인데, 여기서는 어머니가 호랑이에게 잡아먹히는 과정을 그냥 "집을 향해 오다가 아니나 다를가 그만 그 범의 밥이 되고 말앗습니다. 어머니를 뼈만 내노코 후딱 뜯어먹은 이 욕심장이 범은 …"이라고 간단히 처리하고 있다.

또 우리나라 최초의 동화집이라고 할 수 있는 『조선 동화집』[17]의 '천벌 받은 호랑이'라는 제목으로 된 이 이야기에서는 옷을 빼앗기는 장면이 삭제되어 있다. 그리고 이원수와 손동인이 엮은 『나무 그늘을 산 총각』[18]의 '해님과 달님'에서는 그 장면이 빠져 있고, 뒤에 호랑이를 설명하는 데서 "고갯길에서 어머니는 잡아먹고 아이들까지 잡아먹으러 온 것입니다."라로 간단히 기술되어 있으며, 서정오의 『우리 옛이야기 백 가지 1』[19]의 '해와 달이 된 오누이'에서는 옷과 사지를 빼앗기는 부분이 생략되었고, 끝에 가서 어머니는 구름이 되었다는 것으로 마무리되고 있다. 감동적으로 가족 상봉을 하게 하여 심리적인 안정감을 주고자 했는지 모른다. 민담의 원래 의도와는 전혀 다르게 말이다.

이렇듯 민담이 전래동화로 개작되면서 그 내용의 일부가 축소되거나 생략되어 버린 것을 발견할 수 있다. 이것은 아마도 그런 장면이 끔찍하다고 생각하여 아동 교육적 측면에서 적절하지 않다고 배려했기 때문일 것이다.

---

16) 『개벽』, 1922년 10월호에 조선고래(古來)동화의 수집의 일환으로 게재되었다(염희경, 「'해와 달이 된 오누이'에 나타난 호랑이상: 설화와 전래동화 비교를 중심으로」, 『동화와 번역』, 2003, 23쪽).
17) 1924년 조선총독부에서 우리 설화를 수집하여 편찬한 책.
18) 창비아동문고, 한국전래동화집 6, 1980.
19) 현암사, 1996.

이 내용을 축소하거나 생략하면 어떤 문제가 발생할까? 그것은 바로 호랑이의 잔인성이나 교활하고 음흉한 면, 곧 악한 존재를 부각시키는 데 지장을 초래한다. 물론 어머니를 잡아먹는 데서 그것이 드러난다고 강변할지 모르지만, 문학적 입장에서 볼 때 어떤 사실의 단순한 나열보다 그 장면의 반복적 묘사가 그 악에 대한 실체를 처절하게 경험하게 하고, 그럼으로써 그것을 뼈에 사무치게 증오하는 공감을 일으키게 한다. 이것이 이 민담을 만들거나 전승시키고자 하는 민중의 의도다.

이처럼 민담을 개작하는 것에 대하여 많은 문제점을 수반하고 있다고 지적되어 왔다.[20] 그래서 전래동화로 민중들의 삶이나 생각을 해석하는 것은 참으로 위험하다.[21] 최근에 우후죽순으로 쏟아지는 개작한 전래동화 책들은 한마디로 민담이 원래 갖고 있는 의미와는 거리가 멀 수도 있다. 부모나 교사들이 책을 잘 골라 주어야 하는 이유 가운데 하나는 바로 이런 것 때문이다.

어쨌든 호랑이는 그렇게 잔인하고 악랄하고도 간교하게 어머니로부터 모든 것을 앗아갔다. 여기서 그 약탈 과정을 보면 세 가지로 정리된다.[22] 먼저 떡을 빼앗는다. 하나만 주면 안 잡아먹는다고 해놓고 계속 빼앗는다. 즉 다른 것을 보장하겠다고 약속하고서도 계속 약탈한다. 그리고 다음으로 옷을 빼앗는다. 속곳을 달라고 할 때는 성적 겁탈을 연상시킨다. 옷을 빼앗는 것은 나중에 오누이를 향한 이차적 탈취를 위한 준비과정이다. 그리고 마지막으로 몸을 빼앗는데, 팔과

---

20) 소개할 만한 것은 염희경과 박정용의 앞의 논문이다.
21) 필자가 이 글을 쓰는 것은 바로 이러한 반성에서 출발한다. 필자는 어린이와 청소년들을 대상으로 한 『전래동화 속의 철학』(철학과현실사)이란 책을 시리즈로 5권까지 출판한 바 있는데, 그 텍스트를 기존의 개작된 전래동화에서 채택했기 때문이다.
22) 박정세, 앞의 논문, 197쪽.

다리 그리고 몸통으로 이어진다. 바로 여기서 이 이야기를 듣는 우리는 그 악랄함에 전율해야 마땅하다. 더불어 약탈의 과정을 상세하고도 구체적인 과정으로 전개한 이유가 무엇인지 궁금하게 여겨야 한다. 또한 팔과 다리를 떼어 주었는데 어머니가 살아서 움직였다는 것이 이치에 맞지 않는다. 그렇게 표현한 데는 그만한 사연이 있을 것이다. 그러나 그 이유를 지금 말하는 것은 성급하다.

혹자는 이렇게 말할지 모르겠다. 무서움을 극대화시키기 위해서 이렇게 반복적 효과를 사용했다고. 알다시피 '여우누이' 이야기처럼 한밤에 소의 간을 빼먹는 일이나, 맨 나중에 여러 색깔의 병을 던질 때 바로 그 반복의 효과 말이다. 구비문학에서 이런 것은 흔히 쓰는 장치다. 구술하는 사람은 청자들이 놀라는 모습이 재미있기도 해서 그런 효과를 자주 쓴다. 필자도 아이들이 귀신 이야기나 무서운 이야기를 해달라고 졸라대면, 그런 반복 효과를 쓴다. 아이들은 무서워하면서도 재미있어 한다. 그 맛에 이야기를 하기도 하지만.

그러나 이 '해와 달이 된 오누이'의 이야기에서의 반복은 무서움의 반복이 아니라 잔인함의 반복이라는 데 그 차이가 있다. 그럼으로써 호랑이의 악행에 대하여 전율하게 만든다. 바로 그 호랑이에게 말이다.

그럼 정녕 호랑이는 누구인가? 도대체 고개마다 등장하는 호랑이는 같은 호랑이인가, 다른 호랑이인가? 물론 옷을 빼앗은 호랑이는 동일한 호랑이겠지만, 앞에서 떡이나 묵 그리고 팔다리를 빼앗는 호랑이는 각기 다른 호랑이일 수 있다. 이 이야기가 고도의 은유로 되어 있기 때문에 호랑이가 무엇을 상징하는지 밝히는 것이 쉽지 않다. 모든 연구자들은 보편적인 입장에서 말한다. 주로 권력자 또는 침략자나 약탈자로 해석되기도 하고 심리학에서는 아버지[23]나 심지어 어머니로 해석되기도 한다.[24] 어쨌든 이야기의 전개상 지금 밝히는 것은 시기상조이므로 나중에 말하겠다.

우리 문화에서 볼 때 호랑이에 대한 관념은 크게 두 가지다. 좋은 쪽과 나쁜 쪽이다. 여기서는 후자에 속한다. 따라서 호랑이는 권력과 힘을 상징하면서 힘없는 민중에 대한 약탈자, 탈취자다. 게다가 속임수를 써서 보호자로 자처한다. 나중에 오누이를 찾아갔을 때 말이다. 그리고 "떡 하나 주면 안 잡아먹지."라고 한 말에서 보이는 것처럼 막강한 권력과 힘을 상징하고, 상투적 기만 술법으로 잔인성을 위장하며 사실을 호도하고 있다[25]는 정도만 이해하자.

호랑이는 어머니로 변장하고 오누이가 사는 집으로 오다

서양 동화 '빨간 모자 소녀'에는 늑대가 할머니를 잡아먹은 후 할머니로 변장하고 침대에 누워 빨간 모자 소녀를 기다리는 장면이 있는데, 이 장면과 대비가 된다. 우리 이야기가 서양식으로 전개되려면 아이들을 먼저 잡아먹고 어머니를 기다려야 한다. 그렇지 않은 이유는 나름대로 이 이야기가 갖는 내용, 즉 민중의 역사적 경험이 다르기 때문이다.[26]

따라서 호랑이가 애초에 어머니의 옷을 달라고 협박한 것은 이차적 약탈을 위한 준비과정이었다. 이처럼 호랑이는 치밀했다. 그래서 어머니의 옷을 입은 것은 약탈자로서의 위장술이다. 힘과 권력을 상징하는 호랑이가 아무 힘이 없는 오누이를 잡아먹기 위해서 이런 갸륵한 위장술과 거짓말이 왜 필요했을까? 오누이가 당장 문을 열어

---

23) 하지현, 『전래동화 속의 비밀코드』, 살림, 2005, 136-141쪽.

24) 노제운, 앞의 논문, 303-304쪽.

25) 이호주, 앞의 논문, 138쪽.

26) 필자는 민담을 역사적 산물이라고 본다. 그 때문에 다음과 같은 견해에 동의한다. 즉 "민담은 역사적 문서이다. 민담은 수세기에 걸쳐 진화하여 왔고 다른 문화적 전통 속에서 다른 변화를 겪었다."(로버트 단턴, 앞의 책, 28쪽)

주지 않더라도 호랑이로서는 느긋하게 밖에서 기다리기만 하면 된다. 그러나 호랑이는 무슨 강박증 환자처럼 방에 들어가지 못해 안달이다. 배부른 호랑이답지 않은 행동이다. 그 또한 하나의 의문이다. 단순한 이야기가 아니라는 뜻이다. 아마도 빨리 잡아먹지 않으면 안 될 절박한 이유가 있었는지 모른다. 오누이가 상징하는 민중이 권력자의 수탈의 대상이라면, 다른 경쟁자에게 빼앗기지 않으려는 속셈인지도 모른다.

그리고 호랑이는 오누이의 집을 어떻게 알았을까? 물론 온 산을 헤집고 다니는 호랑이가 그것을 모를 리 없다. 그렇다면 이전에 잡아먹었어야 하지 않은가? 잡아먹지 못할 사정이라도 있었나? 그 해답은 이 이야기가 일반적이고 보편적인 내용을 말하려고 하는 것이 아니라 특수한 사실을 전하려는 의도 때문에, 비록 호랑이가 집의 위치를 잘 알고 있었을지라도 바로 어머니가 잡아먹히는 그날의 사건을 말하려는 이유 때문인 것이다.

여기서 아이들은 호랑이의 기만술에 잠시 대항하다가 금방 속고 만다. 호랑이의 기만술은 겉으로는 오누이의 어머니로서 보호자로 자처하나 내심으로는 그들 모두 잡아먹는 데 목적이 있다. 호랑이는 능숙하게 자신의 불리한 약점을 그럴듯하게 잘 둘러댄다. 목소리가 쉰 것은 일을 많이 해서 그렇다거나, 아니면 오다가 찬바람을 많이 쏘여 그렇다고 한다. 또 팔이 까칠까칠한 것은 베를 매다가 풀이 말라붙어서 그렇다고 한다. 어릴 적 베 매는 어머니의 손을 보면 정말 그랬다. 옷감을 짜기 위한 전초 작업으로 실이 끊어지지 않도록 단단하게 하기 위해 풀을 먹이는 일이 있는데, 베를 맬 때 풀이 많이 필요하다. 그런데 쌀이나 밀가루는 귀해서 풀을 끓일 엄두도 못 내고, 메밀을 맷돌에 갈아서 껍질째 풀을 쑤면 그 껍질이 달라붙어 마르면서 손등이 까칠까칠해진다. 어쨌든 필자는 그 거뭇거뭇한 손등이 연상된다. 호랑이도 그것을 염두에 두고 그렇게 둘러댔을 것이다.

그래서 마침내 호랑이는 방안에 들어가는 데 성공한다. 오누이의 앎이 세밀하지 못한 데서 기인한다. 혹자는 오누이가 엄마 외에는 아무에게도 문을 열어 주지 말라는 금기를 깼다고 한다. 그러나 필자의 견해는 이와 다르다. 오누이는 분명 호랑이를 어머니로 알았다. 비록 그것이 안목이 좁아서 생긴 착각이지만 말이다. 금기를 깨는 것은 일종의 암묵적 약속의 위반이다. 그러나 착각하고 한 행위는 약속 위반이라기보다 무지의 소치다. 의도적 위반보다 도덕적 책임은 덜하지만, 무지로 인한 잘못이 책임이 없는 것은 아니다. 이 무지가 사람 잡고 역사를 엉뚱한 방향으로 진행되게 한다. 우리의 역사적 경험이 그렇다. 차차 밝혀보자.

이제 호랑이는 방안에 들어왔다. 젖먹이를 내어 달라고 한다. 필자가 들은 이야기에서는 젖먹이를 안고 부엌으로 갔다고 한다. 오누이에게 밥해 준다고. 그러면서 아기를 잡아먹으면서 '오독오독' 소리를 낸다. 그 소리가 오누이를 무지에서 깨어나게 한다. 젖먹이는 호랑이의 가장 손쉬운 희생물이다. 동시에 자신의 희생을 통하여 오누이에게 호랑이의 정체를 알게 해준다. 그러니까 젖먹이는 권력자 또는 악한 세력의 손쉬운 먹잇감, 그들이 쉽게 접근할 수 있는 이권을 뜻하고 오누이로 하여금 그들의 처지를 자각하게 만드는 역할을 한다. 만약 오누이가 민중을 상징한다면, 권력자가 손쉬운 이권을 탈취하는 것을 보자 그들의 본질을 꿰뚫어 보고 자신들의 위급한 처지를 자각하게 된다.

이제 호랑이의 정체를 알았으니 대항해 싸울 수도 없고 남은 것은 도망이다. 대체로 모든 다른 지역의 이야기도 '똥마렵다'는 핑계로 위기를 모면하는 것으로 되어 있다. 이 과정에서 오누이가 "마루에 똥을 누면 아버지에게 야단맞는다."고 한 것을 보면 아버지가 등장하나, 이것은 아마도 구술자의 무의식의 소산일 것이다. 아니면 위기에서 벗어나기 위한 오누이의 꾀로서 없는 아버지를 핑계 댄 것이다. 어쨌거나 이 또한 오누이의 지혜에서 비롯한 것이다. 그러나 이 지혜도 궁극적으로 호랑이로부터 해방을 가져다주지 못한다. 다시 위기 상황에 봉착하기 때문이다.

오누이는 호랑이를 피해 나무 위에 올라가다

이제 오누이는 방을 나왔다. 심리학적으로 성장과 성숙을 상징한다는 견해도 있지만, 이보다 이들을 보호해 줄 보금자리의 상실을 의미한다. 하긴 보금자리를 박차고 나오는 것이 성장일 수는 있다. 그것이 성장의 결과일 수도 있다. 하지만 성장의 결과가 이 상황에서 이 세상 어디에도 그들이 숨을 곳이 없다면 너무나 끔찍하다. 이들이 위기로부터 숨을 곳이 딱 하나 있다면 집 우물가의 나무 위다. 그게 노송나무든 버드나무든 감나무든 문제될 것은 없다. 나무가 잠정적 피난처가 된 것이다. 그래도 위기는 여전하다.

오누이는 왜 나무에 올라갔을까? 아마도 호랑이가 쉽게 올라올 수 없을 것이라고 판단했기 때문일 것이다. 호랑이가 올라오는 방법을 모른다면 그런대로 잠시 위기를 모면할 수 있는 그럴듯한 도피처가 될 수 있다. 나무는 민속학이나 인류학적으로 볼 때 하늘과 인간을 잇는 역할을 한다. 즉 하늘에 좀 더 가까이 접근하는 공간이다. 솟대나 신단수를 생각해 보면 알 것이다. 그럼 나무에 올라간 것은 하늘, 곧 하느님에게 가까이 가기 위함인가? 처음부터 그런 의도를 갖고 올라간 것으로는 보이지 않는다. 그런 종교적 구원보다 당장에 권력자 또는 침탈자의 힘이 상대적으로 덜 미치는 공간이 필요했기 때문에 찾았던 것으로 이해된다.

그런데 어찌하랴. 오누이가 우물 속에 들어간 줄 안 호랑이는 웃음소리에 그만 나무 위를 쳐다보게 된다. 어떤 견해는 이것을 작은 금기의 파기로 본다. 아니면 오빠와 여동생의 성장의 차이에 따른 결과로 본다. 필자의 견해도 민중이 자신들과 동일시하는 오누이, 특히 누이동생의 순진함에서 비롯한 결과다. 이것도 물론 성장의 차이와 관련되어 있다. 뒤이어 이어지는, 도끼27)로 찍어서 올라올 수 있다고 친절하게 안내하는 대목도 같은 맥락이다. 그래도 오라비는 꽤 이성적이고 침착하며 지혜를 발휘한다. 누이동생은 그 천진함과 무지 때문에 계속 궁지에 몰리게 한다.

여기서 나무에 발랐던 (참)기름은 부드러움, 윤활, 매개의 활력소의 역할을 한다. 서구적 관념에서는 치유, 치료, 축복, 풍요를 상징하기도 한다. 그러나 우리 이야기 전승의 주체인 민중들은 거기까지 생각했는지는 모르겠다. 표면적으로 볼 때 기름이 미끄럽다는 이유로 호랑이의 접근을 막는 역할만 한다.

도끼는 그 반대의 역할이다. 도끼는 일반적으로 힘이나 권력 또는 과감한 해결을 상징한다. 그 해결에 과단성이 있다. 권력이나 힘의 속성은 그것이 단순 무식함에서 극치를 이루지만, 호랑이는 간교함과 치밀함을 가지고 자신이 가진 힘을 과감하게 사용한다. 반면 여기서 오누이는 방어와 도피의 지혜도 한계에 이르고 현실적 권력이나 힘 앞에서 자신들의 존재가 송두리째 말살되는 위기의 절정에 이른다.

이 이야기를 성장의 과정으로 해석하는 사람들은, 호랑이에 대한 반응이 점차 오누이에게서 다르게 나타나는데, 위험에 맞서는 오빠, 위험을 초래하는 여동생으로 결국 남녀의 차이가 드러나며, 변장한 호랑이는 아버지를 상징하고 아이들 마음속에 받아들여지는 과정을

---

27) 다른 이야기에서는 '짜구'로 묘사되기도 한다. 텍스트 1-2에서도 그렇다. '짜구'의 표준말은 자귀로 작은 손도끼 모양인데, 도끼날이 가로로 되어 있다.

재미있게 묘사했다고 본다. 즉, 어머니와 비슷하지만 뭔가 다른 존재로 바라보고, 단호히 대처하는 태도가 보이는 것으로, 아이가 아버지란 존재를 받아들이는 과정과 비슷하다고 해석한다.[28)]

이러한 해석은 얼핏 그럴듯해 보이기도 한다. 그러나 당시까지 우리 전통에 결코 존재하지도 않았던 정신세계를 안내하고 있을 뿐이다. 이야기를 만든 사람들은 그런 정신세계를 알 수도 없었고 이해하지도 못했다. 단지 오누이가 다르게 반응한 것은 문학적으로 위기감을 더 조성하고 이야기를 극적으로 전개시키기 위한 장치이자, 현실세계에서 민중이 어떤 위기에 대해서 다르게 반응하는 것을 상징적으로 드러내었을 뿐이다. 위기를 불러들이는 일부 민중들의 신중하지 못한 행동과 무지가 누이동생의 행동 속에 녹아 있는 것이다.

이제 누이의 무지와 천진함 때문에 오누이는 영락없이 호랑이 밥이 될 신세가 되었다.

오누이는 하늘에 기도하다

이제 오누이가 발밑까지 다가온 호랑이를 물리치거나, 그것으로부터 도망가기 위해 할 일은 아무것도 없었다. 더 이상 어떻게 할 수 없는 한계 상황이다. 이 이야기를 만든 민중들은 바로 여기에 자신들이 전하고자 하는 비밀을 남겨두었다. 살기 위해 아무것도 할 수 없을 때, 아무 희망도 없을 때 할 수 있는 일이라곤 하늘에 기도하는 것뿐이다. 단순한 기도가 아니다. 앞에서 호랑이가 한 짓을 생각하면 하늘에 대한 탄원이다.

하늘에 기도를 할 수밖에 없다는 것은 현실세계에서 오누이가 할

---

28) 하지현, 앞의 책, 136-141쪽. 여기서 여자 아이가 위험을 초래하는 것은 남자 아이와 달리 아버지에게 인정받고 애정을 획득하기 위해 무의식적으로 노력하는 오이디푸스적 소망이 상징적으로 표현되었다고 본다.

수 있는 일이 없다는 것인데, 오누이를 상징하는 민중에게는 도대체 무엇이 이토록 비참하게 만들었을까? 탐관오리였을까? 외적의 침략일까? 일부 연구자들이 말하는 것처럼 일제강점기의 조선 백성들의 처지였을까?[29] 그것이 아니라면 미성숙한 아동이 현실적인 아버지처럼 독립된 인격체로 성장해 가는 진통인가? 또 그것도 아니라면 권력에 대한 민중의 무력한 도피 경향[30] 때문인가? 이 또한 고도의 문학적 의도가 깔린 곳이다.

여기서 하늘에 대한 탄원, 또는 하늘로의 도피가 마땅한 일인가에 대한 것은 논쟁의 불씨가 될 수 있다. 정신분석학자들은 텍스트의 상징 조작(操作)에 매몰되어 텍스트의 내용과 의도나, 생성에 관여한 사람들의 태도에 그다지 비판적이지 않다. 대체로 텍스트의 내용을 그대로 긍정하면서 거기에 새로운 의미를 부여하려고 애쓰는 경향을 갖고 있다. 적어도 정신분석 이론이 생기기 전까지는 의식하지도 못했던 정신의 세계로 인도하면서 말이다.

그러나 필자가 택한 방법은 설사 그것이 민중의 공통적인 생각이라 할지라도 비판의 여지가 있다고 보면서 분석할 것이다. 이런 입장은 '여우누이' 이야기가 그 대표적인 사례다.[31] 왜냐하면 민중들, 아니 인간의 사유와 태도는 어쩔 수 없이 시대적 사조의 영향을 받기 때문이다. 연구자들은 자신들이 말하고자 하는 의욕에 충실하다

---

29) 대표적인 것으로 박정세와 이호주의 논문에서도 그것이 보인다. 특히 이러한 피해의식은 지상에서 발붙일 수 없어서 천상계로 승천하여 해와 달이 되는 관념으로 정화된다(이호주, 앞의 논문, 150쪽).

30) 허성애, 「해와 달이 된 오누이 설화의 구조와 의미」, 『청람어문학』 13권, 1995, 149쪽.

31) 필자의 연구로는 '여우 누이'가 전적으로 아들, 그것도 적장자 중심의 가부장제를 옹호하고 있다고 본다. 당시는 그것이 사회의 질서를 유지시키는 최선의 제도였을지 모르지만, 현대사회에는 비판적으로 이해되어야 한다.

보니 보편성만 앞세워 시대적 한계나 사유의 제한점을 놓치는 경우가 많다. 그것은 마치 보수적 기독교들이 성서의 내용이 한 자, 한 획도 오류가 없이 다 하느님의 말씀이라고 믿는 것과 맥락을 같이한다. 민담은 비판적으로 재해석되어야 하고 그 과정에서 우리가 취할 점을 찾아야 한다.

그 기도의 결과 오누이는 승천하고, 호랑이도 흉내를 내다가 떨어져 수숫대에 찔려 죽었다. 전적으로 하늘의 도움 때문이다. 어떤 연구자는 이 이전까지가 현실이고, 여기부터가 민중의 희망사항이라고 한다. 실제로 일이 일어난 것이 아니라, 자신들은 그렇게 되고 호랑이를 상징하는 악의 세력이 그렇게 몰락하기를 바랐다는 것이다. 일리 있는 견해다.

한편 이야기의 상징 조작을 좋아하는 사람들은 수숫대의 붉은 피를 두고 또 말이 많다. 어떤 이는 그것이 이야기의 서사구조에서 큰 기능을 발휘하지 못한다고 보기도 하고,[32] 수수가 액막이, 불행의 방지, 모성의 본래 의미 회복과 관련된다고 하기도 하며,[33] 또 수숫대에 얼룩진 호랑이의 피는 악인의 심판의 증거 상징, 악의 예방의 역할이라고 보기도 한다.[34] 또 그것은 신에 대한 주인공의 의식이 완전히 무의식화된 현상으로서의 공포의 대상인 신의 측면이 형상화된 기능, 즉 의식과 무의식이 전체성을 형성함으로써 주인공은 자기 원형을 나타내면서 무의식을 의식화하여 창조적 가능성을 발굴하여 자기 구원의 발전을 지향하는 것으로 매듭짓고 있다고 보기도 한다.[35]

여하튼 붉은 피는 여기서 중요한 역할을 한다. 그것은 잠정적으로

---

32) 박정용, 앞의 논문, 117쪽.
33) 노제운, 앞의 논문, 321쪽.
34) 박정세, 앞의 논문, 207쪽.
35) 이호주, 앞의 논문, 140쪽.

악한 세력의 파멸에 대한 증거를 상징한다고 보기로 하자. 우리 전통에서는 붉은색이 액막이용으로 사용되었으며 기독교에서는 그것이 더 큰 의미가 있다. 이 문제는 우리 전통과 기독교의 관계에서 해결될 것 같다. 역사적 차원에서 볼 때 말이다. 좀 더 인내심을 갖고 기다리자.

오누이는 해와 달이 되었다

오누이는 정말로 하늘에 올라가 해와 달이 되었을까? 결론부터 말한다면 실제로는 아니다. 이 이야기를 만든 사람 또는 구술자 자신들을 오누이에 투영시켜 해처럼 달처럼 되고 싶은 것이다. 여전히 현실은 고달프고 힘들고 위기 상황이다.

그렇다면 도대체 해와 달이 된다고 그런 문제가 어떻게 해결되나? 호랑이는 죽고 없으니 그런 위기는 없다고 치자. 해와 달이 되면 행복한가? 도대체 해와 달은 무엇인가? 해와 달이 스스로 하늘을 돌듯, 곧 오누이가 독립적 존재로 성장해 가는 것을 말하는가? 그것도 아니면 승리를 구체적이고 분명하게 드러내기 위한 증거물인가? 이도 아니면 지상에서의 의식의 그늘에 있던 무의식이 완전히 의식화된 결과로 지상에 생명과 광명을 제시하는 존재, 신에의 완전 회귀를 의미하는가? 다시 말해 지상생활의 한계를 극복해서 해와 달이 된 영원한 생명을 얻음이요, 무의식의 정신세계와 동화된 신의 세계인가? 아! 어렵다. 이런 걸 염두에 두고 이야기를 만들지는 않았으리라. 도대체 무슨 귀신 씨 나락 까먹는 소리란 말인가?

해석의 단서는 있다.

그때에 의인들은 자기 아버지 나라에서 해와 같이 빛나리라. 귀 있는 자는 들으라.[36]

'해와 같이'에 주목해 보자. 다른 말로 '해처럼 달처럼'이란 표현에 주목해 보자. 아마 기독교 찬송가(복음성가)에 이런 말이 들어간 것이 무척 많을 것이다. 이 이야기는 오누이가 실제로 해와 달이 되었다고 말하고자 하는 것은 아니다. 의지할 곳 없이 고난 받는 사람들은 신을 믿음으로써 구원을 받고 해처럼 달처럼 영광스럽게 살 수 있다는 메시지가 아닌가? 이런 해석을 이해하기 힘들다면 이 이야기를 처음부터 다시 살펴보자.

위기가 닥치면 하느님께 의지하라

도대체 이야기는 무엇을 말하고 있나? 프로이트 계열의 정신분석학 또는 융 계열의 분석심리학을 공부했거나 영향을 받은 사람들은 이 이야기를 아동의 성장과 관련시켜 해석한다. 그래서 무의식을 중시한다. 그러한 무의식의 탐구는 대개 이야기에 숨겨진 상징을 통하여 무의식적 동기와 연결시킨다. 그리고 이러한 숨겨진 상징의 발견은 대개 이야기 속에 나오는 각종 단어나 세부사항까지 고려된다. 만약 전승되는 이야기가 원래의 이야기와 세부사항에 있어서 다를 경우 전혀 존재하지도 않았던 정신세계로 우리를 인도할 수 있다.[37] 그만큼 텍스트 선택이 중요하고 그것을 세심하게 다루어야 하는 것이다. 가장 원형에 가까운 것으로 말이다. 그러나 실제로 그 많은 변이 가운데서 어느 것이 원형에 가까운지 판단하기는 결코 쉽지 않다. 대신 필자는 문학적이고 역사적 탐구방법을 이보다 중시한다. 이

---

36) 한글개역 『성서』, 「마태복음」, 13장 44절. 앞으로 기독교 『성서』는 그냥 '마 13:44'와 같은 식으로 표기함.

37) 그 대표적인 것이 '빨간 모자 소녀'로 알려진 서양 민담에 대한 에리히 프롬이나 베텔하임의 해석이다. 이들이 소녀의 '초경'을 상징한다고 보는 '빨간 모자'는 원래의 민담에는 없었다고 한다(로버트 단턴, 앞의 책, 24-31쪽).

들처럼 언어의 상징성을 중요하게 다루긴 하지만, 어디까지나 풍자와 은유라는 문학적 관점 또는 문화적 코드로서 해석한다. 게다가 이야기의 원형을 중시할 수밖에 없지만, 그것을 추적하기가 쉽지도 않을 뿐더러 사실상 불가능하기 때문에, 가능한 한 많은 이야기의 공통분모를 중심으로 이야기의 구조나 주제를 파악하여 민중들이 세계로부터 의미를 만들어내는 방식을 탐구한다. 다시 말해 철학자들이 주로 주목하는 관념의 역사만큼이나, 그들이 세상을 어떻게 보았으며 기존 관념에 어떻게 반응하였으며 사회와 역사에 대하여 어떤 태도를 견지하고 살았는지 파악하는 것이다.

다시 이야기로 되돌아가서 살펴본다면, 우선 문학적으로 볼 때 주제는 그다지 어렵지 않다. 어머니를 호랑이에게 빼앗기고 위기 상황에 노출된 오누이는 호랑이를 피하기 위해 나름대로 지혜를 발휘하였지만, 종국에 가서는 하늘에 기도하여 위기와 환란을 모면하고 해와 달이라는 영광스런 지위에 이르게 되었다는 것이 이 이야기의 주요 골자다.

따라서 이 이야기의 숨겨진, 또는 의도된 주제는 '위기나 환란이 닥치면 하느님께 의지하라.'는 메시지가 아닌가? 오누이가 윤리적으로 선한 행동을 해서 해와 달이 된 것은 아니다. 오히려 선과 악에 초연한 천진무구한 때 묻지 않은 순수 그 자체다. 순박한 민중들이 호랑이 같은 세력을 피해 의지할 곳은 하느님밖에 없다는 것이 아닌가?

그럼 순박한 민중은 누구이고 호랑이는 또 누구인가? 우리 민담이나 옛 소설 속에 호랑이는 민중을 수탈하는 탐관오리나 부호들로 자주 등장한다. 이 이야기에서도 그렇게 볼 수 있다. 착취당한 민중은 더 이상 갈 곳이 없다. 이판사판이다. 이들과 싸우든지 신께 의지하는 것, 두 가지 방법밖에 없다. 이 이야기는 후자의 경우이지만, 동학

164

농민전쟁은 경우는 전자에 해당한다.

그러나 이 이야기에서 호랑이를 묘사하는 것을 보면 전통적인 탐관오리나 부호 같지는 않다. 다른 민담에서는 이처럼 호랑이를 간교하고 치밀하며 계획적이고 끈질긴 것으로 묘사한 적이 거의 없다. 이것은 당시까지 존재할 수 없었던 강력하면서도 나름대로 이론적이고 조직적인 세력이 호랑이에게 투영된 모습이다.

민중의 수난사

민담의 역사적 입장의 해석에 있어서 이 이야기를 우리 민족 또는 민중의 수난사로 규정하는 경우가 더러 있다.[38] 특히 박정세는 일제 강점기 때의 우리 민족의 수난사로 규정하여, 호랑이는 일제로, 호랑이가 어머니의 소유를 하나씩 빼앗는 것은 일제의 조선에 대한 침탈과정으로 해석했다. 이것은 필자의 견해와 전적으로 일치하며 탁월한 해석이다.

그러나 그의 논문은 역사적 관점에서 탁월성을 보이나, 텍스트와 사건의 연관성, 또는 텍스트에서 은유적으로 표현하는 것들이 구체적으로 무엇을 말하는지에 대해서 필자와 견해를 달리하는 것이 많다. 특히 이 이야기가 말하고자 하는 것에 있어서 필자와는 달리 직접적인 연관성을 지적하고 있지 않다. 필자는 다소 위험성을 무릅쓰고 과감하게 밝히려고 한다. 물론 나름대로 근거를 제시하겠다.

---

[38] 대표적인 것이 박정세의 앞의 논문이다. 그는 이 이야기가 현실과 유리된 가상이나 망상의 세계가 아니라 조선 백성의 행태를 상징화한 것(208쪽)이라고 보았다. 그 외 이현주의 글에서는 기독교적 관점에서 그렇게 해석하고, 그리고 이호주의 앞의 논문에서는 민중의 고난과 피해의식으로만 언급되며(149쪽), 허성애의 논문에서는 권력에 대한 민중의 무력한 도피경향 정도로만 해석하고 있다(149쪽).

우선 지적되는 텍스트와 사건의 연관성 문제에 있어서, 박정세는 1922년[39] 이후의 역사적 사건도 이야기와 관련지어 다루고, 심지어 광복 직전까지 연관시켜 이야기를 이해한다. 물론 이 이야기를 전승시키는 자들은 그런 역사적 경험을 덧씌워 이야기를 구술했을 것이다. 그러나 이 이야기의 구조는 적어도 1920년 이전에 이미 형성되었다. 그 증거로 미와 다마끼(三輪環)의 '태양과 달(太陽と月)'은『전설의 조선(傳說の朝鮮)』속에 실려 1919년에 출간되었다.[40] 이보다 더 앞선 것은 '해와 달'이라는 제목으로 채집 시기가 가장 앞선 이야기로, 정인섭이 1911년 경상남도 언양의 오화수로부터 들은 이야기라고 전한다.[41]

이렇게 볼 때 이 이야기는 적어도 1911년 이전까지의 민중의 경험을 토대로 이야기가 구성되었을 것이다. 그러니까 이전부터 전해 오던 이야기의 원형[42]에 역사적 경험을 통하여 덧칠을 했든지, 아니면 새롭게 만들었을지도 모른다. 따라서 1911년 이후의 경험이 이 이야기의 주요 뼈대에 녹아 들어가기는 어려웠을 것이다.

---

39) 1922년『개벽』지에 '해와 달 이약이'로 이미 실렸고, 1924년『조선동화』에도 '천벌 받은 호랑이'로 실렸다.

40) 이 이야기는 三輪環의「太陽と月」로『傳說の朝鮮』(東京: 博文館, 1919, 288-291쪽)에 실려 있다. 순수 민담을 동화로 명명한 것으로, 우리나라 전역에 전승된 '해와 달이 된 오누이'의 내용과 같다. 호랑이에게 잡아먹히는 과정이 생략된 채 한 문장으로 "금세 호랑이 먹이가 되었다."라고 적고 있다. 그는 평양고보의 교사였으며 1910년대 평남 지역에 구전되던 설화를 바탕으로 하고 있다(염희경, 앞의 논문 10-12쪽).

41) 이 이야기는 정인섭의『온돌야화(溫突夜話)』(日本書院, 1927)에 실렸는데 이를 확대 보강한 Falk Tales from Korea(London Univ., 1952)에 채집 데이터와 함께 재수록되었다. 메밀범벅, '할멈, 할멈', 잡아먹는 과정이 생략되지 않고 상세하다(염희경, 앞의 논문, 8쪽).

42) 그 원형이 몽골이나 일본에도 있다. 문제 해결 방식이 조금씩 다르다. 몽골 것은 주인공이 직접 보복을 하고, 일본 것은 하늘에 탄원하는 내용이 없다.

어쨌든 이 이야기가 일제가 조선을 침탈해 가는 과정을 그린 것이라는 데 동의하며, 필자는 이 부분에 있어서 좀 더 구체적으로 이 이야기의 의도를 밝히고자 한다.

호랑이, 일제의 침략

호랑이는 간단히 말해 일제나 조선을 놓고 일제와 경쟁하는 외세를 상징한다. 아동의 심리 가운데서 아버지를 대변하거나 어머니의 무의식이 아니다. 호랑이가 간교하고 치밀하고 잔인하며, 탈취의 과정이 단계적이라는 점은 특히 호랑이의 이러한 행동처럼 약아빠진 잔재주에 능숙한 근대적 외교술과 무력 사용을 통한 일제의 침략을 상징한다. 십분 양보해서 아버지나 어머니의 역할로 이해하더라도 호랑이의 이런 성격을 아버지나 어머니 역할의 상징으로 보는 것은 무리가 있다. 그럼 그것을 좀 더 풀어 보자.

이야기 속에서 아버지의 역할이 없다. 아니 존재 자체가 없다. 그것은 가정에 있어서 가족을 보호하고 책임져야 하는 아버지에게 힘이 없듯이, 백성들을 보호하고 먹여 살려야 할 국가적 힘의 부재를 뜻한다. 이웃집이 있는지 없는지 그 존재 자체도 미미한 산골의 오두막에 오누이가 살았다는 것은 당시 조선의 외교적 고립무원의 처지를 상징할 것이다. 당시 조선은 제국주의 세계열강들의 침탈 현장이 되었는데, 이들 국가들이 조선을 놓고 어떻게 처리할지 논하는 당시 유럽 신문의 풍자만화의 한 장면을 보아도 잘 알 수 있다. 이들은 조선 내에서 각종 이권을 놓고 서로 다투었다.

어머니가 고개를 넘으면서 호랑이를 만난 것은 첫 번째 고개다. 아마도 고개는 일본이 침략하는 계기가 되는 역사적 사건을 의미할 것이다. 일본이 조선에 침략하려는 야욕은 일찍부터 싹터 왔다. 운요

호 사건을 일으켜 강제로 개항시킨 이후부터, 이 나라 개화파 지식인들을 교묘히 이용하여 자신들의 입지를 확보하거나 불리할 때는 피해 가는 발판으로 삼았다. 구한말 일본과 관련하여 일어난 사건들은 그 연장선상에서 이해해야 한다.

근대적 공간에서 일본과 최초의 관계는 1876년의 일명 강화도조약으로 알고 있는 병자수호조약이다. 알다시피 이것은 근대적 외교술을 가지고 조선의 무지를 악용한 치외법권인 영사재판권, 조계 설정, 무관세무역, 일본화폐의 유통 허용 등을 규정한 불평등조약이다. 기만이며 침략의 시작이다.

그 뒤 동학농민군을 진압한다는 명목으로 진출한 일본이 청일전쟁에서 승리함으로써 조선 침략의 유리한 고지에 서고, 친일정권을 앞세워 갑오개혁을 단행하면서 조선의 내정에 간섭하고,[43] 1년 뒤에 황후까지 시해하는 잔인성을 보인다. 그 이후 삼국간섭으로 잠시 주춤하던 일본의 한반도를 둘러싼 러시아와의 대립은 결국 전쟁을 낳았다. 1904년 2월, 일본은 선전포고도 없이 러시아 함대를 기습하였다. 물론 이것은 러시아의 남하정책을 저지하기 위한 영국과 미국의 지원 아래 가능했던 것이다.

러일전쟁에서 승리하자 1905년 11월 왕국을 포위한 가운데 이완용, 이근택, 권중현, 이하영, 이지영 등 을사오적을 앞세워 통감부 설치와 외교권 박탈을 골자로 하는 '을사보호조약'을 강제로 체결하였다. 1907년 8월 강제로 '한일신협정(정미7조약)'을 맺어 고종을 황제

---

[43] 1894년 12월 김홍집 · 박영효 연립내각이 들어서면서 개화파 정권의 친일적 성격은 더 짙어지고, 왕실은 일본공사 이노우에의 건의를 받아들여 '홍범 14조'를 발표하였다. 이 시기 의결된 개혁안은 모두 214건에 이르는데, 그 대부분은 일본인 고문들이 입안한 것이다. 물론 이 갑오개혁은 나름대로 근대적 성격을 갖고 있었으나 그 개혁의 주체들은 친일이라는 한계가 있고 백성에 대한 태도는 근대적인 것과는 거리가 있다.

1895-1904년 제국주의 열강의 주요 이권 침탈 상황[44]

침탈한 나라	이권 내용	연도
일본	인천-부산, 인천-대동강, 인천-함경도 윤선 정기 항로 개설권	1895
	경부 철도 부설권	1898
	평양 탄광 석탄 전매권	1898
	경인 철도 부설권(미국으로부터 매입)	1898
	직산(충남) 금광 채굴권	1900
	인삼 독점 수출권	1901
	경기도 연해 어업권	1901
	충청·황해·평안도 연해 어업권	1904
러시아	경원·종성(함북) 광산 채굴권	1896
	월미도(인천) 저탄소 설치권	1896
	압록강·울릉도 산림 채굴권	1896
	동해안 포경권	1896
	절영도(부산) 저탄소 설치권	1897
미국	운산(평북) 금광 채굴권	1896
	경인 철도 부설권(1898년 일본에게 팜)	1896
	서울 전기·수도 시설권	1897
	서울 전차 부설권	1898
프랑스	경의 철도 부설권(일본에게 이권을 넘김)	1896
	창성(평북) 금광 채굴권	1901
	평양 무연탄 광산 채굴권	1903
영국	은산(평남) 금광 채굴권	1898
독일	금성 당현(강원) 금광 채굴권	1898

---

44) 김정기, 「자본주의 열강의 이권침탈 연구」, 『역사비평』, 1990년 겨울, 83-84
쪽.

자리에서 내쫓고 군대마저 해산시켰다. 그리고 꼭두각시 친일관료를 앞세워 통치해 왔던 일본은 이제 가면을 벗고 직접 통치자로 조선 민중 앞에 나섰다.

자, 여기서 몇 가지 의문점을 풀고 가자. 왜 고개마다 호랑이가 나타나는가? 도대체 같은 호랑이인가, 다른 호랑이인가? 이야기의 결말을 보면 단일한 호랑이다. 그러나 약탈당하는 민중의 처지에서 보면 그게 단수인지 복수인지 무의미하다. 복수이면서 단수다. 정확히 말해 복수로 시작해서 단수로 끝난다. 왜 약탈의 과정이 떡, 떡, 또 떡, 저고리, 치마, 속곳, 오른팔, 왼팔, 다리, 몸통으로 반복되는지 생각해 보자.

떡은 경제적 생산물이다. 아마도 위의 표에 보이듯 금광이나 산림 채굴권 같은 이권일 것이다. 세계열강은 1895년부터 1904년까지 서로 다투며 이권을 침탈했다. 그러다가 1905년 러일전쟁의 승리로 일본이 조선에서의 이권을 독차지한다.[45] 떡의 약탈이 반복되는 것은 이런 열강의 이권 경쟁을 상징하는 것이 아닐까? 다음으로 저고리, 치마 등은 주인공의 소유물이다. 역시 조선 민중의 재산이다. 마지막으로 어머니의 사지와 몸을 빼앗는 것은 명목상이나마 남아 있던 대한제국의 국권 상실이요, 오누이의 보호자인 국가의 소멸이다. 어머니는 그나마 남아 있던 힘없는 국가였던 것이다.

약탈 경쟁에서 승리한 일본은 결국 열강의 침략에서 보호한다는 명목으로 소위 '을사보호조약'을 맺는다. 그래서 어머니의 옷을 입고 오누이의 보호자로 자처하여 집으로 찾아온다. 왜 호랑이가 이토록 어머니의 옷까지 탐냈는지 이제야 이해할 것 같다. 바로 이차적 약탈을 위한 준비였던 것이다.

---

45) 1906년 주한 영국공사를 선두로 외국공사가 모두 철수한 사실은 바로 이런 상황을 잘 설명한다.

어리석은 민중은 긴가민가하여 의심하기도 하였으나 결국 위장된 어머니를 받아들일 수밖에 없었다. 외교권을 뺏은 일제는 군대도 해산하고 경찰권과 치안권까지 앗아갔다.[46] 이 땅에 사는 사람들 가운데는 친일파 외에는 누구도 보호받을 수 없게 되었다. 게다가 조선 민중에 대한 경제적 약탈이 본격적으로 감행된다.[47]

나라도 없고 법과 군대와 경찰도 이제 민중의 편이 아니다. 겉으로는 보호자로 자처하지만, 속으로는 조선 민중이 이들의 밥이다. 그것을 자각한 최초의 사건이 바로 이야기에서 호랑이가 젖먹이를 잡아먹는 장면이다. 젖먹이는 구체적으로 무엇을 은유하는지 알 수 없지만 아마도 가장 무력한 민중이 아닐까 싶다. 가장 힘없고 보호받아야 할 대상부터 처리했다. 마치 동물의 왕국에서 맹수가 그들의 먹잇감으로 가장 어리고 힘없고 병든 대상을 고르듯이 말이다.[48]

그래서 이제 오누이는 더 이상 피할 곳이 없었다. 나무 위로 올라갔다.

나무, 십자가, 교회 그리고 구원

대부분 연구자들은 신화적 상징으로 나무를 이렇게 설명한다. 하늘과 인간을 이어 주는 매개물, 생명과 부활의 나무, 세계의 축, 즉 분리된 하늘로 오를 수 있고 지하로 갈 수 있는 통로, 주인공(민중)

---

46) 1907년 '한국에 주둔하는 헌병에 관한 건' 제정으로 일본 헌병이 경찰권을 장악하게 되고, 이즈음 한일 간의 경찰 사무집행에 관한 취함서(取函書)를 조인한다.

47) 1908년 침탈의 대명사로 알려진 '동양척식주식회사'가 설립된다. 때를 같이 하여 조선에 일본인 이민이 적극 추진된다.

48) 재미있는 것은 이런 동물적 생존경쟁을 인간계에 적용시킨 사회진화론이 일제가 우리를 침략한 논리 가운데 하나다. 나중에 논의된다.

의 명예욕과도 관계되며 무의식에 내재하는 세계에 다다르려는 노력
의 과정으로 의식적인 현실세계와 무의식적인 천상의 세계를 연결하
는 매개, 조력자, 성숙을 위한 통과제의의 매개물, 부활의 재생, 하늘
로 오르는 사다리, 우주목으로 지상과 천상을 연결하는 세계의 중심
역할을 하는 것, 우물가의 나무가 있는 공간은 거룩한 공간이며 오
누이의 존재가 변신을 가능케 하는 연결점 등.

다 그럴듯한 표현이고 나름대로 이유를 갖고 있다. 그러나 그러한
신화적이고 심리적인 것이 역사적으로 민중들이 말하고자 하는 것과
얼마나 가까이 접근할까? 나무는 다름 아닌 예수의 십자가요, 당시
한국 교회를 상징한다. 물론 이러한 해석이 나무가 땅과 하늘을 잇
는다는 보편적 상징을 위반하는 것은 아니다. 더 구체화시킨 것뿐이
다.

민중의 이러한 현실을 놓고 하늘에 탄원할 때 기독교적 입장에서
해석한 이들도 이 나무가 곧 교회라는 결론에 도달하지는 못했다.[49]
그것은 민담의 발생의 주체에 대하여 의문을 품지 않았기 때문이다.
필자는 이 이야기가 20세기 초 한국 기독교와 깊은 연관이 있다고
본다. 다음의 자료에 주목하자.

> 일제시대에 이 나라 어린이들은 오누이가 하늘에 올라가 해와 달이
> 된다는 민화를 자주 들으면서 자랐다. 그것은 단순한 민간설화가 아니
> 라 은유된 이 민족의 실화(實話)다.[50]

여기서 역사적 관점을 중시하여 해석하는 연구자들은 이 말에 대
체로 동의할 것이다. 그리고 다음의 글을 더 읽어 보자.

---

49) 앞의 박정세의 논문이나 이현주의 글에서도 그 점을 찾을 수 없었다.
50) 박영호, 『진리의 사람 다석 류영모』(상), 두레, 2001, 131쪽.

사건이 일어날 때마다 일본은 이 나라의 주요 경제권을 하나씩 요구하여 빼앗아갔다. 경제권을 다 빼앗고 나자 이제는 사지(四肢)에 해당되는 외교권, 치안권, 국방권을 다 빼앗았다. 마지막에는 몸통인 주권을 삼켜 버렸다. 그것이 을사보호조약이다. 어머니인 나라는 멸망하였다. 그리고는 백성들인 자녀에게는 내가 잘 돌보아 주겠다고 한다.[51]

여기까지도 앞의 연구자의 시각으로 보아도 별 무리 없이 동의할 것이다. 그리고 다음의 글을 보자.

그 나무가 되어 준 것이 기독교였다. 그 기독교마저 안전한 곳이 못 되자 하느님께 구해 주기를 빌었다. 해와 달이 되는 것은 하느님 아들이 되는 것이다.[52]

호랑이를 피하여 나무에 올라 하늘에서 내려온 밧줄에 매달린 오누이처럼 된 이 나라의 크리스천들은 믿음의 생명줄에 매달릴 수밖에 없었다.[53]

바로 동아줄은 믿음의 생명줄이었다. 믿음으로 얻어지는 구원의 줄인 것이다. 정신적으로 오갈 데 없고 의지할 데 없는 이 땅의 민중들은 교회로 몰려들었다. 기독교 선교 초기의 교회의 성장은 지지부진했다. 그러나 1895년부터 1907년에 걸쳐서 교회는 놀랄 만한 성장을 기록했다. 이 사이 교인의 수가 530명에서 2만 6,067명으로 급증하였고,[54] 1910년경에는 10만 명에 달하였다.[55] 이런 수적인 증가는

---

51) 같은 책, 132쪽.
52) 같은 책.
53) 같은 책, 135쪽.
54) 민경배, 『한국기독교회사』, 대한기독교서회, 1975, 182쪽.
55) 박영호, 앞의 책, 132쪽.

외국인 선교사들도 오히려 걱정하고 경계할 정도였다.[56)

이렇게 교회에 민중이 몰린 것은 일본의 득세로 야기된 좌절감과 절망감의 확대, 군대의 해산과 외교권 및 치안권의 박탈, 동학농민전쟁과 연이은 의병들의 실패가 큰 영향을 주었을 것이다. 그리고 기독교의 입교 동기와 큰 관련이 있을 것이다.

초기 기독교인들은 충군(忠君)과 애국정신이 강했다고 하며, 일요일마다 집과 교회에 국기를 달았고 고종황제에 대한 충성심이 강했다고 전한다.[57) 따라서 초기 기독교는 애국심과 애족심에서 그 성장의 소지를 발휘하는데, 학대받던 민중을 위한 교회이면서 동시에 국가의 자립과 자강을 위해 몸 바쳐 일한 엘리트 교회였으며, 민족주의의 온상이었고 한글 사수 운동의 기둥이었다.[58) 그래서 국가가 넘어지고 민족이 말살될 뻔했던 상황에서 민주주의와 민족주의 햇불을 높이 들자, 바로 이것이 민중과 지식인들이 교회로 몰려오게 된 이유가 될 수 있다.[59)

어찌 되었든 당시 천도교는 여전히 2백만 명에서 3백만 명 정도의 신도를 거느리고 있었지만, 일부 민중들은 민중운동의 좌절감에서 이 혼란기에 기댈 곳이 없었고, 이에 교회의 신앙이 베풀어 주는 안전감과 그 방향에 대한 모색이 교회로의 전향을 가능하게 했다. 다시 말해 이러한 운동에 대한 기대와 메시아적인 구출의 대망과 유토피아에의 향수 같은 것이 강하게 작용했다는 것이다.[60) 좀 더 직접

---

56) 민경배, 앞의 책, 183쪽.

57) 같은 책, 180-181쪽.

58) 한완상, 「한국 교회의 양적 성장과 교인들의 가치관」, 숭실대학교 부설 한국기독교문화연구소 편, 『한국 근대화와 기독교』, 1992, 152쪽.

59) 같은 논문, 154쪽.

60) 민경배, 앞의 책 184쪽. 참고로 교회 신도수의 증가는 동학운동이 활발하게 전개되었던 삼남 지방이 아니라, 평양을 중심으로 한 서북 지방이 그 출발점

적으로 급격한 신도수의 증가에 대해 살펴보면, 선교사들이 갈파한 것처럼 "기독교를 찾는 사람 중에는 그 중요 동기가 보호와 힘의 획득인 경우가 많다." 일본도 동일한 판단을 했는데 "당시 선교사들은 한국은 장래 일본에 병합되리라는 구실로써 그 재앙을 면코자 하려면 예수교에 들어가 그 보호를 받은 것이 낫다고 교묘히 배일적(排日的) 언동을 하여 이 설법이 통절히 한국인의 환영하는 것이 되어 다수의 신도를 끌어들이는 이유가 되었다."[61]고 보고 있다. 이는 반일애국의 일환으로 기독교에 입교하였음을 간접적으로 시사하고 있다. 이처럼 서양 선교사들의 의도와는 달리 초기 기독교인들은 구국의 일환으로 입교하는 경우가 많았고, 1907년부터 일본은 노골적으로 반일저항의 거점이 한국 교회라고 비난하기 시작했다. 기독교를 항일 관계로 보는 최초의 문서는 1905년의 일본 공사관의 기록이다. 즉 "일본의 압박을 달갑게 여기지 않는 자는 와서 십자가에 모여 십자가 보호 밑에 크게 세력을 양성하여 장차 십자군병을 일으켜 일본의 세력을 한국에서 축출하자는 데" 있었다고 분석하기도 했다.[62]

그러나 1907년에 일게 된 대부흥회는 성서 연구회인 사경회(査經會)의 영향, 국가의 비운에 통회하는 기독교인의 내성(內省), 그래서 하느님의 도움밖에 기댈 곳이 없다는 신앙에서 출발하였는데,[63] 이 대부흥회 운동은 전국으로 번졌고, 그 이후 한국 교회는 비정치화와 피안적 교회, 영적인 문제에만 매달리는 결과를 낳았다. 이것이 당시 서양 선교사들이 바라던 바였다. 교회는 그들이 원하는 대로 돌아갔

이다. 더구나 평양은 직·간접으로 청일전쟁과 러일전쟁의 영향을 받은 지역이고 그만큼 민중들의 삶이 불안했으며, 상대적으로 유교적인 문화적 보수성이 덜한 지역이기도 하다.
61) 같은 책, 185쪽.
62) 같은 책, 189쪽.
63) 같은 책, 209쪽.

다. 이것은 권력에 순종하라는 기독교 자체의 문제이기도 하지만,[64] 선교사들도 일본에 순종하기를 바라던 것이기도 했다. 그런 선교사의 태도에 한국 교인들의 반감도 컸지만, 1907년 이후 대세는 이미 그쪽으로 기울었다.

이것은 필연적으로 한국 교회가 정치적 관심을 극소화하게 됨을 의미하며 종교 내부의 신앙운동으로만 전념하는 계기가 되었다. 이러한 교회의 태도에 대해서 "만일에 교회가 일본의 적수가 되지 않는다면, 그것은 좋은 게 하나도 없고, 또 흐리멍덩한 것이 틀림없다고 하는 냉소와 비난이 자자했다."고 한다.[65] 그래서 한국 교회는 일제의 한국 병합에 대하여 아무런 공식적인 의사 표시도 없이 침묵만 지켰다.[66]

여하튼 이러한 교회사적인 맥락이 이 이야기에 녹아 있다. 적극적 투쟁보다는 소극적 저항과 신앙 내부로 들어가는 방식, 곧 위기 상황에서 교회에 가서 하느님을 믿으면 구원을 받는다는 것이 평범한 복음이었다. 여기에는 두 가지 맥락이 있다. 한편으로는 오누이가 우리 민족을 상징하는 것이고, 다른 한편으로는 개인을 상징할 수도 있다. 고난과 하느님에 대한 귀의, 그리고 안식과 구원은 개인만이 아니라 집단 전체에도 해당되는 복음이기 때문이다. 특히 봉건적 제도의 잔재와 외세의 압박의 이중고에 시달리는 이 땅의 민중들에겐 하느님을 믿으면 안식과 구원을 받는다는 것은 말 그대로 복음이었으며 이러한 이야기가 널리 전파되는 바탕이 되었을 것이다.

---

64) "각 사람은 위에 있는 권세들에게 굴복하라. 권세는 하나님께로 나지 않음이 없나니, 모든 권세는 다 하나님의 정하신 바라."(롬 13:1)

65) 민경배, 앞의 책, 216쪽.

66) 차기벽, 「한국 민족주의와 기독교」, 숭실대학교 부설 한국기독교문화연구소 편, 『한국 근대화와 기독교』, 1992, 68쪽.

목회자들이나 교인들은 이런 민담을 수용하여 확대·발전시켜 전파·확산하는 데 큰 몫을 했을 것이다. 앞에서 인용한 박영호의 발언은 그런 기독교의 영향을 받은 데서 자연스럽게 오누이 설화와 기독교의 관계를 연관시킨 것이라 본다. 더구나 이 이야기가 고도의 은유로 되어 있기 때문에 일제도 그것을 간파하지 못했다. 1924년 총독부가 간행한 『조선동화집』에 '천벌 받은 호랑이'로 수록하고 있는 것을 보면 알 만하다. 그저 악을 경계하는 교훈이 들어 있는 정도로 보았을 것이다. 이 이야기의 전파와 기독교의 부흥이 결코 무관하지 않다고 한다면 지나친 상상일까?

해처럼 달처럼

이제 오누이는 하늘에 올라가 해가 되고 달이 되었다. 실은 해가 되고 달이 된 것이 아니라 해처럼 달처럼 된(될) 것이다. 이 이야기는 해와 달의 기원을 말하는 신화가 아니다. 당연히 기독교인들의 시각에서 본다면 교회에 나와 하느님을 믿고 따른다면 그렇게 된다는 것이다. 물론 개인과 집단 모두 해당된다.

그럼 기독교에서 해와 달은 무슨 의미를 갖는가?

그때에 의인들은 자기 아버지 나라에서 해와 같이 빛나리라. 귀 있는 자는 들으라.[67]

하나님이 두 큰 광명을 만드사 큰 광명으로 낮을 주관하게 하시고 작은 광명으로 밤을 주관하게 하시며 또 별들을 만드시고 ….[68]

---

67) 마 13:44.
68) 창 1:16.

저희 앞에서 변형되사 그 얼굴이 해같이 빛나며 옷이 빛과 같이 희어졌더라.[69]

해의 영광도 다르며 달의 영광도 다르며 별의 영광도 다른데 별과 별의 영광이 다르도다.[70]

그 이름이 영구함이여 그 이름이 해와 같이 장구하리로다. 사람들이 그로 인하여 복을 받으리니 열방이 다 그를 복되다 하리로다.[71]

너희가 전에는 어두움이더니 이제는 주 안에서 빛이라. 빛의 자녀들처럼 행하라.[72]

이는 너희가 흠이 없고 순전하여 어그러지고 거스리는 세대 가운데서 하나님의 흠 없는 자녀로 세상에서 그들 가운데 빛들로 나타내며 ….[73]

분명하게도 해와 달은 신의 피조물로서 광명, 영광, 신의 사역자(使役者), 메시아, 영원, 진리를 상징한다. 그러니까 하느님을 의지하면 비록 현실은 보잘것없고 위태롭지만, 하느님의 은혜에 힘입어 하느님의 큰 일꾼으로 영광스럽게 의롭게 장구하게 살 수 있다는 메시지다.

그렇기 때문에 지금까지도 개인적으로 그렇게 많은 기독교인들이 신에 의지하여 매달리고, 그들의 성공을 하느님의 영광을 위하는 것으로 돌리고 있다. 어쨌든 한국 교회는 적어도 양적으로 볼 때는 크

---

69) 마 17:2.
70) 고전 15:41.
71) 시 72:17.
72) 엡 5:8.
73) 빌 2:15.

게 성장했다. 고난을 통하여 축복을 받았다. 기독교 입장에서 볼 때 하느님의 영광을 위한 해와 달이 된 셈이다. 오늘날 한국 기독교는 국내에서 크게 부흥됨은 물론이요, 세계 각지에 선교사를 많이 파견하는 나라가 되었다. 해와 달이 된 것이다. 불신자가 득실거리는 나라에서 메시아가 된 것이다.

그래서 우리 민족이나 한국 교회의 입장에서 볼 때도, 한때 서양 (특히 미국)이 하느님의 심부름꾼으로 우리에게 복음 전파의 은혜를 베풀었고, 이들 심부름꾼을 통하여 하느님께서 우리 민족에게 일제로부터의 해방을 가져오고, 6·25 전쟁 때 적그리스도 공산주의로부터 보호해 주었으며, 그 덕으로 오늘날 세계적인 교세로 성장한 우리 민족은 세계 복음화에 앞장서는 구세주가 되었다고 자부하고 있는지 모르겠다. 그러니 그 은혜에 보답하기 위해 반미운동은 물론이요 친북좌파의 낌새가 조금이라도 보일라치면 시청 앞 광장에 모여 성조기를 흔들며 불순세력을 성토해야 하는지 모르겠다. 그 은혜에 조금이라도 보답하기 위해 세계 각지에서 선교의 깃발을 높이 들고 아프가니스탄과 같은 위험 지역에도 용감하게 나갈 수 있었으리라.

너에게 위기가 닥칠 때 하느님을 찾아라. 그러면 그가 너를 지켜주고 그가 너를 위로해 주며 그가 너를 해처럼 달처럼 영광스럽게 쓰시리라. 아멘!

네게 환란이 닥치면 하느님을 찾아라

그래, 바로 이 이야기다. 그 많은 의문과 수수께끼가 이제 거의 풀렸다. '해와 달이 된 오누이'의 모티브는 20세기 초 이 땅의 기독교인들이 의미를 더 부여하고 확장시켜 널리 전파시킨 이야기다. 곧 우리 민족의 수난에 대한 기독교적인 구원의 방법과 그 약속을 전하는 메시지다. 즉 민중의 사회·역사적 경험의 토대가 민담의 배경이나 그 환상과 도피주의적 성격에 일정한 기여를 하고 있는데, 민중들에게 있어서는 그러한 경험이 자신들의 삶과 처지를 이야기에 투영시키는 중요한 역할을 하고 있음과 동시에, 기독교는 이 민담을 흡수·확대하여 선구자적 입장에서 민중들의 삶을 민족적 고난으로 추상화시켜 복음 전파와 아울러 희망의 메시지를 전파했던 것이다.

따라서 이 이야기는 기독교인만이 아니라 이 땅의 민중들이 듣고 기독교에 귀의하든 안 하든 상관없이 일제강점기를 참고 살아가는 데 희망의 불씨가 되었을 것이다. 그렇지 않다면 최근까지 전국적인 분포로 거의 변형 없이 이 이야기가 전승된 것을 설명하기 어렵다.

오누이는 이 땅의 민중이요, 아버지는 있어야 할 강력한 주권이다. 어머니는 나약한 나라 또는 그것을 대신하는 정부요, 호랑이는 우리를 침탈하는 열강을 대표하는 일본 제국주의다. 고개는 사건의 계기요, 고개를 넘을 때마다 어머니의 소유를 빼앗는 것은 사건의 고비마다 우리의 나약한 정부가 이권을 약탈당함을 의미한다.

어머니의 죽음은 이른바 '을사보호조약'으로 말미암은 국권상실이요, 호랑이가 어머니 옷을 입고 어머니 흉내를 낸 것은 조선의 국권 상실과 일본의 보호 명분이다. 젖먹이의 희생은 국권상실 후 어육(魚肉)이 된 민중이요, 집 밖으로의 탈출은 민중의 일제로부터의 도피다.

우물은 세속적인 것74)과 단절을 뜻하는 물이나 강75)을 뜻하며, 나무는 이 땅에서 피난처인 교회요, 참기름은 침략을 늦추는 소극적

---

74) 여기서 말하는 세속적인 것이란 친일행위 또는 일제의 영향(침탈) 아래 있는 것을 상징한다.
75) 성서에 등장하는 홍해나 요단강은 세속이나 죄악과의 단절을, 그것을 건너는 것은 해방됨과 낙원에 들어감을 상징한다.

저항이며, 도끼는 일제의 강권(强權)이다. 호랑이가 도끼로 찍어 나무 위에 올라오는 것은 교회도 더 이상 안전한 곳이 못 된다는 뜻이다.[76] 기도는 하느님에 대한 귀의와 믿음의 실천이요, 동아줄은 기도와 믿음에 대한 응답인 구원이고, 해와 달은 약속된 축복으로 영광스러운 위치를 말한다. 끝으로 수숫대의 붉은 피는 악의 세력의 패망에 대한 증거다. 그러나 당시로서는 아직 이루어진 것이 아닌 소망이다.

이처럼 정교하고 드라마틱한 이야기가 어디 있는가? 과연 우리 민담, 전래동화 가운데 으뜸이 될 만한 이야기리라.

그러나 우리의 현실은 이 이야기대로 이루어졌는가? 지금 21세기의 분단된 조국에 살면서도 우리들은 메시아적 역할보다 해와 달의 영광스러운 자리를 혹 자찬하고 있는 것은 아닌가? 또 민중들이 이 이야기를 통해 만들어낸 의미가 어떤 후대에 어떤 영향을 주었을까? 이야기를 계속 진행해 보자.

---

76) 교회가 더 이상 피난처가 못 된다는 것은 일제가 한국병합 직후 '안악사건(安岳事件)'과 '105인 사건'을 날조하여 한국 교회의 탄압에 나선 것을 떠올린다. 이 두 사건은 항일단체의 쌍벽인 '해서교육총회(海西敎育總會)'와 '신민회(新民會)'를 말살하고 나아가 두 지방의 개신교 세력을 뿌리째 뽑으려고 날조한 사건들이다(차기벽, 앞의 책, 69쪽).

3. 위기가 닥쳤을 때 신에게 기도하면 해결될까?

민중들이 '해와 달이 된 오누이' 이야기를 통해 당시 세상으로부터 만들어낸 의미와 해결 방식은 '헤어나기 어려운 위기나 시련이 닥치면 신에게 의지하여 구원을 빈다.'이다. 나라가 망하고 이에 따라 개인들의 삶의 뿌리가 흔들릴 때, 기댈 곳 없는 이 땅의 민중들은 약속을 믿고 신에게 의지하는 수밖에 없었다. 적어도 이 이야기의 논리는 그렇다.

그럼 오늘을 사는 우리들에게 이 이야기는 무슨 의미가 있을까? 우리가 이 이야기에 대하여 물을 것이 있을까? 만약 있다면 우리는 여기서 무얼 물어야 할까? 만약 이 이야기에서 얻을 것이 없다면 이 이야기의 문제 해결 방식을 비판해야 한다. 그렇다면 무엇을 또 비판할 것인가? 우리와 상관없는 먼 옛날의 이야기로만 남겨둔다면 너무나 무의미하다. 읽을 가치조차 없다.

이 이야기의 문제 해결 방식에 따라 다음의 몇 가지로 물을 수 있을 것 같다.

1. 정말로 위기나 어려움이 닥쳤을 때 신에게 기도하면 해결될까?
    1-1. 절망적인 위기 상황에서의 기도는 무슨 의미를 갖는가?
    1-2. 부당한 힘에 저항할 때 종교와 도덕은 일치할 수 있는가?

2. 하느님과 하나님은 같은 신인가?

   2-1. 기독교는 우리 전통신앙을 포용할 수 있는가?

3. 해처럼 달처럼 영광스러운 위치를 무엇으로 규정할까?

   3-1. 해와 달이 되는 기본 조건은 단지 믿음뿐인가?

정말로 신께 빌면 문제가 해결될까?

우선 질문 1의 '정말로 위기나 어려움이 닥쳤을 때 신에게 기도하면 해결될까?'라는 것에 대하여 논의를 해보자.

사람이 신에게 빈다는 것은 고대부터 중요한 의미를 가진 것 같다. 이스라엘 민족처럼 신에 대한 절대적인 신앙의 흔적을 발견할 수 없는 공자의 경우도 "하늘에 죄를 얻으면 빌 곳이 없다."[77]는 표현을 하고 있다. 원래 공자에게 있어서 그 하늘이란 것이 도덕적 근거가 되는 하늘이 분명하지만, 관습적으로 하늘에 비는 것을 배제하지 않고 있다. 물론 후대의 순자(荀子)나 한(漢)나라 이후의 철학자들로 오면 하늘에 대해서 순수한 자연적 의미만 갖는 경우도 있지만, 보통사람들에게 있어서 하늘은 여전히 신앙의 대상으로 존재하고 있다. 그래서 인간은 영생을 위해서나 막연한 불안감을 없애기 위해서, 또는 자신의 소원이나 희망을 성취하기 위해서 신에게 기도를 올리고 있는 것이 현실이다.

그러니까 이런 질문은 지금도 여전히 유효하다. 모든 종교인들뿐만 아니라 비록 종교인은 아니지만 관습적으로 비는 사람에게도 해당된다. 그러므로 현대에 사는 철학자는 그 부분에 대하여 분명히

---

77) 『論語』, 「八佾」, "子曰, 不然. 獲罪於天, 無所禱也."

말할 의무가 있다. 아니, 자신의 철학적 입장을 분명히 밝힐 필요가
있다.

필자의 생각을 결론부터 말하면, 빌어서 해결될 수도 있고 해결
안 될 수도 있다. 이게 무슨 뚱딴지같은 말인가? 되면 되고 안 되면
안 되는 거지. 그렇지 않다. 성직자들도 분명히 이렇게 말할 것이다.
그러나 필자가 말하는 것은 성직자들이 말하는 것과 관점이 다르다.

일반적으로 성직자들이 말하는 기도에 대한 응답 여부는 기도하는
사람의 기도의 동기나 내용에 따라서, 또는 좋은 결과를 위해 신이
들어줄 수도 있고 들어주지 않을 수도 있다고 한다. 가령 기도하는
사람이 불순한 목적이나 욕심을 위해 하는 기도는 대개 들어주지 않
고, 또 그 사람의 기도를 들어주지 않아서 더 좋은 결과를 가져올 때
는 들어주지 않는다고 한다. 들어주는 경우는 기도하는 사람이 좋은
동기를 가지고 있을 때, 그리고 그것이 선을 이룰 때라고 말하기도
한다. 여기서 어떤 사람이 자신의 욕심 때문에 얻어진 것을 기도의
응답이라고 말하는 것은 예외로 하자. 이런 경우는 무척 많지만 말
이다.

그러나 필자가 말하는 것은 이런 설명과 다르다. 자신이 어떤 것
을 이루기 위하여 열심히 노력하면서 기도할 때는 들어주는 경우가
많다. 아니 들어주는 것이 아니라 노력의 결과로 이루어지는 것이다.
사실 기도와 상관없이 자신의 노력과 이루려는 일에 대한 인과관계
가 성립되어서 이루어지는 경우다. 이때 기도는 노력에 힘을 보태거
나, 아직 이루어지지 않은 일에 대하여 확신을 주거나, 추진력을 발
생시키는 데 심리적 도움이 되었을 것이다. 노력이 절실하다면 필연
성의 확률을 높일 수 있다.

물론 어떤 노력이 없이도 기도의 응답을 받는 경우가 있다. 사실
이것은 기도와 응답 간의 우연의 일치일 뿐이며 진정한 기도의 응답

이 아니다. 여기서 우연이란 두 사물 간의 직접적인 연관이 없는 것을 말한다. 즉 어떤 조건하에서 어떤 일이 생겨날 수도 있고 생겨나지 않을 수도 있고, 아니면 다양한 방식으로 일어날 수도 있는 것이다. 그러니 노력 없는 기도만으로 일이 반드시 일어날 것이라고 기도하는 것은 어리석은 일이다.

그렇다면 더 이상 어찌할 수 없어서 기도하는 경우는 어떠한가? 「포세이돈 어드벤처」라는 좀 오래된 영화가 있다. 해저의 지진으로 생긴 해일에 의해 배가 전복되어 절박한 상황에 처한다. 일부 승객들은 뒤집어진 배 안에서 살기 위해 몸부림친다. 그 어찌할 수 없는 상황에서 기도한다고 문제가 해결되지 않았다. 이 영화 속의 한 신부(神父)는 신을 저주하면서 결국 빠져 죽는다. 필자가 볼 때 죽을 수밖에 없는 상황이라면 죽어야 하는 것이 신의 뜻이다. 신이 있다면 말이다. 신이 물리학적 법칙을 어길 수 있는가? 신은 소수의 기도에 대한 응답을 위해 우주적 물리법칙을 절대로 잠시라도 무효화하지 않았다. 그런 어찌할 수 없는 상황이라도 살기 위해 몸부림치는 사람들은 결국 뒤집힌 배의 위쪽까지 도달해서 구조된다. 기도의 응답은 그런 노력에 의해서만 필연성을 갖지 않을까?

그럼, 우리의 이야기의 배경이 되었던 현실에서도 어찌할 수 없어서 나무 위에서 기도밖에 할 수 없었을까? 이제 이 세상에서 더 이상 살아남을 수 없어 저 세상 하늘나라만 바라볼 수밖에 없었을까? 현실적으로 볼 때 오누이는 호랑이 밥이 될 수밖에 없다. 왜냐하면 현실세계에서는 하늘나라에 올라가 살 수 없기 때문이다. 우리 역사에서 이런 상황에 놓인 민중은 거의 전부라 해도 과언이 아닐 것이다. 어찌할 수 없으니 기도만 하고, 때로는 하늘을 향해 탄원하고, 그도 아니면 원망도 했겠지만, 그런 방법으로 문제가 해결되었는가? 언제나 당하고 또 당하고만 살지 않았는가? 어찌할 수 없는 상황은 늘 있는 법이다. 비록 정도의 차이는 있겠지만 말이다. 어찌할 수 없는 상황에 늘 이런 식으로 대처하면 언제나 이런 처지에 처할 수밖에 없다고 단언한다면 지나친 말일까?

혹자는 이럴 것이다. 문제는 하늘이 해결해 준다고. 시간이 지나면 하늘이 원수를 갚아 주고, 사필귀정으로 돌아간다고 말이다. 그래서 일제가 패망했으니 하느님이 시간을 두고 원수를 갚아 주지 않았느냐고 말이다. 그럴듯하다. 그럼 그런 죄를 지은 일본이 오늘날 세계 선진국 대열이 우뚝 선 것을 또 어떻게 설명할까? 비록 당사자의 죄를 자손에게까지 묻지 않는 것이 문명사회의 법이긴 하지만, 그런 일본이 과거사에 대하여 반성하지도 않고 오히려 망언까지 서슴지 않는 마당에, 그래 하늘이 어디서 이들을 심판했다는 말인가? 그럼 또 이들을 심판할 것인가? 두고 볼 일이다. 만약 이런 식이라면 역사에 살아남은 국가나 민족은 언제나 하느님의 뜻을 잘 따르는 선한 민족이거나 나라여야 한다. 정말 그런가?

이런 식의 접근은 결국 현실을 도피하는 피안의 세계로 몰아간다. 현실이 아무리 힘들고 어려워도 이겨내야 한다. 인간의 몸은 물질로 이루어졌으니 물질적 관계를 통하여 물리적 힘으로 해결해야 한다. 몸은 가만히 둔 채 마음만 수고롭게 노력한다고 되는 일은 없다. 그래서 피안의 세계를 찾는 일은 사람들의 현실이 아무리 힘들고 고통스러워도 그것을 참고 견디는 인내심을 갖게 할지는 모르지만, 문제를 해결할 능력이나 의지를 키우는 데는 소극적이다. 이 또한 자연스럽게 권력에 순종하거나 순응하는 태도로 나아가게 만든다. 여기에 『성서』의 "각 사람은 위에 있는 권세들에게 굴복하라. 권세는 하나님께로 나지 않음이 없나니, 모든 권세는 다 하나님의 정하신 바라."[78])는 말이 자연스럽게 떠오른다. 바울이 어떤 상황에서 편지에 이런 말을 썼는지 잘 모르지만, 성서의 말을 금과옥조로 곧이곧대로

믿는 사람들에게 있어서, 그것이 부당한 권력이라 하더라도 순응할 수밖에 없게 된다.79)

사회진화론과 자강론

그런데 우리는 지금도 일본의 망언에 대하여 분노를 느끼지만, 정작 일본이 주장하는 논리에 대하여 깊이 생각하지 않는 경향이 있다. 이 이야기의 배경이 된 그 시절도 몇몇 선각자들을 빼고는 그 논리의 본질을 이해하지도 못했고, 친일분자들은 그 논리를 당연지사로 받아들이고, 일부 식자인 척한 자들은 그 논리에 압도되어 자기비하에 빠져 버린다.

당시 일본이 우리를 침략한 사상적 무기 가운데 하나는 사회진화론이다. 사회진화론은 다윈의 생물진화론을 헉슬리나 스펜서 등이 인간사회에 확대 적용시킨 이론이다. 한마디로 인간사회도 약육강식(弱肉强食)과 우승열패(優勝劣敗)의 원리가 적용된다는 논리다. 이 논리에 따른다면 결국 강한 자가 약한 자를 지배하는 것이 당연하다는 것으로 귀결된다.80) 그러니 당시는 서양제국이 세계 곳곳을 누비면서 약소국가나 약소민족을 점령하고 지배하는 것을 이런 논리로 당연하게 여겼고, 이러한 열강의 각축장에서 같은 동양인이 힘없는

---

78) 롬 13:1.

79) 다음의 말도 부당한 권력에 대한 순응의 태도로 갈 수 있는 여지가 있다. 역시 바울의 말이다. "내 사랑하는 자들아, 너희가 친히 원수를 갚지 말고 진노하심에 맡기라. 기록되었으되 원수 갚는 것이 내게 있으니 내가 갚으리라고 주께서 말씀하시니라."(롬 12:19)

80) 자세한 것은 졸고, 「朴殷植의 儒敎求新論과 孔子觀」, 『孔子學』第3號, 韓國孔子學會, 1998 참조. 지금의 신자유주의도 결국 이 사회진화론의 연장선에 있는 이론에 다름 아니다. 둘 다 '경쟁'을 당연한 것으로 여긴다.

우리를 서양의 열강으로부터 보호해 주는 것이 마땅하다고 생각한 것이 일본의 논리가 아닌가? 이른바 '을사보호조약'이 그것이고 '대동아공영'이 그것이리라. 동양평화를 어쩌고저쩌고 외치면서 말이다. 그것을 반박한 사람이 안중근 의사가 아니던가?

일본의 근대화된 문물과 무력에 압도되어 그 앞잡이가 된 사람은 말할 필요도 없거니와 그것을 보고 지레 겁먹고 자기부정이나 자기비하에 빠진 사람들도 있었으니, 사상이나 철학에 대한 이해도 인간의 행동을 결정하는 데 참으로 중요하다. 오늘날 얼핏 보면 공평해 보이는 자유경쟁과 시장논리도 그 가운데 하나가 아닌가?

다행히 이러한 상황에서 비록 사회진화론을 수용했지만, 우리도 일본처럼, 아니 일본이 서양의 영국이라면 우리는 서양의 프랑스처럼 강해 보자고 주장한 것이 있었으니, 이른바 자강론(自强論)이다. 자강이라는 말은 원래 『주역』에 나오는 말이지만,[81] 이 또한 사회진화론을 약자의 입장에서 수용하여 스스로 힘을 키우는 논리다. 즉 우리가 일본에 대항하여 독립한 부강한 나라로 크기 위해서는 스스로 강하게 되어야 하는데, 그러기 위해서는 무엇보다 교육과 실업(實業)에 힘을 쏟아야 한다고 보았다. 특히 교육에서는 지육(智育), 덕육(德育), 체육(體育)을 강조했는데, 지금의 대다수 학교들의 교훈이 된 '슬기롭게 바르게 튼튼하게'가 거기서 나왔는지 아는 사람은 별로 없으리라. 이러한 영향에서 탄생한 자강론이 한국 민족주의가 배태될 수 있는 논리가 되었다.[82]

---

81) 乾卦 「象」, "天行健, 君子以, 自强不息.."
82) 박노자는 이때의 민족주의가 부국강병을 지향하고 이것이 박정희 식 근대화 논리이며, 그리고 오늘날 우리의 부정적인 국가주의적 행태가 여기서 비롯한다고 지적한다(박노자, 『나를 배반한 역사』, 인물과사상사, 2003 참조). 그러나 박정희(이승만도 마찬가지) 식 논리가 당시 논리에 근원하는 것은 전적으로 동감하지만, 이 당시 그렇지 않은 나라가 어디 있던가? 지금도 어느 나라

188

그리고 국사시간에 다 배워서 알겠지만, 대한자강회나 독립협회, 또 무슨 협회, 학회 등의 사회단체나 각종 학교, 신문사 설립 등도 사실 이러한 배경에서 출발하였다. 그래서 어떻게 해서든 기울어져 가는 나라를 바로 세워 보겠다고 피눈물 나는 노력을 했다. 교육과 언론 운동, 의병투쟁이나 물산장려운동, 국채보상운동 등이 다 그런 것이리라.

그런데 이런 노력이 결실을 보지 못하고 일본에게 나라가 넘어갔으니 자포자기하고 오직 믿음으로만 해결하려는 것에 대하여 이해가 안 되는 것은 아니다. 동학운동도, 독립협회의 활동도, 애국계몽운동도, 의병투쟁도, 기타 모든 운동도 일제가 우리를 강점하는 것을, 오누이의 참기름처럼, 잠시 늦추기는 했지만 궁극적으로 막지는 못했으니, 이런 사회진화론의 우승열패나 약육강식이 천하의 공리(公理)라고 입버릇처럼 외치면서 차라리 일본의 속국이 되는 것이 나을지도 모른다고 생각하는 것이 당연하다고 여겼으리라. 요즘도 차라리 국어를 영어로 바꾸고 미국의 한 주(州)가 되는 것이 더 낫다고 여기는 사람이 있다면, 아마도 신자유주의나 이런 사회진화론의 영향에서 벗어나지 못하는 사람이리라. 얼빠진 사람들이다. 그것에 대항하는 얼이 없으니 말이다. 얼이란 무엇인가? 정신, 사상, 철학, 뭐 이런 것들이 아닌가? 그게 없으면 남의 것이 더 좋아 보이고 멋져 보이게

건 강한 민족주의(국가주의)를 지향하고 있고, 겉으로 포장되는 개인의 자유와 인권보다 자본의 논리가 우선적이다. 비록 국권회복을 위하여 부국강병의 민족국가를 지향한 논리라 하더라도, 식민주의 논리와 무차별적으로 동일선상에서 비판하는 것은 부당하다. 주장의 맥락이 다르기 때문이다. 오히려 박정희 식의 민족주의나 국가관은 침략 당사자인 일제의 영향이 크다. 그 시대 사람들은 일제로부터 교육을 받았기 때문이다. 그리고 오늘날 외국인 노동자 등의 인권을 무시하는 기업의 행태는 부국강병의 국가주의적 자강론의 논리의 연장이 아니라 자본의 논리다.

마련이다. 그래서 당시 박은식, 신채호 같은 선각자들은 우리의 전통에서 그런 것을 찾으려고 무척 애를 썼다. 민족의 영웅이나 사적을 발굴하고 국사를 집필하여 민족혼을 깨우려고 말이다.

그러나 어쩌겠는가? 일제의 힘 앞에 모든 것이 무력화되고 말았다. 그러니 다 잃고 오직 하느님만 바라보고 믿을 수밖에 다른 일이 없을 것이라 여겼으리라. 이 '해와 달이 된 오누이' 이야기도 바로 그런 시점을 암시한다. 경쟁을 통한 우승열패가 불변하는 세계의 법칙이라 하니 그것을 누가 거부하겠는가? 경쟁을 부추기는 자들은 늘 그렇게 주장하고 현실을 호도한다.

머리 아홉 달린 도둑

민족적 저항운동이 일제에 의하여 무력화되고 국내에서 큰 힘을 발휘하지 못하여 나라 안에 큰 위기감이 닥친 상황에서, 바로 이 '해와 달이 된 오누이'는 당시 신앙으로서 이러한 위기를 극복해 보려는 해결 방식의 하나인 셈이다. 그러나 다른 방식의 해결을 찾는 다른 민담도 있다. 그것을 소개하고자 한다. 다음에 선보이는 설화는 자강론적 사상이 짙게 녹아 있는 이야기다.

옛날 어느 산속에 머리가 아홉 달린 괴상한 사람이 있었습니다. 머리가 아홉이므로 코도 아홉이요, 입도 아홉, 눈은 열여덟 개, 귀도 열여덟 개나 되는 사람입니다.

그래, 남보다 먼 데 것을 잘 보고 먼 데 소리도 잘 들을 뿐 아니라 냄새도 잘 맡았습니다. 그러나 그보다도 기운이 보통사람의 아홉 곱절이나 세어서 감히 아무도 이 사람을 당해 내지 못했습니다.

이 머리 아홉 달린 사나이는 가끔 마을에 내려와서 양식이나 귀한 물건을 뺏어 가는 건 말할 것도 없고 때때로 사람까지 잡아가, 온 동네 사람들은 늘 걱정과 두려움에 떨며 살았습니다.

　동네 사람들은 서로 만날 때마다 그 무서운 도둑을 어떻게 해야 피할 수 있을까 하고 걱정만 했습니다. 그러나 아주 먼 곳으로 이사를 가지 않는 이상 별다른 방도가 없었습니다.

　마을 사람들은 산에서 사람이 내려오는 것만 보아도 가슴이 덜컥 내려앉았습니다. 혹시 머리 아홉 달린 괴상한 도둑이 아닐까 해서입니다.

　아이들은 머리 아홉 달린 도둑의 말만 들어도 울던 울음을 뚝 그쳤습니다.

　이 마을에 한 젊은이가 있었습니다. 이 젊은이에게는 예쁘기로는 동네에서 제일이라 소문이 난 색시가 있었습니다.

　그런데 어느 날 그 예쁜 젊은이의 색시가 종아이를 데리고 우물에 물을 길러 나왔다가, 때마침 나타난 머리 아홉의 도둑에게 종아이와 함께 붙들려 가버렸습니다.

　도둑이 마을에서도 제일 예쁜 색시를 훔쳐 갔다 하여 온 동네가 발칵 뒤집혔습니다. 아내를 잃은 젊은이는 가슴을 쥐어뜯으며 미칠 듯이 분을 삭이지 못했습니다.

　그러나 어떻게 할 도리가 없었습니다. 동네 사람들은 진작 먼 곳으로 떠나 살지 않은 것만 한탄할 뿐, 도둑을 잡는다거나 하는 것은 엄두도 낼 수 없는 일로 생각했습니다.

　젊은이는 아내를 생각하니 세상에 무서운 것도 없었습니다. 머리 아홉의 도둑에게 죽는 한이 있더라도 그놈을 찾아가서 색시를 구해 내야겠다고 결심했습니다. 젊은이는 드디어 그 괴상한 도둑이 산다는 산으로 들어가려고 집을 나섰습니다.

　젊은이가 산골짝 어귀에 들어서려니까 길가에 오막살이 초가집이 하나 있고, 그 집에는 백발의 노파 한 사람이 있었습니다.

노파는 산골로 들어가는 젊은이를 보더니 "젊은이는 어디를 가시오?" 하고 물었습니다.

"머리 아홉 달린 도둑이 있는 데를 찾아갑니다." 하고 젊은이가 대답했습니다. 그러자 그 노파는 걱정스런 듯이 머리를 좌우로 저으며 "그냥 갔다가는 무슨 일을 당할지 모르오. 이 길로 좀 더 들어가다가 오막살이집이 또 하나 있을 것이니 그 집 할머니한테 물어보고 가시오." 하고 일러 주었습니다.

산길을 얼마 동안 들어가니 과연 초가집 하나가 있었습니다. 그 젊은이는 그 집 노파에게 도둑을 찾아가는 까닭을 자세히 이야기하고 어떻게 하면 색시를 도로 뺏어 올 수 있겠느냐고 물어보았습니다. 노파는 머리를 좌우로 저으면서 "그 도둑이 기운이 장사라오. 당신 같은 사람이 갔다가는 목숨이 위험하니, 이걸 먹고 뒷산에 있는 바윗돌을 한 번 들어 보시오." 하며 무 하나를 주었습니다.

젊은이가 무인 줄 안 것은 실상은 무가 아니라 동삼이었습니다. 젊은이는 노파에게 절을 하고 그 커다란 동삼을 먹었습니다. 온몸이 얼얼하고 꼭 술에 취한 것 같았습니다.

젊은이는 노파가 시키는 대로 뒷산에 있는 바위를 들어 보았습니다. 그러나 그 바위는 너무나 무거워 약간 움직여졌을 뿐 들어 올릴 수가 없었습니다.

"아직 그 힘으로는 도둑을 찾아갈 수 없으니 하나 더 먹어 보구려."

노파는 동삼 하나를 더 내주었습니다. 젊은이는 노파가 주는 동삼을 먹고 다시 뒷산에 올라가 바위를 들어 보았습니다. 이번에는 간신히 무릎까지 들어 올릴 수가 있었습니다.

"아직도 못 가오. 기운을 더 내 가지고 가야지 큰일 나오."

노파는 젊은이에게 여러 차례 동삼을 먹이고는 바위를 들게 하고 또 동삼을 먹게 했습니다.

젊은이는 점점 힘이 세어져서 나중에는 그 바위를 번쩍 들고 맘대로 놀릴 수 있게 되었습니다.

그제야 노파가 젊은이에게 말했습니다.

"이만하면 그 도둑과 마주 싸울 수 있을 것이니 용기를 내어 찾아가 보시오. 그래도 맨손으로는 어려울 테니 이 칼을 가지고 가야 하오." 하고 기다란 칼 한 자루를 내주었습니다.

"할머니, 고맙습니다. 이 은혜를 무엇으로 갚아야 합니까?"

젊은이는 칼을 받아 들고 공손히 절을 했습니다.

"은혜랄 게 있소? 그저 나쁜 도둑을 쳐 없애주기만 하면 그만이오. 저기 저 길로 한참 들어가면 발길에 돌이 채일 것이니 그 돌을 들어 보시오. 그러면 그 밑에 구멍이 있고, 그 구멍을 파고 들어가면 그 도둑의 집이 있는 데로 갈 수 있을 것이오. 젊은이의 힘은 인제 그 도둑을 쳐 없앨 만하니 어서 가보시오."

젊은이는 산길을 혼자 뚜벅뚜벅 걸어갔습니다. 나무가 우거진 길을 한참 가니 과연 발끝에 돌이 채였습니다.

"이크! 여긴가 보다."

젊은이가 돌멩이를 들어 보았습니다. 그러니까 과연 돌멩이 밑에 조그만 구멍이 뚫려 있었습니다. 그 구멍의 흙을 널찍하게 파내자, 그 속에 커다란 길이 나타났습니다. 굴속에 들어갈수록 길은 점점 넓어지더니, 그 안에 이상한 딴 세상이 나타났습니다.

대궐같이 큰 기와집이 있었습니다. 그것이 머리 아홉 달린 도둑의 집이었습니다. 용기를 내어 가까이 다가가 보니, 대문 안에 또 대문이 있고 그 안에 또 대문이 있어, 아홉 대문을 거쳐서 그 안에 큰 집이 있고, 그 큰 집에 도둑이 살고 있는 것이었습니다.

젊은이는 그 집 문 밖에 있는 우물가 커다란 버드나무 위에 올라가서 도둑의 집을 넘겨다보았습니다. 그러고 있는데, 마침 웬 여자가 우물에 물을 길러 나왔습니다. 자세히 내려다보니 그건 젊은이의 색시와 함께 붙들려 간 자기 집 종이었습니다.

젊은이는 그 종을 부르지도 못했습니다. 말소리를 내면 곧 발각되어 붙들릴지도 모르기 때문입니다.

종이 동이에 물을 길어 가지고 이고 가려고 했습니다. 이때 젊은이는 나무 위에서 버들잎을 한줌 따서 물동이에다 떨어뜨렸습니다.

길어 놓은 물에 버들잎이 떨어지는 걸 보고, 종은 물동이에서 버들잎을 건져 내었습니다. 그러자 젊은이가 또 버들잎을 따서 떨어뜨렸습니다.

"웬 버들잎이 이렇게 많이 떨어질까?" 하며 종은 물을 엎질러 버리고 다시 새 물을 길었습니다. 말을 하고 싶었으나 입을 뗄 수가 없어, 또 버들잎을 죽 훑어 먼저보다도 더 많이 떨어뜨렸습니다.

"바람이 장난을 하는 거야?" 하며 종은 나무 위를 흘깃 쳐다보았습니다.

"앗!"

종은 자지러질 듯이 놀랐습니다. 그러나 나무 위에 올라앉은 사람이 주인인 걸 알자, 사방을 휘돌아보고는 가만히 말했습니다.

"서방님이 어떻게 예까지?"

"오냐, 오긴 왔다마는 대체 어떻게 된 거냐?"

"머리 아홉 달린 도둑이 마님과 저를 훔쳐 와서 여기 가둬 놓지 않았겠어요? 거기 계시다 들키면 큰일 나오니 어서 내려오세요."

"그래, 내려가마. 그 머리 아홉 달린 도둑놈은 대체 어디 있느냐?"

"도둑은 지금 밖에 나가고 없지만 곧 돌아올 거예요. 어서 집에 들어가서 숨으셔야 해요."

"그래, 어디 나를 좀 감췄다가 그놈이 오거든 알려다오."

"예, 어서 이리 들어오세요. 마님께도 서방님이 오셨다고 일러 드리겠어요."

“마님은 어디 있느냐?”

“안채 큰방에 계셔요…. 그렇지만 도둑은 기운이 보통사람과 달리 세어서 잘못하시면 생명이 위험하실 텐데….”

“괜찮다. 염려 마라. 그놈을 내가 쳐 없애 놓고 말 테니!”

“서방님, 꼭 그 도둑놈을 없애 주세요. 참, 도둑이 올 때가 되었으니 어서 이 광 속에 숨어 계세요.”

종이 시키는 대로 젊은이는 컴컴한 광 속에 들어가 숨어 있었습니다.

종은 젊은이를 숨겨 놓고는 곧 색시에게 달려가서 서방님이 찾아왔다고 알려 주었습니다.

색시는 뜻밖에도 혼잣말로 “오늘은 가만히 앉아 있어도 제 발로 죽으러 온 사람이 다 있으니 재수가 좋군!” 하고 찾아온 남편을 만나 보려고 하지도 않았습니다.

종은 젊은이에게 가서 색시의 거동을 말해 주었습니다.

색시는 그동안에 벌써 도둑의 아내가 되어 젊은이에게로 돌아갈 생각은 이미 없어진 것이었습니다. 젊은이는 분한 마음에 온몸을 떨면서 도둑이 돌아오기를 기다렸습니다. 한참 기다리고 있노라니까 먼 데서 쿵! 하는 소리가 들렸습니다.

“저게 무슨 소리냐?”

젊은이가 종에게 물었습니다.

“예, 저건 도둑이 지금 십리 밖에까지 왔다는 신호랍니다.”

잠시 후에 또 쿵! 하는 소리가 났습니다. 그 소리는 먼젓번 소리보다 훨씬 더 컸습니다.

“저건 오리 밖에 왔다는 신호예요.”

종이 와서 또 알려 주었습니다.

이윽고 와르르… 하고 뇌성 같은 소리가 나면서 아홉 대문을 열어젖히며 도둑이 들어왔습니다. 아홉 개의 머리를 두리번거리며 안마당에 들어

선 도둑은 열여덟 개의 눈알을 불같이 번뜩였습니다.

젊은이의 색시가 웃는 얼굴로 반가이 도둑을 맞이하며 말했습니다.

"나는 앉아서 한 사람 잡아놓았답니다."

"응? 어떤 놈을 잡았어?"

"대단치 않은 사람이니 어서 저녁 진지나 먼저 드세요."

종이 이 말을 듣고 젊은이에게로 달려가서 속삭였습니다.

"큰일 났어요. 마님이 도둑에게 서방님이 와 계신 걸 알려 주었으니 어서 도망을 가셔야지, 여기 있다가는 큰일 나겠어요."

젊은이가 용감하게 말했습니다.

"오냐, 염려 마라. 내가 그놈을 죽이고야 이곳을 떠날 테니, 너는 모른 체하고만 있거라."

그러고는 칼을 뽑아 들고 마당으로 나왔습니다.

"머리 아홉 달린 도둑아! 너는 아홉 번 죽여도 시원치 않을 놈이다. 네 놈의 죄를 알려줄 테니, 어서 내 앞에 썩 나오너라!"

보잘것없는 젊은이가 칼을 들고 선 걸 본 도둑은 "조까짓 게 하룻강아지 범 무서운 줄 모르고, 누구 앞에서 감히 큰소리를 하누!" 하며 대뜸 젊은이를 치려고 칼을 들고 나섰습니다.

두 사람은 칼을 번뜩이며 어우러져 싸우기 시작했습니다.

날쌔게 오고 가는 칼날이 공중에서 번갯불처럼 번뜩였습니다. 도둑이 한쪽으로 몰려가는가 하면, 젊은이가 몰리기도 했습니다. 색시와 종은 와들와들 떨면서 그 싸움을 보고 있었습니다.

색시는 세상에 아무도 당할 사람이 없다고 생각한 머리 아홉 달린 도둑을 상대로 자기 남편이었던 젊은이가 저렇게도 잘 싸울 줄은 생각도 못했습니다. 도둑이 젊은이의 칼에 밀리어 몸을 피할 때마다 색시는 가슴이 떨렸습니다.

종은 젊은이가 만일 도둑에게 죽으면 어떻게 하나 하고 가엾은 생각을

196

하며 손에 땀을 쥐었습니다.

두 사나이는 점점 공중으로 뛰어오르며 싸웠습니다. 높다라니 공중에서 싸우게 되자 몸뚱이가 잘 보이지도 않았습니다. 그러나 도둑의 머리 하나가 땅바닥에 떨어지는 것을 보고, 종은 옳다 됐다 하고 생각했습니다.

이내 또 하나가 떨어졌습니다. 그것도 도둑의 머리였습니다. 다시 세 개, 네 개, 다섯 개… 도둑의 머리가 넓은 뜰 안에 가득하게 떨어져 굴렀습니다.

이윽고 아홉 개가 다 떨어지자 도둑의 몸뚱이가 마당에 쿵 하고 떨어졌습니다.

젊은이기 이마의 땀을 씻으며 마당 한가운데 우뚝 내려섰습니다. 그러고는 새파랗게 질린 색시에게로 다가갔습니다.

사랑하는 아내를 찾으려고 얼마나 애를 쓰고 왔는지 모릅니다. 아내를 잃고 얼마나 분해하고 슬퍼했는지 모릅니다. 그 사랑하는 아내를 도둑질해 간 머리 아홉 달린 도둑을 쳐 없앤 자리에서, 젊은이는 떨고 있는 아내를 말없이 노려보고 있었습니다.

그 얼마 동안에 도둑의 아내가 되어 자기를 반겨주지 않은 색시를 노려보던 젊은이는, 도둑을 친 칼로 미친 듯이 울며 색시의 목숨을 끊어버렸습니다.

종이 두 손으로 얼굴을 싸고 울었습니다. 젊은이도 비 오듯 눈물을 흘렸습니다. 그러다가 종의 어깨를 잡고 흔들며 "울지 마라, 이미 간 사람을 다신 볼 순 없는 거다." 하고 위로를 해주었습니다.

젊은이는 도둑의 집 안을 샅샅이 뒤져보았습니다. 어떤 광에는 곡식이 산더미같이 쌓여 있고, 어떤 광에는 금은보화가 가득 들어 있었습니다. 또 한 광을 열어 보니 사람의 해골이 무더기로 쌓여 있었습니다.

또 다른 광에는 거의 다 죽어가는 사람들이 갇혀 있었습니다.

젊은이는 종과 함께 미음을 끓여 그 죽어가는 사람들에게 먹여 기운을 차리게 했습니다. 그런 다음 젊은이는 종의 손을 잡고 말했습니다.

"이제부터는 너를 내 아내로 삼고 싶으니, 나와 같이 살아다오. 너는 내 은인이요, 내 아내보다 착한 사람이다."

종은 부끄러운 듯 고개를 숙였으나, 이미 아내를 잃은 젊은이의 마음을 잘 알아주었습니다.

"황송해요."

겨우 한마디 말하고 종은 이내 젊은이의 품에 안겼습니다.

젊은이는 광 속에 가득 들어 있는 보물을 꺼내어 말과 소에 실어 놓고, 남은 것들을 거기 갇혀 있던 사람들에게 고루 나누어 준 다음 그곳을 떠나 집으로 돌아왔습니다.

오는 길에 산골짜기 노파 두 사람에게는 보물을 선물로 드리고 감사의 인사를 했습니다.

그 후 젊은이와 종은 부부가 되어 정답게 잘 살았습니다.[83]

이 이야기를 정식으로 해석하려면 다른 갈래의 이야기와 비교해서 분석해야 하므로 많은 지면이 필요하다.[84] 여기서는 다만 신앙적 의도가 강한 '해와 달이 된 오누이' 이야기와 대비되는 자강론적 입장에서 이 이야기를 간단히 짚고 넘어가 보자.

우선 이야기는 주인공이 스스로의 노력에 의하여 위기를 극복하는 과정으로 '해와 달이 된 오누이' 이야기와는 완전히 태도가 다르다.

---

83) 이원수·손동인 엮음, 『한국전래동화집 1』, 창작과비평사, 1993. 제목은 '머리 아홉 달린 도둑'이다.

84) 이 이야기에 대한 해석은 필자의 책 『전래동화 속의 철학 3』(철학과현실사, 2005)을 참조 바람. 이 이야기와 유사한 이야기의 종류는 꽤 있는데, '악한에게 잡혀간 누이를 구해 낸 남동생'(임석재 전집, 『한국구전설화』, 6. 충청남북도편, 평민사, 2003, 368-373쪽) 이야기가 그야말로 압권이다. 남동생이 누이를 구해 내는 과정이 드라마틱하고 치밀하다.

물론 이 이야기도 고도의 은유를 사용하기 때문에 어떤 각도에서 보는가에 따라 해석이 달라질 수 있겠지만, 개인 또는 집단의 위기 상황에서 주인공이 어떻게 대처하는가를 중심으로 간단히 살펴보고자 한다. 배경은 '해와 달이 된 오누이'와 같거나 이보다 다소 늦을 수 있다.

우선 머리 아홉 달린 괴물은 땅속에 살았으므로 전통적인 공동체 안에 살았던 것이 아닌 이질적인 침략자를 뜻한다. 아홉은 많다는 뜻이다. 머리가 아홉 달렸다고 하는 것은 하나이면서 여럿을 가리키는 세력으로 힘과 재주와 능력이 뛰어남을 나타내며, 아마 당시 조선사회에서 이양선을 보는 것만큼이나 이질적이고 공포의 대상이 되는 신무기로 무장한 외국 세력일 것이다. 주인공은 민족의 영웅이나 민족해방의 주체를 상징한다. 아내나 몸종은 우리 민족의 구성원들이다. 노파는 지혜 또는 우리의 전통을 상징하고, 동자삼은 민족의 에너지를, 그리고 칼은 권력이나 힘을 상징한다. 동자삼을 하나씩 먹고 바위를 든 것은 문제를 해결하기 위하여 스스로 단계적으로 힘을 키우는 자강(自强)의 과정이며, 아내가 배반한 것은 국가로부터 가장 큰 혜택을 받는 자들이 나라를 팔아먹어 친일분자가 된 것을 상기시킨다. 몸종은 보잘것없는 신분이지만, 위기 극복을 위해 주인공을 열심히 돕는데, 아마도 국권회복을 위해 노력한 민중들이다. 괴물을 쓰러뜨리고 사람들을 구출한 것은 곧 스스로 주체적으로 힘을 길러 해방을 맞이하는 것을 뜻하며, 몸종과 혼인하는 것은 해방된 세계의 파트너는 바로 국권회복에 동참한 민중이라는 뜻이다. 눈물을 흘리며 칼로 아내의 목숨을 거두는 것은 철저한 과거청산이다. 친일잔재를 청산해야 한다는 민중의 염원이 아닐까?

대충 이렇게 이야기를 분석해 보았다. 이처럼 시원한 이야기가 또 어디 있을까? 똑같은 위기와 시련이 닥쳤건만 해결 방식은 완전히 다르다. 타율적 문제 해결이란 눈 씻고 찾아볼 수 없다. 노파에게 도움을 받았지만, 그것은 노인이 상징하듯 전통이나 역사에서 지혜로 해결의 실마리를 찾는 것을 의미한다. 노인이 아닌 산신령[85]이라 해도 상관없다. 설령 큰 도움을 받았다 하더라도 최종적 문제 해결은 주인공 자신이 한다. 신에게 전적으로 내맡기는 것과는 차원이 다르다.

그렇다면 '해와 달이 된 오누이' 이야기는 우리에게 무의미한 이야기인가? 달리 말하면 절대 권력이나 힘 앞에서 인간은 무력해질 수밖에 없는가? 그래서 신을 찾을 수밖에 없는가? 아니다. 그 권력이나 힘이 부당하다면 인간은 그것에 대항하는 논리를 만든다. 바로 당위의 논리인 도덕이다. 권력이나 힘은 '있는 것' 곧 현실을 말한다면, 도덕은 '있어야 할 것' 곧 미래를 말한다.[86] 도덕은 적어도 인간 세상에 있어서는 또 다른 힘의 원천이다.[87] 아무리 약육강식의 원리가 지배하는 세상이라 하더라도, 인간세계에 있어서는 누구나 자신이 부당한 대우를 받으면 시비를 분별하게 되고 선이나 정의를 갈망

---

85) 다른 변이에서는 산신령이나 도술을 부리는 도사로 많이 등장한다.

86) 자연적 법칙과 인간의 당위의 구분은 조선 말 철학자 최한기의 사상에서 확연히 드러난다. 즉 "自然者, 天地流行之理也, 當然者, 人心推測之理也. 學者, 以自然爲標準, 以當然爲功夫. 自然者, 屬乎天, 非人力之所能增減, 當然者, 屬乎人, 可將此而做功夫也."(『推測錄』 卷2, 「自然當然」, 35面) 여기서 생존경쟁과 우승열패가 설령 자연법칙이라고 하더라도, 그것과 대비되는 인간의 사유의 논리인 '당연'이 있어서 공부를 통해 그것을 비판할 수 있다.

87) 동양적 전통에서 왜 그토록 군주의 도덕을 강조했는지 바로 이것을 증명한다. 도덕적인 군주는 더 큰 힘을 갖고 안정적으로 국가를 운영하며 권력이 확고해진다. 반면 도덕적이지 못한 군주의 권력은 위태롭다. 도덕이란 명분(名分)을 구성하고, 결국 그 명분을 지닌 쪽으로 권력은 이동하게 된다. 현대 한국의 민주주의는 민주화의 당위성과 도덕적 힘이 가져온 결과다. 이처럼 도덕은 인간만이 갖는 또 다른 힘의 원천이다. 사회진화론의 허구가 바로 여기서도 확인된다.

하게 된다.[88] 그래서 그 근거를 인격화시킨 것이 하느님이다.[89] 도덕의 근거를 위해 하늘이 요청된다. 칸트처럼 말이다.

따라서, 설명이 좀 길었지만, 질문 1-1의 절망적인 상황에서의 기도가 그런 당위를 근거로 한 도덕적 세계에 대한 갈망을 신에게 호소하는 것이라면 의미가 있다. 이때 인간은 결코 권력 앞에 비굴하지도 않고 당당히 맞설 수가 있다. 세상을 바꾸기도 한다. 문제는 그런 당위의 세계를 찾지 못했을 때다. 그때는 비굴해지고 종교 또한 권력화되거나 그 앞에 굴복하거나 시녀가 되고 만다. 그만큼 철학적 태도가 중요하다.

그리고 이렇게 종교가 부당한 권력을 꿰뚫어 보고 그 앞에 당당할 때 진정으로 종교와 도덕은 일치가 가능하며 세상을 바꿀 수 있다. 1-2의 질문은 바로 이런 관점에서 중요하다. 물론 여기서 말하는 도덕이란 관습적인 것이나 국가 이데올로기적인 도덕을 가리키는 것이 아니다. 도덕은 부단히 새로운 세계와 그것을 갈망하는 사람들에 의하여 바뀌거나 새롭게 규정되는 것이고, 결국 그것은 다수 인민의 삶과 관계된다. 만약 종교가 그 새로운 도덕을 받아들일 수 없어 보수 기득권층만 옹호한다면, 대다수 인민들로부터 외면당하고 종국에는 역사의 뒤안길로 사라지게 되는 것이다. 종교가 살아 있으려면 늘 새로운 세계를 꿈꾸어야 한다. 미래는 꿈꾸는 자의 것이니까.

이참에 타율에 의한 위기 해결, 우리 민족에게 있어서는 일제로부터의 해방이 얼마나 위험했던 것인지 짚고 넘어가자. 꽤 오래전 고 함석헌 선생이 "북한은 소련의 속국이고 남한은 미국의 속국이다."

---

88) 이런 점에서 맹자의 성선설은 여전히 유효하다. 선에 대한 의지(가령 是非之心)는 부당함을 당했을 때 누구나 선험적으로 표출하기 때문이다.
89) 어떤 세력에 의하여 부당한 일을 당할 때 사람들은 습관적으로 "이놈들아, 하늘이 무섭지도 않느냐?"라고 꾸짖는 것이 그 좋은 예다.

라는 발언을 해서 정부당국으로부터 곤욕을 치렀다는 글을 본 적이 있는데, 이는 일제로부터 타율적 해방의 결과를 극명하게 말해 준 사건이다. 정작 침략하고 전쟁을 일으킨 나라는 일본인데 독일처럼 일본이 분할되어야지 왜 우리나라가 남북으로 분단되어야 하는지도 이해가 안 가지만, 사실 6·25 전쟁도 강대국의 냉전체제의 산물, 또는 그 대리전의 양상을 띤 것이었다. 그래 명색이 독립국가에서 그것도 수도 한가운데 노른자 땅에 외국 군대가 반세기 넘도록 주둔하고, 대통령이라도 해먹을라치면 미국의 눈도장이나 찍어야 했으니, 이런 것이 모두 타율에 의한 문제 해결의 방식의 결과이리라. 물론 필자는 현실적 힘의 역학관계를 부정하려는 것도 아니고, 또 이미 진행되어 온 역사를 뒤집으려고 하는 것도 아니며, 아니 뒤집을 수도 없거니와, 단지 타율성이란 그렇다는 것을 논리적으로 말하고자 할 따름이다.

신에게 빌어서 얻어지는 해방이라면, 미국이 신의 사자일 수도 있겠다. 더구나 6·25 전쟁 때 공산화를 막아 준 장본인이니 그 은혜가 얼마나 고마운가? 미국이 6·25에 적극 참전한 것이 우리가 예뻐서 그랬는지 그 속내야 알 수 없지만, 여하튼 그래서 미국의 요구대로 월남전에도 파병하고 아프가니스탄에도, 그리고 이라크에도 모두 혈맹으로 정의의 십자군으로서 참전했으니 참으로 의리가 있는 나라다. 마치 청나라에 의하여 병자호란이 일어나든 말든 다 망해 없어진 명나라를 서인(西人)들의 주도로 배반하지 않은 것이 가상한 일이듯이 말이다. 명이 임진왜란 때 조선을 도와주었기 때문에 그렇다고 하는데, 사실은 일본이 명나라를 침략하려고 조선을 발판으로 삼아 그 전쟁터를 조선에 옮긴 것에 불과하지만 말이다. 여기서 조선에 파병된 명군의 횡포는 더 이상 말하지 않겠다. 그러니 미국 말이라면 다 들어주어야 의리상 옳지 않은가? 이런 시각이라면 철모르는 애들이 미국산 쇠고기 수입 문제로 촛불집회에 참석하는 것은 다 좌파세력들이 뒤에서 조종했다고 말하는 것도 무리가 아니리라.

또 북한 김정일 정권은 하느님의 뜻에 의해 당장 망했어야 했는데, 국민의 정부와 참여정부에서 퍼 주어서 살려 놓았으니 이 정부들이 좌파정부라고 욕먹어도 싸다 싸. 좋다. 다 옳은 말이라고 치자. 그렇다면 그 당시 북한이 붕괴되었더라면, 그 북한 땅이 우리에게 순순히 넘어왔을까? 미군이 점령하여 이라크처럼 되든지, 그도 아니면 중국과 반씩 점령하여 나누어 통치하지는 않았을까? 언감생심 우리가 북한에 대해서 한 게 뭐 있다고, 무슨 힘이 있다고 우리가 통일조국을 순순히 차지하게 내놓을 그런 순진한 강대국이 우리 주변에 있을까? 설령 모두 착한 나라라서 우리보고 몽땅 가지라고 한들 또 무슨 재주로 북한 주민들을 다 먹여 살리나? 그 부자 나라 서독도 동독 먹여 살리느라 휘청거리지 않았나? 어떤 형태로든 북한에 대해서 나름대로 권리를 가지려면 가능한 한 많이 퍼 주어야 한다. 북한이 붕괴되든 안 되든 간에 말이다. 북한을 도와주어서 경제가 활성화되면 그들 또한 이념보다 경제적 이익을 더 중시할 것이다. 그래서 남북이 협력하여 더 큰 경제적 가치를 가져올 수 있다면, 통일은 그만큼 가까워지는 것이다. 장기적인 안목에서는 그게 더 경제적이다. '경제 살리는 일'이다.

제발 부탁이다. 기적을 바라지 말자. 콩 심은 데 콩 나고, 팥 심은 데 팥 난다. 제 스스로 노력하지 않고는 진정한 독립이나 자유나 권리를 쟁취할 수 없다. '해와 달이 된 오누이' 이야기를 하늘에 대한 기적을 바라는 신앙으로 보지 말고, 부조리한 현실에 대항해 그 도덕적 당위에 내 삶과 죽음을 내맡기는 그런 태도로 이해해도 좋을 것이다.

하느님, 하나님

이제 우리는 질문 2의 '하느님과 하나님은 같은 신인가?'에 대한 답을 들을 때가 되었다. 성급한 독자를 위해 답부터 미리 말한다면, 같은 신일 수도 있고 다른 신일 수도 있다. 이런 대답이 좀 혼란스러울지 모르겠다. 명확하게 이해하기 위해서는 명칭과 내용(개념)으로 구분해서 살펴보아야 한다.

하느님과 하나님에 대한 명칭 문제는 많은 논쟁거리가 되어 왔다. 지금도 논쟁이 사라지지 않고 있다. 애초에 외래종교인 천주교와 개신교는 어쩔 수 없이 신의 이름을 우리말로 번역할 수밖에 없었는데, 천주교는 명대에 마테오 리치 등의 선교사들에 의하여 중국의 고대 문헌에 보이는 '상제(上帝)'로 번역했다가 다시 '천주(天主)'로 번역했다. 개신교는 초창기 '하느님' 또는 '하나님'으로 쓰다가 일제강점기를 거치면서 '하나님'으로 공식화했다.

여기서 천주교가 사용하는 천주는 한자어이고 개신교가 사용하는 하나님은 순 우리말이다. 그리고 하느님은 기독교와 상관없이 전통적으로 쓰던 말이다. 한때 천주교와 개신교가 공동으로 성서를 번역하여 하느님으로 명칭을 통일하려고 하였으나, 대다수 보수적인 개신교파의 반대로 천주교와 일부 개신교파에서만 이 공동번역을 사용하고 있다. 아마도 천주교에서는 신의 명칭을 순수 우리말로 토착하려는 의도가 있었고, 또 하느님이라는 명칭을 통하여 우리의 전통을 수용하자는 취지도 있었을 것이다.

그리고 원래 하느님과 하나님은 같은 말이며, 하나님이 하느님의 방언이라고 보는 견해도 있어, 하느님이냐 하나님이냐 구분하는 것도 무의미하나, 개신교에서 굳이 그렇게 구분해 쓰는 문제에 대해 왈가왈부할 필요는 없을 것 같다.[90] 그렇게 쓰겠다는데 누가 뭐라

하겠나? 필자도 특수한 경우를 제외하고 하느님으로 통일하여 썼다.

다만 짚고 넘어가야 할 문제는 있다. 하나님이란 명칭뿐만 아니라 성경(聖經), 목자(牧者), 장로(長老) 등 주요 용어가 모두 우리의 전통에서 도용(盜用)되었다는 것이다. 개신교 관계자들에겐 도용이라는 말이 좀 기분 나쁘게 들리겠지만, 엄연히 존재하는 개념체계를 무시하고 마구잡이로 사용해 왔으니 그걸 부정할 수는 없을 것이다. 한자가 섞인 개역 『성서』를 한 번 살펴보기를 권한다. 그런 낱말이 얼마나 많은지 알 수 있을 것이다.

그러니까 보수적 교단에 속한 기독교인들에겐 하느님과 하나님은 같은 신이 결코 아니다. 절대로 다른 신이다. 하나님은 유대 전통을 이은 '야훼' 또는 '여호와', '엘로힘' 등 절대적 유일신, 유목신의 이름이다. 하나님이란 말의 어원이 하느님에서 온 것이든 아니든 상관없다. 그 개념과 전적으로 다른 신이다.

반면 우리 전통 속의 하느님은 민간신앙에서 주로 엿볼 수 있다. 심지어 특별한 신앙의 대상도 아니면서 도덕적 근거, 또는 양심의 판단 근거로서 거론되기도 한다. 심지어 단군신화의 사상까지 그 어원이 연결되고 있다.[91] 우리말로 하느님이지만, 한자로는 천(天), 천지신명(天地神明)으로, 도교에서는 옥황상제(玉皇上帝), 천제(天帝) 등으로 불린다. 더구나 유교철학에서 말하는 천인합일(天人合一) 곧 인간 속에 내재한 하늘, 또 '민중의 마음이 곧 하늘의 마음'이라는 것과 동학의 '사람이 곧 하늘'이라는 인내천(人乃天)은 지극히 높은 하늘에 계신 하느님이 아니라 인간의 마음 가운데 자리 잡은 하늘을

---

90) 과연 하나님이 언어학적으로 맞는 말인가를 놓고 반박하는 이론도 있는데, 그 중 특이한 것은 하나님이라는 방언(方言)을 우발적으로 도입한 표현이라고 지적하고 있다. 또 그것을 반론하는 개신교의 이론도 만만치 않다.

91) 하느님이나 하나님의 발음이 환(桓), 단(檀)과 연결된다는 것 등이다.

말함이니, 기독교도 그런 것인가?[92] 그러나 이러한 우리 전통의 하느님은 보수적 신학자나 개신교인들에게 있어서 모두 우상이거나 미신의 대상이 되는 신들이다. 따라서 이런 관점에서 볼 때 하느님과 하나님은 절대로 다른 신이다.

그런데 우리는 여기서 하느님으로 번역한 공동번역을 작업한 의도를 살펴볼 필요가 있다. 이 공동번역 『성서』의 머리말을 보면 "우리나라 역사상 처음으로 신·구교가 연합하여 우리말로 성서를 내놓게된 것은 신·구교 자체뿐 아니라 우리 민족 전체를 위하여 말로 다 표현할 수 없는 뜻 깊은 일이다."라고 이 번역 작업을 평가했는데, 아마도 신·구교의 화해를 통하여 민족교회로서 우리 민족을 섬기고자 하는 의도가 아닌지 평가된다. 그렇게 하려면 민족의 삶과 유리된 이질적인 문화권의 신학으로서가 아니라, 우리의 전통 속에서 만나는 보편적인 신 관념을 통하여 새롭게 신학을 정립해야 할 필요가 있었고, 그 전초 작업으로서 신에 대한 용어의 통일을 꾀하지 않았을까 평가된다.[93]

필자는 신학을 잘 모르지만, 철학적 관점에서 볼 때 기독교가 전통을 수용하려면 이보다 한 발짝 더 다가와야 한다. 그들이 미신이나 우상숭배라고 배척하던 민간신앙으로, 무신론이라고 찍어 버린 철학적 전통으로, 교만하다고 생각하던 전통종교로 한 발짝 더 다가

---

92) 기독교도 인간의 마음 가운데 성령이 임한다는 것을 가지고 말한다면 하늘과 인간이 하나가 될 수도 있겠다. 그러나 이때에도 결코 동양적 전통처럼 '인간이 곧 하느님'은 아니다. 보수 신학적 관점에서는 인간은 신의 사자나 도구일 뿐이다. 절대로 합일될 수 없다.

93) 이현주의 앞의 책 『호랑이를 뒤집어라』가 그런 점을 보이고 있다. 즉 기독교의 신과 전통적인 하느님을 일치시켜 보려는 의도가 강하게 엿보인다. 이 '해와 달이 된 오누이'도 그런 관점에서 해석되었다. 그러나 기독교의 신과 전통적 하느님은 같은 신이 아니다. 다만 신학적으로 기독교의 신을 재해석해서 개념을 새롭게 규정한다면 가능할 것이다.

와 살펴야 한다. 고대에 특수한 문화권에서 발생한 특수한 신에 대한 관념, 또는 2천 년 전 로마시대의 전통에 부합하던 그런 관념으로 21세기의 모든 현상을 수용하거나 설명할 수는 없는 법이다.

솔직히 말해 보자. 서구적 신의 개념으로 세상이 설명되는가? 하느님이 정말로 믿는 사람들 편인가? 하느님이 중세의 십자군이나 이라크를 침공한 미국인들 편인가? 아니다. 그건 다 억지다. 하느님이 며칠 만에 천지만물을 창조하듯이 이 세상의 종말도 그런 식으로 될 것이라고 믿는가? 아니다. 그런 얼토당토않은 기적은 없다. 하느님은 물리학적 법칙을 절대로 어기지 않는다. 하느님은 있는 자연적 현실 그대로 존재한다. 문제는 우리 인간이다. 인간의 욕심이다. 결국 신의 명령에 따르는 타율적 인간이 아니라, 신과 하나가 되는 길을 택해야 한다. 그럼으로써 인간은 모두 형제이며 자연만물과 동포다. 아니 인간이 자연이며 우주다. 이게 동양철학의 주류적 사유다. 그걸 포용한다면 전통에 한 발짝 다가서는 것이다. 이렇게 되면 철학과 종교, 과학과 종교, 유신론과 무신론도 화해가 가능할 것이다.

자, 그렇다면 2-1의 질문인 '기독교는 우리 전통신앙을 포용할 수 있는가?'에 답할 차례가 되었다. 사실 답할 입장도 아니다. 필자는 기독교인이 아니기 때문이다. 다만 포용을 위해 명확한 개념을 이해한 바탕 위에서 시도해야 한다는 말을 남기고 싶다. 뭐든 마찬가지지만 두루뭉수리하게 넘어가서는 안 되기 때문이다.

우선 전통신앙에는 크게 유교, 불교, 도교 및 민간신앙, 그리고 동학(천도교)이 있다. 이 전통신앙 모두 우리 것이니 덮어놓고 수용해야 한다고 말하려는 것은 아니다. 여기서 유교가 종교가 아니라는 사람들도 있지만 그것은 서양 종교의 관점에서 말한 것이고, 종교의 외연을 확장하면 얼마든지 종교라 말할 수 있고, 합리적인 요소를 발견할 수 있다.[94] 즉 유교의 조상에 대한 제사나 각종 의례가 과연 기독교에서 말하는 우상숭배인지, 기독교가 유교철학 가운데 합리적 요소와 합일될 수 있는지 살펴야 할 것이다.

또 도교나 민간신앙에는 무조건 우상숭배나 미신적 요소가 있다고 볼 것이 아니라 합리적 요소를 찾을 수도 있다. 가령 이 '해와 달이 된 오누이' 이야기에도 민간신앙의 요소가 강하게 침투해 있고, 보기에 따라서는 기독교적이기는 하지만, 철학적이고 합리적인 요소를 발견할 수 있듯이 말이다. 특히 불교나 민간신앙에 기복적 요소가 있다고 하여 배척하는데, 기독교에는 그것이 없는가? 어느 종교에서든 초심자나 우매한 민중들을 입교시키기 위해서는 그것을 어느 정도 허용하고 있는 듯하다. 불교 또한 그런 전통이 강하지 않은가? 문제는 주객이 전도되면 곤란하다는 점이다. 오늘날 대형 종교단체들이 의식 있는 사람들에게 비난을 받거나 배척당하는 이유가 바로 민중들을 섬기는 것이 아니라 이권이나 권력 다툼을 일삼고, 심지어 대형화, 세속화되고 있는 것 때문이 아닌가?

우스갯소리로 필자는 평소 아는 천도교 인사에서 이렇게 말한 적이 있다. "천도교의 교리는 사상이나 철학적으로 볼 때 깊은 의미를 간직하고 있는데, 문제는 과거와 달리 민중들이 불교나 기독교로 향하고 있다. 여기에는 여러 가지 이유가 있겠지만, 천도교도 불교나 기독교처럼 민중들을 끄는 기복적 요소를 끌어들여야 한다. 그런 종교들도 미신을 끌어들여 활용하여 저렇게 잘나가는데, 그것 좀 쓴다고 문제가 되느냐."고 하였다. 민중은 사상의 심오함을 따지지 않고 현실적 이익만을 좇는다는 점을 농담으로 해준 말이다. 예수가 이적

---

94) 이 점은 최한기의 글에서도 보인다. 즉 각 종교의 합리적 요소를 취하여 세계종교를 하나로 통합시키려는 구상이다. "儒道中取倫綱仁義, 辨鬼神災祥, 西法中, 取歷算氣說, 祛怪誕禍福, 佛敎中以其虛無, 換作實有, 和三歸一, 沿舊革新, 實爲通天下可行之敎. 其餘服食器用, 出自土宜, 言語禮節, 乃制度文飾, 不可歸一."(『神氣通』 卷1,「天下敎法就天人而質正」, 15面)

(異蹟)으로 떡이나 물고기를 나눠 줄 때는 구름 떼처럼 따라다니다가, 그런 그를 십자가에 못 박아 죽이라고 소리 지르거나 배반하고 도망간 자들이 민중이다.

어쨌든 우주자연이나 하늘과 합일을 꾀하는 동양적 전통이 기독교적 신과 하나가 되려는 데 걸림돌이 될 수 없을 것이다. 동학에서 사람이 곧 하늘이 되고, 불교에서 깨달음을 얻어 부처가 되는 것이 어찌 기독교에서 말하는 신을 모독하는 교만이 될 수 있겠는가? 이는 동양 전통에 대한 무지와 오해에서 비롯한 것이리라. 동양적 종교에서 기독교에 있는 천지창조에 대한 개념이 희박한 것은 그 자체가 인격적인 절대적 신을 염두에 두고 거기에만 경배하지 않는다는 점을 말해 준다. 그것이 어찌 "나 외에 다른 신을 두지 말라."는 기독교(유대교)적 우상숭배와 같겠는가?

그런데 혹자는 이렇게 말할 것이다. 종교란 원래 초월적인 신을 대상으로 하는 것이고, 인간이 무력하고 유한하기 때문에 절대적이고 무한한 능력을 지닌 신에게 의지한다고 말이다. 또 피안의 세계, 즉 내세가 있기 때문에 종교에 귀의한다고 한다. 심지어 내세가 없는 종교는 죽은 종교, 곧 종교가 아니라고 극언하기도 한다. 일면 맞는 말이고 옳은 말이다. 필자도 그런 신이 있다면 믿겠다. 그러나 인간이 신에게 의지하고 믿는다고 할 때 그 믿고 의지하는 내용이 무엇인가? 각자의 소원이나 자신들에게 필요한 일이 아니겠는가? 인간의 얼굴과 마음이 모두 다르듯이 그들의 소원이나 하는 일이 천 갈래 만 갈래로 다른데, 신이 있어 큰 능력으로 그것을 다 들어준다면 이 세상이 얼마나 혼란스러울까? 그렇지 않아도 세상 돌아가는 것이 머리가 돌 지경인데 말이다. 말인즉 그런 신은 단연코 없다는 것이다. 그런 신이 있다고 믿는 것 자체가 무지의 소치다. 아편처럼 순간적인 위안은 될지 모르지만, 세계의 본질은 그런 신과 무관하다.

그리고 또 내세를 믿는다고 할 때 내세에 가는 나는 누구인가? 인간의 마음이란 수시로 바뀌며 더구나 인간의 자아도 오락가락하는데, 도대체 내가 언제나 똑같은 내가 아닌데 누가 내세에 간단 말인가? 그 내세를 생각하는 것 자체는 인간에게 유독 강한 자의식(自意識)이 있기 때문인데, 그 자의식이란 따지고 보면 마음먹기에 따라 얼마든지 변하는 것이다. 작게는 옹졸한 자아에 갇혀 일생을 지내는 사람도 있고, 그 자아를 확장하여 모든 인간, 세계와 우주와 함께하는 사람도 있다. 더구나 모든 생물은 죽으면 생명활동이 중지함과 동시에 의식이 멈추는데, 사람이라고 해서 뾰족한 수가 있겠는가? 자아가 세상과 우주까지 확장되었다면, 이미 이 세상이 내세다. 차안(此岸)이 피안(彼岸)이고 피안이 차안이다. 죽어도 죽지 않는다. 또 다른 내가 살아 있기 때문이다. 이렇게 되면 종교는 현실세계에서 살아 숨 쉬게 된다.

필자가 이렇게 단언하는 근거는 명확하다. 종교가 어떻게 발생하고 사라졌는지, 또 어떤 역할을 했는지 세계사의 한 페이지만 넘겨봐도 금방 알 수 있기 때문이다. 그나마 생명력이 있는 종교는 아전인수 식의 신에 대한 이해가 아니라, 나름대로 이성적이고 보편적인 그 무엇이 있어서이다. 여전히 그런 종교도 기복적인 미신을 포용하고 있지만, 선교의 방편이라고 너그럽게 이해하자.

신이 있다면 보편적이고 이성적이어야 한다는 이유는, 이제 신이 특정한 민족이나 인종, 종족의 이익만을 보장한다는 것이 말도 안 되는 엉터리라는 것을 지각이 있는 사람이라면 다 알고 있고, 그런 신에 대한 신앙으로는 세계평화를 기약할 수 없기 때문이다. 자기 민족, 특정 종교인만 선택받았다는 '선민(選民)의식'이야말로 가장 위험한 생각이며, 세계분쟁의 불씨가 아닌가?[95]

만약 세계종교가 필요하다면 그것은 세계 모든 인종이나 민족, 그리고 과학이나 철학이 공감하고 동의할 수 있는 것이어야 한다. 그렇게 되려면 그 종교는 이성적이고 합리적이어야 한다. 조선 말기 최한기의 세계종교에 대한 구상은 바로 이런 관점에서 출발하며, 그럴 경우 가장 객관적인 것을 매개로 출발해야 되지 않을까?[96)]

해와 달의 영광

이제 세 번째 질문에 답할 때가 되었다. 질문 3의 '해처럼 달처럼 영광스러운 위치를 무엇으로 규정할까?'에 대한 문제를 다룰 차례다.

위기 상황에서 하느님에 대한 믿음으로 승천한 남매가 해와 달이 되었다는 것은 기독교인들에게는 복음일 것이다. 여기서 해와 달이 되었다는 것은 영광스러운 하느님의 큰 일꾼이 된다는 뜻일 것이다. 그래서 이 이야기의 결말처럼, 적어도 외형적으로 볼 때, 우리나라가 세계에서 보기 드물게 기독교가 크게 성장한 나라가 되고, 또 과거에 남의 나라의 도움에 의하여 복음화가 되었으나 이제는 우리 스스로 수많은 선교사를 세계 각지에 보내 남을 돕는 그런 위치에 올랐으니, 어찌 해처럼 달처럼 하느님의 영광을 드러내지 않겠는가?

또 개인적으로 볼 때 어려움과 고난을 겪다가 하느님을 알고부터

---

95) 유대교, 기독교, 이슬람교의 분쟁 이면에는 같은 뿌리를 가진 이들 종교 사이의 선민의식도 크게 작용한다고 본다. 피로 얼룩진 세계사의 이면에는 이들 종교 사이의 분쟁이 크게 한몫하고 있다는 것은 지나친 말일까? 과거의 십자군 전쟁과 오늘날의 중동지역 분쟁, 9·11 테러와 미국의 아프가니스탄 및 이라크 침공이 그 예가 될 것이다. 또한 앞으로 현대 한국사회에서 기독교가 왕따를 당한다면 바로 이 배타적인 선민의식 때문일 것이다.

96) 최한기는 세계에 존재하는 가장 객관적이고 보편적인 근거로서 운화기(運化氣)를 말하였고, 그것을 바탕으로 하여 세워지는 종교는 운화인도교(運化人道教)이다. 자세한 것은 그의 저서 『기학(氣學)』이나 『인정(人政)』을 참조 바람.

구원받고 큰 축복을 받아 하느님의 큰 일꾼으로 사는 것도 이와 같으리라. 이렇듯 하느님의 일, 즉 복음 전파를 위해 큰일이나 역할을 하는 것이 기독교 신앙 안에서 볼 때 해처럼 달처럼 영광스러운 일이다. 하느님을 의지하고 전적으로 믿었으니 하느님이 당신의 미션을 위하여 크게 쓰셨기 때문이다.

그러나 이렇게만 본다면 기독교를 위해서나 우리 민족, 나아가 세계 인류를 위해서 바람직한 것만은 아니다. 다시 성서 안에서의 해와 달의 상징적 의미를 상기해 본다면, 곧 광명(빛)과 진리다. 성서에서 빛과 소금의 역할을 강조한 것도 일면 그 때문이리라. 결국 진리를 실천하며 살아야 한다는 의미를 갖는다. 여기서 무엇이 진리인가 하는 문제에 대한 세밀한 분석은 접어 두기로 하자. 다른 곳에서 다루기도 하지만, 많은 지면이 소요되는 주제이기 때문이다. 단지 보편성과 그 근거가 확실한 객관성을 갖고 있으면서 인간의 물질적(육체적), 도덕적(정신적) 삶에 유용한 이론이나 그 체계라고 정리해 두자.

다시 텍스트로 되돌아가서 해와 달은 광명과 진리를 상징한다고 했을 때, 그것은 억울하게 당한 민족의 고난을 겪고 난 후 오늘날 이만큼 된 처지에서, 과연 우리가 무엇을 할 수 있느냐 하는 문제에 관계된다. 즉 우리가 부당하게 일제의 강권에 억눌려 그토록 진리와 정의를 하늘에 부르짖었을 때의 그 가치의식과 행동을 우리가 아직도 보유하고 있는지, 거기서 더 발전된 형태의 도덕의식과 행동원칙을 소유하고 있는지 살펴보아야 할 것이다. 이런 성찰은 민족 내부 또는 국가의 구성원 사이의 문제에만 국한되는 것이 아니라, 대외적으로 다른 국가나 민족과 관련된 태도에 해당되는 문제다. 다시 말해 우리는 우리 내부에서 소수자, 가난한 자, 이주노동자 등 사회적으로 열악한 지위에 있는 자들을 억압하고 차별하고 있지는 않은지, 진리와 정의가 하수(河水)처럼 흘러넘치는지 살펴볼 일이다. 돈으로,

인기로, 학벌로, 외모로, 출신지역을 가지고 사람을 쉽게 판단하고 차별한다면, 그런 사회는 광명천지의 진리가 살아 숨 쉬는 곳이 아니다. 어느 사회든 유유상종이라는 말처럼 끼리끼리 모이는 현상은 있지만, 그것이 지나치면 광명과 진리와는 거리가 멀어진다.

더구나 광복 후부터 잘못된 과거를 바로잡자는 시도는 번번이 기득권 세력의 방해공작과 거기에 기생하는 기관, 후손들의 저항으로 좌절을 겪고, 이제 와서 그 잘못된 과거를 바로잡자는 말만 나와도 우스운 꼴이 되고 말았으니, 언제 제대로 된 광명천지를 맛볼 수 있을까? 빛은 항상 어둠을 밝히는 법. 그 빛이 내부의 깊숙한 곳에 있더라도 밖으로 드러날 것이니, 세계를 향해 자랑하지 않더라도 자연히 빛날 것이다.

우리가 해처럼 달처럼 된다는 예언은 이처럼 우리 내부에서 성숙된 도덕의식과 가치관을 가지고 세계 민중에게 실천을 보일 때 비로소 실현되는 것이다. 내부의 썩은 상처를 덮어 두고 외부에서 남을 구제하는 것은 자기기만이다. 그렇지 않다면 우리 민족이나 우리나라의 일이 아닌 단지 개인적인 차원의 일일 뿐이다. 그것도 가치가 있다. 애국하는 일이다. 그러니 썩은 고목나무의 새순보다 싱싱하고 건강한 나무의 잎이 더 생명력이 넘칠 것이다.

따라서 우리 민족이 해와 달처럼 된다는 것은 세계 인민의 구세주가 됨을 의미한다. 영광만 있는 것이 아니라 사명도 있기 때문이다. 여기서 고난을 통해 구세주가 된다는 의미는 동서고금의 보편적인 생각이므로[97] 기독교적 선교에만 초점을 맞출 필요는 없다. 우리가 해와 달이 된다는 것은 세상을 향한 메시아가 되는 것이므로, 그것

---

97) 이런 사상은 기독교 전유물은 아니다. 가령 『孟子』, 「告子下」의 "故天將降大任於是人也, 必先苦其心志, 勞其筋骨, 餓其體膚, 空乏其身, 行拂亂其所爲, 所以動心忍性, 曾益其所不能."이 그것이다.

이 되기 위한 조건을 다 갖추어야 가능할 것이다.

그럼 그 조건은 무엇인가?

이제 마지막으로 '해와 달이 되는 기본 조건은 단지 믿음뿐인가?'라는 질문에 답할 순서가 되었다. 우리는 종종 '믿음'이라는 말을 오해한다. 이 믿음에 대한 해석은 전통적 입장과 기독교적, 신앙적 입장을 나누어 살펴보아야 할 것이지만, 솔직히 필자는 기독교 신학에 대하여 문외한이기 때문에 상식적 수준에서 말할 수밖에 없다.

앞에서 기도에 대한 응답을 말할 때 이미 절반의 답변을 제시했다. 실천에 대한 노력 없는 기도가 과연 이루어질 것인지에 대한 회의를 표시했을 때다. 마찬가지로 믿음의 개념을 어디까지 포함시켜야 할지 문제가 된다. 흔히 믿음이라고 말하면 신뢰한다는 의미로 말한다. 좀 더 적극적으로 볼 때 자신의 모든 것을 전적으로 하느님께 내맡기는 것으로 충성, 복종, 신앙과 동의어로 쓰인다. 기독교 내부에서조차도 믿음과 행위에 대한 관계가 논쟁거리가 된다는 것을 알고 있는데, 그것은 성서에서 그런 빌미를 제공하고 있기 때문이다. 어떤 경우는 믿음을 강조하고, 어떤 곳에서는 행위가 없는 믿음을 책망하기 때문이다. 결국 믿음에 대한 개념을 어떻게 설정할 것인지 문제가 되는 것이다.

문제는 믿음이 전적으로 신에게 의지한다고 할 때, 그때의 우리의 행동을 어떻게 결정할 것인가 하는 것이다. 우리가 신의 뜻을 어떻게 알 것인가 하는 문제다. 성서에 물어보자고 하는데, 그 자체도 무의미하다. 성서가 구체적 사안에 대한 답을 알려 주지도 않거니와 어떤 문제는 모순된 반대 견해를 내놓기도 하기 때문이다. 만약 성서가 인간의 역사, 아니 유럽의 역사를 항상 올바르게 판단하도록 유도했다면 중세를 암흑시대라고 부르지도 않았고, 19세기 말이나 20세기 초를 제국주의 시대라고 부르지도 않았으리라.

214

현대 한국의 목회자들도 이런 현실적 문제에 대하여 일치된 견해를 내놓지 못하고 있다. 그것 자체도 성서가 일관된 답을 내놓지 않는다는 점을 말해 준다. 그래서 어떤 목회자들은 기도를 통하여 행동의 방향을 묻기도 한다. 기도에 대한 응답 말이다. 이렇게 되면 앞의 논리로 되돌아가고 만다. 기도하는 가운데 환상이나 음성을 통하여 하느님이 응답했다고 주장하는 이도 있다. 그렇다면 악마가 하느님을 가장하여 그런 응답을 주었다면 어떻게 할 것인가? 하느님의 뜻과 악마의 뜻을 어떻게 구분할 것인가? 참으로 난감한 일이다.

일이 이쯤 되면 신앙의 문제이지만, 결국 인간의 이성에 도움을 요청할 수밖에 없다. 신학도 세속의 학문에 손을 내밀 수밖에 없으리라. 믿음이 전적으로 신에게 의지하는 것이라는 정의는 결국 형식논리만 남고 아무런 행동을 유도해 내지 못한다. 설령 믿음이 행동이 아닌 신앙 그 자체라 강변할지라도, 현실세계에서 수많은 문제에 봉착한 자가 어떻게 신앙하는 것이 하느님의 뜻인지 알 수 없기 때문이다. 혹자는 신앙하는 데 아무런 문제가 없다고 말할지도 모르겠다. 교회에 출석하고 그 의식에 참여하는 것으로 신앙의 전부라고 생각하면 착각이다. 많은 사람들이 믿음이란 단지 그들 선배들의 행동을 모방하고 따르는 그것으로 착각한다. 현실세계에서 실제의 신앙은 그런 편안한 믿음이 아니다. 자신이 옳다고 생각하는 행동이 정말 하느님의 뜻인지 아는 것은 쉽지 않기 때문이다.[98] 세계는 변하며 선배들이 살았던 어제는 오늘 우리가 사는 세상이 아니기 때문이다. 선배들의 신앙은 어디까지나 참고용일 뿐이다.

따라서 신학도 세속적 학문에 기댈 수밖에 없다. 신학만 공부하는

---

98) 일반적으로 신자들은 하느님의 뜻을 알기 쉽다고 생각하는 경향을 가진다. 그러나 실제로는 자신의 이해관계나 계급, 또는 인종이나 민족(국가), 종교의 교리적 한계나 편견 때문에 신의 뜻을 제대로 보지 못한다.

것이 얼마나 위험한 것인지 이로써 알 것이다. 그래서 참고로 전통적 입장에서의 믿음을 대안으로 제시해 본다. 전통에서 믿음이 어디에 많이 나오는지 중학생 정도라면 쉽게 알 수 있는데, 바로 오륜 가운데 '붕우유신(朋友有信)'이 그것이다. 일반인들의 상식으로는 그것이 단지 '신뢰' 정도로 이해될 것이다.

그러나 믿음에 해당되는 신(信)은 인의예지(仁義禮智)와 더불어 오덕(五德) 가운데 하나다. 원래 신(信)은 충(忠)과 함께 『논어』에 자주 등장하는 말이다. 그만큼 공자가 그 덕목을 강조했다는 뜻이다. 송나라의 주희(朱熹)는 '자기를 다하는 것'을 충이라고 하고, '알맹이(실질)로서 하는 것'을 신(믿음)이라고 하였으며, 또 "충이란 마음에 나아가 말한 것이며 신이란 일에 나아가 말한 것"이라 하여 "자기의 마음을 다하여 숨김이 없는 것이 충이며 안에서 나오는 것으로 말한 것이요, 일의 알맹이로서 어긋남이 없는 것은 신이며 밖에서 증험이 되는 말이다. 충이 있으면서 불신이 있는 것은 없으며 신이 있으면서 충에서 나오지 않은 것은 없으니, 겉과 속을 말함이다. 마음에서 발동하여 스스로 다하면 충이요, 이치에 증험되어 어긋남이 없으면 신이니, 충은 신의 근본이요 신은 충의 발현이다. 충과 신은 한가지 일이며 서로 안과 밖, 처음과 끝, 근본과 말단이 된다. 자기에 있어서는 충이요, 사물에 나타나서는 신이 된다."[99]라고 하였다. 다소 장황하고 긴 설명이지만, 그 개념은 간단하다. 요즘 말로 말해서 믿음이란 충실과 분리되지 않는다. 자신의 내면의 성실성이 충실이

---

99) 『論語』, 「學而」, 朱子 注, "盡己之謂忠, 以實之謂信. (중략) 朱子曰, 忠是就心上說, 信是就事上說. 盡己之心而無隱, 所謂忠也, 以出乎內者言也, 以事之實而無違, 所謂信也, 以驗乎外者言也. 然未有忠而不信, 未有信而不出於忠者, 表裏之謂也. 發於心而自盡, 則爲忠, 驗於理而無違, 則爲信. 忠是信之本, 信是忠之發. 信, 只是一事, 而相爲內外始終本末, 有於己爲忠, 見於物爲信."

요, 그 내면의 충실성이 외부의 일에서 드러나면 믿음이다. 결국 한 가지 일이다. 내적인 충실이 없는데 외적인 신뢰가 쌓이겠는가?

결국 믿음이란 자신의 내면의 성실함이 외부적 행동에 연결되어 드러남이다. 더 압축시켜 말해 보면, 성실한 마음의 자세가 행동에 일치할 때 드러나는 것이 믿음인 것이다. 그러니까 마음에 대한 행위가 전제가 되므로 믿음이 단지 마음의 상태가 아님을 알 수 있다.

그렇다면 '해와 달이 되는 기본 조건은 단지 믿음뿐인가?'라는 말에 '그렇다'고 답할 수 있다. 그런데 역시 난감하다. 내면의 성실성에 대한 대상이나 무엇, 어떤 행동을 보고 믿음이 생길지 말해 주지 않기 때문이다. 형식만 말했기 때문이다. 단지 주희의 말에서 어떤 힌트를 얻어 '이치에 증험되어 어긋남이 없으면 신'이라고 한 것을 가지고 판단한다면, 오늘날의 입장에서 볼 때 그 믿음의 내용이 이치에 부합되어야 한다. 그러니까 믿음에 대한 정당성의 확보는 각종 지식에 부합되는 것이어야 하므로, 결국 과학적이고 합리적인 학문에 기댈 수밖에 없다는 뜻이다.

그러니까 해와 달처럼 세계 인류에 대한 구세주가 되려면, 세계의 본질과 인간에 대해 깊이 있게 이해하고 그에 따른 행동을 해야 하므로, 학문의 발전과 도움 없이는 천부당만부당한 일이다. 불나방처럼 무식하게 진리를 위한답시고 뛰어드는 것이 하느님의 뜻이 아니다. 자신들의 행동 하나하나가 인류 역사와 인간의 삶에 어떤 의미가 있는지도 모른 채 맹목적으로 신께 헌신하는 것이 해와 달이 되는 것이 아닐 것이다. 적어도 자신의 행동에 대하여 심각하게 갈등하고 고민하는 태도라도 보여야 할 것이다. 내가 믿는 교리나 신념을 타자에게 억지로 강요하여 믿게 만드는 것은 더더욱 바른 태도가 아닐 것이다. 나의 행복이 반드시 타인의 행복일 수 없기 때문이다.

콩쥐 팥쥐

팥쥐가 죽어서 젓갈이 된 사연

1-1. 콩쥐 팥쥐

옛날 어떤 집에 귀여운 여자아기가 태어났습니다. 부모님은 이 아이의 이름을 콩쥐라 지었습니다. 그런데 엄마는 콩쥐를 낳은 얼마 뒤에 그만 돌아가시고 말았습니다. 아버지가 정성을 다해 콩쥐를 키웠습니다.

그러다가 몇 해 뒤 어느 해 아버지는 새 부인을 맞이하였습니다. 콩쥐에게 새엄마가 들어온 것입니다. 새엄마는 팥쥐라는 딸을 데리고 왔는데 콩쥐와 비슷한 나이였습니다. 팥쥐와 새엄마는 둘 다 심술과 욕심이 많았습니다. 팥쥐와 새엄마는 매일 콩쥐를 괴롭혔습니다.

하루는 새엄마가 콩쥐와 팥쥐에게 밭을 매라고 하였습니다. 팥쥐에게는 단단한 쇠 호미를 주고 집 앞에 있는 자그만 모래가 섞인 기름진 밭을 매라고 했습니다. 그리고 콩쥐에게는 나무 호미를 주면서 산비탈에 있는 널따란 돌밭을 매라고 하였습니다.

팥쥐는 기름지고 모래가 섞인 작은 밭을 쇠 호미로 매기 때문에 땅이 푹신푹신하여 점심때도 안 되어 금방 밭을 다 맸습니다. 그러나 콩쥐는 나무 호미로 달그락달그락 돌밭을 맨 지 얼마 되지 않아 호미가 뚝 부러지고 말았습니다. 날은 저물어 가는데 어찌할 바를 몰랐습니다.

"흑흑!"

콩쥐는 그만 엉엉 울었습니다. 그때 하늘에서 검은 소가 내려오더니 왜 우냐고 물었습니다. 콩쥐는 지금까지 있었던 일을 모두 말하였습니다.

"콩쥐야, 내가 도와줄게. 저 아래 개울에 가서 목욕을 하고, 손에 명주 수건을 감고 내 엉덩이에 손을 밀어 넣어 봐."

소가 시키는 대로 하자 과연 거기서 떡이며 고기며 과자가 많이 나왔습니다. 콩쥐가 그것을 먹고 있는 사이 소가 밭을 다 맸습니다. 콩쥐는 남은 음식을 갖고 집에 돌아왔는데, 팥쥐와 새엄마가 문을 열어 주지 않았습니다. 가져온 음식은 죄다 빼앗아 먹은 후에 겨우 문을 열어 주었는데, 그날 저녁에는 아무것도 주지 않아서 굶은 채 잤습니다.

어느 날이었습니다. 건넛마을에 있는 친척집에 잔치가 있었습니다. 팥쥐와 새엄마는 이 옷 저 옷을 갈아입으며 몸단장 하느라 수선을 피웠습니다.

"어머니, 저도 잔칫집에 가고 싶어요."

콩쥐의 말에 새엄마는 눈을 부라리며 말하였습니다.

"할 일이 많은데 왜 오려느냐? 정 오고 싶으면 물동이에 물을 다 채우고, 벼 아홉 섬 다 찧고, 그리고 베 아홉 필을 다 짠 다음에 오너라."

콩쥐는 부지런히 물을 길어다 부었습니다. 그러나 밑 빠진 독이라 물이 줄줄 새었습니다. 그러니 아무리 부어도 물이 차지 않았습니다. 그런데 어디선가 두꺼비가 나타나서 밑 빠진 독을 막아 주었습니다. 콩쥐는 겨우 물을 가득 채울 수가 있었습니다.

이번에는 마당에 널어놓은 벼를 걷어서 방아를 찧으려고 합니다. 그때 참새 떼가 새까맣게 후루룩 후루룩 날아와서는 벼를 콕콕 쪼아대지 않겠습니까? 콩쥐는 깜짝 놀라 참새를 쫓으려고 하다가 자세히 보니, 참새들이 벼를 쪼아 먹는 것이 아니라 벼 껍질을 하나씩 까놓은 것이 아닙니까?

그러나 베 짜는 일이야말로 정말 힘든 일입니다. 아무리 열심히 짜도 그건 하루에 끝낼 수 있는 일이 아닙니다. 콩쥐는 베틀 앞에 앉아서 엉엉 울었습니다. 그때 아름다운 선녀가 나타났습니다.

"콩쥐야, 어서 잔칫집에 가보렴. 베는 내가 짜 줄게."

하고는 새 신과 새 옷을 주었습니다.

그래서 콩쥐는 건넛마을 잔칫집에 가서 한참 구경을 하고 있는데, 저 멀리서 새엄마가 이리로 오고 있었습니다. 콩쥐는 괜히 겁이 덜컥 났습니다. 야단맞을까 봐 놀라서 집으로 향해 가고 있는데, 갑자기 뒤에서 포졸들이 외쳤습니다.

"물렀거라! 원님 행차시다!"

콩쥐는 깜짝 놀라 징검다리를 건너뛰었습니다. 그러다가 그만 새 신 한 짝이 훌러덩 벗겨지고 말았습니다. 콩쥐는 무섭고 부끄러워 신을 찾을 생각도 안 하고 얼른 나무 뒤에 숨었습니다.

원님은 콩쥐의 예쁜 꽃신을 보았습니다.

"이게 누구의 신일까? 참 예쁘기도 하고 예사 신발이 아니구나. 이 신발의 주인이라면 보통 여자와 다를 것이다."

이렇게 혼자 중얼거렸습니다.

원님은 포졸들에게 신발의 임자를 찾으라고 명했습니다. 포졸들이 콩쥐의 신을 들고 냇물 건너 마을을 돌며 임자를 찾아다녔습니다. 드디어 콩쥐의 집에도 찾아왔습니다. 새엄마는 콩쥐는 거들떠보지도 않고 팥쥐에게 신을 신어 보라 하였습니다. 팥쥐의 발이 커서 신이 도저히 들어가지도 않았습니다. 그런데도 새엄마는 억지로 신발을 잡아당겨 발에 피가 나는데도 신기려고 안간힘을 썼습니다. 신발이 팥쥐의 발에 안 들어가자 이번에는 자기 발에 신어 보았습니다. 포졸들은 억지 쓰는 것을 알고 야단을 치며, 신을 빼앗아 콩쥐에게 신겨 보았습니다. 꼭 맞았습니다. 콩쥐가 신 임자였기 때문입니다.

원님은 콩쥐를 아내로 맞이하고 싶었습니다. 그래서 청혼을 하자 콩쥐는 원님에게 시집을 갔습니다.

어느 날 원님이 출타하고 집에 없자, 심술쟁이 팥쥐가 콩쥐를 찾아왔습니다. 콩쥐는 팥쥐를 반갑게 맞아 주었습니다.

"언니, 우리 연못에 놀러 가자, 응?"

싫다고 하니까, 콩쥐더러 목에 때가 많다, 날씨가 덥다고 하면서 멱을 감자고 졸랐습니다. 콩쥐는 마지못해 연못에 갔는데, 팥쥐가 멱을 감는 척하다가 콩쥐를 깊은 물속으로 밀어 넣어 빠져 죽게 만들었습니다.

콩쥐를 죽인 팥쥐는 이제부터 자기가 콩쥐인 양 행세했습니다. 출타했다가 돌아온 원님은 참 이상하다고 여겼습니다. 콩쥐와 달랐기 때문입니다. 팥쥐는 원래 얼굴이 검고 얽고 목도 길었습니다. 원님이 얼굴이 검어진 이유를 물었습니다. 팥쥐는 원님이 안 계셔서 세수를 안 했더니 그렇다고 대답했습니다. 원님은 또 왜 얼굴이 얽었냐고 물었습니다. 그랬더니 원님이 돌아오시기에 얼른 마중 나가다가 콩 멍석에 넘어져서 그렇게 됐다고 했습니다. 원님은 왜 목이 길어졌느냐고 물었습니다. 원님이 오시는 걸 보려고 날마다 담장 밖을 내다보느라고 목이 길게 됐다고 둘러댔습니다. 팥쥐의 거짓말에 원님은 그런가 하고 깜박 속고 말았습니다.

하루는 원님이 연못가를 거닐다가 탐스럽게 피어난 연꽃을 보게 되었습니다. 하인을 시켜 꺾어 오게 했으나 꿈쩍도 하지 않아 자신이 직접 꺾어 방문 위에 걸어 두었습니다. 꽃은 원님이 지나다닐 때는 환하게 웃고 방실 방실 피다가도 팥쥐가 지나가면 얼굴을 할퀴고 머리카락을 쥐어뜯었습니다. 화가 난 팥쥐는 연꽃을 활활 불타는 아궁이에 던져 넣어 버렸습니다.

'어디, 불씨 좀 얻어 갈까?'

이웃집에 살던 할머니가 아궁이에서 불씨를 얻으려고 부엌으로 들어왔습니다. 그런데 아궁이 속에 작은 구슬 하나가 반짝반짝 빛나고 있었습니다. 할머니는 몰래 그 구슬을 가져다가 장롱 속에 넣어 두었습니다.

그런 일이 있은 후부터 할머니 집에 이상한 일이 벌어졌습니다. 누가 시키지도 않았는데 밥을 차려 놓고 집 안이 깨끗이 정돈되어 있었습니다. 이상하다 싶어 몰래 훔쳐보니 장롱 속에서 어떤 색시가 나와서 그렇게 하였습니다. 그래서 어느 날 방에 들어가서 들여다보는데, 구슬 속에서 콩쥐가 나타났습니다.

"에구머니나! 마님 아니세요?"

할머니는 깜짝 놀랐습니다.

"할머니, 제 소원을 들어주세요."

콩쥐는 억울하게 죽은 사연을 이야기했습니다.

다음 날 할머니는 콩쥐가 시키는 대로 원님을 초대하였습니다. 상 위에 젓가락이 짝짝이로 놓인 것을 보고 원님이 물었습니다.

"허허, 상은 잘 차렸건만 어째서 젓가락은 짝짝이인고?"

이때 장롱 속에서 콩쥐가 나타나 말했습니다.

"젓가락의 짝이 안 맞는 것은 아시면서, 색시가 바뀐 건 모르시나요?"

그때서야 원님은 콩쥐가 팥쥐 때문에 죽은 걸 알게 되었습니다. 원님은 연못의 물을 모두 퍼내게 해서 콩쥐의 시신을 건져 냈습니다. 그러자 신기하게도 콩쥐는 다시 살아났습니다.

팥쥐의 나쁜 행동이 탄로 나자 원님은 팥쥐를 죽이고, 그 시신의 살점을 도려내 소금에 절여 젓을 담가 팥쥐 엄마에게 보냈습니다. 팥쥐 엄마는 선물이 온 줄 알고 기뻐서 상자를 열어 보고 젓갈인 줄 알고 먹었습니다. 얼마 뒤 팥쥐 엄마는 그것이 팥쥐의 시신인 줄 알자마자 기절하여 죽고 말았습니다.

1-2. 콩쥐 팥쥐

옛날에 콩쥐 팥쥐라는 두 처녀가 있었다. 콩쥐는 전처의 딸이고 팥쥐는 후처가 데리고 온 이부딸이었다.

하루는 후처가 콩쥐한테는 나무 호미와 삼 년 묵은 겨밥에 삼 년 묵은 된장을 싸 주며 자갈이 많은 묵정밭에 김을 매라 하고 팥쥐에게는 쇠 호미와 팥밥에 고기반찬을 싸 주며 사랑이 밭에 김을 매라고 했다.

콩쥐는 점심밥으로 싸가기고 온 겨밥과 된장을 나뭇가지 위에 올려놓고 김을 매는데 나무 호미로 매는데 아무리 매도 잘 매지지 않고 힘이 들어 고생만 하는데 가마구떼가 와서 나무 위에 놔 둔 겨밥을 다 먹었다. 그래서 콩쥐는 밥도 못 먹어 배가 고푸고 힘도 들고 해서 제 신세타령을 하면서 울고 있었다. 그랬더니 암소 한 마리가 내려와서 왜 우느냐고 물었다. 콩쥐는 나무 호미로 자갈밭을 매는데 힘도 들고 점심밥을 가마구떨이 다 먹어서 배가 고파서 운다고 했다. 그랬더니 암소는 저 아래 있는 개울에 가서 아랫탕에서 발을 씻고 중탕에서 목욕하구 상탕에서 머리를 감고 와서 명지수건으로 손을 말아감고 내 밑구녕에 디리밀어 보라고 했다. 그래서 콩쥐는 암소가 하라는 대로 개울에 내려가서 하탕에서 발을 씻고 중탕에서 목욕하고 상탕에서 머리 감고 명지수건으로 손을 감고 소의 밑구녕에 디리밀어 넣어 봤더니 떡이며 고기며 과자며 많이 나왔다. 콩쥐는 그 떡과 고기와 과자를 실컷 먹고 나머지를 싸 가지고 집으로 돌아왔다. 그런데 팥쥐는 문을 닫어걸고 들어오지 못하게 하고 있었다. 콩쥐는 떡이랑 고기랑 사탕이랑 줄거이니 문좀 열으라고 했다. 그 말을 듣고 팥쥐는 어디 고기랑 떡이랑 사탕을 보자 했다. 콩쥐는 문구녁으로 사탕을 하나 디리밀었다. 팥쥐는 그것을 받어먹고 야 지금 준 것은 화루에다 떠러트렸으니 또 하나 달라고 했다. 또 하나 넣어 주니까 이번에는 요강에 빠트렸으니 또 하나 달라고 했다. 또 넣어 주니까 이번에는 머 어쨌다 어쨌다 하면서 자꾸 넣어 달라 해가지구 사탕이며 떡이며 고기를 다 뺏어 가지구서 그제서야 문을 열어 주었다. 콩쥐가 방에 들어가서 사탕이랑 떡이랑 고기를 노놔 먹자 하니까 팥쥐는 너는 배고플 터이니 밥 먼저 먹으라 했다. 콩쥐는 밥을 찾어 보는데 밥이 없어서 밥이 어데 있느냐고 물었다. 팥쥐는 가매솥 안에 있다고 했다. 개매솥 안을 들쳐봤넌데 밥은 없었다. 없다고 하니까 살강에 있다고 했다. 살강을 봐도 없었다. 없다고 하니까 장깐에 있다고 했다. 장깐에서 찾어 보았넌데 거기서도 밥은 없었다. 없다고 하니까 아무데 있다 아무데 있다 하며 거짓말만 했다. 그동안 팥쥐는 저어 어미와 그 사탕이며 떡이며 고기를 다 먹어 버렸다. 그래서 콩쥐는 아무것도 먹지 못하고 굶었다.

홋어머니는 콩쥐 보고 그 사탕이랑 고기랑 떡이랑 어디서 얻었느냐고 물었다. 콩쥐는 자갈밭을 나무 호미로 김을 매고 있었더니 하늘서 암소가 내려와서 주었다고 했다. 이 말을 들은 홋어머니는 다음날 팥쥐에게 나무 호미와 겨밥을 싸주고 자갈밭에 김을 매라 하고 콩쥐에게는 쇠 호미를 주어 사랑이밭을 매라고 했다.

팥쥐는 자갈밭은 매지도 않고 윙윙 울고 있었다. 하널에서 암소가 내려와서 왜 우느냐고 물었다. 팥쥐는 김매기에 힘이 들고 배가 고파서 운다고 했다. 그러니까 암소는 저 개울에 가서 아랫탕에서 발을 씻고 중탕에서 목욕하고 상탕에서 머리 감고 명주수건으로 손을 감고 내 밑구녕에 손을 디리밀어 보라고 했다. 팥쥐는 암소가 말한 대로 개울에 가서 아랫탕에서 발을 씻고 중탕에서 목욕하고 상탕에서 머리 감고 손에다 명주수건을 감고 암소의 밑구녕에 두 손을 넣고 그 안에 있넌 사탕이며 떡이며 고기를 한 우큼 잔득 쥐고 손을 빼라고 했다. 그런데 두 손으로 잔득 쥐고 빼라고 하는데 잘 빠지지 안했다. 암소는 다라뛰기 시작했다. 팥쥐는 손을 빼지 못하고 소의 뒤에 매달려서 끌려 다녔다. 소는 밭틀로 논틀로 자갈밭으로 가시밭으로 사뭇 뛰어다녔다. 그래서 팥쥐는 온몸이 다치고 글키고 째여지고 패서 피투성이가 됐다. 이 암소라는 것이 콩쥐 어머니가 죽은 넋이라고 한다.

팥쥐는 온몸에서 피가 나서 피투성이가 되고 입은 옷은 갈기갈기 찢어져서 너덜너덜하게 됐다. 이래가지고 집으로 돌아가는데 팥쥐 어머니는 멀리서 제 딸이 온몸이 벌개가지고 오는 것을 먼빛으로 보고 우리 팥쥐는 고흔 옷까지 얻어 입고 온다고 조와하고 있었다. 그런데 가까이 온 것을 보고 온몸이 피투성이가 되어 있어서 이것은 콩쥐가 거짓말한 탓으로 이렇게 됐다고 콩쥐를 마구 두들겨 패고 야단치고 밥도 먹이지 안했다.

그 후 어느 날 홋어머니는 콩쥐한테는 헌 북과 콩 볶은 것을 주고 팥쥐한테는 새 북과 찰밥을 주면서 둘이 베를 짜는데 누가 더 많이 짜는가 내기해 보라고 했다. 콩쥐는 볶은 콩을 한입에 많이 집어넣어 오물오물 먹으면서 쉬지 않고 베를 짜서 많이 짰는데 팥쥐는 찰밥을 띠어 먹으면서 베를 짜는데 찰밥이 손에 붙어 찐덕찐덕해서 북 놀리기가 더디어서 베를 얼마 짜지 못했다. 홋어머니는 팥쥐가 적게 짜고 콩쥐가 더 많이 짜서 이것은 찰밥을 먹으면서 짜니라고 손이 찔걱찔걱해서 그랬을 것이라 하고 다음에는 콩쥐한테는 찰밥을 해주고 팥쥐한테는 콩을 볶어 주어 베를 짜게 했다.

콩쥐는 물을 떠나 놓고 물에 손을 적셔서 찰밥을 떼어서 입에 넣어 먹으면서 베를 짰기 때문에 많이 짤 수가 있었다. 그런데 팥쥐는 콩을 한 알 한 알식 집어 먹으면서 짜니라고 베를 많이 짜지 못했다. 계모는 이렇게 해도 팥쥐가 지고 저렇게 해도 팥쥐가 지고 해서 그만 화가 나고 더욱더 콩쥐를 미워했다.

그 후 어느 날 먼데 있는 일가집에 큰 잔치가 벌어졌다. 계모는 팥쥐를 데리고 잔채집 구경을 가겠다고 했다. 콩쥐도 가겠다고 하니까 계모는 네가 올려면 아홉 간 방을 다 말끔히 씰고 닦고 아홉방 아궁이에 재를 다 닦아내고 밑 없는 독 아홉에 물을 가득 길어 붓고 벼 아홉 섬을 다 찌어 논 담에 오라구 하고 저들끼리 갔다.

콩쥐는 아홉 간 방을 다 씰고 닦고 아홉 방 아궁이의 재를 다 닦아냈다. 이런 일을 다 하니라니까 힘이 들고 지쳐서 울고 있었다. 울고 있년데 참새들이 한떼 몰려와서 마당에 널어논 벼를 까먹고 있었다. 콩쥐는 이걸 보고 깜짝 놀래여 훼이훼이 하고 새를 쫓았다. 새들은 다 날아갔년데 나라간 뒤에 보니까 벼 아홉 섬은 벼껍질은 날라가고 쌀알이 옴시란히 남어 있었다. 이렇게 해서 벼 아홉 섬을 찌어서 놓게 됐다. 그런 뒤에 어데서 왔년지 두꺼비 아홉 마리가 와서 독 밑에 가 업디고 물을 길러다 부라고 했다. 콩쥐는 큰독마다 물을 한 동이식 부면 가득 찼다.

계모가 시킨 일을 다 미치고 나서 잔치집으로 갈라는데 입고 갈 옷이 없어서 울고 있었다. 그랬더니 하늘서 암소가 내레와서 고흔 비단 옷과 이쁜 갓신 한 켤레를 주었다. 콩쥐는 그 비단 옷을 입고 이쁜 갓신을 신고 잔치집에 가서 구경하고 있었다. 구경하고 있년데 계모가 가까이 오는 것을 보고 야단마질가 봐 콩쥐는 거기서 뛰여서 집으로 도망쳤다. 도망쳐 오다가 그만 신었던 신 한짝을 잃어버렸다.

그런 일이 있는 후에 감사가 이 골을 지나가다가 이 신 한짝을 보고서 이 신작이 하도 고흐니까 이 신 임자는 잘 생긴 여자일 것이라 생각하고 그 신 임자를 찾었다. 팥쥐가 나와서 그 신은 제 신이요 했다. 감사가 신겨보니 팥쥐의 발은 너머 커서 맞지 않았다. 그래도 팥쥐는 억지로 신다가 발이 상해서 피를 많이 흘렸다. 다음에는 계모가 나서서 그 신을 제 신이라고 하면서 신어 보넌데 이것도 맞지 안해서 감사는 감사를 속이는 년이라고 하고 매를 때렸다. 감사는 이 여자 저 여자 신겨 봤는데 아무도 그 신에 맞는 여자가 없었다. 나중에 콩쥐가 남아서 감사는 그 신을 콩쥐한테 신겨 봤다. 신겨 보니까 콩쥐 발에 딱 맞았다. 감사는 조와라 하고 콩쥐를 데려다 마누라를 삼았다.

이렇게 해서 콩쥐는 감사의 마누라가 돼서 잘 사는데 하루는 감사가 볼일이 있어서 먼 길을 떠났다. 감사가 떠나간 후에 얼마 안돼서 팥쥐가 찾어 왔다. 찾어와서는 콩쥐를 보더니마는 "야 콩쥐야 네 목에 웬 때가 그렇게 많이 껴 있냐? 감사가 보면 더럽다고 내쫓겠다. 오늘 날도 더웁고 하니 때도 베끼고 목욕도 하러 나가자. 자 어서 가자." 하면서 팥쥐는 콩쥐의 팔을 끌고 연못이 있는 데까지 왔다. 연못까지 와서는 팥쥐는 콩쥐 보고 물속으로 들어가자 하면서 둘이는 옷을 벗고 연못으로 들어갔다. 연못에 들어가서는 더 깊은 데로 가자 더 깊은 데로 가자 하면서 팥쥐는 콩쥐를 끌고 깊은 데로 들어가서 물이 목에까지 닿는데 와서는 팥쥐는 콩쥐를 왈칵 떠밀어서 죽게 했다. 그러고 팥쥐는 나와서 콩쥐 옷을 입고 콩쥐처럼 하고 감사가 돌아오기를 기다렸다.

팥쥐는 얼굴이 검고 얽고 목도 길었다. 감사가 돌아와서 팥쥐를 콩쥐로 알고 어째서 얼굴이 검어졌냐고 물었다. 팥쥐는 감사님이 안 계셔서 세수를 안 했더니 그렇다고 대답했다. 감사는 또 왜 얼굴이 얽었냐고 물었다. 그랬더니 감사님이 돌아오시기에 얼른 마중 나가다가 콩멍석에 너머져서 그렇게 됐다고 했다. 감사는 왜 목이 길어졌느냐고 물었다. 감사님이 오시는 걸 볼려고 날마다 담장 밖을 내다보느라고 목이 길게 됐다고 했다. 감사는 그런가 하고 그러고 지내는데 하루는 감사가 하인을 데리고 연못 있는 데로 나가 봤더니 연못 가운데에 함박꽃이 곱게 피여 있었다. 하인을 시켜서 그 함박꽃을 꺾어 오라고 했다. 하인이 연못에 들어가서 함박꽃을 꺾넌데 아무리 꺾어도 꺾어지지 안했다. 감사가 연못에 들어가서 꺾으니까 쉬웁게 꺾어졌다. 감사는 그 꽃을 꺾어 가지고 나와서 들며날며 보겠다고 감사 방문 앞에 매달았다. 감사가 들며날며 볼 적에는 함박꽃은 곱게 활짝 피는데 팥쥐가 들랑날랑 할 적에는 꽃은 시들고 팥쥐의 머리카락을 쥐어뜯고 얼굴도 할퀴고 했다. 팥쥐는 그만 화가 나서 이 꽃을 벽 아궁에 집어넣고 불을 때버렸다.

이웃에 할머니가 하나 살고 있었다. 이 할머니가 하루는 감사네 집으로 불을 얻으로 와서 부엌 아궁이에서 불을 담아 왔다. 불을 담아 가지고 와서 보니 잿속에 웬 이뿐 구슬이 있었다. 이 구슬을 주워서 농 안에다 넣어 두었다.

그 후부터는 이 할머니가 밖에 나갔다가 돌아와 보면 하얀 쌀밥에 걸게 차린 밥상이 차려져서 놓여 있었다. 이상한 일도 있다 하고 하루는 숨어서 보니까 농 안에 두어둔 구슬이 고흔 색시가 돼서 나와서 밥을 한상 잘 차려 놓았다. 할머니는 얼른 나와서 그 색시를 붙잡고 웬 색시냐고 물었다. 색시는 자기는 콩쥐인데 팥쥐 때문에 이렇게 됐다고 말하고 감사를 한번 청해다가 음식대접을 하고 싶다고 했다. 할머니는 그렇게 하겠다 하고 하루는 감사를 청했다.

감사가 와서 음식상을 받고 보니 저까락이 짝짝이고 또 거꾸로 놓여 있었다. 감사는 어째서 저까락이 짝짝이고 거꾸로 놨느냐고 물었다. 그때에 농안에서 콩쥐가 나와서 "감사님은 저까락이 짝짝이고 거꾸로 놓여 있는 것은 아르시면서 마누라가 바뀌고 제대로 부부생활을 하지 못하는 것은 모르십니까?" 하고 말했다. 감사는 이 말을 듣고 그제야 깨닫고 팥쥐가 콩쥐 노릇하고 있는 것을 알게 되고 콩쥐를 괴롭히기만 한 팥쥐와 팥쥐 어머니를 잡아다가 쥑이고 콩쥐하고 잘 살았다고 한다.＊

- 1948年 2月 平山郡 安城面 栗實里 趙載起

＊ 임석재 전집, 『한국구전설화』, 3. 황해도편, 평민사, 1995.

2. 착취 없는 세상을 꿈꾸는 백성들의 이야기

신데렐라와 콩쥐 팥쥐

이야기 1-1은 '콩쥐 팥쥐'의 여러 민담을 종합하여 공통적인 점을 모아 필자가 개작한 것이고, 1-2는 임석재가 채록한 것 가운데 하나다. 전래동화 가운데 '콩쥐 팥쥐'는 아마 우리나라 사람들에게 가장 친숙한 이야기 가운데 하나일 것이다. 특히 어린이용 도서나 그림책에도 가장 많이 등장하는 것 가운데 하나다. 그도 그럴 것이 이와 유사한 서양 동화 '신데렐라'가 있고, 디즈니 판 각종 서적이나 애니메이션 등이 시장을 휩쓸었기 때문이다. 그래서 '콩쥐 팥쥐'를 그 아류로 생각하는 사람들도 있다.[1]

그러나 앞의 이야기 1-2를 읽어 보면 '콩쥐 팥쥐'는 단순히 신데렐라 형의 민담이 아니라는 점을 확인할 수 있고, 지금껏 알고 있는 전래동화 '콩쥐 팥쥐'와 다소 다른 점에 놀랄 것이다. 더욱이 다른 여러 유형에서는 이야기의 결말에 감사(또는 원님)가 팥쥐를 죽여 그

---

[1] 콩쥐 팥쥐에 대한 언급은 1929년 최남선에 의하여 처음 시작되었고 범세계적으로 알려진 신데렐라 형의 하나라고 하였다(이원수, 「콩쥐 팥쥐 연구의 경과와 전망」, 『어문학』, 한국어문학회, 1997, 233쪽). 심지어 어떤 연구자들은 소설 '콩쥐 팥쥐전'이나 동화 '신데렐라'의 영향을 받아서 민담이 형성되었다고 보기도 한다. 그러나 그것이 근거 없음은 뒤에 밝힐 것이다.

살점을 떼어내 젓을 담가 팥쥐 엄마에게 먹게 했는데, 나중에 그 사실을 알게 된 팥쥐 엄마가 충격으로 죽었다고 전한다. 전래동화의 내용만 알고 있는 현대의 우리들이 이 이야기를 듣는다면 경악할 것이다. 잔인하다고 말이다.

이는 20세기 전반에 일어나게 된 아동 운동의 일환으로 민담을 동화로 만드는 과정에서 전래동화가 탄생하게 되었는데, 민담을 어린이의 입장에 맞게 개작하는 과정에서 원래의 내용을 삭제하거나 수정했기 때문이다. 물론 좋은 의도로 시작했고 지금도 진행되고 있지만, 그것은 또 한편으로 우리 문화의 왜곡이나 단절을 가져온다. 그렇게 하면 우리 조상들의 삶의 흔적이 오롯이 남아 있는데도, 그것의 참모습을 제대로 보지 못하게 된다. 필자가 전래동화가 아닌 민담에서 이야기 본래의 의미를 찾고자 하는 이유가 바로 여기에 있다. 그래서 텍스트 선택이 매우 중요하다.

일부 연구자들은 민담 연구에 있어서 가장 기본적인 작업인 텍스트 선정에 대하여 주의를 기울이지 않고, 자신들의 입맛에 맞는 것만 골라서 연구의 대상으로 삼는다. 심지어 민담이 아니라 어린이용으로 각색된 전래동화를 대상으로 하다 보니 얼토당토않은 결말에 이른다. 더구나 이야기의 주제와 교육적 효과를 혼동하는 연구자들도 있다. 이야기의 주제나 의도는 불가피하게 역사적 현실과 맥락이 닿아 있지만, 교육적 효과는 그것과 무관하게 일어날 수 있다. 가령 서양 동화를 읽고도 동양의 어린이들이 감명을 받을 수 있고, 그 반대의 현상이 생겨날 수도 있다.

게다가 텍스트 선정의 편협성으로 마치 연구자 자신들이 평소 읽은 서적에 등장하는 상징물들이 나오기를 기다렸다는 듯이 어떤 텍스트에서 그것이 나오기만 하면 거기에 무차별적으로 대입하여 해석해 버린다. 그 상징물들이 문화적 코드에 맞지 않음에도, 더욱이 그 상황에 맞지 않음에도 불구하고, 이야기가 온통 무의식의 흐름 속에서 전개되는 난해한 것으로 치부되어 버린다. 이야기를 만든 민중들은 그런 심리적이고 현학적인 구조를 이해할 수도 생각할 수도 없었다. 설령 무의식적으로 이야기 속에 어떤 메시지가 반영되었다고 인정하더라도, 조직적으로 연구자들이 말하고자 하는 방향으로 반영되었는지 의문이다.

민중들이 이야기를 통해 말하려고 하는 방식은 주로 비유나 풍자 또는 해학을 통한 문학적 표현방식이다. 다시 말해 무의식적으로 이런 방법을 사용해도 이 자체가 의식의 산물이다.

따라서 이야기의 겉모습이나 유형이 신데렐라와 비슷하다고 해서 '신데렐라 형'으로 분류해 버리고, 세계적으로 공통된 혼인담, 가정 갈등의 민담, 개인의 성장 또는 성장을 위한 통과제의라는 식의 보편적 담론으로 평가해 버리면, 정말 알맹이 없는 이야기가 되고 만다.

사실 이 콩쥐 팥쥐 이야기가 널리 퍼지게 된 이유 가운데 하나는 '콩쥐 팥쥐전'이라는 소설 때문이기도 하다. 이 소설은 1919년 대창서원에서 '콩쥐 팥쥐전'으로 출판하였고, 1928년 태화서관에서 다시 출판하였다. 그래서 이 이후에 채록한 '콩쥐 팥쥐'에는 이 소설의 주인공이나 내용이 혼재된 것이 있다. 그렇다고 해서 '콩쥐 팥쥐'를 '콩쥐 팥쥐전'의 영향으로 이해하면 안 된다. 왜냐하면 '콩쥐 퐅쥐'라는 제목으로, 이 소설이 등장하기 전인 1918년에 채록한 것도 있기 때문이다. 설령 '콩쥐 팥쥐전'이 이보다 먼저라고 하더라도, 그것이 개인의 창작물이 아니라 전승된 민담을 소재로 한 것이기 때문에 '콩쥐 팥쥐'가 먼저임이 확실하다.

그리고 앞에서 말한 신데렐라나 서양 그림동화의 영향이라고 보는 것도 말이 안 되는 것은 마찬가지다. 그림동화가 우리나라에 인쇄물로 소개된 것은 1920년으로 그 가운데 '장사(壯士)' 이야기만이 오천석의 번역으로 『학생계』 1호에 실렸으며, 신데렐라 이야기는 1923년에 번역·소개되었다. 그림동화 민담집이 출간된 것은 1912년 독일에서이며, 여기에 70여 편을 더 추가하여 출간된 것이 1915년이다.[2] 그러니까 물리적으로 그 영향을 받기가 불가능한 상태였다. 이러한 점을 무시하고 외국 동화와 공통점이 있다고 해서 바로 그것의 영향이나 그에 대한 연구 방법론을 섣불리 적용하는 것은 문제가 있다.[3] 이 또한 텍스트에 대한 이해의 중요성을 다시 한 번 말해 준다.

미스터리

어느 민담이든 현대적 시각에서 보면 불가사의한 것은 있다. 이 콩쥐 팥쥐 이야기도 예외가 아니다. 이야기에 이해할 수 없는 점이 많은 것은 우선 이야기가 만들어질 당시 사람들의 생각과 오늘날 과학이나 합리주의 정신으로 무장한 현대인들의 생각 사이에 차이가 많은 것이 가장 큰 이유일 것이다. 다음으로 우리가 당시 상황에 대해서 무지하기 때문에 이해할 수 없는 점이 있다.

어쨌든 이 콩쥐 팥쥐 이야기에서 풀어야 할 의문을 정리하면 다음과 같다.

---

2) 오윤선, 「'콩쥐 팥쥐' 이야기에 대한 고찰: 당대 연구자들의 국어관을 중심으로」, 『어문논집』, 2000, 40쪽.

3) 서양 동화의 경우 순수한 민담으로 보기 어려운 것이 많다. 이것들은 채록되어 파리 사교계에서 대중화되면서 대부분 개작된 것들이다. 그리고 이 나라 저 나라로 전파되면서 이중 삼중 그런 과정을 거쳤기 때문이다. 신데렐라도 마찬가지다. 상황이 이러한데 여기에 무슨 정신분석학이나 분석심리학을 들이대는 것은 이야기가 만들어진 현실과는 동떨어진 해석이다. 자세한 것은 로버트 단턴, 조한욱 옮김, 『고양이 대학살』, 문학과지성사, 1996을 참조 바람.

우선 이 이야기의 주제가 무엇인가 하는 점이다. 길 가는 사람들을 붙잡고 물어보면 권선징악이라고 대답할 것이다. 그들은 대부분의 전래동화의 주제가 이것이라고 생각한다. 그도 그럴 것이 민담을 전래동화로 개작하는 가운데 그렇게 의도적으로 만든 혐의가 없지 않기 때문이다. 그래서 전래동화의 결말은 보나마나 안다고 생각하여 고학년으로 올라갈수록 아이들이 흥미를 잃고 관심을 보이지 않는다. 이것이 전래동화를 개작하는 사람들의 딜레마다. 아이들을 위해서 만들었지만, 그 아이들이 조금만 자라면 그들에게서 배척을 받는다.

이야기를 조금이라도 읽어 보면 알겠지만, 콩쥐에게서 선을 지향하는 강력한 의지를 발견할 수 없다. 다른 사람보다 특별히 착하다고 여길 만한 구석이 보이지 않는다. 그저 순박한 어린아이의 모습만 보인다. 뒤에 가서 팥쥐의 꼬임에 빠져 연못에 빠질 정도로 사리분별력이 별로 없다. 그저 계모가 시키는 대로 묵묵히 일하고, 어려운 일이 닥치면 우는 것이 고작이다. 물론 앞의 텍스트와 마찬가지로 어떤 변이에서는 팥쥐와의 시합에서 이기기 위하여 꾀를 사용하기도 하지만, 조금만 지각이 있어도 누구나 할 수 있는 행동이다. 그야말로 전통시대의 어리석은 민중의 모습이다. 따라서 이야기의 결말에 '팥쥐를 죽여 젓을 담갔다.'는 것을 보면 '징악(懲惡)' 곧 악에 대한 철저한 응징은 인정되나, 권선(勸善)을 납득하기가 쉽지 않다.

그 점 때문에 연구자들은 주제를 다른 각도에서 보기도 한다. 주로 상징이나 무의식의 연구를 통해 이 이야기의 주제를 자아의 개별화 과정, 개인의 성장에 초점을 맞추기도 하고, 가정불화로 치부하는 경우도 있다. 그러나 필자는 이들과 다른 관점에서 주제를 살피려고 한다. 선량한 사람(들)이 억울하게 고난을 당하는 것에 초점을 맞출 것이다.

다음으로 왜 계모는 나쁘게 등장하는가 하는 점이다. 비단 콩쥐 팥쥐뿐만 아니라 다른 이야기 속에서도 대다수 이야기가 계모를 나쁘게 그려내고 있다. '연이와 버들잎 도령', 고소설 '장화와 홍련' 등에서도 계모는 전형적으로 나쁘게 그려진다. 옛날이나 지금이나 계모는 많다. 친모가 죽어서 계모가 들어오는 경우도 있지만, 요즘에는 부모가 이혼해서 계모가 들어오는 경우도 있다. 어쨌든 계모에게 모든 잘못을 뒤집어씌우는 것은 부당한 일이다. 당시 조혼의 풍습 때문에 여성이 요절하는 경우가 많아서 계모도 상당수 있었을 터인데, 이런 현실을 무시하고 계모를 나쁘게 그려내는 민중들의 심보(?)가 무엇인지 궁금하지 않은가?

셋째, 콩쥐를 돕는 자가 주로 동물이다. 검정소나 두꺼비, 참새 등인데, 이것이 현실세계에서 가당키나 한 일인가? 이러한 동물들이 콩쥐를 도와주는 이유가 무엇일까? 신화나 전설 같은 것에서는 주인공이 나름대로 어떤 사명이나 임무를 띠기 때문에 동물들이 흔히 도와주는 일이 등장하지만, 콩쥐의 경우는 영웅도 아니고 그렇다고 신의 은총을 받은 특별한 이유도 없는 인물이다. 그럼에도 불구하고 이러한 기적이 일어나는 것은 무슨 까닭일까?

여기에 하나 더 덧붙인다면, 죽은 콩쥐가 되살아나는 것을 어떻게 설명해야 할까? 그것도 꽃에서 구슬로 다시 혼(魂)으로, 또다시 원래의 육체로 되살아나는데, 사람이 그렇게 되는 것이 가능할까? 만약 가능하다고 믿었다면 별 문제가 없겠지만, 가능하지 않다고 생각하면서도 이 이야기를 만들었다면 도대체 무슨 의도일까?

대단한 사명이나 능력도, 신의 은총도 없는 콩쥐가 동물들의 도움을 받고, 또 죽었다가 다시 살아나는 것은 그냥 지나칠 수 있는 일이 아니다. 반드시 그 이유를 밝혀야 할 것이고 또 그럼으로써 이 이야기의 주제에 접근해 갈 것이다.

총체적으로 볼 때 민중들은 이 이야기를 통해서 도대체 무얼 말하고자 했을까? 그것이 현대를 살아가는 우리들에게도 유효할까? 그렇지 않다면 우리와 상관없는 먼 시대의 이야기일 뿐이다. 읽고 음미할 가치조차도 없다. 그래서 그 의미를 찾아야 한다.

이야기의 구조

　이 이야기의 제목은 대부분 '콩쥐 팥쥐'다. 그 외에 '콩각시 퐅각시', '콩례 팥례', '콩남이 팥남이', '콩조시 퐅조시', '콩쥐 퐛쥐', '콩조지 팥조지', '퐅조시와 계모', '콩데기 퐅데기', '콩중이 퐉중이' 등이 있다. 경상도와 전라도 일부 지방에서는 팥을 '퐅'이나 '퐛'으로 발음하는데, '퐅조시', '퐛쥐', '퐅각시' 등은 모두 팥쥐를 이르는 말이다.

　콩쥐 팥쥐 이야기는 전국적으로 전하지만, 경상도와 전라도 지방에 더 많이 분포되어 있다. 그리고 이야기를 구술하는 자가 잘못 기억하여 전하는 것을 빼고는 이야기의 구조가 거의 일치한다. 물론 앞의 이야기처럼 중간에 약간의 에피소드가 들어간 변이도 있는데, 이것은 아마도 콩쥐나 팥쥐의 성격을 좀 더 대비시켜 부각시키거나 계모의 잔혹성을 더 강조하기 위해서 들어간 것으로 보인다.

　여기서 필자는 어떤 하나의 텍스트에 얽매어 이야기를 해석하지 않는다. 가능한 한 모든 이야기를 참고로 하여 공통적인 것을 모아서 풀이하되, 내용상에 차이가 나는 부분은 별도로 관련지어 설명하겠다. 한편 여러 이야기 가운데 참고할 만한 것을 다음의 표에 정리하였다. 공통된 이야기의 구조를 단순화시키면 다음과 같다.

　(가) 콩쥐의 어머니가 일찍 죽고 아버지는 팥쥐라는 아이가 딸린

새어머니를 맞아들인다.

(나) 새어머니는 팥쥐보다 콩쥐에게 고단한 일을 시키는데, 팥쥐는 집 근처의 기름진 밭을, 콩쥐는 집에서 먼 자갈밭을 매게 한다. 콩쥐는 나무 호미로 산비탈의 자갈밭을 매다가 그것이 부러지자 검은 소의 도움으로 문제를 해결한다.

(다) 콩쥐는 혼인잔치에 가기 위하여 계모가 시킨 물 긷기, 방아 찧기, 베 짜기 등을 여러 동물들의 도움으로 해결하고 혼인잔치에 간다.

(라) 혼인잔치에 갔다가 신발 한 짝을 잃어버린 사건으로 감사(원님)와 혼인한다.

(마) 감사(원님)의 아내가 되었으나 팥쥐의 계략으로 연못에 빠져서 죽는다.

(바) 감사(원님)는 아내가 바뀐 줄도 모르고 팥쥐하고 지내나, 콩쥐가 꽃, 구슬 등으로 환생하여 억울한 사정을 알린다.

(사) 콩쥐가 다시 살아나고, 팥쥐는 그 벌로 처절하고 죽게 되고, 그 어미도 그 충격으로 죽는다.

앞에서 읽은 이야기처럼 어떤 이야기에서는 (나)에서 콩쥐가 도움받은 사건을 팥쥐가 모방하기도 하고, (나)와 (다) 사이에 베 짜기 시합을 시키는 것도 있다.

이야기를 조사해 본 결과, 다음의 표와 같이 거의 대동소이하다. 내용이 너무 간단하거나 전혀 엉뚱한 것도 섞여 있는데, 아마도 구술자가 잘못 기억했거나 기억을 되살리지 못했거나, 또 다른 이야기와 혼동하였기 때문일 것이다. 그래서 이야기의 원형이 크게 손상되지 않았다고 볼 수 있다.

1. 임석재 전집, 『한국구전설화』, 평민사

채록 연대	채록 지역	제목	내용과 특이한 점
1918 1923	전북 정읍 전북 순창	콩쥐 팥쥐	- 전북 정읍군 소성면 이씨 - 전북 순창군 순창면 나씨 - 콩쥐, 후처와 팥쥐 - 밭 매기, 하늘에서 온 암소, 다음날 역할 바꿈, 팥쥐의 실패 - 베 짜기 시합, 콩쥐의 승리 - 잔치, 삼 모시 삼기, 재 치우기, 집 청소, 물 긷기, 나락 닷 섬 찧기, 새, 두꺼비, 암소(어머니의 넋), 갖신, 쫓겨난 콩쥐, 평양감사, 혼인, 목욕, 연못, 콩쥐의 죽음, 꽃, 이웃 할머니, 불씨, 구슬, 잘 차린 밥상(우렁각시류), 초청, 짝 바뀐 젓가락, 벌과 귀양
1927	경남 밀양	콩쥐 팥쥐 (콩각시 팥각시)	- 밀양공립보통학교 한경순 - 콩각시라는 처녀, 새엄마는 팥각시라는 딸을 데리고 옴 - '연이와 버들잎 소년'의 이야기에 '콩쥐 팥쥐'가 섞임 - 팥각시를 죽여 그 살로 어미에게 보내자, 어미는 그것을 너무 많이 먹고 죽음
1948	황해 평산	콩쥐 팥쥐	- 황해 평산군 안성면 조재기 - 콩쥐, 팥쥐는 후처가 데리고 온 딸 - 밭 매기, 하늘에서 온 암소(어머니의 넋), 과실과 과자, 역할 바꿈, 팥쥐의 실패 - 베 짜기 시합, 콩쥐의 승리 - 잔치, 아홉 칸 방 청소, 재 치우기, 독 아홉에 물 긷기, 벼 아홉 섬 찧기, 참새, 두꺼비, 암소, 비단옷과 갖신, 감사, 혼인, 목욕, 연못, 콩쥐의 죽음, 함박꽃, 불씨, 구슬, 밥상(우렁각시류), 초대, 짝이 바뀐 젓가락, 두 모녀의 죽음

1973	경남 밀양	콩쥐 팥쥐	- 경남 밀양읍 박모여사 - 전라도 전주 최아무개. 퐅쥐와 후취 - 밭 매기, 하늘에서 온 검정소, 과실과 과자를 줌 - 잔치, 베 짜기, 벼 석 섬 찧기, 깨진 항아리 물 채우기, 아홉 아궁이 재 치우기, 선녀, 새, 두꺼비, 소, 비단옷과 비단신, 원님 행차, 신 한 짝, 혼인 - 연못가, 콩쥐의 죽음, 연꽃, 아궁이, 구슬, 할머니, 불씨, 짝이 바뀐 젓가락, 팥쥐의 죽음, 난도질, 죽여 젓을 담금
1973	충남 연기	콩쥐 팥쥐	- 충남 연기군 금남면 성윤옥 - 어머니의 죽음, 새엄마, 데리고 온 딸 팥쥐 - 밭 매기와 하늘에서 온 황소, 과실과 과자를 줌 - 잔칫집, 깨진 독에 물 긷기(두꺼비), 벼 열 섬 찧기 (참새), 베 열 필 짜기(선녀), 원님 행차, 신 한 짝, 혼인 - 연못가, 콩쥐의 죽음, 구슬, 할머니, 짝이 바뀐 젓가락, 연꽃, 환생

* 기타 '콩데기 퐅데기'(전남, 1927), '콩중이 팍중이'(평북, 1935, 1936, 1938), '콩쥐 팥쥐'(1971, 경남) 등이 있다.

2. 한국학중앙연구소 편, 『한국구비문학 대계』

채록 연대	채록 지역	제목	특이한 내용
1981	경남 밀양	콩쥐 팥쥐	- 경남 밀양군 삼랑진읍 설삼출 - 전라도 최만춘의 딸 콩쥐, 후처 배씨 팥쥐 (소설 『콩쥐 팥쥐전』이 민담화된 내용) - 밭 매기, 검은 소, 과일 - 외가 잔치, 베 짜기, 벼 석 섬 말리기(찧기), 선녀, 새, 옷, 신발, 원님, 후처로 혼인 - 콩쥐를 연못에 빠져 죽임, 연꽃, 할머니, 불씨, 구슬, 원님 초대, 짝이 다른 젓가락, 재회, 난도질당한 팥쥐, 계모의 죽음

1982	경기 용인	콩쥐 팥쥐	- 경기도 용인군 원삼면 권은순 - 콩쥐 팥쥐 - 밭 매기, 검은 황소가 하늘에서, 약과 - 외가 잔치, 벼 찧기, 베 짜기, 밑 빠진 독에 물 긴기, 밥하기, 두꺼비, 새(까치), 검은 황소, 좋은 옷, 신, 가마, 하인, 선비(원님), 혼인 - 목욕, 콩쥐의 죽음, 꽃, 노인, 불씨, 구슬, 색시, 짝이 안 맞는 젓가락, 재회, 죽여서 그 고기를 어미에게 먹임
1982	경기 용인	콩쥐 팥쥐	- 경기도 용인군 이동면 오수영 - 계모가 데리고 온 딸 팥쥐 - 밭 매기, 막대기 호미, 하늘에서 내려온 검은 소, 과일 - 잔칫집, 밑 빠진 독 물 긴기, 베 짜기, 벼 찧기, 새, 두꺼비, 하얀 옷 입은 할머니, 꽃신, 개울에 빠뜨려 죽임(이야기 끝남)
1984	경북 선산	콩남이 팥남이	- 경북 선산군 고아면 주임선 - 서모, 데리고 온 딸 팥남이 - 밥 얻어오라 시킴, 새 보며 삼 삼는 일 시킴, 검둥소, 팥남이도 따라 했으나 실패 - 콩남이 좋은 신랑 만나 잘 살고, 죽은 어머니의 혼이 도와서, 서모는 악질이라 조졌어

* 기타 '콩조시 퐅조시'와 '콩쥐 퐃쥐' 및 '콩조지 팥조지'(전북, 1979), '팥조시와 계모'(경북, 1980) 등이 있다.

3. 임동권 엮음, 『한국의 민담』, 서문문고 031, 서문당, 1996

채록 연대	채록 지역	제목	내용과 특이한 점
1956	경북 안동	콩례와 팥례	- 경북 안동군 하회부락 권씨 - 계모와 데리고 온 딸 팥례 - 밭 매기, 자갈밭과 모래밭, 말을 타고 지나가던 사람, 혼인, 팥례는 울타리에 매달려 콩례처럼 되려다 메밀 멍석에 넘어져 곰보가 됨

왜 콩쥐 팥쥐인가?

독자들은 왜 등장인물의 이름이 콩쥐나 팥쥐인지 질문을 받아 본 적이 있는가? 필자는 30년이 넘게 교단에서 아이들을 가르쳤지만, 그런 질문을 받아 본 기억이 없다. 아이들은 왜 질문을 하지 않았을까? 콩과 팥 뒤에 왜 그렇게 징그러운 쥐를 붙였는지 말이다. 설령 그런 질문을 받았어도 속 시원히 대답하지 못했을 것이다. 그런 질문을 안 받은 것이 다행인지도 모르겠다.

콩과 팥은 서로 비슷하지만 다른 곡식이다. 비슷하지만 다르다는 그것이 이야기 속의 콩쥐와 팥쥐의 성격과 역할을 상징적으로 이미 규정하고 있다. 콩과 팥은 이복형제처럼 형제이기는 하지만 친형제와 똑같을 수 없는 그런 것을 상징한다. 더군다나 팥쥐는 데리고 온 딸이므로 사실상 남남이다. 성리학적 명분(名分)으로 질서가 자리 잡힌 조선 후기 사회에서는 계모도 엄연히 어머니고, 그의 딸도 비록 데리고 왔지만 형제의 대우를 아니 할 수 없다 보니 이복형제나 다름이 없다. 비슷하지만 엄연히 다를 수밖에 없는 처지를 이름에서 잘 드러내었다. 그래서 같은 사람이지만 콩과 팥으로 구별한 것은 민중들 심리 속에 차별화된 의식이 들어 있음을 말해 준다. 즉 같은 집단 내에서 근본적으로 물과 기름처럼 서로 섞일 수 없는 다른 두 성분이나 배경을 암시하고 있다.4)

---

4) 이름이 비슷한 것은 두 인물이 어떻든 '같다', '하나다'라는 사실을 암시하고, 결국 콩쥐와 팥쥐는 한 인물의 두 속성(흥부와 놀부도 마찬가지)으로 보려는 정신분석적 해석을 하지만(노제운, 「한국 전래동화의 심층 의미 분석: 정신분석적 접근」, 고려대학교 대학원 박사학위논문, 2003, 132쪽), 필자는 그것과 완전히 맥락을 달리한다. 왜냐하면 당시 이야기를 만들었거나 전승한 사람들에겐 그런 정신분석학적 이론이나 그에 대한 의식이 없었기 때문이다. 정도의 차이는 있지만, 인간의 심성에 선악의 양면적 존재가 있다는 점을 부

그리고 농가에서는 콩과 팥이 다 곡식이긴 해도 콩의 용도가 더 긴요하다. 콩은 간장이나 된장의 원료가 되고, 두부, 콩죽, 콩밥, 떡 고물을 만드는 데 쓰인다. 반면에 팥은 고작 떡고물, 팥죽, 팥밥을 만 드는 데 쓰이니 콩보다 그 용도가 훨씬 빈약하다. 그래서 콩쥐의 가 치를 그 이름에서 팥쥐와 차별화시켰다.

그런데 왜 '쥐'라는 글자를 거기에 붙였을까? 그 쥐가 곡식을 갉아 먹는 작은 동물인 쥐[鼠]를 가리키는 말일까? 우선 '콩쥐 팥쥐'의 다 른 제목을 살펴보기로 하자. '콩각시 퐅각시', '콩례 팥례', '콩남이 팥남이', '콩조시 퐅조시', '콩쥐 퐅쥐', '콩조지 팥조지', '팥조시와 계모', '콩데기 퐅데기', '콩중이 팍중이' 등의 이름에서 콩과 팥의 뒤에 붙는 말을 살펴보자. '각시', '례', '조지', '조시', '데기', '중이' 등이 그것인데, '각시'는 젊은 여성을 지칭하는 말이고, '례', '데기', '남이' 등은 여성의 이름에 흔히 붙이는 말이다.[5] 그렇다면 '쥐'도 여성을 지칭하는 말이 아닐까?

또 여기서 '조시'나 '조지'는 무엇을 뜻하는 말일까? '쥐'와 관련 이 없을까? 분명 위의 용례대로라면 '쥐'도 필경 여성을 뜻하는 말일 것이다. 결론부터 말하면 콩쥐 팥쥐의 '쥐'는 '조이(召史)'에서 온 것 이라고 한다. 원래 음이 '조시(召史)'였는데 뒤에 조이로 변했다고 한다.[6] 『동국신속삼강행실』과 이두 책에는 대개 이 '召史'를 '조이'

정할 수는 없지만, 그렇다고 해서 이 민담이 그것을 증명하려는 것은 아니 다.

5) 가령 요즘도 여성의 이름에 '순남', '정남' 등이 있는데, 여기에 그 사람을 지 칭하거나 부를 때 '이'를 붙여 '순남이', '정남이'라고 부르는 것처럼 콩남이 팥남이로 불렀던 것 같다. '례'도 여성의 이름 끝에 붙는 것으로, 이를테면 순례, 정례, 길례 등이 그것이다. '데기'는 '바리데기', '부엌데기', '새침데기' 등의 낱말에서 알 수 있듯이 여성을 뜻하는 말이다.

6) 오윤선, 앞의 논문, 41쪽.

라고 했다고 한다.7) 그러니까 콩쥐 팥쥐는 콩조시 팥조시가 변해서 된 말로, '조이'는 서민의 아내나 과부를 일컫는 말인데, 보통 중인 서리들의 여인에 대하여 많이 썼다고 한다.8) 또 '조이'는 여자를 가리키는 말인데 18세기 문헌에도 보이고,9) 조선 전기 단종의 복위를 꾀하다 잡힌 사람들의 가족 가운데 여인들을 붙잡아 대신들에게 나누어 주었는데, '召史'라는 이가 열여섯이나 나온다.10) 따라서 콩쥐 팥쥐의 '쥐'는 쥐[鼠]의 의미가 아니라 여자를 가리키는 접미사로 쓰였을 것이다.11) 게다가 '콩조시 팥조시', '콩조지 퐅조지'라는 이름이 있는 것을 보아도 쉽게 알 수 있다. 요즘 식으로 말하면 '콩순이 팥순이' 아니면 '콩님이 팥님이'나 '콩공주 팥공주' 정도로 이해하면 되겠다.

그럼 여기서 등장하는 인물들의 성격부터 분석해 보자.

우선 콩쥐는 부당한 대우에 대하여 불만을 가지거나 저항하지 않는다. 즉 계모가 시키는 부당한 일에 대하여 콩쥐는 순종적이다. 당시 사회에서는 계모도 엄연히 어머니로서 죽으면 삼년상을 치르고 사당에 위패를 모신다. 따라서 유교적 사회에서 부모님의 명을 어길 수 없는 것은 당연하다. 이것은 비단 콩쥐뿐만 아니라 당시 사회에서 정상적인 사람이라면 누구나 다 따를 수밖에 없는 일이다.

그러나 유교사회라고 해서 부모의 명에 무조건 순종하는 것은 아니다. "부모를 섬기되 만일 부모께 잘못이 있거든 아주 부드럽게 간

---

7) 「조이・조시」(최범영 칼럼), 『한겨레신문』, 2008년 4월 8일자, 34면.

8) 박희병 선주, 『한국한문소설』, 한샘, 1995, 338쪽 1번 주. 재인용.

9) 『정조대왕실록』 권 31, 14년 庚戌 8월 戊午에 안조이(安召史)라는 노파가 등장하고 있다(장효현, 「18세기 문체반정에서의 소설 논의」, 『한국한문학연구』 15집, 한국한문학연구회, 1992, 365쪽에서 재인용).

10) 「조이・조시」(최범영 칼럼), 『한겨레신문』, 2008년 4월 8일자, 34면.

11) 오윤선, 앞의 논문, 41쪽.

(諫)하라. 그 간하는 것이 받아들여지지 않더라도 더욱 공손히 하여 부모의 뜻에 거슬리게 하지 말 것이며, 아무리 고생스럽다고 하여도 원망하지 말아야 한다."12)는 것이나 "자식이 부모를 섬기는 데 있어서 부모의 잘못을 세 번 고치라고 거듭하여 간하여도 듣지 않으면, 부르짖어 울면서라도 그대로 따른다."13)는 말을 보면 그 점을 알 수 있다.

이런 점을 감안하면 콩쥐는 계모의 부당한 대우에 대하여 간하기는커녕 '울면서 따르는' 길만 택했다. 다시 말해 문제 해결에 있어서 자신의 힘에 버거울 때 할 수 있는 일이라곤 우는 것뿐이었다. 아마도 이런 방식은 상대가 계모이며 자신이 성숙한 성인이 아니라서 생기는 문제일 것이다. 요즘의 영악한 아이들 같으면 꾀를 부리거나 합리적으로 따지거나, 부당한 대우에 대한 나름대로 항변을 할 것이다. 따라서 콩쥐는 시대적 인물상을 충실히 대변한다.

또 콩쥐는 지극히 순박하고 순진한 모습을 보인다. 현대적 관점에서 보면 다소 어리석기까지 하다. 그 예로 이야기 1-2와 그와 유사한 이야기 속에서 자신이 산비탈의 자갈밭을 매러 가서 있었던 일을 그대로 이야기하고, 검은 소에게서 얻은 음식을 팥쥐나 계모의 계략 앞에 고스란히 빼앗기는 것은 물론, 나중에 팥쥐가 연못에 멱 감으러 가자고 할 때 그 의도를 알아차리지 못했다. 죽을지도 모른다는 사실을 전혀 눈치 채지 못한 채 순순히 따라나서는 데서는 답답하기까지 하다. 게다가 콩쥐는 절대로 성격이 모질거나 냉혹하지도 못하다. 나중에 감사의 부인이 되었을 때 팥쥐가 집으로 찾아와도 거절하지 못하고 받아들인다. 이런 콩쥐의 심성 때문에 어떤 이야기에서는 감사가 출타하면서 콩쥐더러 누가 집에 찾아와도 문을 열어 주지

---

12) 『論語』, 「里仁」, "子曰, 事父母, 幾諫, 見志不從, 又敬不違, 勞而不怨."

13) 『禮記』, 「曲禮」, "子曰, 子之事親也, 三諫而不聽則, 號泣而隨之."

말라고 당부까지 한다. 그걸 보면 콩쥐는 인정에 약했던 모양이다.

그리고 콩쥐는 겁이 많고 소극적이다. 잔칫집에서 계모를 보자 꾸지람을 들을까 봐 집으로 온다든지, 원님 행차에 놀라 신발 한 짝을 떨어뜨리는 경우가 그렇다. 그뿐만 아니라 자신의 죽음을 알리는 데 있어서도 자신의 배우자인 감사(원님)에게 직접 스스로 드러내지 않는다. 연꽃이나 구슬, 할머니를 통하여 간접적인 방식을 계속 취하다가 마지못해 혼(魂)으로 돌아와 알린다.

그러나 한편 일상적인 삶에서 터득한 지혜가 있다. 이야기 1-2와 그와 유사한 다른 이야기 속에 등장하는 베 짜기 시합에서 팥쥐와 다르게 어떤 조건이 주어지더라도 문제를 해결하며 일을 척척 해낸다. 이런 것들은 나름대로 노동의 현장에서 터득한 생활의 지혜로 볼 수 있다. 그뿐만 아니라 자신이 할 수 있는 노동에 대하여 회피하거나 게으름을 피우지 않고 부지런하다.

이런 여러 행동을 종합해 볼 때, 콩쥐는 어떤 영웅적 모습을 보이지는 않는다. 성격이 모질지 못하고 순종적이며 근면하고 착하기는 해도, 선을 지향하는 도덕적 의지를 보인다거나 부당한 대우에 대하여 투쟁하거나 적극적이고 진취적인 성향을 찾아볼 수는 없다. 그래서 일부 연구자들이 생각하는 것처럼 콩쥐를 여신의 화신이나 자아가 확대된 이상적 인격을 지닌 여성으로 성숙하는 것으로 보는 관점에 필자는 동의하지 않는다.

그럼 도대체 이러한 성격은 어떤 의미를 지닐까? 뒤에 가서 다시 논하겠지만, 간단히 말해서 콩쥐는 제도나 권위, 인습에 대하여 묵묵히 순종하고 따를 수밖에 없는, 특히 부당함에 대하여 적극적인 항변 대신 웬만한 것은 참고 또 너무나 어처구니없는 일조차도 소극적으로 표현할 수밖에 없었던, 전통시대의 대다수 순박한 인물들을 대변하고 있다고 보아야 할 것이다. 이들은 소박하고 순진하여 남에게 잘 속기도 하고 이용당하기도 하며, 항상 위험에 노출되어 도움 받을 데도 없고 어디다 하소연할 데도 없는, 그럼으로써 정치적 지도자의 시혜(施惠)나, 그것마저 없다면 하늘의 도움밖에는 기대할 것이 없는, 순진하고 어리석기까지 하게 보이는 민중의 모습이 아닐까?

다음으로 팥쥐와 계모의 성격을 분석해 보자.

팥쥐의 성격은 한마디로 의존적이다. 엄마의 위세에 기대서 모질고 악한 행동을 서슴지 않는다. 따지고 보면 그도 만약 처지가 바뀌었다면 콩쥐와 같은 무력한 존재에 불과할 것이다. 실질적으로 시대와 제도의 피해자다. 정통성이 결여된, 자기 나름대로의 결핍, 즉 콤플렉스를 지닌 자다. 적장자를 질서의 중심에 둔 유교사회에서 서자에 대한 편견도 강한데, 그것도 데리고 온 자식, 또 그마저도 딸에 대하여 사회적 인식이나 집안에서의 대우는 그리 호의적이지는 않았을 것이다. 그런 그의 처지의 대척점에 있는 콩쥐에 대한 학대와 악행의 당사자로서, 자신의 행동에 대한 실천력을 갖는 데는 강한 자기부정을 수반할 수밖에 없다. 즉 마음 한 구석에서는 자신의 처지를 증오하면서도 콩쥐를 닮아가고자 하는 측면과 또 한편에서는 콩쥐를 강하게 부정하고자 하는 이중적 심리가 작용할 수밖에 없고, 실제 행동에서는 우리 속담에 '굴러 온 돌이 박힌 돌 빼는' 형국이다.

이런 상황은 우리가 일제강점기 때 경험한 친일 앞잡이의 행동에서 발견할 수 있다. 대개 이전 시대부터 기득권이나 부를 가진 자가 친일파가 되는 경우는 자신들의 부와 권세를 유지하기 위한 것이지만, 새로 등장한 친일 앞잡이는 흔히 이전 사회에서 자신들의 미미하거나 천대받던 처지를 새로 바뀐 세상에서 만회하거나 역전시켜 보려는 의도에서 출발하였다. 그래서 강한 자기부정을 동반하는데, 자기부정이 강할수록 동족에게 일본 사람들보다 더 잔혹한 행동을 취하였던 것이다. 물론 이렇게 함으로써 일본 사람들에게 충성을 보인다는 점도 고려되었을 것이다. 팥쥐는 이런 처지와 흡사하다. 미미한 처지였지만 엄마가 재가함으로써 자신에게 기회가 주어졌기 때문이다.

또한 팥쥐는 자신의 배후에 있는 어머니의 힘에 의존하다 보니, 자주적인 행동을 하지 못하고 모방을 일삼는다. 이야기 1-2의 자갈밭에서 김매는 일의 반복이나 베 짜기 화소(話素), 신발의 주인인 척하는 것, 나중에 콩쥐를 죽이고 자신이 콩쥐인 척하는 것 모두가 이를 증명한다. 어머니의 강요에 못 이겨 콩쥐를 모방하지만, 거기에 자신의 욕심과 어리석음이라는 변수가 개입함으로써 결과는 전혀 엉뚱한 방향으로 전개된다.

여기서 팥쥐의 모방이 그 성격의 이중성을 적나라하게 보여주는 대목인데, 모방이란 모범적인 것을 흉내 내는 것이므로 필연적으로 모방의 대상보다 못하다는 것이 전제된다. 이는 사회(가정)적 콤플렉스가 있는 사람들에게서 찾아볼 수 있는 현상이다. 모방은 일반적으로 학습에서 유용하게 사용되는 방법이며 좋은 결과를 가져올 수 있다. 그러나 그 모방의 동기가 불순하여 자신의 욕심이 개입하거나 또는 아둔함으로 인하여 모방 대상의 본질을 꿰뚫지 못하여 전혀 엉뚱한 방향으로 전개되었으니,[14] 결국 팥쥐는 사회적 콤플렉스와 아둔함, 그리고 부당한 힘에 대한 의존적인 성격으로 말미암아 스스로 독립적인 인격이나 건강한 자아가 형성되지 못한 채 파탄의 국면으로 빠진다.

팥쥐라는 이름에서 볼 때 팥쥐는 근본적으로 콩쥐와 다르다는 점이 전제된다. 그렇지만 콩쥐와 동떨어진 세계가 아닌 같은 세계 속

---

14) 전래동화에서 보이는 이와 같은 대표적인 인물은 '흥부 놀부'의 놀부와 '혹부리 영감' 가운데 욕심쟁이 영감이다.

에서 존재할 수밖에 없는 인물이다. 이야기의 서사구조에서 보면 콩쥐는 피해자, 팥쥐는 피해 당사자와 직접 연결되는 가해자로서 계모의 심부름꾼이나 하수인을 상징한다고 볼 수 있다. 만약 일부 연구자들처럼 정신분석학적으로 팥쥐와 콩쥐는 한 인물의 두 측면을 상징한다고 보면, 앞에서 말한 것과 팥쥐가 계모의 분신이라는 점에서 볼 때 계모는 또 어떻게 설명해야 할지 난감한 입장에 빠진다.

이야기 구조에서 볼 때 계모는 악행의 배후요 근원이다. 콩쥐에게 가혹한 일을 시키지만 나름대로 그럴듯한 명분을 충분히 내세울 수 있다. 즉 콩쥐에 대한 가혹한 처사가 학대가 아니라 여자아이를 시집보내기 전에 집안일을 익히게 하는 것이요, 이것이 먼 안목에서 볼 때 진정한 자식 사랑이라는 점 등이 그것이다.[15] 마을 잔치에 콩쥐를 데리고 가지 않는 것도 기실 그런 측면에서 풀이될 수 있다. 그리고 이러한 계모의 악행은 마지막 콩쥐 살해 사건에서 직접적인 관련을 보이지 않는다. 심증은 있지만 물증은 없다.

그럼 도대체 계모를 어떻게 보아야 하나? 계모의 역사적, 사회적 성격에 대해서는 뒤에서 논하기로 하자. 어떤 사회에서든 대개 근본적인 악은 피해자에게 직접 노출되지 않는다. 오히려 보호자나 절대자로 군림한다. 그것은 누구에게나 똑같은 기회를 주고 공평한 경쟁을 우선시하는 시장주의나, 겉으로 보아서 사회질서를 엄격하게 유지한다는 제도나 법의 명목으로, 때로는 자비롭게 인간의 내세나 구원을 가장한 종교의 모습으로 나타난다. 또 때로는 인간의 우아하고 품격 있는 예술, 절대 어길 수 없는 당연한 철학으로 등장한다. 다시

---

15) 이런 것을 두고 일부 연구자들은 이야기의 의미를 콩쥐의 성장에 초점을 맞추고 계모의 학대를 콩쥐가 완전한 인격을 갖추기 위한 통과의례로 보기도 한다. 그렇게 본다면 이야기 맨 뒤의 철저한 응징을 또 어떻게 보아야 하는지 난감한 문제로 남는다.

말해, 이 이야기에서 말하는 악[6]은 피해자의 입장에서 정해지는 것이며 그 피해자가 절대 다수에 속한다면 그 악은 그만큼 보편화된다.

역사적으로 볼 때 중세 유럽의 기독교나 고려 말기의 불교, 조선 말기의 주자학, 우리 현대사의 군사정권 때의 반공 이데올로기에서 위와 같은 모습을 찾아볼 수 있는데, 이런 종교나 철학, 사상의 두 측면은 계모처럼 좋은 쪽으로 명분화될 수도 있고, 때로는 민중들에게 고통을 안겨주는 근원이라고 말할 수도 있다. 그렇기 때문에 세상이 뒤집어지면 그 사상이나 제도가 직격탄을 맞기에 앞서 그것의 앞잡이가 되는, 민중의 피부에 가장 가까이 와 닿는 대상부터 먼저 철저히 응징되는 것이며, 그것을 발판으로 제도나 사상, 종교까지 바뀌거나 개혁되는 것이다. 계모보다 팥쥐가 먼저 응징되는 것이 바로 그 때문이다.

그래서 일차적으로 이러한 민중들에게 불리한 제도나 사상 등이 기득권을 후원하는 것들이고, 역으로 이러한 제도나 종교, 사상적 이데올로기를 옹호하면서 자신들의 기득권을 사수하거나 챙기는 사람들의 상징이 계모라고 말한다면 너무 큰 비약일까? 이들은 현실적 이익이 보장된 모든 분야에서 유리한 입장에 있고, 점잖게 군림하면서 그들의 하수인을 부리기만 하면 된다. 그 과정에서 가장 피해를 보는 계층이 민중이고, 국가의 최고 지도자의 힘은 이들과의 역학관계 속에서 왜곡당하거나 크게 발휘되지 못하고 만다. 그래서 이 이

---

16) 필자는 기본적으로 선악 관념에 당파성이 있다고 본다. 모두에게 보편적인 선악은 형식적인 언표(言表), 곧 추상적인 선언으로서 표시될 뿐이요, 현실적인 선악은 각자의 처지나 위치에 따라 구체적인 것이므로, 개인이나 집단의 입장에 따라 다르게 설정될 수 있다는 것이다. 다만 그것을 같은 이해관계를 지닌 계급들에 의한 다수의 합의(법, 규칙 등)에 의하여 구체화하고 있을 뿐이다. 가령 참여정부 하에서 문제가 되었던 국가보안법 개정이나 FTA 협정, 전시작전권 환수, 남북교류, 사립학교법 개정 문제 등을 생각해 보라.

야기에서 아버지의 존재가 미미하고, 비록 감사는 현실적 힘을 가졌지만 지혜롭지 못한 탓에 팥쥐를 콩쥐로 오인하게 되고, 콩쥐의 피눈물 나는 정성과 노력에 의하여 진실을 목도한다. 이 또한 실제적 사건이라기보다 민중의 염원이 반영된 것이다. 바로 콩쥐와 팥쥐, 계모의 관계는 이런 구도에서 해명될 수 있다.

그런데 이 이야기에서 간과할 수 없는 두 인물, 바로 콩쥐 아버지와 감사를 짚고 넘어가야 한다. 콩쥐 아버지는 이야기에서 침묵하는 가장(家長)이다. 친엄마가 죽었다는 표현은 많이 찾아볼 수 있어도 아버지가 죽었다는 표현은 거의 볼 수 없다. 그래서 이 이야기를 개작한 전래동화 가운데는 아버지도 새엄마를 들인 후 얼마 있다가 죽었다고 친절하게(?) 설명하는 이야기도 있다.

어쨌든 아버지는 가장의 역할을 크게 발휘하지 못한다. 있으나 마나 한 존재다. 유교사회의 사대부 집안에 있어서 일반적인 경향은 남편은 밖의 일, 즉 정치나 사회적인 일에 관심을 가지니 그래서 밖[外]이라 하고, 아내는 집안일을 맡아 보았으니 안[內]이라고 하여, 부부 사이를 내외관계라고 부르는데, 그런 역할이 반영된 것인지 어떤지 몰라도, 아버지의 역할이 전혀 없다. 즉 이야기의 전체 구조에서 볼 때 가장의 역할이 그렇게 만족스럽게 표현되지 않는다.

이 점은 이 이야기의 후반, 즉 감사(원님)가 자기 부인이 팥쥐로 바뀐 데 대하여 그 사실을 알아보지 못하는 태도에 대해서도 여실히 드러난다. 이는 죽은 콩쥐가 여러 징조를 보여주어도 알아보지 못하는 아둔함에서 절정을 이룬다. 바로 이 점이 이 이야기에서 전승자들이 가장에게 또는 사회에 말하고자 하는 점을 암시하고 있다. 뒤에서 다시 논하겠다.

이야기 분석

새어머니를 맞아들이다

이 이야기에서 아버지의 역할은 바로 새어머니를 맞이하는 대목만 등장하고 보이지 않는다. 계모가 온갖 구박을 해도 결코 콩쥐 앞에 나타나지 않는다. 뒤에 등장하는 감사(원님)도 이러한 태도와 대동소이하다. 이 또한 주제와 관련된 의도된 장치다.

예전에는 조혼 풍습으로 인한 조기 출산, 또는 영양실조로 여성들의 자연적 사망률이 높았다. 이 점은 필연적으로 계모를 들일 수밖에 없는 환경을 조성했다. 아버지가 새어머니를 맞아들였다는 것은 여자 쪽에서 남자 쪽으로 시집을 온 것이다. 즉 조선 중기 이후에 있었던 일이다. 조선 중기까지만 해도 대개의 남자는 외가에서 자라고, 혼인을 하면 처가에 가서 살았다. 이때 처가 죽으면 남자는 그 집을 나와 살아야 했다. 이 경우 아버지가 대신 다른 자녀들과 동거할 가능성이 높고, 자녀들은 어머니가 죽어도 계모와 살지 않은 경우가 많이 발견된다.[17]

그러니까 16세기 이전만 하더라도 어머니가 죽고 아버지와 재혼한 여자는 아버지의 아내이지 어머니는 아니었던 것이다. 그래서 고려부터 조선 전기에는 야담이나 자료에서 계모의 악행을 다룬 것을 확인하기는 어렵다.[18] 앞의 이야기 1-2에서도 '이부딸', 곧 '의붓(義父)딸'이라 하고 '의모(義母)딸'이라고 말하지 않은 것에서 볼 수 있

---

17) 이종서, 「전통적 계모관의 형성과정과 그 의미」, 『역사와 현실』 제51권, 2004, 144-145쪽.

18) 같은 논문, 137쪽. 이 논문에서 계모의 악행과 관련된 최초의 법령은 '계모가 지아비를 사주하여 고의로 자녀를 살해하게 한' 경우에 적용되는 1710년(숙종 36)의 수교(受教)이며, 따라서 계모의 악행이 사회문제로 대두된 것은 조선 후기라고 주장한다.

듯이, 의붓아버지 또는 의붓어머니(義母어머니가 아니라)라는 말에서 의붓은 의부를 뜻하므로 계부(繼父)가 계모(繼母)보다 먼저다.[19] 즉 계부를 지칭하다가 계모를 지칭하는 쪽으로 바뀌었으니 자연스레 단어의 용례에서 계부가 먼저 생겼음을 증명해 준다.

그러던 것이 성리학적 질서가 확립된 조선 후기가 되면, 아버지는 오직 부계 혈연으로만 결정되나 어머니는 아버지와의 관계에 의해 결정된다. 따라서 성씨가 동일한 양부만이 생부와 동일하게 아버지로 인정되나 아버지의 처는 모두 어머니다. 양자(養子)도 이런 부모관을 반영한 것이다.[20] 따라서 조선 후기는 계모가 죽으면 당연히 자식들은 삼년상을 치르고, 사당에 그 위패가 모셔진다.

성리학은 이 세상의 배후나 근원에 절대로 불변하는 이치가 있다고 보고, 하늘과 땅이 만나 만물을 생성하는 배후에 절대적 이치가 존재하듯, 그것을 상징하는 아버지와 어머니는 바로 자식에게 있어서 하늘과 땅이요, 이는 절대로 불변하는 천륜(天倫)이라고 규정한다.[21] 비록 친어머니가 아니더라도 명분상 아버지의 아내는 어머니인 것이다. 그 일례로 광해군은 선조의 계비인 인목대비가 자신보다 어리지만 명분상 어머니로 여기지 않을 수 없었음에도 불구하고, 계모인 어머니를 유폐하고 이복동생인 영창대군을 죽여 '폐모살제(廢母殺弟)'로 서인(西人) 세력에 의하여 쿠데타를 당했던 것이다. 물론 광해군도 적통 소생은 아니었고, 그의 이런 행동은 정치적인 계산이

---

19) 같은 논문, 141쪽.

20) 같은 논문, 138쪽.

21) 또 하늘과 땅에 있어서도 하늘의 가치를 우선시 여긴다. 바로 천리(天理)가 그것이다. 지리(地理)라고는 말하지 않는다. 그러니까 하늘을 상징하는 남자가 여자보다 우선적이고, 가계도 남성을 중심으로 이어진다. 원래 이것은 왕통(王統)을 잇는 것이었으나 후대에 귀족 가문이나 일반 서민도 이것을 따랐다.

많이 작용했겠지만, 은연중에 계모를 어머니로 여기는 관행이 아직 정서적으로 보편화되지 않았음을 역설적으로 말해 준다. 성리학 질서가 뿌리 내리기 전까지 계모를 보호하는 법제는 오히려 갈등을 촉발하는 역할을 했다[22]고 볼 수 있다.

이러한 정서와 맞물려 있는 것이 혼례 풍습이다. 앞에서 잠시 살펴본 바와 같이 성리학이 도입되기 이전의 조선의 혼례는 남자가 여자의 집에 가서 치르고 거기서 일정 기간 머물러 산다. 조선 중기까지 이런 풍습이 남아 있었다. 그런데 성리학적 질서로 예법을 만들다 보니, 『주자가례(朱子家禮)』나 중국식의 혼례 풍습을 따를 수밖에 없었는데, 여기서 문제가 되는 혼인 절차 가운데 하나가 신랑이 신부 집에 가서 신부를 데려다 자기 집에서 혼례식을 거행하는 이른바 친영(親迎)이다.

그런데 조선의 전통을 따르면 남자가 신부 집에 가서 예식을 치르고 거기서 산다. 중국식의 친영이 아닌 것이다. 이러한 전통은 아무리 강요해도 민간에서 실천하지 않아, 마지못해 반친영(半親迎),[23] 곧 남자가 신부를 자기 집으로 데리고 와서 예식을 치른 후 신부 집으로 다시 장가를 들기도 했다.

따라서 조선 후기부터 남자가 장가를 가서 처갓집에 머물러 사는 것이 아니라, 여자가 시집을 와서 시댁에서 사는 것, 또 계모 또한 재가하여 남편의 집에서 사는 것은 시작 당시에는 정서적으로 강한 저항이 있었을 것이라 짐작된다. 계모는 삼년상을 치러 주고 사당에 배향시켜 정식 어머니로 대우해도 일정 기간 갈등을 겪으면서 정착을 했지만, 혼례의 경우는 지금까지 그 흔적이 남아 있다. 따라서 이

---

22) 이종서, 앞의 논문, 149쪽.
23) 반친영에 관한 기록은 『大東野乘』(권 57)나 『增補文獻備考』(권 89) 등에 보인다.

두 제도가 바뀐 것은 시점과 맥락을 같이한다고 보면 되겠다. 이 모두 성리학적 질서가 강화되는 시점에 있었던 일이다.

그러니까 콩쥐 팥쥐 이야기는 조선 후기에 형성되었음을 알 수 있다. 콩쥐에게 있어서 새어머니는 거부할 수 없는 어머니요, 어떠한 경우라도 순종할 수밖에 없는 존재였던 것이다. 이에 계모의 행동에 대한 부당함을 아버지에게 고하지 못했다. 아니 고해서는 안 된다. 성리학적 질서 속에서는 부모를 송사(訟事)의 대상으로 삼는 것을 엄격하게 금했다. 이것은 공자의 "아버지의 잘못에 대하여 아들이 재판의 증인이 되지 않는 것이 곧음"24)이라는 말의 전통을 따른 것이다. 그것은 비단 부모만이 아니라 형제에 대해서도 마찬가지다.

그러니까 콩쥐가 계모나 팥쥐의 잘못에 대하여 직접 비난하거나 아버지에게 잘못을 고하지 않은 것은 바로 당시 유교적 예법이나 도리를 따른 것이다. 더구나 아랫사람이 윗사람의 잘못을 고한다는 것이 가당키나 한 일인가? 이 점이 바로 유교사회의 한계 가운데 하나다. 윗사람이 도덕적이지 않거나 윗사람 자신이 잘 알아서 살피지 못한다면 개선의 여지가 없는 것이다. 바로 여기서 아버지의 역할이 중요하다. 자식이 그 어머니나 형제의 잘못을 고하지 못하므로 가장 된 자는 공정하게 가정 일을 잘 살펴야 한다. 그러나 콩쥐의 아버지는 그렇게 하지 못했다. 감사(원님) 또한 같은 일을 되풀이한다.

그렇다면 콩쥐 팥쥐를 비롯하여 많은 민담이나 고소설에서 계모를 나쁘게 등장시키는 이유는 무엇일까? 아마도 이것은 역사적 현실과 관련이 있을 것이다. 눈치 빠른 독자들은 이미 알아챘겠지만, 계모가 없던 16세기 이전에서는 계모와 전실 자식 간의 갈등이 존재하지 않았을 것이다. 16세기까지 계모에 대한 통념은 어머니라기보다 아버

---

24) 『論語』, 「子路」, "葉公, 語孔子曰, 吾黨, 有直躬者, 其父攘羊, 而子證之. 孔子曰, 吾黨之直者, 異於是, 父爲子隱, 子爲父隱, 直在其中矣."

지의 아내였다.[25] 이러한 계모의 위기를 벗어나기 위해 계모의 조카 딸을 전처 아들과 혼인시키는 것이 관례였는데, 계모는 장모의 역할과 조카로부터 봉양 받는 안전장치를 마련한 것이다. 이것은 계모에 대하여 어머니라기보다 아버지의 아내, 심지어 남으로 보는 경우가 많았고, 동거하지 않음으로써 생기는 문제였다.[26]

이러한 풍습을 역겹게 여기는 것은 성리학적 이데올로기가 사회의 모든 가치와 질서를 지배하던 18세기 이후의 일이며 따라서 계모를 어머니로 여기는 관행은 그리 오래되지 않았다.[27] 계모의 악행이 드러나는 고소설이나 이야기는 대부분 이 시대, 즉 계모가 당위나 정서적으로 어머니로서 정착하지 못한 시기, 계모와 전실 자식 간의 갈등이 존재했던 사회의 산물로 생각해 볼 수 있다.

그런데 콩쥐는 계모와의 갈등이라기보다 일방적으로 계모에게 당하는 형국이다. 이는 계모가 어머니로서의 명분을 획득했음을 말하는 동시에 정서적으로 어머니로 받아들일 수밖에 없는 사회의 통념을 반영하고 있다. 비록 콩쥐가 묵묵히 순종하여 직접적으로 자신이 갈등을 노출하고 있지는 않지만, 전실 자식을 밀어내고 자신과 자신의 소생에게 더 큰 이익을 보장하려는 계모의 의도가 스스로 갈등을 자아내고 있다.

어쨌든 역사적으로 볼 때 계모를 들임으로써 많은 문제를 야기하게 된다. 우선 여성들의 입장에서 이전에는 남편이 죽으면 재가를 할 수 있었고, 자기 집으로 남편을 맞아들일 수 있었는데, 이제는 상황이 역전되어 원칙적으로 여성의 재가를 금할 뿐만 아니라, 재가할 경우에도 계모로서 자신이 남편의 전실 자식까지 떠맡아 길러야 하

---

25) 이종서, 앞의 논문, 152쪽.
26) 같은 논문, 153쪽.
27) 같은 논문.

는 문제가 생기게 되었다.

계모로 인한 갈등은 재산에 대한 욕심, 가정적 주도권에 대한 욕망 등을 표출하면서 본격화된다. 오늘날도 그렇지만 계모가 재산이나 남편이 죽은 후의 노후 문제를 보장받기 전에는 남의 후처로 들어가기가 쉽지 않다. 그 재산 문제 때문에 전실 자식과의 갈등이 적지 않음을 흔히 볼 수 있다. 게다가 동양적 사회에서는 혈연에 따른 배타적 이기주의가 강하다. "고모는 친정 조카를 양육할 수 있어도 숙모는 시가 조카를 양육할 수 없다."는 말이 그것을 뒷받침하고, 계모에게 자기 소생이 생기면 더 그렇다.[28]

이처럼 계모가 나쁜 어머니가 될 수밖에 없는 요인은, 자신의 아이보다 전실 소생을 편애하는 남편의 태도, 자신의 아이보다 전실 소생이 뛰어남에 대한 열등감, 전실 소생을 보면서 전 부인을 의식하는 피해망상, 가계 계승을 위한 재산 욕심[29] 등이다. 따라서 외부적 현실과 내부적 불협화음으로 인하여 계모로 하여금 정서적 불안과 결핍 요인을 만들었으며, 보상적 방법을 찾게 만들었다.[30]

그러니까 계모의 존재를 현실로 받아들일 수밖에 없었던 그 당시에 계모 자신도 상당한 심리적 불안과 스트레스를 안고 살았으며, 그 와중에 그것이 외부적으로 전실 자식에게 어떤 형태로든 표출될 개연성이 있었을 것이고, 그로 인해 가해자의 입장에 선 것이다. 동시에 전실 자식의 입장에서 보면 계모에 대한 경계와 불안감을 지울 수 없고, 계모의 행동이 사사건건 자신들에게 불리한 것으로 비추어

---

28) 정상진, 「계모형 설화의 전승 및 서사양상과 의미」, 『외대어문논집』 18집, 부산외국어대학교 어문학연구소, 2003, 417쪽.
29) 김귀석, 「고소설에 등장한 계모 연구」, 『전통문화연구』 4, 조선대학교 전통문화연구소, 1996, 111쪽.
30) 같은 논문.

진다. 일종의 심리적 피해망상이다. 그래서 계모는 이들에게 아무리 잘 해주어도 본전 챙기기가 어렵다.31) 그리고 전실 자식들은 대부분 어리기 때문에 비록 잘못된 행동이 있더라도 피해자의 입장에 서게 된다. 따라서 계모가 전실의 어린 자식에 비해 성인이므로 여론으로부터 그 갈등의 책임을 뒤집어쓸 수밖에 없었을 것이다.

게다가 다소의 갈등은 있었겠지만 착한 계모도 많았을 것이다. 조선시대 여인들의 심성이나 문화적 가치로 볼 때 악한 계모보다 착한 계모가 더 많았음을 짐작할 수 있다. 요즘도 많은 것은 뉴스거리가 못 된다. 특이한 것, 특종이 될 만한 것이 널리 보도되지 않는가? 따라서 계모의 악행을 다루는 소설이나 민담도 마찬가지일 것이다. 특이하니까 이야기가 되는 것이다. 전해 오는 이야기에 계모 악행에 관련된 이야기가 많다고 해서 계모는 모두 나쁜 사람이라고 할 수 없는 이유가 바로 여기에 있다. 더군다나 고소설을 비롯한 계모의 악행을 다룬 이야기는 계모 제도가 사회적으로 정착하는 초기에 집중적으로 등장하는데, 이는 계모와 전실 자식 사이의 갈등에서 그 잘못이 오로지 계모 쪽으로 쏠린 결과다. 어린아이와 어른과의 갈등에서는 어른에게 잘못이 없다고 해도 언제나 그 비난을 어른이 감수하는 것과 같은 이치다.

어쨌든 계모가 등장하는 고소설을 비롯한 이야기의 작가는 작품을 통하여 계모와 같은 이러한 한 개인의 이해나 고뇌에 관심을 갖는 것이 아니라, 한 집단의 전체적인 공동선을 추구하기 때문에 공동선의 제물(계모)을 그냥 둔 채 이념의 실현에 초점을 맞추고 있다.32)

---

31) 가령 아이가 잘못해서 때리면 제 자식이 아니라서 때린다고 하고, 안 때리면 제 자식이 아니라서 관심이 없어서 방치한다고 비난한다. 자기 자식은 때려도 뒤탈이 없지만, 전실 자식들에겐 이래도 저래도 탈이다. 그게 계모의 어려운 처지다.

32) 김귀석, 앞의 논문, 115쪽.

설명이 길었지만, 다시 하던 이야기로 돌아가자. 그렇다면 계모는 누구인가? 앞에서 말한 대로 계모로서 콩쥐를 학대하는 데는 나름대로 이유와 계산이 있을 것이다. 그 가운데 통과제의의 주도자로서의 입장, 즉 콩쥐의 성장을 위하여 과제를 부여하는 사람으로서의 기능적 설명에는 찬동하지 않는다. 이런저런 이유로 그저 콩쥐를 학대하는 악인에 불과하다. 단지 그가 콩쥐를 괴롭히는 팥쥐의 친모이므로, 다만 팥쥐보다 근원적인 악의 실체에 가깝다고 말해도 무방하다. 뒤에서 자세히 설명하겠다.

그런데 여기서 이상할 정도로 가장(家長)은 가정 파탄이나 전실 자식의 고난에 대하여 비난의 대상에서 벗어나 있다. 가장의 역할이나 책임이 중요한데 거론하지 않고 있다는 것이다. 국가와 가정에 일관되는 유교적 가부장제 체제 내에서 가장에 대한 비난과 비판은 곧 유교사회 전체의 틀을 흔드는, 금기를 깨뜨리는 행위다. 즉 하늘-왕-아버지를 원리적으로 일치시키는 성리학적 사회에서 가장에 대한 비난을 직접적으로 하기는 힘들었다. 바로 이 때문에 이 이야기는 직접 가장의 무능함을 말하지 못하고, 계모의 악행을 통하여 가장의 무능함과 문제점을 간접적으로 드러낸 것이 아닌가 하는 혐의가 든다. 그것의 재강조가 이야기의 후반부에 등장하는 감사(원님)의 무능함이다. 이 점은 나중에 재론하겠다.

검은 소가 콩쥐를 돕다

콩쥐는 계모의 학대와 팥쥐의 시샘 속에서 자란다. 각각의 이야기에서 빠짐없이 나오는 첫 번째 이야기는 나무 호미와 쇠 호미 이야기다. 팥쥐에게는 쇠 호미를 주면서 집 가까운 모래가 섞인 기름진 밭을 매게 하고, 콩쥐에게는 나무 호미를 주면서 산비탈 자갈밭을 매게 한다. 콩쥐는 나무 호미로 자갈밭을 매다가 그것이 부러지자 검은 소의 도움으로 문제를 해결한다.

필자는 농촌 출신이지만 여태 나무 호미를 본 적은 없다. 나무를 가지고 호미를 만들어야 하는 것은 당시에는 기술적으로도 힘든 문제지만, 실용성이 거의 없다. 그것은 나무 호미가 실제로 사용되었느냐의 문제가 아니라, 나무와 쇠, 비옥함과 척박함, 좁음과 넓음, 가까운 곳과 먼 곳을 대비시켜 콩쥐의 고단함을 나타내기 위한 문학적 배려다. 그럼으로써 콩쥐에 대한 차별대우를 극대화시켰다. 그뿐이다.

그리고 콩쥐는 강제로 황무지로 내몰렸다.[33] 자발적 용기나 모험을 통해서가 아니다. 스스로 해결할 수 없는 과제에 부닥친다. 인간은 이처럼 강제로 역경에 내몰림으로써 성숙하는 경우도 있다. 그러나 그 경우에 있어서도 자발적인 깨달음이 전제되어야 한다. 콩쥐가 그랬는가? 아니다. 울기밖에 한 것이 없지 않는가? 그래, 그 울음소리에 하늘이 열리고 검은 소가 하강하여 도와주지만, 그것은 통과제의의 시험에 합격한 결과라기보다는 힘없고 억눌린 자의 통곡에 하늘이 귀를 기울인 것은 아닐까?[34]

연구자들은 마치 자신들의 생각을 증명이라도 하듯 검은 소라는

---

33) 그런데 팥쥐의 역할은 집 울타리 근처이고, 콩쥐의 역할은 부모의 영향력이 도달할 수 없는 공간이다. 즉, 기존 문명의 영향력이 미치지 않는 처녀지에서 콩쥐가 과제를 치르는 것으로 밭의 크기의 광활성과 야성으로 콩쥐의 여성적인 세계가 수평으로 확장하는 계기가 된다는 것(고혜경, 『선녀는 왜 나무꾼을 떠났을까』, 한겨레출판, 2006, 73쪽)과 생각을 달리한다. 전승한 민중들은 한 여성의 성장을 염두에 두었을까?

34) '민심은 천심이다.'라는 말을 기억해 보자. 민심은 근본적으로 하늘과 통한다고 여겼다. 여기서 콩쥐가 상징하는 것은 한 개인이 아니라 민중의 하늘에 대한 호소, 염원의 표현이 아닌가? 이렇다면 영웅적 모습으로 해석하는 것(고혜경, 앞의 책, 89쪽)은 당시 민중들의 실상에 대한 지나친 과장이요 찬양으로 비춰진다. 하늘이 콩쥐를 돕는 것은 앞에서 다룬 '해와 달이 된 오누이'의 경우와 같다고 본다.

말에 너무 현혹되어서는 안 된다.[35] 다른 이야기에는 검은 소 외에 누렁 소, 황소, 암소 등으로 표현되기도 한다. 심지어 검은 소를 죽은 콩쥐 어머니의 현신으로 보는 곳도 있다.[36] 즉 원래 이야기가 검은 소라고 할지라도 민중들은 검은색이 지니는 상징성에 집착하는 것이 아니라, 농경사회에서 없어서는 안 될 소의 기능적 역할과 풍요로운 상징인 하늘, 또는 자연과 연관지어 등장시킨 것이다. 소가 어떻게 김을 맸는지 알 길이 없지만,[37] 여하튼 콩쥐는 소의 도움으로 과제를 해결한다. 이런 예는 일본의 경우 산의 정령(精靈)이 소로 화하여 효자를 돕기도 하고, 불교 삼승(三乘)의 양거(羊車), 녹거(鹿車), 우거(牛車) 가운데 우거는 보살(菩薩)에 비유하기도 하여 소를 신성하게 보기도 하는 데[38]서 찾아볼 수 있다.

그런데 텍스트(이야기 1-2)에서 보면 검은 소가 도와주기는 하는데, 곧장 도와주지 않는다. 즉 하탕, 중탕, 상탕에 가서 각기 발과 몸을 씻고 머리를 감고, 명주 수건으로 손을 감싸고 소의 밑구멍에 손

---

35) 검은 소는 생명의 원천이자 삶의 젖줄, 풍요와 다산, 부를 상징하며, 검고 기름진 토양의 색, 『도덕경』에서는 신비로운 여성, 여성성의 기본 원리, 하늘과 땅의 원천, 콩쥐 어머니의 현현보다는 풍요, 부, 다산이란 여성의 신비를 대표하는 대지의 어머니의 상징(고혜경, 앞의 책, 74-75쪽)이라고 보는 경우다. 필자는 이것을 검은 소의 보편적 상징으로 인정한다. 그러나 보편성이 특수성을 바탕으로 생겨난 것이지만, 그렇다고 해서 모든 특수성에 그것이 역으로 다 적용되는 것은 아니다. 그 보편성을 연구대상의 특수성과의 관계 속에서 다시 보아야 한다.

36) 이것은 도교나 민간신앙적 사고의 영향이다. 민간에서는 요즘도 조상신이 자신을 돌본다는 것을 믿는 사람들이 있다. 당시로서는 죽은 콩쥐의 어머니가 조상으로서 당연히 도울 수도 있다는 사고가 충분히 가능하다.

37) 사실 소가 김을 맬 수는 없다. 잡초를 다 뜯어 먹어서 맸는지는 알 수 없어도 말이다. 이야기의 작가나 전승자는 하늘이 도와준다는 의도가 앞서 소의 기능적 역할을 정치하게 대입시키지 못했다.

38) 장덕순, 「신데렐라와 콩쥐 팥쥐」, 『국어국문학』 제16권, 국어국문학회, 1957, 128쪽.

을 넣어 과자랑 과일을 꺼내는 장면이 나온다. 같은 제목의 또 다른 이야기에서도 이 같은 장면이 나온다. 이 장면은 물론 이야기의 전체 흐름에 큰 영향을 주는 것은 아니지만, 나름대로 의미가 함축되어 있다.

우선 발과 몸과 머리를 씻는 물이 다르다. 순서가 있다. 더러움과 깨끗함이 공존할 수 없음을 말한다. 그것이 신체의 일부라 하더라도 말이다. 그러나 모두 몸을 정결히 하는 데는 이의가 없다. 또 명주 수건으로 손을 감싸고 소의 밑구멍에 넣는 것은 더러워지기 쉬운 인간의 육체로 신성한 것을 함부로 범해서는 안 된다는 생각이 들어 있다. 마치 유대교의 제사장들이 성소에 들어갈 때의 모습을 상기시킨다. 그러니까 하늘의 도움을 받는 데는 거저 되는 것이 아니라 나름대로 절차와 형식이 있음을 상징하는데, 일종의 무속적(巫俗的) 내용과 연관이 있는 듯하다.[39]

다음으로 이야기 1-2에서 이러한 콩쥐가 집에 돌아오자 팥쥐와 계모는 먹을 것을 다 빼앗고 저녁도 주지 않았으며, 팥쥐는 콩쥐가 한 내용을 반복하다가 오히려 크게 다친다. 필자가 볼 때 그 에피소드는 악한 모습을 강조하는 반복의 미학이요, 소에 끌려 다니다가 벌겋게 된 팥쥐의 신체를 멀리서 보고 좋은 옷을 얻어 입었다고 좋아하는 계모의 행동은 측은하기보다 완벽한 코미디의 한 장면으로 웃음을 자아내게 만든다. 악행을 조금 응징하고서 듣는 사람들로 하여금 이야기의 중간에 문학적 카타르시스를 제공하고 있다.

이 외에 또 같은 이야기에서 많이 등장하는 것이 베 짜기 시합인데, 이 역시 반복을 통하여 콩쥐의 현명함과 팥쥐의 우둔함, 계모의

---

39) 이것은 나중에 콩쥐가 죽어서 다시 살아나는 대목과도 연관되는데, 자세한 것은 유병일의 「한국 서사문학의 재생화소 연구」(동아대학교 대학원 박사학위논문, 1993)를 참조 바람. 뒤에 다시 언급할 것이다.

간교함을 강조하기 위한 것으로 풀이된다. 고대 소설이나 민담의 경우 악인의 설정은 이처럼 성격의 결함인 우둔함과 간교함, 그리고 흉악한 외모 등으로 기술하고 있는데, 팥쥐의 경우 얼굴이 검고 얽고 목도 길고 발도 컸다. 아마도 옛날의 기준으로 보면 목이 길고 발이 크면 미인상이 아니었나 보다.

이렇듯 고대인들은 악인이 그렇게 된 이유에 대해서는 관심을 두지 않는다. 천성이 그렇다고 치부해 버린다. 사실 팥쥐나 계모의 경우 심리적으로 '곁가지 콤플렉스'[40]가 심하다고 본다. 그걸 가진 사람들은 자기가 되고 싶은 적통 출신 사람을 미워하면서도 그 행동을 모방하기를 좋아한다. 더 철저하게 모방함으로써 자신들의 약점을 만회하려고 한다. 팥쥐도 예외는 아니다. 그래서 텍스트의 내용에 이 같은 팥쥐나 계모의 성격이 삽입되어 반복적 내용이 형성되었다.

혼인 잔치에 가다

전통사회의 생활 가운데 잔치가 차지하는 비중은 매우 크다. 먹을 것도 있고 볼 것도 많기 때문이다. 또 그것이 흔한 것이 아니기 때문이다. 필자가 어릴 때만 해도 가난한 사람들은 명절이나 제사를 제외하고 잔치 때가 되어야만 술이나 떡이나 고기를 맛볼 수 있었다. 게다가 잔치 때는 대개 인심이 후하기 때문에 떠돌아다니는 거지들도 동네의 잔치 리스트를 좍 꿰고 있었다. 만약 잔치가 열리는 곳이 나와 가까운 친척집이라면 내가 주인과 다름없다. 주인은 잔치의 주인공이니 잔치에 참여하거나 그것을 주관하느라 여념이 없어, 잔치

---

40) 이것은 심리학적 용어라기보다 필자가 임의로 붙인 명칭이다. 적통이 아니라서 정통성이 결여된 서자들, 어떤 단체나 조직의 직계가 아닌 방계에 속한 사람들이 갖는 심리의식을 말한다. 좋게 보면 더 열심히 착실하게 행동하는 경우도 있지만, 대개는 적통을 모방하거나 자신의 불리한 점을 감추기 위해 더 극단적인 행동을 하는 경우가 많다.

를 준비하는 것은 대개 친척들의 몫이기 때문이다. 물론 권세 있는 집이나 큰 부자들은 집사가 주관하기도 하지만 말이다.

그러니까 잔치는 경사스러운 일이기 때문에 소외되는 사람이 거의 없다. 그럼에도 불구하고 계모는 콩쥐를 거기서 소외시키려고 얼토당토않은 과제를 부과한다. 같은 제목의 또 다른 이야기에서는 그 잔칫집이 콩쥐의 외가라고 말하는 곳도 있다. 즉 콩쥐도 참석할 당당한 권한이 있다는 말이다.

이렇게 누구나 누려야 할 잔치에 계모가 의도적으로 참석을 못하게 하는데, 무작정 못 오게 하는 것이 아니라 도저히 불가능한 과제를 제시함으로써 못 오게 한다. 그 과제는 밑 빠진 독에 물 채우기, 벼 찧기, 베 짜기 등이 일반적이지만, 또 다른 유형에서는 아홉 항아리에 물 채우기, 벼 석 섬이나 아홉 섬, 또는 열 섬 찧기, 아홉 아궁이에 재 치우기, 아홉 칸 방 청소, 베 열 필 짜기 등이다.

이렇게 과제가 많고 다양한 것은 과제 자체에 어떤 의미를 부여하기보다 콩쥐에게 부과된 과제가 너무 많다는 점을 부각시키기 위한 문학적 장치로 보인다. 과제의 성격을 살펴보면 고대 농촌 사회에서 여성들이 담당하는 노동의 종류다. 물 긷기는 우물이 가까이 있으면 모르되, 지형적으로 지하수가 없어서 좀 멀리 떨어져 있는 경우에는 참으로 힘든 일이다. 벼 찧기는 벼의 껍질을 벗기기 위해서 방아를 찧는 것을 말한다. 당시는 벼 찧는 기계가 없었기 때문에 일일이 방아를 찧어야 했으므로, 한 끼 먹을 분량이 아니라 몇 섬이라면 문제가 심각하다. 요즘 한 섬은 무게로 80킬로그램인데, 석 섬이면 240킬로그램, 열 섬이면 800킬로그램이다. 여기서 석 섬, 아홉 섬, 또는 열 섬으로 말하는 3, 9, 10은 꼭 그 숫자를 가리키는 것이 아니라 많다는 뜻이다. 그러니까 많은 과제를 뜻한다. 그리고 베 한 필은 30자로 약 909센티미터가 된다. 열 필이면 90.9미터가 되니, 한 필도 하루에 짜기 힘든데 열 필은 한 달 동안 짜도 불가능한 양이다.

자, 그렇다면 이 과제를 잔치에 참가하지 못하게 부과된 콩쥐 개인의 몫으로 볼 것이 아니라, 이야기를 전하는 민중들의 입장에서 다시 한 번 생각해 보자. 이야기의 전승은 전승자의 감정 없이 전달되기란 어렵기 때문에 그 내용이 화자나 청자의 공감을 얻어야 가능하다. 따라서 등장하는 소품이나 사건도 밀접한 연관이 있다는 것을 배제할 수 없다.

여기서 밑 빠진 독이란 물 긷는 작업이 반복적으로 일어남을 의미한다. 당시는 수도시설이 없었기 때문에 가족들이 사용할 물을 매일 길어 와야 한다. 물도 오래되면 상하니까 언제나 새 물을 독에 채워야 한다. 필자는 어릴 때 시골에서 살았기 때문에 어머니나 동네 누나들이나 아주머니들이 물 길어 오는 모습을 많이 보았다. 좀 자상한 남자가 있는 집에서는 물지게를 만들어 지게의 양쪽 끝에 양동이를 매달아 남자가 대신 퍼 오는 것도 보았다. 그러니까 '밑 빠진 독에 물을 채운다.'는 표현은 언제나 매일 물을 길어 와야 하는 반복적 노동을 상징한다.

그리고 방아 찧기와 베 짜기도 여성의 대표적인 강도 높은 노동을 상징한다. 이것은 단순히 자기 가족의 의식주를 해결하는 수준에 멈추지 않는다. 국가 유지의 근간이 되는 세금의 납세 수단이다. 조선 중기 이후에 일반화되는 대동미(大同米)와 대동포(大同布)가 바로 쌀과 옷감으로 세금이나 군역(軍役)을 대신할 수 있는 제도가 아닌가? 게다가 소작농일 경우 땅주인에게 토지 임차료에 해당하는 전세(田稅)를 내야 하고, 탐관오리와 아전들, 그리고 이들과 결탁한 지방 토호들의 농간에 의하여 부당하게 징수당하는 경우에는 이들에게 잔치나 축제가 무슨 의미가 있겠는가? 그러니까 콩쥐가 응당 잔치에 참석해야 하지만, 민중 자신들의 감정이 이입된 콩쥐의 현실은 그것을 가로막고 있는 것이다. 즉 일상적인 노동에 파묻혀 당연히 누려야 할 잔치에 참여할 수 없는 처지가 된 것이다.

그러다가 콩쥐는 두꺼비와 새와 소(어머니의 현신인 선녀)의 도움으로 과제를 해결하고 잔치에 참여하게 된다. 이에 앞서 콩쥐가 한 일은 역시 우는 일이었다. 가능한 일이라면 울지 않았을 것이다. 그래서 동물들이 차례로 콩쥐를 도와준다. 민중의 통곡에 하늘이 응답한 것이다. 곧 "나는 내 백성이 고생하는 것을 보았고, 그들이 울부짖는 소리를 들었다."[41]고 하는 것과 다름 아니다.

여기서 등장하는 동물들에 대해서도 특별한 의미를 부여하고 싶지 않다. 다만 두꺼비는 민간설화에 보면 사람을 잘 돕는 것으로 등장한다.[42] 참새란 일반적으로 해로운 새다. 곡식이 익을 때쯤이면 얄밉게도 우윳빛 나는 곡식의 속살을 쪼아 먹어 버린다. 필자가 어릴 때도 참새 쫓는 장면을 많이 목격한 바 있고, 또 쫓으러 다녔다. 그런 참새가 여기서 이로운 새로 등장한다. 참새가 볍씨를 까주는 것은 비록 평소에 곡식을 해치는 미물이라도 오히려 우호적으로 변한다는 것으로, 미물도 불쌍하고 근면한 사람을 돕는다는 의미다.

그런데 동물들이 콩쥐에게 이렇게 도와준 것이 사실일까? 세계 여러 나라에도 이런 신비한 기적이 포함된 신화가 많다. 어떤 종교에서는 이런 유형의 신화를 기정사실화해서 믿어 버리기도 한다. 우리

---

41) 삼상 9:16. 여기서 필자는 유대교의 유일신관(唯一神觀)에 근거하여 신학적 해석에 다가서려는 의도는 없다. 다만 필자는 유대교의 출발이 억압받고 고통받는 민중의 입장에서 신을 찾는 과정(「출애굽기」 참조)으로 이해하기 때문에, 고대사회에서 고통받는 민중이 하소연할 곳이란 결국 하늘(신, 미륵, 조상신)이라는 점에서 맥락을 같이한다고 본다.

42) '은혜 갚은 두꺼비'가 좋은 예가 될 것이다. 민가에서는 두꺼비를 복을 가져다주는 생물로 여겼으며 '복두꺼비', '금두꺼비' 등이 이것을 잘 표현한 말이다.

나라『삼국유사』에도 신비한 기적이 많다. 그러나 우리가 그것을 곧 이곧대로 믿는가? 물론 아니다. 만약 우리나라에 고대로부터 어떤 유일신을 섬기는 종교가 있었다면 어떠할까? 신화 가운데 어떤 것들은 경전에 포함되어 절대 불변하는 사실로 믿지 않았을까?

이 부분은 민담의 주체인 민중들의 염원이 그렇게 전개된 것이다. 민중들의 희망사항이다. 늘 일상적인 노동에 파묻혀 잔치에 참여할 수 없는 형편이지만, 하늘의 도움을 받아 길고 고된 노동의 고통으로부터 잠시라도 해방되고 싶지는 않았을까?

어쨌든 콩쥐는 화려한 치장을 하여 이전과 다른 이상적 인물로 변신한다. 이 장면은 신데렐라와 큰 차이가 없다. 이런 것을 두고 콩쥐나 흥부는 동물의 도움으로 자아(自我)가 확대되어 이상적 인물이 된 것으로 풀이하기도 한다.43) 그러나 필자가 볼 때 억울한 처지에 있는 근면하고 불쌍한 사람(들)이 하느님의 궁휼히 여김과 선택에 의하여 일방적으로 이상적 인물이 된 것이다. 자신들이 하늘의 자식이라는44) 민중의 자기 인식의 반영이다. 콩쥐의 자아가 변했는지, 성장했는지, 알 길이 모호할 뿐더러, 이 이야기를 만들거나 전승시킨 민중들에겐 그런 의식이 과연 존재했는지 의문스럽기 때문이다. 외형적으로 이상적 인물이 된 것을 알려 주는 것은 그의 몸치장과 함께 감사(원님)의 배필이 될 수 있다는 점이다. 뒤에서 다시 논하겠다.

---

43) 노제운, 앞의 논문, 147쪽. 이 외에도 검은 소-풍요로움, 두꺼비-무거움과 신중함, 참새 떼-가벼움과 생동감, 무거움과 가벼움이 땅의 비옥함과 조화되어 전인격으로 발달한 여성인 콩쥐를, 자신의 의식세계를 무한히 확장한 우주적 영웅으로 보는 견해(고혜경, 앞의 책, 86쪽)도 있다.

44) 이런 견해는『시경(詩經)』(「大雅」)에도 반영되어 있다. 곧 '天生烝民'이 그 것이며, 이 외에도『맹자』나『서경(書經)』속에 백성과 하늘을 연결하는 점은 무수히 발견할 수 있다.

신발 한 짝의 인연으로 감사의 아내가 되다

콩쥐는 잔칫집에 갔다가 계모에게 들켜 혼날까 봐 급히 돌아오면서 신발 한 짝을 떨어뜨린다. 다른 유형에서는 잔칫집에 가다가 원님 행차에 놀라 피하다가 잃어버렸다고도 한다. 상대도 감사나 원님으로 등장한다.

왜 신데렐라의 유리 구두처럼 신발일까? 그 신발을 갓신이라고도 하고, 비단신, 꽃신, 그냥 신이라고도 한다. 어쨌든 신발이 상징하는 것은 무엇일까? 우리 속담에 '고무신도 짝이 있다.'라는 말이 있듯이 아마도 짝을 상징할 것이다. 짝을 상징하는 물건에는, 뒤에 등장하지만, 젓가락도 있다. 신발은 일차적으로 다른 쪽 발에 신는 신발의 짝이라는 뜻도 있지만, 그 신발 주인의 발과의 짝을 이루기도 한다. 더 확장시키면 사람과 사람 사이에 있어서 파트너를 상징한다.[45]

감사(원님)가 신발의 주인을 찾는 것은 자기 파트너를 찾는 일이다. 팥쥐나 계모의 발이 신발에 맞지 않는다는 것은 그들이 감사의 파트너가 아니라는 것을 의미한다. 그런데 신데렐라는 유리 구두를 신고 화려한 옷을 입고 무도회에서 왕자와 함께 춤을 추었다. 그 모습에 왕자가 반해서 왕자비로 맞이하려고 한다. 그러나 콩쥐와 감사는 이런 과정이 없다. 왜 신발만 보고 감사는 섣불리 자신의 신붓감이라고 낙점을 찍었을까? 그래서 어떤 이야기에서는 신발이 하도 곱고 예쁘니까, 신발 주위에 서기(瑞氣: 상서로운 기운)가 맴돌아 예사 사람의 신발이 아니라서 주인을 찾았다는 등의 말로 이유를 대기도 하는데, 이 또한 원래 민담의 의도를 살피지 못하고 후에 전승되면서 변이된 내용이다.

그 감사(원님)의 배필이 되는 필연적 이유를 대지 않은 까닭은 하

---

45) 정신분석학에서는 여성의 성적인 부분을 상징하며, 꽃신 찾기는 속궁합이 맞는 한 쌍의 만남을 상징한다고도 말한다(고혜경, 앞의 책, 87쪽).

늘이 콩쥐를 돕는다는 연장선에서 설명의 과정이 생략되었기 때문이다. 또 그것을 달리 말하면 백성들의 염원이 반영된 것인데, 백성들의 파트너는 자신들을 착취하는 탐관오리나 아전, 토호나 그 대리인인 마름이 아니라, 백성을 하늘처럼 떠받드는 선량한 지도자란 점이다. 지도자가 먼저 백성을 사랑해야 함을 그렇게 표현한 것이다. 백성이 있어야 나라가 있고, 나라가 있어야 지도자가 있기 때문이다. 그래서 백성이 나라의 근본이라 하지 않았는가? 그래서 이런 자들을 목민관(牧民官)이라 하였으니, 곧 백성들을 먹여 살리는 관리란 뜻이다. "여호와는 나의 목자시니"[46]에 나오는 바로 그 목자(牧者)와 같은 의미다. 전통적 관념에서 볼 때 불쌍한 콩쥐가 선한 목자의 파트너가 되는 것은 너무나 당연하다.

그런데 신발 주인을 찾는 과정에서 팥쥐가 나와서 그 신은 제 신이라고 했다. 감사가 신겨 보니 팥쥐의 발은 너무 커서 맞지 않았다. 그래도 팥쥐는 억지로 신다가 발이 상해서 피를 많이 흘렸다. 다음에는 계모가 나서서 그 신을 제 신이라고 하면서 신어 보는데 이것도 맞지 않아서 감사는 감사를 속이는 년이라고 하고 매를 때렸다. 이렇듯 계모와 팥쥐는 감사의 아내가 될 자격이 없다. 그래서 이들에겐 하늘이 돕지 않는다. 감사의 동반자가 아니다. 그게 민중들의 생각이다. 안 되는 일을 억지로 하다가 웃음을 자아낸다. 화란 결국 스스로 자초함을 보여준다.

그러면 감사 또는 원님은 무엇을 상징하는가? 애초에 콩쥐의 불행은 엄마가 죽음으로써 비롯되었다. 친엄마는 콩쥐에게 이상적인 환경이요 울타리다. 친엄마가 죽고 아버지가 있지만 아버지는 그런 콩쥐의 울타리가 되어 주지 못했다. 가장의 역할을 제대로 하지 못했

---

46) 시 23:1. 개신교의 목사(牧師)라는 명칭도 바로 여기서 기원한다.

다. 이제 콩쥐는 하늘의 도움으로 감사를 남편으로 맞이하게 된다. 새로운 보호자요 울타리다. 가장의 역할을 제대로 못하는 아버지보다 더 큰 힘과 권력을 지닌 보호자가 생긴 셈이다. 콩쥐에겐 구원자요 아버지의 대리자로서 부모와 같다.[47) 조선시대 여성은 이른바 삼종지도(三從之道)라 하여 어려서는 부모, 혼인해서는 남편, 늙어서 남편이 먼저 죽으면 아들을 따르는 도리가 있었다. 그러니까 감사는 유교적 가부장제에 있어서 콩쥐의 새로운 가장이었던 것이다. 상징적으로는 이 세상에서 민중의 파트너다.

콩쥐의 죽음과 부활

계모와 팥쥐는 콩쥐가 감사의 아내가 된 것에 대하여 몹시 배가 아팠을 것이다. 하루는 감사가 출타를 했다. 어떤 이야기에서는 감사가 콩쥐더러 집에 아무도 들이지 말라고 당부하는 장면이 나오기도 한다. 일종의 금기 설정이다. 여하튼 팥쥐는 콩쥐의 집에 놀러오고, 마음씨 착한 콩쥐는 팥쥐를 순순히 맞아들인다. 팥쥐는 날씨가 덥다, 콩쥐의 목에 때가 많다고 핑계 대면서 콩쥐를 꾀어 연못에 멱을 감으러 가자고 졸라서 데리고 간다. 그리고 깊은 물로 유인하여 콩쥐를 빠뜨려 죽이고, 감사가 돌아오자 자신이 콩쥐 행세를 하면서 감사를 맞이한다.

출타하여 돌아온 감사는 아내의 이상한 모습과 행동을 보고 물었

---

47) 그런데 어떤 연구자는 원님을 임금이나 왕자와 마찬가지로 인간으로서의 완성 혹은 신적 힘을 지닌 최고 의식의 단계에 이른 남성을 은유적으로 말한 것으로 보며 최고의 여성과 최고의 남성의 결합이라고 해석한다(고혜경, 앞의 책, 86쪽). 이런 해석은 연구자의 텍스트 선택의 결함에서 뒷이야기를 놓치고 결혼으로 이야기를 마무리 지은 결과다. 그러나 나중에는 원님 자신도 아내를 알아보지 못하는 실수를 저지른다. 불완전한 것은 콩쥐의 아버지나 마찬가지다.

으나, 팥쥐가 둘러대는 말을 그대로 믿고 더 이상 의심하지 않는다. 팥쥐의 얼굴이 검고 곰보였으며 목이 길어 콩쥐와 확연히 달랐는데도 감사는 자신의 아내를 알아보지 못했다. 감사는 가부장으로서 자신의 아내를 제대로 알아보지 못하는 무능함을 드러낸다. 결코 인간으로서의 완성된 혹은 신적인 힘을 지닌 최고 의식의 단계에 이른 남성[48]이 아니다. 단지 주위 사람의 계략에 의하여 눈과 귀가 어두운 가부장의 한 사람일 뿐이다. 마치 간신배들에게 둘러싸여 국정을 제대로 돌보지 못하는 군왕처럼 말이다.[49]

그리고 여기서 콩쥐가 팥쥐의 꼬임에 빠져 물에 빠져 죽는 장면에서도 콩쥐의 의식이나 태도가 전혀 변하지 않았다. 순진한 것은 여전하다. 너무 착하고 순해빠져 어리석게 보이기도 한다. 팥쥐의 의도를 전혀 눈치 채지 못하고 있다. 그런 콩쥐를 자신의 의식세계를 무한히 확장한 우주적 영웅[50]으로 보는 관점은 여지없이 빗나간다. 어쩌면 콩쥐는 순박한 백성들의 전형적인 모습이다. 이러한 백성을 남성이 아닌 여성인 콩쥐로 설정한 것은 약자 가운데서 남성보다 여성이 더 가련하고, 계모의 학대 대상에는 어린 여성이 제격이라는 문학적 배려 때문이다. 그런 콩쥐가 무력하게 죽임을 당한 것이다. 이것은 착취자나 권력자에게 힘없이 희생당하는 민중들의 모습을 그대로 보여준다.

이제 콩쥐는 죽어 연못의 꽃으로 환생한다. 그리고 감사에게 자신의 존재를 알리려고 나름대로 노력했으나, 팥쥐의 방해로 아궁이에

---

48) 고혜경, 앞의 책, 86쪽.

49) 감사(원님)가 최고의 남성이 아니라는 점, 즉 당시 가치로서 결코 군자가 될 수 없는 점은 다음의 인용문을 보라. 감사는 눈과 귀가 밝지 못했으니 군자라 부를 수 없다. "孔子曰, 君子有九思, 視思明, 聽思聰, 色思溫, 貌思恭, 言思忠, 事思敬, 疑思問, 忿思難, 見得思義."(『論語』,「季氏」)

50) 고혜경, 앞의 책.

들어가 구슬이 된다. 그 구슬은 다시 이웃집 노파에게로 가고, 그 구슬에서 직접 콩쥐로 환생하여 감사를 초대하게 한다. 젓가락이 짝짝이인 것을 언짢아하는 감사에게 농 안에서 콩쥐가 나와 "감사님은 젓가락이 짝짝이고 거꾸로 놓여 있는 것은 아시면서, 마누라가 바뀌고 제대로 부부생활을 하지 못하는 것은 모르십니까?"라고 힐난한다. 그제야 감사는 부인이 바뀐 것을 눈치 채고 연못물을 퍼내니 콩쥐의 시신이 되살아났다. 콩쥐의 부활이다.

이 장면에서 한두 가지 의문을 가질 수 있다. 사람이 죽어서 꽃이나 구슬, 혼, 육체로 다시 태어날 수 있는가 하는 점이 첫 번째 의문이다. 콩쥐는 분명 꽃으로, 다시 꽃에서 구슬로, 구슬에서 혼으로, 마지막으로 육체가 부활하는 과정을 겪는다. 이것을 통틀어 재생(再生)[51]이라고 말할 수 있는데, 그러한 재생의 과정을 되풀이하는 까닭은 무엇일까? 즉 그러한 재생의 과정을 통하여 말하고자 하는 의도가 무엇인지 궁금하다.

재생은 서사문학의 발생 초기에는 현실성이 있는 것으로 간주되었고, 고대인들의 인식 또한 그랬다.[52] 그들은 대개 영혼불멸을 믿었기에 사람이 다시 태어나는 것에 대하여 큰 의심을 품지 않았다. 고대문명이 발생한 지역의 유물이나 고대 종교의 경전에서도 그 점을 쉽게 확인할 수 있다. 단지 순환론적 우주관을 지닌 지역만이 아니라 전 세계에 고루 분포되어 있다. 영혼불멸에 대한 믿음, 이것이 종교 발생의 원동력이 아니던가?

특히 대다수 재생이 들어간 이야기는 주인공의 숙명적인 고난이

---

51) 최운식(『한국인의 삶과 죽음』, 한울, 1997)에 의하면 재생은 육체가 다시 살아나는 부활(復活), 사람이나 동물, 식물, 광물로 다시 태어나는 환생(還生), 신이나 신선, 정령으로 태어나는 환생(幻生)으로 구분된다. 콩쥐는 환생과 환혼(還魂), 그리고 부활의 과정을 동시에 거친다.

52) 유병일, 앞의 논문, 2쪽.

있거나, 욕구 실현이 불가능하기 때문에 그것의 해결을 위한 이적(異蹟)을 꿈꾸거나 초월적인 힘을 빌리려고 한다. 재생은 이러한 꿈의 구체적 모습이다.53) 기독교에서 주장하는 바에 의하면 진정한 부활을 맛본 사람은 예수 한 사람이지만, 최후의 심판이 있을 때 그의 추종자들이 부활한다고 믿는 것도 기실 현실세계의 부조리에 대하여 겪는 초기 기독교인들의 고난이나 염원이 반영된 것이고, 그런 믿음을 지금까지 고수하는 것도 현재의 기독교인 중 일부가 그러한 과정을 동일하게 밟고 있기 때문이리라.

따라서 '콩쥐 팥쥐' 이야기에 이런 재생의 이야기가 들어간 것은 민중의 입장에서 볼 때 현실의 벽이 너무나 높고 튼튼하여 자신들의 삶을 개선시킬 여지가 없고, 그들의 억울함을 현실적으로 해결할 방법이 없을 때 드러나는 좌절을 심리적으로 극복하기 위한 것이리라. 자신들과 대결하는 현실의 힘이 너무 막강했기 때문이다. 이런 현실에 대한 좌절이 극단으로 치닫게 되면 신흥종교가 생기고, 그것에 의지해서 농민저항이 생기지 않던가? 역사적으로 볼 때 왕조 말에 발생하는 종교운동이나 농민저항도 다 이런 배경을 갖는다. 그것이 단지 옛날 얘기뿐이겠는가? 사회의 양극화가 심해 다수의 시민들의 삶이 고단하고 피폐해진다면, 새로운 사상의 발생과 함께 저항이 일어나게 될 것이다. 기득권을 가진 사람들은 이 점을 경계해야 한다. 그 기득권을 더 누리기 위해서도 나누어야 한다는 점을 말이다.

그러므로 당시 시점에서 볼 때 이 재생적 이야기가 삽입된 것은 억울하게 당하는 민중의 입장에서는 너무나 당연한 귀결이었으며, 단지 신이(神異)하고 개인적인 것으로 등장하지만, 나름대로 사회의 문제점을 뚜렷이 제시하고 있다고 보아야 할 것이다. 이 점은 악인

---

53) 같은 논문, 3쪽.

을 철저하게 응징하는 것과 관계되는데, 차후 더 논하겠다.

다음으로 왜 콩쥐는 재생을 반복하는가 하는 점에 주목할 필요가 있다. 콩쥐의 억울한 죽음에 대한 문제 해결은 스스로의 힘으로 불가능하며 오직 감사를 통해서만 가능했다. 이 점은 유교적 사회에 있어서 문제 해결은 오직 가부장, 곧 집안에서는 가장이요 사회적으로는 군왕과 그 대리자인 관리를 통해서만 가능했기 때문이다. 그렇기 때문에 가부장 자신의 위기에 대한 자각 없이는 삶이 한 치의 개선도 안 된다는 점을 말한다. 사실 이 점은 콩쥐가 사사건건 당하기만 하고 왜 저항을 못했나 하는 점과도 관련이 된다.

그래서 콩쥐는 처음 꽃으로 환생하여 감사가 아니면 꺾이지 않음을 보이고, 방문 위에 걸어 두자 그가 지나가면 반겨주고 팥쥐가 지나가면 괴롭힘으로써 자신의 존재를 넌지시 알렸건만, 안이하고 눈과 귀가 어두운 감사가 그걸 알아차리지 못하자, 되레 그것이 좌절되어 팥쥐에 의하여 아궁이 속에 던져진다. 그러나 거기서 끝나지 않는다. 이내 구슬로 변하고 만다. 부정하려고 해도 부정될 수 없는 한(恨)을 안고 있기 때문이다.

이렇게 구슬로 재생한 콩쥐는 노파의 집으로 가서 자신을 알릴 계획을 세운다. 젓가락이 짝짝이인 것을 보고는 화를 내면서 정작 자신의 짝이 바뀐 것을 알아차리지 못하는 우둔한 감사를 보고 콩쥐는 참다못해 다시 환혼(還魂) 재생, 즉 혼으로 돌아와 감사 앞에 등장하여 억울함을 직접 알린다.

재생의 반복이 억울한 죽음과 관계되며 철저한 응징을 수반하는 이야기는 제주도 무속신화 '차사본풀이' 가운데 나오기도 한다. 그 부분의 이야기는 이렇다. 버물왕의 아들 삼형제가 나쁜 운수를 피하기 위하여 3년간 세상을 떠돌다 고향 동경국으로 가다가 광양땅 과양생이의 집에 들렀는데, 그의 아내 과양각시의 욕심 때문에 죽임을 당하여 연화못에 던져진다. 며칠 뒤 물 위에 난데없는 삼색 꽃이 떠올라 과양각시는 그것을 꺾어다 문에 꽂아 둔다. 그런데 꽃들은 과양각시가 지나가면 머리채를 박박 잡아끈다. 화가 난 과양각시는 그 꽃을 구겨서 청동화로 숯불에 툭 털어 넣는다. 그날 저녁 청태할망이 불을 빌리러 찾아와 화로를 뒤지니 삼색 구슬이 오글오글 나온다. (중략) 삼형제를 보낸 염라대왕이 과양생이 부부의 팔다리마다 소를 묶어 사방으로 몰아가라 명하니 부부의 몸은 갈가리 찢어지고 말았는데, 찢어진 몸을 방아에 빻아 바람에 날려 버리니, 살아서 남의 피를 빨아먹던 버릇이 그대로 남아 모기와 각다귀 몸으로 환생하는 것이었다.[54]

이 이야기의 재생의 과정은 '콩쥐 팥쥐'와 똑같다. 둘 사이의 영향 관계가 의심된다. 이렇듯 재생의 반복은 억울한 죽음을 알리는 것과 관계된다. 여지없이 '콩쥐 팥쥐'처럼 악인에 대한 응징이 철저하다. 이렇게 콩쥐의 환생은 억울한 죽음에 대해서 지혜롭지 못한 가부장을 일깨우는 것을 단계적으로 보여줌으로써, 유교사회의 구조가 너무나 계서적(階序的)으로 나뉘어 있어 민중의 억울한 사정과 고통이 상층부에 전달되기가 얼마나 힘든 일인지를 이야기하고 있는 것이다.

따라서 이 이야기가 콩쥐 개인의 이야기에 매몰된다면, 민중들의 의도를 전혀 감지할 수 없다. 콩쥐란 복수명사로 보아야 한다. 죽음과 재생의 반복도 따지고 보면, 이야기에서는 콩쥐라는 개인을 통하여 스토리를 전개시켰지만, 민담 자체가 그렇듯이 어느 한 개인의

---

54) 신동흔, 『살아 있는 우리 신화』, 한겨레출판, 2006, 143-157쪽. 여기서 이 이야기와 콩쥐의 환생이 어쩌면 똑같을 수 있는지 많은 의문이 든다. 특히 철저한 응징은 한풀이에 가깝다. '콩쥐 팥쥐'도 원혼을 달래는 무속과 연관이 있을 것으로 짐작되지만, 차후 연구로 남겨 둔다.

그것이 아니라 집단적인 것이며, 민중은 언제나 죽임을 당하고 그러면서도 끊임없이 재생하는 존재이며, 또 그러면서 끊임없이 유교사회의 최고 가부장의 위치에 있는 임금에게 억울한 하소연을 할 수밖에 없다는 점을 드러내고 있다. 그런 점에서 이 이야기는 혁명성이 결여되었다고 평하는 것[55]은 억지 해석이다. 혁명의 기운이 무르익지 않은 때에 민중들에게 혁명 의식을 기대하는 것은 무리다. 오늘날에도 승산이 없는 일에 혁명적으로 뛰어든다는 것은 기대하기 어려운 일이다. 조선 후기 서인 노론 층이 주도한 성리학적 이데올로기와 예법에 얽매인 무지한 민중이 혁명성을 갖는다는 것 자체가 기적이다. 인간 의식은 해당 시대와 사회의 산물이 아닌가? 그러나 다음에 보이는 냉혹한 응징이 차라리 혁명성의 단초를 열어 준다.

냉혹한 응징

콩쥐는 이제 온전하게 부활하였다. 자기 세상의 권력자의 파트너요 동반자가 되었다. 그럼 이 죄인들을 어찌했는가? '콩쥐 팥쥐'의 각종 유형에서 그 결과가 여러 종류 있는데, 가장 온건한 것은 귀양 보냈다는 것이고, 그 다음이 그냥 죽였다고 한 것이다. 가장 냉혹하게 표현한 것은 팥쥐를 죽여 그 살을 도려내 젓을 담가 팥쥐 엄마에게 보내 먹게 하였는데, 나중에 그것을 안 팥쥐 엄마가 그 충격으로 죽었다는 것이다. 이러한 표현은 이 외에도 많으며 유사한 표현은 팥쥐를 난도질하여 그 고기를 어미에게 보냈다는 것도 있다. 앞의 제주도 무속신화 '차사본풀이'도 이에 못지않다. 환생하는 부분의 내

---

55) 북한의 김춘택(1986)의 연구결과 가운데 하나다. 즉 환상적인 의인적 수법은 당대 민중들의 행복에 대한 지향이지만, 민중의 운명은 민중 자신이 개척해야 한다는 의식이 결여된 것으로 봉건 지배층에게 기대를 건 것이며, 혁명성이 부족한 것이다(이원수, 「콩쥐 팥쥐 연구의 경과와 전망」, 『어문학』, 한국어문학회, 1997, 243쪽).

용도 똑같지만, 악인을 철저하게 응징하는 것도 어쩜 이렇게 한결같은지 민중의 의도를 실감케 한다.

아이들이 읽는 전래동화에는 이 응징의 이야기가 대부분 빠져 있다. 아마도 개작하는 사람들이 비교육적이라 해서 온건하게 완화시켜 표현했는지 모르겠다. 이야기 1-1에서 그것을 살려 보았다. 그러나 표현이야 어찌 되었든 철저하게 응징했다는 사실을 간과한다면 이야기가 왜곡된다. 이 이야기는 단순한 신데렐라 형 이야기가 아니기 때문이다.

이러한 철저한 응징의 직접적 이유는 이야기의 단순 논리로 보면, 콩쥐를 죽이고 또 콩쥐를 죽인 후 감사를 속여 콩쥐 노릇을 했다는 점이다. 오늘날의 입장에서 보면 고의성에 의한 살인죄와 타인을 사칭한 사기죄에 해당될 것이다. 계모는 거기에 직접적인 관련이 없어 보인다. 사실 여러 종류의 이야기에서 무관한 것으로 기술되지만, 어떤 이야기에서는 살인 교사죄(敎唆罪)가 있는 것으로 암시하고 있다. 그래서 직접 죽이지 않고 계모 자신이 그 충격으로 죽는 것으로 되어 있다.[56] 그러나 이야기의 전체 내용에서 살펴보면 둘이 결탁하여 콩쥐를 학대하고 구박하였고, 팥쥐가 콩쥐를 죽인 것은 그 학대의 클라이맥스다. 그러한 악행이 쌓여 응징을 당한 것이다. 그러나 이러한 이야기의 표면적인 내용으로는 이러한 철저한 응징의 이유가 다 설명되지는 않는다.

이야기를 만들거나 전승시킨 민중들은 이야기를 통해 자신들의 처지에 감정이입을 시켰을 것이고, 이야기를 통해 자신들의 한을 드러

---

56) 이 텍스트에서는 계모의 죽음을 일종의 천벌로 처리한다. 다른 유형에서는 둘 다 귀양을 가게 되거나 죽임을 당하는데, 논리에는 맞지 않는다. 이러한 현상은 그만큼 팥쥐 모녀에 대한 응징의 감정이 증폭되다 보니, 현실적 법 논리를 벗어난 것이다. 민중들은 논리에 앞서 악인을 징치하는 데 더 큰 관심과 의욕이 있었던 것이다.

내고자 하였기 때문에 응징이 냉혹할 수밖에 없었다. 그 응징의 대상에 당연히 계모도 포함시켰다. 계모에게 비록 직접적이고 법적인 범죄 행위가 없다고 하더라도 말이다. 이것은 이른바 문학적 카타르시스의 작용이다. 비록 악인들이 실제로 현실세계에서 응징을 당하지는 않았지만, 이야기 속에서나마 자신들의 한이나 스트레스를 풀려고 하지 않았을까? 그러니까 현실세계에서 너무나 부당하고 억울한 일이 많았기에 이야기의 결말이 이렇게 냉혹하다고 말한다면 지나친 것일까?

이 이야기는 구박받고 차별받았던 불행한 소녀가 좋은 신랑감을 맞이하여 행복하게 살았다는 이야기가 결코 아니다. 이야기의 이 냉혹한 응징을 완화시키면 이야기의 주제가 엉뚱한 방향으로 흐른다. 그래서 개작을 할 때는 신중함이 요구된다.

팥쥐의 살을 도려내 젓을 담근 이유

이제 앞에서 미룬 문제에 대한 답을 할 때가 된 것 같다. 많은 연구자들이 이 이야기를 계모 학대 이야기, 신데렐라 형 혼인담, 자아성장 이야기 등으로 규정하였지만, 필자는 이들과 생각을 달리한다. 결론부터 말하면 가정에서 벌어지는 계모 학대 이야기를 차용하여 고도의 사회 정치적 이야기를 은유적으로 표현한 것이라고 본다. 그 상징과 구조를 살펴보자.

우선 주인공인 콩쥐는 민중 또는 백성의 은유적 표현이다. 자신을 보호해 줄 아버지가 있지만, 그 역할이 유명무실한 가운데 계모와 팥쥐로부터 부당한 차별과 학대만 당한다. 천신만고 끝에 하늘의 도움으로 짝을 만나 보호를 받는 대상이 되지만, 이내 팥쥐의 계략에 빠져 죽임을 당한다. 여러 가지 물건으로 재생하여 자신의 존재를 감사에게 끊임없이 알린다.

콩쥐의 이러한 모습은 노동의 질곡에서 벗어날 수 없고 언제나 당하고 죽기까지 하는 민중들의 일상적인 삶을 대변한다. 그래서 콩쥐는 어린 여성으로 등장하였는데, 힘없고 가련함을 적절하게 드러내기 위한 캐릭터다. 그런 콩쥐로 표현되는 백성들에게 좋은 목민관은 찾아보기 어렵고, 설령 있더라도 아전들이나 토호들이 밀착하여 민중을 착취한다. 이들을 위한 착한 지방관리는 애당초 찾아보기 힘들다. 조선 후기로 갈수록 더욱 그러하다. 매관매직으로 벼슬을 산 관리들은 백성으로부터 본전을 뜯어야 하기 때문이다. 이렇게 본다면 콩쥐의 엄마는 선한 목민관, 아버지는 무능한 지방관리 정도로 이해하면 되겠다.

그럼 계모와 팥쥐는 누구인가? 보나마나 민중을 착취하는 사람들이다. 계모는 탐관오리나 탐관오리로부터 뇌물을 받아먹고 벼슬을 판 권문세가나 권력가일 것이다. 팥쥐는 콩쥐와 태생은 다르지만 그 이름에서 본다면 백성들과 다름없는 사람이다. 백성들과 가장 가까이 있는 자이며 권력층에 빌붙어 사는 자라 할 수 있다. 이른바 지주의 마름이나 아전 또는 하급관리라 해도 상관없겠다.

감사는 임금으로 본다. 임금은 일을 정의롭게 처리하는 자이지만, 간신배나 권문세가가 그의 눈과 귀를 가로막아 백성의 사정을 살피지 못하면 백성들은 살기가 힘들어진다. 이상적 유교 국가에서는 백성이 나라의 근본이요 민심이 천심이니, 임금은 백성을 하늘처럼 떠받들어야 한다. 이것을 못하면 임금의 자질과 능력 부족 탓이다.

이렇게 보는 데는 필자 나름대로 근거를 갖고 있다.

우선 맨 마지막의 악인에 대한 응징이 잔인하고 섬뜩하다. 자신이 직접 당한 경우가 아니고는 여간해서 이런 표현을 쓰지 않는다. 필자는 농촌에서 자랄 때 가끔 흉악한 욕을 하는 것을 들은 적이 있다.

'살을 발라 회를 친다', '뼈를 달달 갈아먹어도 시원치 않다', '간을 꺼내 씹어 먹어도 분이 안 풀린다' 등이 그것인데, 모두 자신이 억울함을 당했을 때 쓰는 표현이다. 이야기를 재미삼아 제3자의 입장에서 했더라면 이런 표현을 쓰지는 않았을 것이다. 그만큼 콩쥐의 일이 자기 일처럼 가슴에 와 닿았기 때문일 것이다. 이야기를 전승시키거나 만든 사람 모두가 계모로부터 학대를 받은 사람이 아니기 때문에 자연스럽게 사회적 약자로서 당하는 일을 두고 그렇게 느꼈을 것이다.

그런데 계모와 그 소생의 전실 자녀에 대한 태도라는 특수한 관계를 떠나서 본다면, 팥쥐 모녀가 콩쥐를 괴롭히고 죽이는 데에 대한 특별한 이유가 없다. 더구나 설령 그런 관계라 하더라도, 이미 혼인한 콩쥐를 죽여야 할 원한도 이유도 없다. 단지 부러움과 시기심 때문에 그렇다고 본다면 그 행위가 너무 끔찍하다. 게다가 또 팥쥐가 죽은 콩쥐를 대신해 감사의 아내로 위장하는 것은, 욕심 때문에 그렇다는 점을 십분 이해하더라도, 금방 들통이 나기 마련인데 무리수를 두어 그것을 감행한 이유, 그리고 그 사실을 알아차리지 못하는 감사의 태도는 뭔가 석연치 않다. 이것이 어느 한 가정에 있어서 계모와 전실 자식의 불화라기보다 고도의 사회적 현실을 은유적으로 표현한 점을 짐작케 한다. 그렇기 때문에 필연적인 또는 납득할 만한 동기 없이 저지를 살인사건은 사회적 공분(公憤)을 자아내기에 충분하였던 것이며, 그에 대한 처벌은 그만큼 끔찍할 수밖에 없었다.

둘째, 팥쥐는 집 가까운 모래가 섞인 기름진 밭에서 쇠 호미로, 콩쥐는 비탈에 있는 자갈밭에서 나무 호미로 밭을 맨다는 것은, 바로 관리의 비호를 받는 토호들은 기름진 문전옥답에서 농사를 짓지만, 가진 것이 없는 민중들은 황무지를 개간하여 호구지책을 마련할 수밖에 없음을 나타낸다고 말할 수 있다. 그래서 백성들은 검은 소라도 하늘에서 내려와 도와주었으면 좋겠다는 생각을 했을 것이다. 굶주림을 참으면서 자연의 도움으로 농산물을 생산한다. 그마저도 착취를 당한다. 일례로 처음에 관리들은 백성들에게 황무지를 개간하면 면세로 처리해 준다 해놓고 얼마 지나지 않아 가혹하게 세금을 붙이는 경우가 허다했다.

셋째, 또 콩쥐는 학대만 당한 것이 아니라 착취의 대상이기도 했다. 민중들 자신처럼 말이다. 노동의 착취는 물론이고 하늘이 준 것, 즉 자연이 준 재물을 다 빼앗긴다. 이야기 1-2에서 보이는 것처럼 콩쥐가 검은 소에게서 얻은 과자나 과일을 두 모녀는 모두 빼앗아 먹는다. 이런 에피소드를 굳이 넣을 필요가 없는데 몇몇의 이야기에서 이것이 보인 것은 민중들 자신들이 실제로 하늘(자연)의 도움으로 얻은 자신들의 생산물을 빼앗긴 것을 표현했다고 볼 수 있다. 그러므로 이 이야기는 가정사에 관한 이야기를 빙자하여 민중들 자신의 처지를 이야기한 사회적 맥락으로 이해하면 되겠다.

넷째, 콩쥐의 아버지가 정면에 등장하지 않는 것도 그 한 예다. 한 가정에 있어서 어린 딸이 후처에게 그런 수난을 당하는데 모른 체할 아버지는 없다. '장화 홍련'을 보면 아무리 사악한 계모라도 가부장의 권위에 절대로 도전하지 않는다. 계략을 써서 가장을 속여 그 권한을 악용은 해도 말이다. 만약 이 이야기가 한 가정의 일을 이야기하는 것이라면 '장화 홍련'처럼 가장에게 콩쥐를 모략했을 것이다.[57] 이것이 한 개인의 아버지가 아니라 집단의 아버지 역할을 할 사람이 없었다는 것을 이야기해 준다.

다섯째, 콩쥐가 죽어서 드라마 '전설의 고향'처럼 그 억울함을 단

---

[57] 그래서 다른 변이에서는 콩쥐가 검은 소에게서 과일과 과자를 얻어 오자 계모는 콩쥐 더러 서방질을 해서 얻어 온 것이라고 말하지만, 콩쥐 아버지에게 고자질하는 일은 없다.

번에 알리지 않고 여러 가지 물건이나 혼(魂)으로 반복해서 재생하는 과정이, 콩쥐의 죽음이 단지 한 사람에 대한 사건이 아니라 수많은 백성들의 억울한 죽음에 대한 저마다의 호소라고 보는 점에서 그렇다. 백성들의 억울함을 여러 가지 방법으로 호소하려는 점이 녹아 있다고 보아야 할 것이다.

여섯째, 콩쥐는 팥쥐 모녀의 부당한 대우에 대하여 바보스러울 정도로 저항을 하지 않는다. 아버지에게 억울함을 알리거나 이웃사람에게 하소연하지도 않는다. 이 이야기가 개인적인 가정사를 다룬 이야기라면 나중에 계모에게 혼이 날지언정 팥쥐와 티격태격 싸울 수도 있을 것이다. 그러나 일체의 저항이 없다. 할 수 있는 일이라곤 엉엉 우는 것이 고작이다. 결코 자신의 자아가 넓어지는 현상으로서의 통곡이 아니다. 운다는 것은 달리 어찌할 방도가 없다는 것을 뜻한다. 따라서 이러한 태도는 당시 민중이 관청 또는 관리에 대하여 항의할 수 있는 방식이 없음을 뜻한다.58) 항의하는 징조만 보여도 관장(官長)을 모욕했다는 구실로 호된 질책을 당하는 게 예사였다. 고로 콩쥐의 태도는 백성의 이러한 모습을 은유적으로 나타내고 있다고 보아야 할 것이다.

그 외 물 긷기, 벼 찧기, 베 짜기에서 각종 동물들이 콩쥐의 편이 되어 돕는 것도 평소 자신들의 일상적인 막대한 양의 노동에 대하여

---

58) 민중이 관(官)에 대하여 항의 한마디 할 수 없음은 다산 정약용의 시(「哀絶陽」)에서도 볼 수 있다. 그 내용은 한 농부가 아이를 낳은 지 사흘 만에 죽은 아비와 자신의 이름과 함께 아이 이름이 군적(軍籍)에 등록되어 억울함을 호소도 못하고 이정(里正)이 소를 끌고 가버리자, 그 억울함에 그 남자가 자신의 생식기를 칼로 잘라 버린 사건이다. 그 시의 일부는 다음과 같다. "蘆田少婦哭聲長, 哭向縣門號穹蒼, 夫征不復尚可有, 自古未聞男絶陽, 舅喪已縞兒未燥, 三代名簽在軍保, 薄言往愬虎守閽, 里正咆哮牛去皂, 磨刀入房血滿席, 自恨生兒遭窘厄, (중략) 豪家終歲奏管絃, 粒米寸帛無所損, 均吾赤子何厚薄, 客窓重誦鳲鳩篇."

그런 동물들이라도 도와주었으면 하는 바람이 투영되었다고 보면 되겠다. 그 중에는 참새처럼 평소 이로운 동물이 아님에도 불구하고 그런 염원을 투영시킨 것도 있다. 이 역시 콩쥐는 한 개인이 아니라 민중을 상징하는 복수(複數)라고 이해해야 할 것이다. 뒤에서 콩쥐가 여러 물건으로 환생(還生)하는 것도 똑같은 맥락이다.

이제 이야기에서 말하고자 하는 바를 이 은유적 표현에 맞추어 다시 보자.

이야기의 표면상으로는 친어머니가 죽고 아버지가 계모를 맞아들임으로써 비극이 시작된다. 어머니의 죽음은 어쩔 수 없다고 치더라도, 아버지는 콩쥐의 불행을 막을 수 있었다. 그러나 이야기에서는 아버지의 존재조차도 거론되지 않는다. 즉 아버지는 유교사회의 가정 내에서 절대적 권력을 지녔지만, 한 번도 그 위력을 발휘하지 않는다. 다시 말해 어머니가 죽고 아버지가 가부장권을 발휘하지 못하는 것은, 그 자체로 유교사회에서 있을 수 없는 일이 될 수도 있지만, 사회적으로 확대하면 어머니와 같이 따뜻하게 보살피는 목민관이 없다는 뜻이고, 설령 콩쥐 아버지처럼 나쁘지 않은 목민관이 있어도 악인들의 횡포 앞에선 민중들에게 아무런 도움이 안 된다는 말이다.

이렇게 말한다면 혹자는 지나친 비약이라고 말할지도 모르겠다. 그러나 유교사회의 본질을 이해하면 생각이 달라질 것이다. 특히 성리학의 논리는 가정을 천리(天理)가 적용되는 가장 작은 공동체 단위로 보고, 그 가정의 논리가 확대된 것이 국가다. 그래서 군왕을 백성의 어버이라고 하지 않던가? 백성들은 어버이를 따르듯이 군왕에게 순종해야 한다. 우리가 현재 쓰고 있는 국가(國家)라는 말도, 원래 중국 서주(西周) 시대 봉건사회에서 그러한 가부장의 통치단위인 국(國)이나 가(家)가 결합된 말이라는 점을 상기한다면 쉽게 이해가 될 것이다. 즉 군자의 활동 범위는 신(身) → 가(家) → 국(國) → 천하(天下)로 이어지는데, 가(家)를 다스리는 논리는 천하(天下)에 그대로 이어지며, 그 근본은 자신의 몸을 수양하는 수신(修身)에 있다.[59]

그러니까 근본적으로 지도자의 수신(修身)이 문제가 되며, 이것은 다시 말해 지도자의 도덕성이 무너지면 가부장제도 자체의 위기가 도래한다는 것이다. 이런 점에서 이 '콩쥐 팥쥐' 이야기가 가부장권의 약화로 인한 가장권의 위기를 불식시키려는 의도가 개입되어 있다[60]고 보는 견해는 일면 타당성이 있어 보인다. 그러나 이것은 한 부분만 살펴본 견해요, 전체적으로 볼 때 가장권을 보호하기 위한 것이 아니라 그것을 제대로 사용하지 못한 무능함에 대한 문제 제기다. 당시 가장권은 절대적으로 주어져 있기 때문이다. 그래서 이 이야기는 직접적으로는 '콩쥐가 이렇게 당하는데 도대체 아버지는 무엇하고 있나?'이고, 이것을 사회적으로 볼 때 '백성이 이토록 고통당하는데 지도자들은 왜 팔짱만 끼고 있나?'라고 말하고 있다.

어쨌든 아무런 보호를 받지 못하는 민중들은 온갖 어려움과 역경 속에서도 살아간다. 이들에겐 잔치나 축제가 별 의미가 없다. 노동에 짓눌리어 한시도 편할 날이 없기 때문이다. 이들의 질곡과 한탄은 하늘만이 알고 들어줄 일이다. 그리고 그 억울함을 운 좋게 하늘의

---

59) 『大學』, "古之欲明明德於天下者, 先治其國, 欲治其國者, 先齊其家, 欲齊其家者, 先脩其身."

60) 이윤경, 「계모형 고소설 연구: 계모설화와의 관련성을 중심으로」, 성신여자대학교 대학원 박사학위논문, 2004, 168쪽. 그런데 연구자는, 계모를 처참하게 응징하여 구가정 양태만을 완강하게 고수하는 것은 가장권의 보호라는 의식이 앞선 결과, 가장권의 위기를 초래하느니 신참자를 제거함으로써 가정 갈등을 해소하고 가장권을 공고히 하겠다는 경직된 사고방식이 작용한 결과로 봄(168-169쪽)으로써 필자와 견해가 달라진다.

도움으로 임금이 알아주는 날이 왔다. 잠시나마 새 세상, 새 날이 온 것이다. 이제야말로 유교의 민본사상이 꽃피게 되었다. 민중은 명실공히 임금의 자녀가 되었다. 이것이 감사와 콩쥐의 혼인이 상징하는 바다.

콩쥐가 감사와 혼인했으니, 요즘 식으로 말하면 이제 민주화가 되었으니, 국민에겐 만사가 오케이다. 독재정권은 물러나고 거기에 빌붙어 부귀영화를 노리는 놈들은 이제 민주의 이름으로 역사의 뒤안길로 밀려날 판이다. 그런데 이게 뭔가? 콩쥐가 어리석게도 팥쥐를 쉽게 용서하고 받아들였더니, 팥쥐가 계략을 짜 콩쥐를 죽이고 제가 콩쥐 행세를 하는 게 아닌가? 새 길 닦아 놓으니 문둥이가 먼저 지나간다고, 엉뚱한 놈들이 재미를 보는 것이다. 여론은 왜곡당하고, 쫓겨나야 할 놈들이 더 튀어나와 주인 행세를 한다. 우리의 콩쥐는 불쌍하게도 물에 빠져 죽게 되니, 목숨 걸고 민주화시킨 대가가 고작 이런 것이란 말인가?

감사와 혼인하여 콩쥐가 행복을 찾은 듯 보이더니 뒤에 가서 기어코 목숨을 잃게 되는 것은, 잠시 현명한 지도자의 배려로 세상이 좋아지는가 싶다가 말짱 도루묵이 되는 꼴이니, 이는 사회적 악의 뿌리가 더 깊고 건실함을 말해 준다. 기득권은 오히려 강화된다. 문제의 해결은 여전히 가부장권의 발휘에 있다. 반복이다. 그 차이는 표면적으로 볼 때 전반부 이야기가 가정 내의 일이라면, 후반부도 물론 콩쥐네 가정 내의 일이지만 사회적으로 확장된다. 가부장의 권한이 막강하다는 점에서 앞의 것과 다르다. 이야기 속에서 감사가 인간의 생사여탈권을 갖고 있기 때문이다.

그런데도 감사란 놈이 제 색시 하나 못 알아보고, 임금이란 자가 눈이 어두워 권문세가나 간신배들, 기득권들이 다 저처럼 착한 줄 알고 물렁물렁하게 내버려 두더니 백성이 죽어가도 힘을 못 쓰는 꼴이다. 말만 민주화지 시민들의 삶은 더 힘들어졌다. 이게 다 임금이 권문세가의 협잡에 당한 일이 아닌가?

세상이 이렇게 끝난다면 억울해서 어떻게 사나? 좋은 임금 되게 만들어야지. 그래서 죽어서라도 꽃으로 피어나 알리고, 구슬처럼 굴러다니면서 떠들고, 혼령이라도 있으면 다시 살아나 임금이 정신 차리게 호통이라도 쳐야 하지 않겠는가? 잠자코 있으면서 투표에 기권하는 자는 참 시민이 아니다. 이들에겐 내일이 없다. 다시 살아날 수 없다. 콩쥐처럼 나쁜 놈들 머리카락 쥐어뜯고 얼굴 할퀴면서 자신들의 뜻과 존재를 알려야 하지 않겠는가?

그래, 민중이 승리하는 그날이 올까마는, 혹 온다면 우리 임금 제대로 정신 차려 악인을 심판하리라. 시민의 목소리를 외면하고 권력에 빌붙어 아첨하는 놈들, 옳은 말보다 아부하는 선전으로 제 잇속 챙기기를 일삼는 놈들, 온갖 탈법과 비리를 저지르면서 반칙을 능사로 아는 놈들, 곡학아세하는 놈들, 노력하지 않고 가만히 앉아서 투기로 떼돈 번 놈들, 부모형제 윤리 모두 팽개치고 돈만 아는 놈들, 모조리 잡아다가 살을 도려내고 뼈를 발라 누구한테 보낼까?

결론적으로, 임금 노릇, 애비 노릇 제대로 하라는 얘기다.[61] 그렇게만 하면 사람 잡아 젓 담그는 일 없어진다. 여기서 계모나 팥쥐가 가혹하게 응징을 당하는 점에서, 만약 이것을 가정소설로만 본다면 너무 가혹한 처사라고 말할 수 있다. 가부장권의 역할을 제대로 발휘하지 못한 가장의 도의적 책임[62]도 무겁기 때문이다. 그래서 조선 사회의 특징상 가장을 직접적으로 비난할 수 없는 한계 때문에 계모의 악행을 징치하는 데 더 무게를 실었다고 비판할 수 있겠다. 하지

---

61) 『論語』, 「顏淵」, "齊景公, 問政於孔子. 孔子對曰, 君君臣臣父父子子."

62) 이 경우 가장은 이른바 『대학』의 수신제가(修身齊家)의 역할을 못한 사람이 되고 만다.

만 앞에서 살펴본 대로 계모나 감사가 사회적 강자의 은유적 표현이라면 이야기는 달라진다. 계모와 팥쥐에 대한 응징은 필연적임과 동시에 가부장의 정점에 있는 임금이나 그의 대리자인 관리들의 도덕적 책무에도 흠집이 되는 것이다.

전통을 맹목적으로 숭상하는 자들에게 한마디 한다면, 바로 이 점이 유교사회 체제의 한계다. 지금 세상이 혼탁하다고 과거의 몇 가지 장점만 보고 그 시절을 그리워하지는 말자. 그때는 지도자가 잘못했을 때 백성의 입장에서 항변할 길이 없었다. 사대부들은 글줄이나 써서 임금에게 상소라도 올릴 수 있다. 그러나 백성들은 글을 올릴 수도 없고 배운 것도 없어서 쥐도 새도 모르게 죽는 게 다반사다.

그렇다면 요즘은 그때보다 훨씬 좋은 세상인가? 내가 값싼 삼겹살 고기라도 마음껏 먹을 수 있어서 배 굶지 않고, 청와대나 정부기관의 홈페이지에 글을 올릴 수 있고, 내가 지지하는 후보에게 한 표 던져서 지도자를 선택할 수 있고, 나에게 조그만 불이익이나 차별이 있다고 느낄 때 내가 항변할 수 있다고 해서 좋은 세상인가?

하긴 돈만 많다면 대한민국이 세상에서 가장 살기 좋은 나라라는 것이 헛소문은 아닐 것이다. 돈이든 명예든 권력이든 인기든, 가진 것이 많은 사람들에게는 말이다. 그러나 세상에는 밝음이 있으면 그늘도 있는 법, '콩쥐 팥쥐' 이야기는 당시 민중들의 그늘진 곳을 말한 것이며, 오늘날과 같은 광명 천지에도 여전히 그늘은 있다.

오늘날 그늘진 곳에 사는 사람들은 모두 게으르고 못나고 경쟁에서 밀렸기 때문이라고 낙인찍힌다. 이들은 갈수록 살기가 힘들어진다. 이들도 엄연히 피해자인데, 더 큰 문제는 전통시대와는 달리 빼앗기면서도 빼앗기는 줄 모르는 것이 아닌가? 자본주의 자유경쟁 구조가 그걸 알 수 있는 귀를 막고 눈을 가려 버렸다. 또 복잡한 먹이 사슬이 누가 계모인지 팥쥐인지 분간 못하게 만들어 버렸다. 원망할 대상이나 응징해야 할 자가 안 보인다. 모두가 제 탓으로 치부된다. 콩쥐보다 더 불쌍한 처지다. 이들은 무엇을 꿈꿀까?

백성과 구세주

계모와 의붓딸을 들인 가정에서 전실의 딸이 겪는 고초와 해방을 통해 민중들이 자신의 입장을 은유적으로 드러낸 것이라는 각도에서 앞의 이야기를 해석해 보았다. 여기서는 이러한 생각의 단초가 어디서 출발하는지 찾아보자.

유사 이래 민(民)은 어느 세계에서나 역사의 주체로 나서지 못했다. 백성은 통치의 대상이요, 착취의 대상이었다. 백성들은 좋은 지도자를 만나면 편안하고 배불리 살 수 있지만, 그렇지 못하면 언제나 궁핍하였고 목숨도 이어가지 못했다. 좋은 지도자를 만나 편안히 사는 것보다 좋지 못한 지도자나 때를 만나는 경우가 더 많았다. 비록 좋은 지도자를 만났다 하더라도 외적의 침입에 따른 곤경이나 계급구조에 따른 차별이 존재했고, 각종 노역이나 의무사항에서 자유로울 수 없었으므로, 이들이 기댈 곳은 세상 어디에도 없었다. 오직 보이지 않는 신(神)밖에는 기댈 곳이 없었다. 그래서 고통 받는 곳, 투쟁을 위하여 이성적 판단으로 집단적인 힘을 모을 수 없는 곳, 더이상 기댈 곳이 없는 상황은 종교 발생의 온상이다. 백성들의 고통과 억울함을 하소연할 곳이 하늘밖에 없다는 말이다. 배부르고 등따뜻한데 뭐가 아쉬워 신을 찾겠는가?

그들이 기대는 곳이 하늘의 신이든, 물의 신이든, 바위나 나무든, 아니면 조상신이든, 그것이 무엇이든 묻지 말자. 집단적으로 동일한 조건에서 고난을 받을 때는 동일한 신의 이름으로 등장하겠지만, 조건이 다양할 때는 신의 이름도 다양할 것이기 때문이다. 물론 그런 신을 찾을 때는 집단의 문제뿐만 아니라 개인적인 안전이나 복락도 함께 빈다.

앞의 '콩쥐 팥쥐' 이야기는 민중들의 공통적 염원이 반영된 이야기로서, 민간종교의 흔적 이상을 발견할 수 있다. 민간신앙적 요소로는 하늘에서 내려온 소라든지 두꺼비와 참새 떼가 도와주는 것, 죽었다가 환생하는 것, 게다가 검은 소를 콩쥐 어머니의 화신으로 보는 것이나, 어떤 이야기에서는 직접 선녀가 내려와 콩쥐를 돕는 것 등이 그것이다. 우리는 흔히 이런 것들을 도교적 요소라 부르는데, 사실 도교라는 것도 연구자의 편의를 위해 고안된 종교적 분류 개념이다. 그것은 상급의 노자와 장자 철학, 중급의 수련(修鍊)이나 연단(鍊丹), 하급의 민간신앙이나 무속으로 나누기도 한다. 편의상 도교로 나눈 것이지만 도교와 무관한 인간세상의 자연스러운 현상이 아닐까?

그러나 어쨌든 콩쥐를 위해 돕는 동물들도 이 이야기의 주제와 관련해서는 하나의 소품에 불과하다. 이 이야기를 만들거나 전승하는 사람들이 꿈꾸고 있는 것은 새 하늘과 새 땅으로 상징되는 새 세상이다. 착취와 학대가 없는 세상을 꿈꾼다. 무능한 지도자를 일깨워서, 백성들을 착취하거나 뒤에서 조종하고 그런 기득권을 유지하기 위해 점잖은 척 이중 플레이하는 놈들 모두 깨끗이 청소하자는 이야기다. 소박한 꿈이다. 모두가 똑같이 계급도 없고 부자나 가난한 자도 없고, 다스리는 놈 없고 당하는 자 없는 그런 평등한 낙원을 꿈꾸는 이야기가 결코 아니다. 부당하게 착취하는 놈 없게 지도자가 정치를 잘하여, 임금은 임금답고 아비는 아비다우며, 신하는 신하답고 백성은 백성다운 그런 세상을 바랄 뿐이다. 소박하고 현실적인 꿈이다.

그 꿈을 자세히 들여다보면 논과 밭, 그것도 기름진 땅에서 내쫓긴 백성들은 황무지를 개간하면서 날마다 힘든 일을 해야 하기에, 하늘에서 내려온 검은 소라도 일을 도와주고 배불리 먹여 주었으면 하는 소원이다. 황무지에서 수확한 것마저도 빼앗기지 않았으면 좋 겠다는 생각이다.

잔치가 있어도 어디 밀린 일 때문에 가볼 수나 있나? 두꺼비나 참 새라도 와서 도와주고 선녀라도 내려와 베라도 짜준다면 모를까. 아 니 그래 준다고 해도 입고 갈 옷, 신을 신발이라도 있나? 누가 도와 준다면 모를까. 혹 누가 그렇게 해주면 잔치에 갈 수도 있겠다. 그런 데 잔치라도 편안히 마음 놓고 구경할 수 있나?

그러므로 궁극적으로 훌륭한 지도자가 나와서 두꺼비나 참새가 도 와주지 않아도 되는, 사람 죽여 젓갈 만들지 않아도 되는, 그런 세상 만들었으면 좋겠다는 이야기다. 우리 민중들이 바라는 메시아는 그 런 지도자다. 냄새도 없고 소리도 없는 곳, 죽어서 가는 그런 저승이 아니라, 온갖 고생을 참고 오로지 진리를 위해 헌신한 대가로 주어 지는 그런 천국이 아니라, 진리를 깨달아 부모와 자식의 인연도 끊 고 세상을 한 줌의 티끌처럼 여기고 들어가는 그런 극락이 아니라, 바로 이 땅에 내 부모가 살고, 내가 살고, 내 자식과 함께 알콩달콩 사는, 그런 세상을 만들 지도자가 있었으면 좋겠다는 생각이다.

그래, 이런 이야기다. 이 또한 하늘이 돕지 않는다면 어찌 가당키 나 한 일인가? 그런데 왜 하늘이 이들을 도와야 하는가?

고대인들의 사유는 기본적으로 인간을 하늘의 자손으로 생각하는 경향이 강했다. 우리의 단군신화를 비롯한 건국신화는 물론이고 민 간신앙에서도 그 흔적을 얼마든지 찾아볼 수 있다. 최근까지 불린 우리 무가(巫歌) 가운데는 신이 황토로 인간을 빚었다고 하는 것도 있고, 하늘에서 내려온 벌레가 자라 인간이 되었다고도 전한다. 특히 벌레가 내려와 인간이 되었다고 하는 「창세가」의 내용은 아주 독특

하여 연구자들이 우리 신화 고유의 화소(話素)로 인정하고 있다.[63] 기독교 『성서』의 「창세기」에도 인간은 신의 형상으로 흙으로 빚어졌다고 하며, 중국 고대인들의 생각에서도 "하늘이 많은 백성을 낳았다."[64]는 내용을 엿볼 수 있듯이, 인간을 하늘의 자손이라고 보는 사례는 수없이 많다. 따라서 인간이 하늘의 자손이니 하늘이 그 자손을 돕는 것이 당연하다고 추론하는 것은 어렵지 않다. 그 착한 자손이 아무 이유 없이 집단적으로 고난을 당하는 것이라면 더욱 그러하다.

그러나 중국의 경우 민(民)이 처음부터 하늘의 자손의 대우를 받은 것은 아니다. 한자 '民'의 원래의 상형문자[金文]는 눈동자 없는 눈을 바늘로 찌르는 형상이다. 즉 눈을 바늘로 찔러 보이지 않게 만든 노예를 나타낸다. 후에 그 의미가 눈이 보이지 않는 사람처럼 아무것도 모르는 많은 사람들, 피지배계층을 지칭하는 것으로 설명되고 있다.[65] 가까운 동족이나 이웃 사람을 지칭하는 '人'과는 분명한 차이가 나는 글자다.

동아시아 전통에서 정치는 백성을 위해서 존재하는 것이라는 사상의 단초는 우리 단군신화의 홍익인간(弘益人間)에서도 엿볼 수 있으며, 이것을 좀 더 이론적인 체계로 완성시킨 사람은 맹자다. 물론 그러한 단초는 "백성이 나라의 근본"이라고 말하는 『서경(書經)』[66]과 이것을 이은 공자의 "백성을 부릴 때는 큰 제사를 받들듯이 (신중)하

---

63) 신동흔, 앞의 책, 23쪽.

64) "天生烝民."(『詩經』, 「大雅」)과 "天生此民也, 使先知覺後知."(『孟子』, 「萬章上」)에서도 보인다.

65) 안병주, 『유교의 민본사상』, 성균관대학교 대동문화연구원, 1987, 38쪽.

66) "백성이 나라의 근본이니 근본이 튼튼해야 나라가 평안하다."는 민본의 기본적 사상은 『서경』의 "民可近, 不可下, 民惟邦本, 本固邦寧."(「夏書·五子之歌」)에 나온다.

라."67)는 데서 확인할 수 있다.

그러나 맹자에 이르러 그 사상은 구체적이고 조직적이다. 학술적으로 민본사상이라 부르고 그것이 더 발전하여 천명(天命)사상에 이어 혁명(革命)사상까지 전개된다. 맹자가 백성들을 얼마나 사랑했는지는 다음의 글귀에서 확인할 수 있다. 즉 "정치가의 푸줏간에는 기름진 고기가 있고 마구간에는 살찐 말이 있는데, 들판에는 굶어 죽은 백성들의 시체만 나뒹군다면, 이는 짐승을 이끌고 와서 사람을 잡아먹는 것이다."68)라든지, "부모가 추위에 얼고 굶주리고, 형제와 처자가 흩어졌다."69)라든지, "백성이 가장 귀하고, 그 다음이 사직(나라)이고, 임금이 가장 가볍다."70)라는 말에서 그 점을 확인할 수 있다. 그래서 음악을 즐겨도 백성과 같이 하고, 스포츠를 즐겨도 백성과 같이 한다면 문제될 것이 없다고 한다. 이것이 바로 백성과 더불어 즐긴다는 여민동락(與民同樂)71)으로 그의 애민(愛民)사상의 한 핵심이다.

그래서 왕이 백성을 위해 제대로 정치를 하지 못하고, 그들을 도탄에 빠지게 한다면 왕을 갈아 치울 수 있다고 한다. 그 무시무시한 '혁명(革命)'이란 말은 맹자에게서 유래한다.72) '革'이란 한자는 원

---

67) 『論語』, 「顏淵」, "使民如承大祭."
68) 『孟子』, 「梁惠王上」, "庖有肥肉, 廄有肥馬, 民有飢色, 野有餓莩, 此率獸而食人也."
69) 『孟子』, 「梁惠王上」, "父母凍餓, 兄弟妻子離散."
70) 『孟子』, 「盡心下」, "孟子曰, 民爲貴, 社稷次之, 君爲輕."
71) 『孟子』, 「梁惠王下」 참조.
72) 맹자 이전에 『서경』에서 "民聰明自我民聰明, 天明畏自我民明畏(「虞書‧皐陶謨」)."라고 하여 그 단초를 엿볼 수 있다. 또 같은 책(「周書‧泰書上」)에서도 "백성이 원하는 것을 하늘은 반드시 따른다(民之所欲, 天必從之)."라고도 말하고 있다. 맹자의 혁명사상은 「萬章下」에 집중적으로 거론된다. 그 가운데 "반복해서 간해서 듣지 않으면 임금 자리를 갈아 치운다(反覆之而不

래 '가죽'이란 뜻을 가진 글자지만 나중에 뜻이 첨가되어 '바꾼다'는 뜻으로도 쓰인다. 그러니까 '혁명'이란 명(命)을 바꾼다는 뜻인데, 자세히 말하면 천명(天命), 곧 하늘이 명령이 바뀌었다는 의미다. 옛날의 왕들은 모두 자신이 하늘의 뜻을 이어받아 왕이 되었다고 여겼는데, 하늘의 뜻이 바뀌었다는 것은 그 왕이 덕(德)을 잃어 하늘이 그를 지지하지 않으니, 새 임금으로 바꾼다는 뜻이다. 그런데 하늘의 뜻을 어찌 알 수 있을까? 바로 백성들의 마음이 하늘의 마음이기 때문에, 백성들이 지지하지 않는 임금은 하늘이 그를 버렸으므로 갈아치울 수 있다는 뜻이다. 우리가 흔히 아는 '민심(民心)이 천심(天心)이다.'라는 말이 이를 두고 한 말이다. 그렇다. 민심을 잃으면 권좌를 잃게 된다.

이렇듯 민심의 향방에 따라 정권의 향방이 결정된다. 오늘날도 마찬가지다. 다만 당시는 백성이 정치에 직접 참여할 수는 없었지만 말이다. 그러니 민심을 살피지 않을 수 있겠는가? 그러나 사상적으로는 이렇게 백성들은 하늘의 자손이고 하늘은 백성의 편이라고 하지만, 현실은 여전히 그렇지 못했다. 권력자나 그 하수인의 농간이 있기 때문이다. 왕조가 바뀔 때마다 백성을 빙자하여 정권을 빼앗았지만, 결국 백성을 배반하는 왕들도 많았다. 백성을 위한 정치는 간혹 있었더라도, 언제나 희망사항으로 남았다. 그래도 한 줄기 빛을 던져 주었기에 비록 사상적으로나마 백성을 위한 정치를 해야 한다는 공자나 맹자를 성인(聖人)[73]이라 칭했는지 모르겠다.

우리 '콩쥐 팥쥐' 이야기는 이렇듯 민심을 우습게 알았던 간 큰 정

聽則易位)."가 그 뜻을 잘 표현한 말이다.

[73] 전통적으로 공자에 비해 맹자의 사상이 과격하고 군왕을 가벼이 업신여긴다고 보았는지 몰라도 맹자를 아성(亞聖), 즉 성인에 버금가는 정도로 평가했다. 역대 왕들도 맹자를 껄끄럽게 생각했을 것이다.

치가들이 많았던 시절의 이야기다. 아마도 조선 말기 세도정권이나 또는 당쟁에서 승리하여 정권을 쟁취한 세력이 백성을 억압하면서 가문과 문벌의 부귀영화에 눈이 어두워 민심의 향배에는 관심이 적었던 시절의 이야기일 것이다. 이 이야기의 원형이 어디서 생기고 어디로 전파되었든 간에, 이야기를 전승하는 사람들의 감정이나 염원은 앞에서 말한 그대로가 아닐까? 혁명을 꿈꾸고 세상을 뒤집자는 것이 아니라, 당대의 정치가나 지도자가 눈을 똑바로 떠서 백성들의 고난과 어려운 처지를 제발 제대로 알아주기만을 바라는, 지극히 소박하고 현실적인 꿈이 아니었을까?

3. 힘없는 다수가 승리하는 날이 저절로 올까?

우리가 '콩쥐 팥쥐'를 통해 물을 수 있는 질문은 무엇인가? 오늘 우리가 제대로 물었는데 거기서 그 물음에 대한 답을 주지 못한다면, '콩쥐 팥쥐'는 그저 아이들이 재미삼아 읽는 흘러간 옛이야기에 불과할 것이다. 반면에 그것이 우리 민족의 문화적 자산이라면 거기에는 무언가 의미가 있기 때문이고, 그런데도 묻지 못한다면 묻는 자의 자질 부족 때문일 것이다.

이러한 질문은 현실에 대한 문제의식에서 출발한다. 어떤 연구든 작품이든 현실에 대한 문제의식이 없으면 공허하다. 특히 과거에 있었던 것을 대상으로 할 때는 더욱 그러하다. 어떤 텍스트를 통하여 답을 구하고자 할 때 문제의식이 분명하면 답은 의외로 쉽게 찾을 수 있다.

현실의 문제가 단순하면 옳고 그름을 가리는 것은 어렵지 않다. 그 문제가 대다수 사람들의 공통적인 이해관계와 관련될 때는 더욱 그렇다. 그러나 문제가 복잡하고, 그 이해관계가 여러 집단 사이에서 얼키설키 얽혀 있을 때는 판단하기 쉽지 않다. 사람들은 거의 본능적으로 자신의 이해관계에 따라 옳고 그름을 판단하지만, 그 기준을 자신이 아닌 국가나 후손의 이익에 둘 때, 즉 더 객관적이고 이성적인 판단을 해야 할 때도 무엇이 최선인지 판단이 안 설 때도 있다.

더욱이 현실의 어려운 문제와 미래의 후손을 위한 문제가 갈등을 일으킬 때는, 정치가를 비롯한 대다수의 사람들은 현실의 문제부터 해결하려 들지만, 더 원대하고 장기적인 안목에서 볼 때는 이 또한 판단하기 어렵다.

이처럼 현실에서 문제의식을 갖는 것은 쉽지 않다. 우매한 필자의 입장에서는 다음과 같은 질문으로 시작한다.

1. 계모와 전실 자식은 갈등할 수밖에 없나?
   1-1. 왜 계모와의 갈등만 문제인가?

2. 사회적 악행에 대하여 정말로 철저하게 응징해야 하나?
   2-1. 무엇이 선이고, 무엇이 악인가?
   2-2. 오늘날 사회구성원들 가운데서 콩쥐와 팥쥐, 계모의 역할을 명확하게 구분할 수 있나?
   2-3. 힘없는 다수가 승리하는 날이 저절로 올까?

3. 유교적 민본사상은 자본주의 사회에서 여전히 유효한가?

새어머니, 새아버지

계모에 대한 이야기는 먼 옛날에만 있었던 일이 아니라, 지금도 일어나고 앞으로도 더 많이 일어날 이야기다. 친어머니가 교통사고나 재난, 그리고 질병으로 죽어서 새어머니를 맞아들이는 경우도 있을 것이고, 친모가 살아 있지만 부모의 이혼으로 인하여 새어머니가 생기는 경우도 의외로 많을 것이다. 그래서 '콩쥐 팥쥐' 이야기는 앞으로도 많이 회자될 것으로 확신한다.

‘콩쥐 팥쥐’ 이야기는 계모와 그의 소생이 전실 자식을 일방적으로 학대하는 경우로, 계모나 그 소생의 악행을 지나치게 과장해서 그려냈지만, 현실세계에서는 그런 일이 좀처럼 드물다. 그래서 이 점은 ‘콩쥐 팥쥐’ 이야기가 단순히 계모의 악행을 내용으로 하는 가정사를 다룬 것이라고 보기 힘든 이유가 되기도 한다.

 그러나 현실세계에서도 계모와 전실 자식 간의 갈등이 만만찮다. 이런 갈등이 증폭되어 계모가 아이들에게 못할 짓도 하고, 전실 자식 또한 계모를 한없이 증오하기도 한다. 요즘 인기리에 방영되고 있는 연속극에서도 계모와 전실 딸의 갈등이 보인다. 직접적인 원인은 전실 딸의 버릇없고 삐뚤어진 성격으로 계모가 일방적으로 당하는 형국이다. 계모도 집안 어른이나 남편 때문에 그 갈등을 겉으로 드러내고 있지는 않지만, 심적인 스트레스를 엄청 받을 것이다. 계모의 악행보다 전실 자식의 버릇이 문제가 되고 있는 지금이 이전의 계모 이야기와 다른 점이라면 섣부른 판단일까?

 그렇다면 ‘계모와 전실 자식은 서로 갈등할 수밖에 없는 존재인가?’

 사실 이러한 질문에 대한 답은 깊이 있게 다루어 볼 필요가 없을 것으로 보이지만, 그 원인을 따져 본다면 꼭 그렇지는 않다. 철학적 고찰이 요구되는 부분이 있다. 그래서 재산 문제, 상속 문제, 노후 문제, 사회적 시선 등의 사회적 조건이 일차적인 갈등을 유발하는 원인이 된다는 점과, 개인의 품성이나 성격에 따라 유발되는 요인을 제외하고, 더 근원적인 문제에 있어서 갈등이 존재할 수밖에 없는 이유를 밝혀 보고자 한다. 사실 뒤에서 밝히고자 하는 이런 원인과 요인도 갈등에 있어서 매우 큰 작용을 한다. 상당 부분 이 문제로 갈등이 일어나기도 한다. 따라서 재산이나 상속 문제가 해결된다고 해서 갈등이 없는 것은 아니다.

심리적으로 볼 때 인간은 경험이 자신을 만든다. 다시 말해 한 개인의 정체성은 그 자신의 기억에 의존된다. 이때 기억을 상실하면 개인의 정체성을 잃고 만다. 이 경우 생물학적으로 살아 있지만, 이전의 자신은 죽은 것이나 다름없다. 치매 환자나 기억상실증 환자, 극단적으로 식물인간을 생각해 보면 쉽게 이해될 것이다. 이런 점에 착안한 것 가운데 하나가 불교적 인간관이다. 사람들이 보통 한 개인으로 인정하는 자기 자신은 인연의 산물이라는 것 말이다. 철학적으로 볼 때 인간은 사회적 동물이요, 사회 속에서 상호관계의 산물이다.

따라서 계모와 전실 자녀의 관계는 이전의 기억과 현실의 경험이 어떠했느냐에 따라 설정될 수밖에 없다. 이런 구도 속에서는 계모가 항상 불리할 수밖에 없다. 가정이라는 공동체의 신참자라는 이유로 전실 자녀에 있어서 계모에 대한 좋은 경험의 양이 친모의 그것보다 절대적으로 부족하기 때문이다. 특이하게 친모에 대한 나쁜 경험이 많을수록 계모에 대한 호감은 이에 반비례하여 커질 수는 있다.

더구나 시간의 흐름에서 볼 때 전실 자식에게는 어머니가 둘이기 때문에 비교가 성립한다. 하나는 비교할 수 없다. 비교란 항상 상대적인 것을 수반하기 때문이다. 기억에 비해 현재의 경험이 다르기 때문에 그 다르다는 점이 사사건건 문제가 된다. 심적으로 완전히 계모를 이해하고 포용하는 단계가 아닌 경우에는, 자신들에 대한 계모의 모든 행동을 계모이기 때문에 생기는 문제라고 믿는다.

정작 계모 자신에게 있어서도 갈등의 원인이란 앞에서 말하는 각종 조건이나 요인에 따른 불만에서 오는 것이기에 이것이 충족되면 갈등도 사라질 것으로 예상되지만, 실상은 그렇지 않다. 전실 자식의 계모에 대한 좋지 못한 태도만으로도 충분히 갈등을 증폭시키기도 한다. 이렇듯 전실 자식이나 계모가 어지간한 인격과 덕을 갖춘 사람들이 아니라면, 이러한 갈등은 존재할 수밖에 없다.

　그런데 아빠가 아이에게 꾸중을 하거나 야단을 치면 아이들의 입에서 '진짜 우리 아빠 아니지?'라는 말은 잘 나오지 않는데, 유독 엄마가 그렇게 하면 '우리 친엄마 아니지?'라든지 '우리 엄마 계모지?'라는 말이 튀어나온다. 각종 민담을 조사해 보아도 계모가 문제가 되지 계부, 곧 의붓아버지와 자식들 사이의 갈등은 찾아보기 힘들다. '왜 계모와 전실 자식 간의 갈등만 문제가 되는가?' 남자보다 여자가 본질적으로 이기적이고 성격이 나쁘거나 지독해서? 하긴 우리 속담에 '여자가 한을 품으면 오뉴월에도 서리가 내린다.'는 것도 아마 여성들을 이런 관점에서 본 것이리라. 그래서 여성이 부드러운 것 같지만 실상 남성보다 성질이 모질고 지독하다고 폄하하는 사람들도 있다. 정말로 여성의 본질이 그러한가?

　전통사회에서 계모와의 갈등이 많은 것은, 여성이 아이들을 데리고 다른 남자에게 시집가는 경우보다 자녀가 있는 남성이 아이 없는 처녀나 과부와 혼인하는 경우가 더 많은 것도 그 이유가 된다. 게다가 이러한 갈등은 처녀나 과부가 자기 소생이 생기면서 더 심해지는 경우가 많다. 이런 이유로 계모가 더 나쁘게 비춰진다.

　그런데 계모는 전실의 아들보다는 딸과의 갈등이 더 심하다. 물론 이런 것들은 고소설이나 민담의 자료에 의한 것이어서 아마도 문학적으로 갈등을 더 표출시키려는 의도가 개입되기도 했겠지만, 그렇다 하더라도 여성끼리의 갈등이 더 치열하다는 일반적 정서를 염두에 두지 않았을까?

　여기서 '왜 여성이 가정 갈등의 당사자로 등장하는가?' 하는 문제에 초점을 맞추어 보자. 요즘도 한 가정의 갈등 문제를 놓고 보면, 그 가정의 구성원들 가운데 며느리와 시어머니, 며느리들 사이, 또는 딸과 며느리 사이에 갈등이 표면적으로 드러난다. 평소 화목이 잘

되었던 가정에 며느리들이 들어옴으로써 그것이 깨어지는 경우를 수 없이 보았다. 사위가 들어옴으로써 생기는 것보다 많다는 뜻이다. 그래서 요즘 가정이 무너지는 것은 여자들 때문이라고 푸념하는 사람들이 더러 있다.

이 문제를 해명하는 것은 쉽지 않다. 여성과 남성의 성격의 차이, 가정 내에서의 역할과 위치, 재산분배 과정 등을 모두 고려해야 하기 때문이다. 우선 성격적인 면을 고려해 보자. 필자는 원칙적으로 칼로 무를 반 토막으로 자르듯 남녀 성격의 차이가 분명하게 구별된다고는 보지 않는다. 통계적 수치의 빈도에 따라 그 경향성이 여성 쪽과 남성 쪽으로 분리되기 때문에 편의상 그렇게 볼 뿐이다.

그래서 대체적으로 볼 때 여성은 남성보다 현실적이고 섬세하며 부드럽고 감성적이라고 보는 데 필자도 어느 정도 동의한다. 이런 경향의 장점은 문제를 이해관계에 따라 제대로 볼 수 있는 안목이 있어서 실속을 챙길 수 있고, 자세하게 살피고 따지며, 다투거나 무리 없이 일을 해결하고, 인정과 배려가 풍부하게 문제를 해결할 수 있다는 것이다. 단점으로는 먼 미래보다 당장의 자신과 가족의 이익을 따지는 데 관심을 갖고, 자잘하고 사소한 데까지 관심과 영향이 미치며, 과감하지 못하고 이리저리 눈치를 살피고, 원칙이나 원리가 아니라 자신의 심리상태나 기분에 따라 일이 좌우된다는 것이다. 물론 남성의 장점과 단점은 이와 정반대가 될 것이다.

이런 성격의 경향으로 가정 내에서 남성들보다 여성들끼리 갈등을 빚을 확률이 높다. 그래서 전통적으로 계모와 전실의 딸 사이의 갈등이 가장 첨예하게 그려져 왔다. 그런데 이러한 여성의 성격은 태어날 때부터 그런가? 세계의 모든 여성, 역사에 등장했던 모든 여성의 성격이 그런가? 아닐 것이다. 실은 필자가 앞에서 든 여성의 성격의 경향성은 우리나라 여성들의 특징이고, 외국의 어떤 나라에서는

남성이 그럴지도 모른다.[74]

　이러한 여성의 성격적 경향성은 오랜 동안 전통적 문화 속에서 살아오면서 가정적, 사회적 역할에 따라 형성되고 유전된 결과인지도 모른다. 즉 나쁘게 말하면 그렇게 길들여졌을 것이다. 즉 가정이나 제도권 또는 사회 내의 풍습이 '여자는 이래야 하고 저래야 한다.'는 식으로 세뇌된 결과가 아닌가 생각된다. 게다가 전통적 여성들의 생활공간이 대부분 가정 내이기 때문에 전실 자식들과 부대낄 일이 남성보다 훨씬 많아서 그러한 결과가 나왔을 것이다.

　그리고 생물학적으로 볼 때 동물들은 자신의 후손이 아니면 좀처럼 키우지 않는다. 물론 예외가 있기는 하지만, 심한 경우는 자신들의 영역에 다른 어미의 새끼가 침범하면 가차 없이 죽이기까지 한다. 또 암컷이 수컷보다 훨씬 자식에 대한 본능이 강하다. 어떤 동물의 수컷은 새끼가 태어나자마자, 아니 짝짓기를 하자마자 암컷이나 새끼를 내팽개치고 가버리는 비정한 놈도 있다.

　이러한 사실들은 인간에게 있어서도 남성보다 여성의 자식에 대한 본능이 강하다는 이유가 되지 않을까? 그래서 '모성본능'은 있어도 '부성본능'이란 말은 없다. 생물학적으로 볼 때 전실 자식은 계모에게는 남이다. 다른 암컷의 새끼일 뿐이다. 유전자가 하나도 겹치지 않는다. 동물적 본성으로 볼 때는 키워야 할 하등의 이유가 없다. 더욱이 자기가 새끼를 낳게 되면 더욱 그러하다. 그러나 전실 자식의 입장에서 볼 때, 더욱이 아버지가 도중에 죽고 없다면 계모를 마냥 거부할 수도 없다. 친모가 없기 때문에, 두렵고 밉지만 그래도 도움을 받아야 하는 존재다.

---

74) 필자가 여행하면서 듣기로는 중국 남부 지방의 남성의 성격이 이와 유사하다고 한다. 중국의 남성다운 여성들은 이들을 이상적인 배필로 생각하는 경향이 있다고 한다.

그런데 계모를 들여 어머니의 지위를 계승시키고 삼년상을 치르고 사당에 배향하는 것, 그것은 인간의 편리하면서도 지독한(?) 사회적 제도의 산물이다. 어쩌면 동물의 다른 암컷의 새끼에 대한 태도라는 입장에서 볼 때, 인간의 생물적 본성과는 정반대의 길이다. 아이러니컬하게도 성리학은 그것이, 비록 어머니를 잇는다는 명분이기는 하지만, 천리요 인간의 떳떳한 본성이라고 강변한다. 이는 지극히 인위적이고 사회적이고 이성적인 방향이다. 사실 그것이 인간다운 일이기도 하며, 인간만의 많은 장점을 지니고 있다.

그러나 맹자나 성리학자들에 미안한 말이지만, 이성의 지배를 받는 사람들은 드물다. 대다수 인간들은 감성적이고 본능에 충실한 동물이다. 그 본능이 단지 위장될 뿐이다. 이들 중 일부가 이성적 인간이 되는 것은 순자가 말한 인위(人爲), 즉 교육의 효과가 아닌가? 그리고 사회적 제도나 관습은 그 본능을 가능한 한 골고루 공평하게 지속적으로 충족시키기 위한 하나의 이성적 장치에 불과하다. 그것이 공평하지 못한 게 문제긴 해도 말이다. 소수의 군자(君子)만 제외하고 모든 사람이 이성적 인간이 되는 것은 하나의 희망사항에 불과하며, 현실은 감성적 본능이 판치는 정글이다.[75] 그래서 인간에겐 각자의 가면이 필요하다. 이런 뜻에서 성리학은 당위의 학문이다.

그러니 계모에게 자기 자식과 전실 자식을 똑같이 대우해야 한다는 이성적 판단을 기대할 수 있겠는가? 우리 속담의 '팔이 안으로 굽는다.'는 말은 이런 경우가 아닌가? 이런 계모에게 누가 돌을 던지랴? 계모를 들이는 것은 생물학적으로는 성공하기 힘든 제도다. 그래도 인간의 이성적 태도가 정서(본능)를 억누르고 사회적 제도를

---

75) 일찍이 이성의 종말을 부르짖은 서구인들은 그 점을 간파했다. 영악한 인간들이 도구적 이성을 사용하여 사회가 더 혼란스럽고 야만적으로 변해 가기 때문에 오늘날 많은 학자들도 그러한 이성을 신뢰하지 않는다.

통하여 그것을 가능하게 만들었고, 그것이 개인적으로나 사회적으로 유용하기 때문에 존속되고 있다. 이렇듯 계모를 들이면 살아가는 가운데 근원적인 갈등의 요소가 있어서 어차피 다소의 갈등은 피치 못할지라도, 콩쥐 팥쥐와 같은 사태는 없어야 하지 않겠는가?

친일파 청산 문제

'사회적 악행은 정말로 철저하게 응징해야 하나?' 이 질문 2에 대한 답은 '예'이다. 예를 들어 친일파 응징이 그 하나다. 광복 후 그것을 철저하게 못했기 때문에 두고두고 우리 현대사의 아킬레스건이 되었다.

필자가 초등학교를 다닐 때는 온 국민을 '반공(反共)'으로 무장시키던 때라, 6·25 전쟁을 '북괴의 적화통일의 야욕이 빚은 남침'이라고 배웠다. 털끝만큼도 의심하지 않았다. 아니 의심할 수도 없었다. 그랬다간 '빨갱이' 사상이 머릿속에 든 불순분자가 되기 때문이다. 이제 성인이 되어 생각해 보니 그 '적화통일의 야욕'이라는 것이 한반도를 북한식의 사회주의 국가 체제로 만들려는 의도로 이해된다. 북한은 6·25 전쟁을 '조국(남조선) 해방전쟁'으로 부르는데, 여기서 내세우는 명분이 무엇인가? 분명 일제로부터 해방되었는데 무슨 또 해방전쟁이란 말인가? 바로 '남조선 인민'을 해방시킨다는 명분(선전)이다. 그렇다면 인민은 누구이고, 또 이들을 무엇으로부터 해방시킨다는 것인가? 그들이 말하는 인민들이란 무산대중(無産大衆)이다. 즉 남조선에서는 일제로부터 이어지는 자본가나 지주가 그대로 온존하여 무산대중을 착취하고 있고, 또 일본 대신 미국이 남조선을 지배하기 때문에 남조선의 인민들을 해방시킨다는 뜻이다. 설명이 다소 길었는데, 바로 친일파 청산이 지지부진하던 우리 자유당 정권의 태도가 6 · 25 전쟁의 명분을 제공하는 하나의 빌미가 되었다는 점을 지적한 것이다.

참여정부 시절 노무현 정권이 친일파 청산 문제를 들고 나왔을 때 그것을 반대하는 사람들은 '경제가 어려운데 웬 친일파 문제냐?'라고 하면서 경제가 어렵다는 것을 반대하는 명분으로 삼았다. 경제가 어렵지 않은 때가 언제는 있었나? 다소의 차이는 있지만 경제는 언제나 어렵다. 정작 이것을 반대하는 언론이나 인사들이 의외로 많은 것을 보고 놀랐다. 사회지도층이 아닌 주변 사람들 가운데서도 반대하는 사람들이 꽤 있었다. 두 번 놀랐다. 친일에 크든 작든 간에 관여된 사람들이 많다는 뜻일 것이다. 그게 원죄다. 노무현 정권이 잘못 건드린 뇌관이다. 친일 문제를 요즘 식으로 말하면 자녀 문제나 부동산 문제로 위장전입 한두 번 안 한 사람 거의 없는 것과 같은 빈도의 맥락이다. 그걸 문제 삼으면 왕따 당한다.

이렇듯 명분이 확실한 친일파 청산도 쉽지 않다. 그 어려움에는 친일파 본인이나 후손들의 끈질긴 방해공작도 한몫 할 것이고, 청산을 반대하는 일부 언론의 주장에 동조하는 사람들도 있고, 어쩔 수 없이 살기 위해서 한 가벼운 친일까지도 싸잡아서 청산해야 하냐고 항변하는 대다수의 선량한(?) 시민들의 반대의 목소리도 많기 때문이다. 물론 청산의 기준이 마련되어야 하겠지만, 더 세밀하게 들여다보면 친일인지 아닌지조차도 애매한 경우가 많을 것이다.

이렇게 친일파 청산이 철저하지 않았기 때문에, 일제가 우리를 지배한 것이 오히려 우리의 근대화를 이루게 했다는 궤변을 늘어놓는 인사들도 있다. 물론 이런 생각의 중심에 서 있는 사람들은 식민지 근대화론자라 부르는 학자들이다. 모 단체에서 만든 근대 관련 역사 교과서를 보면 이런 시각이 두드러진다. 이들은 친일파 청산 문제를 어떻게 바라볼까? 앞으로도 친일파 응징이 제대로 안 되면 제2의 이

완용이 나오지 말라는 법도 없고, 나라나 민족보다 제 자신의 이익을 위해 무슨 짓이든 못할 것이 없게 된다.

　잘못에 대한 사회적 단죄가 없었기 때문에 그와 유사한 일이 계속해서 일어난다. 지금은 자본주의 사회이므로 부도덕하게 돈 많이 번 자들과 이들에게 기생하는 자들은 국민과 역사를 두려워하지 않는다. 무서운 일이다. 이들은 국민을 깔본다. 다수 국민의 생각을 무시한 채 자신들의 생각을 겁도 없이 쏟아 낸다. 그들은 그렇게 자신들의 주장을 쏟아 놓으면 국민들이 세뇌당할 것이라 믿는 모양이다. 전통시대 민중처럼 국민들이 어리석기 짝이 없다고 보는 게 틀림없다. 저들의 부조리에 저항을 하면, 저러다가 말겠지 하고 믿는 모양이다. 게다가 돈이나 영향력으로 권력, 신문, 방송, 법조인들을 동원하여 다수 국민들 입과 귀를 막고 못하는 일이 없을 것이라 믿는 모양이다. 이들에게는 일제강점기처럼 나라의 주인이 누가 되든 문제될 것이 없을 것이다. 그 주인에게 돈 뿌리고 또 살아남을 테니까. 죽어나는 것은 이 땅의 민중들이니 노예 신세 면할 길 없으리라. 왜 팥쥐를 죽여 살을 발라 젓을 담그기까지 했는지 그 이유를 상기하라.

　분명 친일파 대다수는 자신들의 행동이 나쁘다고 보지는 않을 것이다. 나름대로 이유와 근거를 대면서 말이다. 국민 다수가 친일이 나쁘다고 하니까 입 다물고 있을 뿐이다. 그러나 이와 대조적으로 친일 문제를 사회적 악행으로 규정하는 근거는 무엇일까?

　초등학생 정도라면 친일이 나쁜 이유가 아마도 자기 자신만 잘 살려고 우리 민족에게 나쁜 일을 했기 때문이라고 답할 것이다. 고등학생이라면 같은 운명을 지닌 공동체를 배반하고 자신의 이익을 도모했기 때문이라고 답할지 모르겠다. 그러니까 이 같은 대답을 선악 판단의 주체와 대상으로 형식화시켜 보면, 소수/다수, 친일파/민족이라는 중첩된 구조를 띠는데, 그 판단의 주체는 다수(민족)이고 대상은 소수(친일파)다. 그러니까 친일에 대한 판단은 다수인 민족의 구성원이 하는 것이며 그 대상은 소수인 친일파다. 만약 여기서 친일파와 친일파가 아닌 민족 구성원의 숫자가 대등해지거나 친일파의 파워가 강하면 문제가 발생한다. 현재 우리 사회의 사회적 이슈에 대한 혼란도 이와 전혀 무관할까?

친일 문제는 외세가 개입된 문제이기 때문에 그래도 선악 판단이 명확하지만, 역사·사회적으로 공과(功過)가 뒤섞인 문제는 사회적 합의로 이끌어 내기가 쉽지 않다. 바로 여기서 선악 판단의 논리가 적용된다. 결론부터 말하면 선악 판단이 원래 당파성을 띠기 때문이다.76) 이를 좀 더 이해하기 위해서 선악이란 도대체 무엇이며 어떻게 성립하는지 살펴보자. 즉 '무엇이 선이고, 무엇이 악인가?' 선과 악이란 원래 정해진 것인가? 질문 2-1에 대하여 살펴볼 차례가 되었다.

한자 '선(善)'의 원래 의미는 '잘했다' 또는 '좋다'라는 뜻으로 추상명사가 아니다. 또 그것의 상대 개념인 '악(惡)'도 우리말로 '모질다'라는 형용사로 나타난다. 한자의 용례에서 선(善)의 반대는 원래 불선(不善)이었는데, 후대에 악(惡)이라는 말이 등장한 것이다. 그리고 영어의 'the good', 'goodness', 'badness', 'evil' 또한 'good'이나 'bad', 'evil'의 형용사가 변해서 된 말이다. 이러한 점은 선이나 악이라는 추상명사, 즉 선악이라는 실체가 먼저 존재한 것이 아니라 인간의 사물에 대한 호오(好惡)의 감정에서 출발함을 암시한다.

---

76) 당파성, 곧 계급의 이해관계와 관련된 이러한 선악 판단의 성격은 곧장 상대적 선악관과 맥락을 같이한다. 절대적 윤리란 보편성이 위장된 것이거나 형식으로만 가능하다. 가령 예수의 "네 이웃을 네 몸과 같이 사랑하라."라든지 칸트의 "네 의지의 격률이 보편적 입법 원리에 타당하도록 행동하라." 등이 그것인데, 구체적 현실에서 'how'라는 조건이 개입하면 실제 행동에서 다양한 편차를 보일 것이다.

다시 말해 먼저 선악의 뿌리는 생(生)에 대한 본능적 이해관계라는 것이고, 또 선악은 주관적이라는 것이다. 우선 첫째 문제에 대하여 현대의 학자들 가운데에는 인류학적 성과에 힘입어 주장하기를, 원시인들이 비로소 구별할 수 있게 된 '유용함'과 '해로움'이란 것은 차후에 나타난 '선'과 '악' 관념의 전주자(前走者)들이었다고 한다. '선' 개념의 뿌리는 '이득(benefit)'이라는 것이고, 또 그 당시 도덕이란 개념이나 원리 등의 사유적 형태가 아니라 정서적, 영상적, 감각적인 모습이라고 한다. 인류도 동물에서 어린아이의 사고기능으로 그리고 점차 현재의 성인의 사고능력으로 진화해 왔다면, 분명 선악이라는 개념도 그것과 맥락을 같이했을 것이다. 실험 삼아 아이들에게 무엇이 선(착한 것)이고 악(나쁜 것)인지 물어보면, 아마도 발달단계에 따라 다른 답을 내놓을 것이다.

다음으로 둘째 문제는 심리의 참여가 가치의 발생을 위하여 필수 조건이 된다는 점에서 주관적이라는 것이다. 즉 누군가 '좋다'거나 '나쁘다'거나 그것을 더 발전시켜 '선하다', '악하다'라고 평가하기 위해서는 인격적 주체가 있어야 하며, 그 인격을 소유한 자의 주관에 의하여 선악이 좌우된다는 것이다. 인간이 이 지구상에 존재하기 이전에 선과 악이 존재했다고 보기 어려운 이유가 바로 여기에 있다. 설령 공룡이 생각할 줄 안다고 해도, 그때의 선악 관념이란 공룡의 입장에서 보는 그것일 뿐이리라.

따라서 이 두 문제를 종합하면, 선악이란 원래부터 존재한 것이 아니라 인간의 주관적 판단의 문제이고, 똑같은 사물이라도 각자의 이해관계에 따라 다르게 판단할 수 있다는 결론이 도출된다. 왜 사람들이 사회적 문제를 놓고 당파 간, 계층 간, 이해집단 간에 그토록 대립이 심하고, 심지어 사람의 목숨까지 희생하는지 그 이유를 바로 여기에서 찾을 수 있다. 그것은 선악 판단이 당파성을 띠기 때문이다. 자신이나 자신이 속한 집단에 유리하면 선이요, 불리하면 악이기 때문이다. 아니, 그렇게 판단하기 때문이다. 미국의 부시 대통령이 취임 초기에 북한과 이라크, 시리아 등의 나라를 한데 묶어 '악의 축'이라 말하지 않았던가? 그 반면에 상대 국가의 입장에서는 분명 미국을 악마의 나라라 할 것이다.

결국 선악이란 사람마다 집단마다 다를 수밖에 없기 때문에 현실적으로 다수의 입장을 대변해서 법을 만들어 사회의 질서를 유지하고 있는 것이다. 다수의 입장을 반영해야 하므로 그때의 선악 판단은 보편성을 지향하게 되지만, 가령 사람을 죽이는 것을 악행으로 규정하는 것 등의 그러한 보편성을 지나치게 믿다 보니 마치 선악이 원래부터 존재하는 것처럼 착각하게 되는 것이다. 그러나 산업이 발달하고 사회가 복잡해지면 많은 사람들의 이해관계를 조정하기가 쉽지 않다. 어느 한쪽을 악으로 규정하여 몰아붙이는 것은 난센스가 될 수 있다. 그것을 공권력이란 이름으로 강제로 집행하면 무리가 따른다. 그래서 이해 당사자 간의 협상과 양보가 필요한 것이다.

이처럼 현대사회에서 콩쥐와 팥쥐를 명확하게 구분하는 것은 쉽지 않다. 옛날처럼 단순한 사회구조에서는 그런 입장에 처한 사람을 꼭 집어낼 수 있지만, 오늘날처럼 복합한 사회에서는 쉽지 않기 때문이다. 더구나 자본주의 사회에서는 자본의 흐름이 그것을 대신하기 때문에 팥쥐의 입장에 선 사람도 떳떳하고 콩쥐에 입장에 있는 사람은 자신의 능력이 없어서, 즉 돈이 없어서, 좋은 부모 못 만나서, 못 배워서 그렇다고 쉽게 생각해 버린다. 돈이 '웬수'다.

자본주의에서 마치 모든 사람에게 공정한 규칙이 적용되는 것처럼, '돈을 벌어라. 돈을 벌면 너도 그렇게 할 수 있다.'고 말하지만, 실상은 그럴 수 없다. 처음부터 공정한 게임이 아닌데 어떻게 하란 말인가? 그래서 콩쥐처럼 언제나 힘없이 당하고 피해 보면서 살아가는 사람들이 있다. 이들에겐 직접적인 가해자가 없다. 그래서 아무도 죄의식이나 책임의식을 느끼지 않는다. 제도의 은혜(?) 때문이다. 누가 팥쥐이고 계모인가?

문제는 우리 사회에 콩쥐들이 점점 늘어난다는 점이다. 정도의 차이는 있지만 '이태백', '삼팔선', '사오정'으로 불리는 사람들도 자신들을 콩쥐로 의식하게 된다. 이들은 팥쥐나 계모의 응징을 요구할 것이다. 팥쥐와 계모는 보이지 않으니 꿩 대신 닭으로 정치가들이 이들의 심판을 받지 않을까? 지난 대선과 총선에서의 열린우리당의 참패는 이런 가해자가 직접 보이지 않는 상황에서, 집권당으로서 그것을 개선시키지 못한 데 대한 다수 피해자인 국민의 심판이다. 적어도 누가 팥쥐인지 계모인지, 무엇이 문제인지 찾아내어 선거에서 쟁점화시켰어야 했다.[77] 지금 여당이 된 한나라당이라고 해서 다음 선거에서 결코 안심해서는 안 될 이유가 여기에 있다.

그런데 아직도 하나 해결 안 된 문제가 있다. 어떤 사람은 자신의 이해관계를 떠나 보편적이고, 사회적 약자나 타자를 위해 선악을 판단하거나 행동하는 경우가 있다. 이 경우 선악 판단이 자신의 호오(好惡) 감정에 따라 나온다고 말할 수 있는가? 필자는 가능하다고 본다. 이 경우 판단의 주체가 되는 사람은 그 자신의 자아가 자기 자신의 이해관계를 초월하여 확대되었기 때문에 가능하다. 다시 말해

---

77) 이 또한 열린우리당의 한계와 관련된다. 이 문제는 세계 자본주의 구조 속의 한국 자본주의의 문제다. 현재와 같은 신자유주의 식 자본주의의 논리를 충분히 따르는 한 해법이 나오지 않을 것이다. 경쟁의 구조 속에서 낙오자는 언제나 나오기 마련이기 때문이다. 실용성과 효용성을 중시하는 현 정권도 경제를 책임진다고 했지만, 필자의 생각은 부정적이다. 왜냐하면 그런 논리라면 경제지표(그것도 현재로서는 어려워 보이지만)는 올라갈지 몰라도 경쟁에서 뒤처지는 수많은 국민들에 대한 대책이 보이지 않을 뿐더러, 경쟁이란 기본적으로 다수가 아닌 승자를 위한 논리이기 때문이다. 모두가 승자가 될 수는 없지 않은가?

확대된 자아에 이익이 되기 때문이다. 자신의 자아가 자신의 신체나 가족, 지역에서 더 확대되어 국가나 인류, 더 나아가 모든 생물, 지구나 우주로 확장된 사람은 그럴 수 있다고 본다. 이런 사람들은 그 자신들이 좋아하는 일 그 자체가 선이다. 인류에게 이로운 것, 더 나아가 모든 생물에게 이로운 것, 그것이 선이다.[78]

힘없는 다수가 승리하는 날이 저절로 올까?

'힘없는 다수가 승리하는 날이 저절로 올까?' 2-3의 질문에 답할 때가 되었다. 답은 결코 오지 않는다고 말할 수밖에 없다. 정확히 말하면 그런 날은 결코 저절로 오지 않는다. 순진하게 역사발전 단계론을 기계적으로 믿어서는 더욱더 안 온다. 마르크스주의가 역사발전 5단계를 설정하여 마지막 단계에서 역사의 필연적 법칙에 따라 공산사회가 온다고 보면서, 왜 프롤레타리아 혁명이 있어야 한다고 모순되게 말했을까? 그들 자신도 역사가 저절로 좋은 방향으로 진행되지 않음을 알았기 때문이 아닌가? 물론 마르크스주의가 인간의 의지가 배제된 역사발전 단계론을 말하지는 않았을 것이다. 자본주의적 생산관계가 더 이상 자본가에게 득이 되지 않기 때문에 자본가가 이익을 양보함으로써 노동자 계급과 공생하는 과정에서 공산사회로 자연스럽게 전환하는 것이 아니라, 그것을 앞당기기 위해 프롤레타리아의 폭력을 사용하는 것이 이론과 실제의 모순이라는 점을 지적

---

78) 이런 주장은 영국의 무어(G. E. Moore)와 같은 입장에서는 분명 자연주의적 오류다. 그는 자신의 저서 *Principia Ethica*(1903)에서 자연주의 및 형이상학적 윤리설을 논박함에 있어서 가치를 자연적 특징으로 정의할 수 없다고 하며, 그러한 정의를 '자연주의적 오류(naturalistic fallacy)'라고 불렀다. 그러나 그는 윤리적 가치에 있어서 자연적 특징이 개입하지 않는다는 것을 먼저 증명했어야 했다.

한 것이다.

좋은 사회를 지향하는 인간들의 노력 없이 그것이 온다고 믿는 것은 역사발전에 무임승차하자는 얄팍한 꾀에 다름 아니다. 그 무임승차한 사람들이 나중에 역사의 수레바퀴를 거꾸로 돌리는 데 일조한다. 역사 반동의 추종 세력이 된다. 오히려 이전 역사에 대한 묘한 향수까지 느낀다. 역사발전의 주체가 되는 데에 대한 관심이 없었기 때문이다. 당장 눈앞에 보이는 애급(이집트) 가마솥의 고깃덩어리에만 관심 있는 자79)들이다. 이들에게 조그마한 시련만 닥쳐와도 미래가 자신들에게 밥 먹여 줄 것이라고 보지 않기 때문이기도 하다.

이것이 어리석은 민중의 모습이다. 언제나 당할 수밖에 없다. 콩쥐가 감사의 아내가 되고서도 팥쥐가 집에 찾아와 연못에 멱 감으러 가자니까 순진하게 따라가 죽는 꼴이다. 이들에게 좋은 세상은 절대로 공짜로 다가오지는 않는 것이다. 이후에 콩쥐가 자기의 존재를 알리려고 한 눈물나는 노력을 보라. 인간의 주체적인 의지와 실천이 개입되지 않고서는 역사가 좋은 방향으로 진행되지 않을 뿐더러, 더구나 다수의 사람들이 아무런 의지나 꿈을 가지지 않고 노력하지 않는 가운데 그렇게 될 것이라고 믿는 것은 한여름의 백일몽에 불과하다.

그런데 독자들은 기록된 역사책을 액면 그대로 믿는가? 그렇다면 참으로 순진하다고 말하고 싶다. 역사책은 기본적으로 승자의 기록이다. 자신들의 행동을 합리화하면서, 천명을 받았느니 하늘의 뜻이니, 온통 좋은 말만 늘어놓는다. 앞에서도 말했지만 선악 판단은 상대적이고 판단자의 주관이 개입되기 때문에 패자는 언제나 나쁜 사

---

79) 『구약성서』, 「출애급기」에 나오는 사람들로, 민족을 탈출시킨 선지자 모세에게 불만을 터뜨리며 반기를 든 자들을 말한다. 이들 가운데는 예전의 노예상태로 되돌아가는 것이 더 낫겠다고 투덜거린 이들도 있었다.

람으로, 그것도 도덕적인 악인으로 그려져 치명상을 당한다. 그리고 패자의 기록이나 역사를 깡그리 뭉개고 말살하는 것은 상식이다. 그러고서 자신들의 행위를 온갖 미사여구를 동원하여 기록한다. 이것이 현재 우리가 보는 대부분 왕조사관의 역사책이다. 필자는 우리나라 왕조실록이나 그 수정실록, 유교의 경전 가운데 하나인 『서경』과 기독교 『성서』에 있는 다윗 관련 기록들도 기본적으로 이와 무관하지 않다고 본다. 그래서 그것들을 텍스트로 이용하여 교육시키면 그러한 시각에 역사가 고정되고 학생들은 순진하게도 그게 진실인 양 믿는다. 가령 필자가 학교에서 배운 조선 후기의 역사 가운데 척화론자 김상헌은 충신이고 주화론자인 최명길은 천리를 배반한 사람이며, 북벌론이 실제로 청나라를 치기 위해서 주장된 것이고, 광해군은 정말로 폭군이며, 김만중이나 중기의 정철은 위대한 문학가이면서 선하고 맑은 영혼을 지닌 사람인 줄 안 것 등이 그것이다.

다행히 역사가의 안목에서 기술된 역사책이 있기는 하지만, 대부분 후대에 기록한 것이기 때문에 남아 있는 역사책을 참고로 한 것이 많다. 이 또한 승자의 기술에서 자유롭지는 않다. 그래도 해당 역사가의 평가가 개입되기 때문에 나름대로 공정성을 확보할 수 있다. 오늘날은 학자마다 각자의 시각과 관점으로 다양한 역사를 기술하고 있어서 독자의 입장에서 입맛대로 역사책을 골라 읽을 수 있고 다양한 평가를 접할 수 있다. 이 또한 역사발전의 혜택이 아닌가?

따라서 역사에는 사실이 없다. 역사적 사실만 존재한다. 역사적 사실이란 역사가가 역사에서 이슈가 될 만한 사건을 역사적 사실로 선택하는 데서 비롯한다. 역사적 사실은 역사 기록자의 춘추대의에 의한 직필(直筆) 속에서, 아니면 승리자의 찬양과 변명 속에서 등장하겠지만, 이 또한 오늘날의 입장에서 보면 역사가의 당파성에 좌우되는 문제다. 그래서 객관적이고 실증주의적인 방법이란 따지고 보면 자신들의 당파성을 공정한 것으로 위장하는 도구에 불과하다. 현재의 사건에 대한 판단도 당파성에서 자유로울 수 없는데 하물며 역사적 사건이겠는가?

왜 역사 이야기를 이렇게 장황하게 했느냐 하면, 현실에서 선한 자가 반드시 승리하는가를 알 수 없기에 역사를 통해 살펴보기 위해서다. 현명한 독자들은 그 답을 알아차렸겠지만, 이미 답은 나온 셈이다. '선한 자'라고 할 때의 '선'이란 누구의 입장에서 말하는지를 밝혀야 하고, 또 역사는 승자의 기록이기 때문에 대개 승자가 선한 자로 기술되므로 누가 선한 자인지 살피기는 쉽지 않다. 그래서 이 질문에 대한 답은 조건을 붙여 할 수밖에 없다. 어떤 입장인가 하는 점 말이다.

그러니까 이제 역사를 바라보는 '눈' 또는 '시각'을 말해야겠다. 이것은 다른 말로 사관(史觀)이라고 하며, 어떤 사관에서 역사를 기술하느냐에 따라 선한 자와 악한 자가 구분된다. '콩쥐 팥쥐'는 백성, 곧 민중의 입장에서 전승된 것이기 때문에 일단 '민중사관'의 입장에서 역사를 바라보기로 하자.

민중사관이란 한마디로 말해 민중을 역사의 주체로 보는 사관이다. 역사적으로 볼 때 전통사회에서는 민중이 역사 변혁의 전면에 등장하기는 해도 한 번도 지배세력으로 군림한 적은 없다. 늘 이용만 당해 왔다. 역사의 주체가 되어 본 적이 없다. 이렇게 독자적인 계급의식에 철저하지 못하고 주체가 되지도 못한 민중을 대상으로 민중사관이란 말이 어울리는지 모르겠다. 아카데미즘의 소산일 것이다. 아니면 최근에 민주화 과정에서 보여준 시민의 힘이 그것을 가능하게 했는지도 모른다. 그렇다면 정말로 현재도 시민이 역사의 주체인가?

민중사관에서 볼 때 악의 세력은 그들을 착취하거나 억압하는 세력이다. 반면 그들의 이익을 대변하거나 옹호하는 자들이 선한 사람일 것이다. 지배층에 있는 사람들이 간혹 백성을 위한 정치를 해야 한다고 떠들지만, 실제로 언행일치가 된 사람은 드물다. 대부분 상대방, 곧 군주나 정적(政敵)을 비판하기 위한 근거로 이용될 뿐이고, 백성을 역사의 주체로 인정하지도 않았다. 즉 백성을 정치에 참여시키거나 그들에게 권리를 주지 않았다는 의미다. 그러니 이들이 민중에게 우호적일 수는 있어도, 역사의 주체는 아니다. 민중사관에서의 역사의 주체는 민중 자신이다. 전통사회에서 민중은 때로는 변화의 전면에 나섰지만 이내 영락없이 콩쥐의 신세로 돌아갔다. 미완의 혁명만 남겼다. 그러나 민중은 변하지 않는 존재는 아니다. 어찌 되었든 우여곡절을 겪은 후 오늘날은 겉으로는 민중이 주인이 되는 세상이 되었다.

그럼 그 모습은 어떤가? 형식적으로 볼 때 시민, 곧 다수를 차지하는 민중이 왕이다. 그들 마음대로 대표를 선출하여 정권을 맡길 수 있고, 그들로 하여금 자신들을 위한 입법 활동을 하게 할 수 있다. 적어도 겉으로는 그렇다. 민중이 명실 공히 역사의 주체로 등장하게 되었다. 민중의 편에 선 선한 자가 승리한 것이다. 민중 만세!

그러나 민중들은 먹고 살기에 바빠 정치에 관심을 가질 겨를이 없다. 그래서 이들이 직접 정치에 참여하는 것이 아니라 그들의 대표가 참여하는 대의제도를 채택하고 있는 우리로서는, 민의는 언제든지 왜곡당할 가능성이 있다. 정치가들의 대다수는 민중들과 그 출신 배경을 달리한다. 그들은 돈 많은 기업가 출신이거나 고급관료, 법조인, 언론인 출신이 주류를 이룬다. 노동자나 농민 출신은 극소수다.

그러니 이들이 모여서 만든 법이 모든 사람에게 공평하다고 믿는 것은 순진한 바보나 할 짓이다. 법 또한 선악 판단처럼 기본적으로 당파성을 띨 수밖에 없다. 법을 입안하는 국회의원이나 고위 공직자가 민중의 이익보다 먼저 자신들이 손해 볼 일을 안 한다는 점을 명심해야 한다. 모든 정책이나 법을 자세히 들여다보면 소위 '가진 사람들'에게 유리한 것이 더 많다. 어쩌다가 재산세를 조금 올리면 죽겠다고 엄살을 부린다. 없는 사람에 비하면 새발에 피면서 말이다. 그래서 그 재산세 인상이 공정하다고 떠드는 신문이나 방송사, 법률가, 기업가는 거의 없다. 왜냐하면 재산세 인상이 자기들에게 불리하기 때문이다. 자본주의 사회에서는 부자들과 그 대리인[80]은 절대적으로 손해 볼 짓을 안 한다는 것을 명심해야 한다. 공평하다고 생각되는 법은 계급적 이해관계가 적은 보편적인 사안에 관한 것들뿐이다. 아니면 서민들에게 생색내기 위한 법 정도다. 그러니 누가 뭐래도 이제까지 대한민국은 부자들의 나라다. 민중의 나라라고 얼빠지게 착각하면 안 된다. 국민의 1% 정도의 사람들이 나라 재산의 절반 이상을 차지하고 있다고 하지 않던가?

그러니 시민들을 대변하는 시민단체에서 목 아프게 떠들어도 이들에겐 쇠귀에 경 읽기다. 힘없는 농민들이 시위하고 분신자살을 해도 그게 안 먹힌다. 왜냐하면 농민들이 그들보다 힘이 없기 때문이다. 다시 말해 돈이 없기 때문이다. 자본주의 사회에서는 돈이 힘이다. 결국 자본주의 사회에서는 절차만 민중이 왕인 것처럼 되어 있지만, 실상은 자본가, 즉 돈 많은 사람들이 주인이요 주체다. 다만 그 자본가라는 것이 예전의 신분처럼 태어날 때부터 정해지는 것은 아니어서 누구나 돈을 벌면 자본가가 될 수 있지만, 실상은 자본가의 자식

---

80) 그 대리인들이란 흔히 언론에서 일컫는 지도층 인사들이다. 이들도 대다수 부자다. 현실은 파워 게임장이고 자본주의 사회에서는 돈이 곧 힘이다. 부정한 돈이 직접 불법 정치자금으로 유입된다는 뜻이 아니라 부자들에 의하여, 부자들을 위한 정치를 한다는 뜻이다. 그리고 부자 곧 자본가가 되는 길은 유동적이기는 해도 현재 양극화가 심화된 상황에서는 어느 정도 고착화되었다고 본다.

은 태어날 때부터 자본가다. 부자의 아들딸은 태어나면서 부자라는 뜻이다. 그러니 신분제도가 없다고 해서 신분이 없어지겠는가?

게다가 이들의 야합(?)은 민중의 대표가 정권을 잡을 수 없도록 만든다. 다 짜고 치는 고스톱 판이다. 정치판은 민중의 대표가 될 만한 사람이 유력한 후보자로 나오는 길을 다 막아 버린다. 선택할 기회를 안 준다. 유력한 후보가 있다 하더라도 자금줄이 막히고 후원금도 적다. 또 일부 제도권 언론이 모두 빨갱이 사촌처럼 보이도록 만들어 버리니, 민중들은 그 사람이 위험하다고 생각해서 대신 상대적으로 덜 나쁜 후보자를 찾아 투표를 한다. 아직도 자기 고장 출신, 자기 학교 출신을 지지하면 떡고물이나 떨어질 줄 알고 맹목적으로 밀어준다. 그토록 당했으면서 말이다.

우리의 현주소가 이러니 민중의 입장에서 볼 때 현실에서 선한 자가 진정한 승리를 했다고 말할 수 있을까? 따라서 역사에서 진정한 승리자는 역사가의 기록 속에 존재한다. 그들은 죽었어도 죽지 않았으며 면면히 그 정신이 계승되고, 늘 새롭게 민중 속에서 부활한다. 꽃이 되어, 구슬이 되어, 원혼이 되어, 육체로 부활하여 민중이 진정으로 역사의 주인이 되는 날을 앞당길 것이다. 언젠가는 현실세계에서 승리자로 우뚝 설 것이다. 그렇게 되려면 모두가 깨어 있어야 하고, 우매하지 말아야 하고, 배우기를 게을리 하지 말고, 덕 있는 사람을 존경할 줄 알고, 내 것을 나눌 줄 알고, 잘난 체하지 말고, 서로 사랑할 줄 알아야 할 것이다.

민본과 민주

이제 마지막 물음, '유교적 민본사상은 자본주의 사회에서 여전히 유효한가?'에 대한 답을 할 때가 되었다. 고대사회에서 민본을 주장한 것은 민본이 안 되었기 때문이다. 잘 된다면 하등의 문제가 없고 거론할 가치조차 없다. 민주 또한 마찬가지다. 1980년대와 그 이전에나 민주정치를 부르짖었지, 2000년대에도 그것을 목청껏 외치는가?

따라서 민본은 왕이나 특수 계층의 정치 양상을 비판하는 논리의 주요 근거로서 거론된 것이요, 그것을 목청껏 외친 사람들은 주로 유학을 공부한 선비들이다. 유학은 기본적으로 이러한 민본사상에 근거한 정치이론을 전개하였는데, 그 전통은 멀리 요순(堯舜)으로부터 출발하여 맹자에 이르러 그 이론적 근거가 확립된다. 즉 백성은 하늘이 낳은 것이요, 민심이 천심이니 덕치(德治)로서 백성을 교화하여 보살피고 살펴서 이상적 사회를 만들어야 한다는 것이다. 민본사상을 외치는 것은 바로 이상적 사회를 만드는 왕도정치(王道政治)를 하기 위함이다. 그 반대로 힘으로써 백성을 억눌러 부국강병을 지향하는 정치는 패도정치(覇道政治)다. 왕도정치의 방법으로 먼저 경제적으로 백성들을 부유하게 만들어 주고 가르쳐야 한다는 것이며,[81] 그 최종 목적지는 이상적 사회인 대동사회(大同社會)의 실현에 있다.

그런 대동사회는 어떤 모습인가?

큰 도리가 행해지는 세상에서는 천하를 모두가 같이 소유하는 것으로 삼는다. 어진 덕이 있는 자나 재능이 있는 자를 뽑아 지도자로 세우며, 신의를 익히고 화목의 도리를 닦는다. 그리하여 사람들은 유독

---

81) 『孟子』,「梁惠王上」, "不違農時, 穀不可勝食也, 數罟, 不入洿池, 魚鼈, 不可勝食也, 斧斤, 以時入山林, 材木, 不可勝用也. 穀與魚鼈, 不可勝食, 材木, 不可勝用, 是使民養生喪死, 無憾也, 養生喪死, 無憾, 王道之始也."
『孟子』,「梁惠王上」, "五畝之宅, 樹之以桑, 五十者可以衣帛矣, 雞豚狗彘之畜, 無失其時, 七十者可以食肉矣, 百畝之田, 勿奪其時, 數口之家可以無飢矣. 謹庠序之敎, 申之以孝悌之義, 頒白者不負戴於道路矣, 七十者衣帛食肉, 黎民不飢不寒, 然而不王者未之有也."

자기의 어버이만을 섬기지 아니하며, 자기 자식만을 사랑하지 않는다. 노인으로 하여금 편안하게 여생을 보내게 하고, 젊은이로 하여금 자신의 능력을 발휘하게 하며, 어린이로 하여금 잘 자라게 하고, 홀아비·과부·고아와 자식 없는 외로운 사람과 질병 있는 사람이 모두 부양되게 한다. 남자에게는 모두 일정한 직분(職分)이 있고, 여자에게는 빠짐없이 시집갈 곳이 있다. 재물이 땅에 버려져 낭비되는 것을 싫어하지만, 그렇다고 그것을 반드시 나 한 사람을 위하여 저장하지도 않으며, 역량이 몸에서 발휘되지 못함을 싫어하지만, 꼭 자기만을 위하지는 않는다. 그러므로 간교한 음모는 닫혀 일어나지 않고 도둑과 세상을 해치는 난신적자(亂臣賊子)는 생겨나지 않는다. 그래서 바깥문을 열어놓고도 닫지 않고 마음 편하게 살아간다. 이것을 일러 대동의 세상이라 한다.[82]

이 대동사회는 오늘날 우리도 해결하지 못한 지도자 선택에 있어서 도덕성과 능력이 고려되고, 젊은이의 취업, 만인을 가족처럼 여기는 따뜻한 인정, 노인과 어린이 그리고 결손가정을 위한 복지, 근검과 절약, 공익이 반영되고 범죄가 없는 세상으로 표현된다. 오늘날에 내놓아도 아무 손색이 없다.

혹자는 말한다. 그래도 민주가 민본보다 발전된 사회라고 말이다. 그것은 아마 인민(백성)을 위한(for the people) 정치라는 데는 차이가 없을 것이고, 전자가 주권재민(of the people)과 인민의 정치참여(by the people)를 보장한다는 데서 후자와 다를 것이라고 말할 것이다.[83] 확실히 민주는 제도적으로 시민이 정치에 참여하는 길을 보장

---

82) 『禮記』, 「禮運」, "大道之行也, 天下爲公, 選賢與能, 講信, 修睦. 故人不獨親其親, 不獨子其子, 使老有所終, 壯有所用, 幼有所長, 矜寡孤獨廢疾者皆有所養. 男有分, 女有歸. 貨惡其弃於地也不必藏於己, 力惡其不出於身也, 不必爲己. 是故謀閉而不興, 盜竊亂賊而不作, 故外戶而不閉, 是謂大同."

83) 안병주, 앞의 책, 13쪽.

하여 절차를 존중한다. 형식적으로 볼 때 민주가 민본보다 한 단계 더 발전한 것으로 보인다.

그러나 민주주의라는 정치형태를 갖추었다고 해서 그 정치의 목적을 달성하고 있는지를 살펴볼 필요가 있다. 절차상 민의에 의하여 합법적으로 지도자를 뽑았다 하더라도, 그 정치가 민의를 제대로 실천하는 능력이 있는지도 문제거니와, 여러 가지 장벽에 막혀 능력을 발휘할 수 있을지도 미지수다. 다시 말해, 자본주의 사회에서 겉으로는 민주정치를 채택했지만, 내면적으로는 자본가, 쉽게 말해 부자들을 위한 정치가 될 수밖에 없음을 지적한 것이다. 즉, 자본주의를 채택한 나라에서 그 주인은 부르주아지 결코 시민이 아니다. 민주라는 이름으로 현혹되어서는 안 된다. 공산주의나 사회주의 나라에서도 자신들을 민주주의라고 하지 않던가? 그러니 민의는 언제나 왜곡당하고, 민으로 하여금 제대로 선택할 기회조차 주지 않는다. 민주라는 이름으로 자신들의 공정하지 못한 정치 행위를 정당화한다. 중우정치(衆愚政治)를 민주라는 이름으로 위장한다.

더구나 우리나라의 민주주의 방식 아래서 최근의 민의는 정치가의 전력(前歷)이 어떠했든 그 도덕성을 문제 삼지 않고, 차라리 개인들의 경제적 문제를 해결해 주기를 바라는 능력 있는 지도자를 원하지 않았는가? 이런 민주주의 아래에서 민중이 바라는 지도자란 도깨비 방망이처럼 개인들 각자의 욕심을 채워주는 메시아다. 그런 메시아도 더 이상 먹을 것과 입을 것을 주지 않으면, 종국에 가서 배반당하고 돌팔매질을 당한다. 그게 민중이다. 명심할 일이다.

그러나 민본은 그렇지 않다. 비록 민중의 직접적 정치 참여가 차단되어 있다 하더라도, 그 정치적 목표가 일부 사람을 위한 것이 아니라 실질적인 백성 모두의 삶의 개선에 있다. 즉 균분(均分)과 대동(大同)을 궁극적인 이상으로 삼아 온 유교의 이념은 민주주의의 껍데기만 흉내 내고 있는 한국사회가 반드시 귀감으로 삼아야 할 내용이다.[84] 민본은 백성들의 무지몽매함을 깨우치기 위해 그들을 교육시켜 이끄나, 결코 그들의 욕심만을 채워주는 것이 아니다. 민주주의 사회에서 경쟁에서 밀려난 개인들의 삶이 피폐해지면, 오히려 민본이 지향하는 것보다 못하다.

이렇듯 유교는 비록 성인(聖人)의 독재를 인정하더라도 백성을 위해서는 그것이 더 효율적이라고 보았다. 더욱이 고대사회에서 민의 현실적 위상에서 무엇을 기대하기는 어려운 문제였다. 플라톤의 철인정치도 그 의도야 어떻든, 불거진 현실의 문제점을 철인이 더 잘 해결할 수 있을 것이라고 믿는 데서 출발했을 것이다.

오늘날과 같은 현대사회에 있어서 여전히 민본사상이 의미가 있다면, 바로 자본가와 부자들만의 나라가 아니라 백성, 곧 평범한 시민의 나라여야 한다는 점이다. 모든 정치가 시민을 위한 정치가 되어야 한다는 점이다. 왜냐하면 시민이 하늘의 자손이고, 시민들의 마음이 하늘의 마음이기 때문이다. 누가 하늘을 어길 것인가? 이것을 망각하면 힘 있는 자들이 나라의 주인이다. 현실은 그래 왔다. 자본가가 힘이 있으면 자본가가 주인이고, 군인이 힘이 있으면 군인이 나라의 주인이다. 민중이 힘을 얻을 때 민중이 주인이다. 그러나 한 번도 민중이 힘을 가진 적은 없었다. 그들의 힘은 언제나 왜곡당했다. 그러니 누구든 힘만 있으면 나라를 빼앗아 주인이 될 수 있었다. 그러나 백성이 나라의 주인이라고 하는 것을 명심하라. 왜 백성인가? 왜 민중인가? 왜 시민인가? 현실세계에서 영원히 나라의 주인이 될 수 없는 그들, 그들이 하늘의 자손이고 나라의 주인이다.

따라서 민본은 누가, 어떻게 왕이 되는가를 중요하게 생각하지 않

---

84) 이승환, 『유교담론의 지형학』, 푸른숲, 2004, 263쪽.

는다. 다만 덕이 있고 백성을 위하는 사람이면 된다. 덕이 있는 사람이 강제로 정권을 찬탈하여 나라를 훔치겠는가? 어찌 덕 있는 사람이 속임수를 써서 백성의 칭송을 바라겠는가? 덕 있는 사람이 어찌 가진 사람들의 편을 들겠는가? 덕 있는 사람은 백성들로 하여금 누가 지도자인지 모르게 하는 자다. 무엇이 어떻게 돌아가는지 몰라도 살아가는 데 아무 지장이 없는 것, 그게 왕도정치요 민본사상의 이상이다. 왕인들 대통령인들 그게 무슨 상관인가?

오늘 같은 민주주의 사회에서 그런 민본적 가치를 지닌 지도자가 그립다. 비록 어렵겠지만 그런 능력 있는 지도자가 나와야 한다. 그저 인기에만 영합하여 출마하고 당선되어 무능함만 드러내다가 임기를 다 채우기도 전에 시민들의 야유와 질책을 듣는 그런 지도자가 아니었으면 좋겠다. 사실 그런 지도자도 민주사회에서 시민들이 만들 것이므로, 시민(민중)이 우매하면 민주고 민본이고 다 소용없는 일일 것이다. 언제나 그래 왔듯이.

나무꾼과 선녀

남자의 기만과 여자의 내숭, 그 찬란한 이중주

1. 나무꾼과 선녀

옛날 아주 오래된 옛날이었습니다. 강원도 금강산 자락에 한 나무꾼이 살았습니다. 그는 나무를 해서 팔아 곡식과 필요한 것을 사서 늙은 어머니와 함께 먹고 살았습니다.

하루는 나무를 하고 있는데 어디선가 사슴 한 마리가 헐레벌떡 숲속에서 뛰어나왔습니다.

"살려 주세요. 사냥꾼이 따라오고 있어요."

나무꾼은 얼른 사슴을 나뭇짐 속에 숨겨 주었습니다. 얼마 지나지 않아이윽고 사냥꾼이 나타나 말하였습니다.

"여보시오. 조금 전에 사슴 한 마리가 뛰어오는 것 못 보았소?"
"예, 좀 전에 헐레벌떡 저쪽으로 뛰어가던데요."

하고, 나무꾼은 사슴이 나타난 반대 방향을 가리켰습니다. 그러자 사냥꾼은 그가 가리킨 쪽으로 두말 않고 뛰어갔습니다.

"제 목숨을 구해 주어서 고맙습니다."

사슴이 나뭇짐 더미에서 나오면서 말하였습니다. 그리고는 다음과 같이 말했습니다.

　"이 산의 계곡을 따라 쭉 올라가면 커다란 연못이 있는데, 지금부터 열흘 뒤 보름달이 떠오르면 선녀 셋이 내려와 목욕을 할 것입니다. 그때 제일 나이 어린 선녀가 입었던 날개옷 한 벌을 감추어야 합니다. 그리고 하늘로 올라가지 못한 선녀를 집으로 데려가 아내로 맞이하십시오. 그리고 아이 셋을 낳을 때까지 절대로 날개옷을 보여주어서는 안 됩니다."

　열흘 뒤 나무꾼은 밤이 되자 사슴이 일러준 대로 계곡의 연못에 가보았습니다. 과연 달빛 아래서 고운 속살을 드러낸 선녀들이 막 목욕을 하려는 중이었습니다. 찰랑이는 물결에 달빛이 부서지면서 은가루를 뿌린 듯 선녀들의 하얀 살결이 반짝였습니다. 선녀들이 물속으로 들어가자 두근거리는 마음을 누르면서 나무꾼은 간신히 제일 나이 어린 선녀의 날개옷 한 벌을 가져와 숨겼습니다. 그리고는 숨어서 선녀들을 엿보고 있었습니다.
　이윽고 선녀들이 목욕을 끝내고 옷을 입으려는데, 한 선녀가 발을 동동 구르며 옷이 없다고 비명에 가까운 놀란 소리를 질렀습니다.

　"바람에 날려갔나 봐. 먼저 올라갈 테니 찾아서 입고 와."

　두 선녀는 이렇게 말하고 먼저 하늘로 올라갔습니다.
　그러나 아무리 찾아도 날개옷은 없었습니다. 지친 선녀는 알몸으로 바위 옆에 쪼그려 앉아 슬피 울었습니다. 나무꾼은 시치미를 뚝 떼고 조심스레 선녀 앞에 나타나 갈 데가 없는 선녀를 그럴듯한 말로 달래서 데리고 집으로 돌아왔습니다. 더 이상 날개옷을 찾지 못하자 선녀는 하늘나라에 갈 것을 단념하고 나무꾼의 아내가 되었습니다. 나무꾼은 선녀가 가엽기도 했지만 사슴이 일러준 것을 지키기 위하여 입을 꼭 다물고 있었습니다.

세월은 흘러 어느덧 선녀는 두 아이의 엄마가 되었습니다. 하늘나라의 즐거움도 잊은 듯, 땅 위에서의 생활이 힘들었지만 나무꾼과 행복하게 살았습니다.

어느 날 밤이었습니다. 그날도 날개옷을 잃었던 날처럼 달이 환하게 밝았습니다. 선녀는 마루에 앉아 달을 쳐다보고 한숨을 쉬며 말했습니다.

"아, 세월이 벌써 이렇게 흘렀구나! 날개옷을 입고 저 하늘을 날아 봤으면…."

그 소리를 들은 나무꾼은 선녀가 참으로 불쌍하다는 생각이 들었습니다. 그리고 이제 두 아이의 엄마가 되었으니 딴 마음을 먹지 않을 것이라고 믿었습니다. 그래서 날개옷을 선뜻 내어 주며 한 번 입어 보라고 권하였습니다. 선녀는 날개옷을 입고 공중에서 왔다가다하다가 별안간 두 아이를 양팔에 안고 하늘로 날아올랐습니다. 나무꾼이 돌아오라고 소리를 질렀지만, 그 소리가 들리지도 않는 듯이 하늘 높이 날아갔습니다. 그리고는 영영 돌아오지 않았습니다. 그때서야 나무꾼은 아이 셋을 낳을 때까지 날개옷을 보여주지 말라는 사슴의 말이 생각났습니다. 그러나 후회해 보았자 아무 소용이 없었습니다.

나무꾼은 혹시 그때 그 사슴을 만나면 좋은 방법이 있을까 싶어 사슴을 찾아 헤매었습니다. 여러 날을 찾아 헤맨 뒤에야 겨우 그 사슴을 만날 수 있었습니다.

"제가 뭐라고 했습니까? 아이 셋을 낳을 때까지 날개옷을 보여주지 말라고 했잖아요?"

사슴은 약간 퉁명스럽게 말했습니다. 그리고는 측은한 생각이 들어서 선녀와 아이들에게 갈 수 있는 방법을 일러 주었습니다.

"날개옷을 잃어버린 뒤로는 하늘나라에서 선녀들이 내려오지 않지요. 대신 큰 두레박으로 그 연못의 물을 떠서 목욕을 한답니다. 이달 보름이 되면 하늘에서 두레박이 내려올 것입니다. 그때 그 두레박을 타고 하늘로 올라가면 됩니다."

이 말을 듣고 나무꾼은 보름이 되기를 기다렸습니다. 밤이 되자 과연 커다란 두레박이 하늘에서 스르르 내려왔습니다. 나무꾼은 얼른 그 두레박에 올라탔습니다. 그러자 두레박은 하늘 높이 올라가기 시작하였습니다. 아름다운 금강산은 달빛 아래서 고요히 잠들어 있었습니다.

드디어 나무꾼은 두레박을 타고 하늘나라에 올라갔습니다. 두 아이와 선녀도 만날 수 있었습니다. 사실 선녀는 옥황상제의 딸이었습니다. 그러나 옥황상제는 땅 위의 사람이 하늘나라에 살 수 없으니 자기가 낸 세 가지 시험에 합격하면 하늘나라에서 살게 해주겠다고 했습니다. 만약 시험에 합격하지 못하면 큰 벌을 내리고 땅 위로 쫓아 버린다고 했습니다.

첫 번째 시험은 숨어 있는 옥황상제를 하루 만에 찾는 것입니다. 어디에 숨었는지 알 수 없어 낙담하고 있으니까, 성 밖에 있는 돼지우리에 가서 '상제님 왜 거기에 계십니까?'라고 말하면 된다고 선녀가 가르쳐 주었습니다. 그렇게 하여 옥황상제를 찾으니 첫 번째 시험에 통과하였습니다.

두 번째 시험은 나무꾼이 숨고 옥황상제가 찾는 일인데, 이것 역시 해결하지 못하고 낙담하고 있자, 이번에도 선녀가 도와주어서 개미로 변신시켜 나무꾼을 자기의 골무 속에 넣어 바느질을 했는데, 아무리 하늘나라 사정을 잘 아는 옥황상제도 나무꾼을 찾지 못했습니다. 그리하여 두 번째 시험에도 합격하였습니다.

세 번째 시험은 옥황상제가 쏜 화살을 찾아 가지고 오는 것이었는데, 이번에도 선녀가 도와주었습니다.

"가다가 추녀 끝이 밑으로 쳐진 기와집이 보이거든 거기에 들어가세요. 처녀가 아파서 누워 있을 터이니 가슴을 세 번 쓸어내리세요. 그러면 화살 이 나올 것입니다. 오는 도중에 절대로 화살을 꺼내서 보지 마세요."

이렇게 당부하였습니다. 과연 그곳에 가니 멀쩡하던 처녀가 갑자기 가 슴이 아프다면서 다 죽어 간다고 야단이었습니다. 나무꾼은 자기가 그것 을 고치겠다고 말하고, 주인의 허락을 받아 주위의 사람을 내보내고 처녀 의 가슴을 세 번 쓸어내리니 화살이 쏙 빠져 나왔습니다. 처녀는 금세 나 았습니다. 그것을 가지고 오다가 궁금하여 살짝 꺼내 보는데 갑자기 까치 한 마리가 날아오르더니 화살을 물고 날아갔습니다. 울상이 되어 계속 바 라보고 있는데, 이번에는 솔개가 나타나 그것을 빼앗아 물고 날아가 버렸 습니다.

애써 찾은 화살을 잃어버렸으니 영락없이 쫓겨나게 되었다고 낙담하면 서 돌아오니, 선녀가 화살을 들고 기다리고 있었습니다. 어찌 된 영문인지 물었습니다.

"당신이 화살을 찾아 가지고 오는 것을 보고 제 언니가 까치로 변하여 빼앗자, 그걸 제가 솔개로 변하여 도로 찾아 왔답니다."

이렇게 해서 선녀 덕분에 세 가지 시험에 다 합격하고 하늘나라에 살게 되었습니다. 그러나 가족과 함께 하늘나라에서 행복하게 사는 것도 잠시 뿐이었습니다. 나무꾼의 얼굴은 늘 수심이 가득하였습니다. 맛있는 음식을 먹어도, 아름다운 음악을 들어도 나무꾼은 좀처럼 즐겁지 않았습니다.

사실 나무꾼은 땅에 두고 온 늙으신 어머니가 생각나서 그랬던 것입니다. 선녀에게 땅에 내려가 어머니를 모시고 올 수 없는지, 아니면 잠시라도 다녀올 수 없는지 물어보았습니다. 선녀는 하늘나라와 아무 상관이 없는 지상의 사람이 하늘나라에 살 수 없다고 했습니다. 어머니를 모셔 올수 없는 것이 그 때문이라고 말했습니다. 그래서 나무꾼은 어머니를 잠시라도 보고 올 수 있는 방법을 찾았습니다.

하늘나라에는 날개 달린 말, 이른바 천마(天馬)라는 것이 있었습니다. 하늘나라 임금님과 관리들만 타고 다녔습니다. 이 딱한 사정을 안 임금님은 그를 효성이 지극한 사람이라 여겨 나무꾼이 천마를 잠시 탈 수 있도록 허락하였습니다. 선녀는 땅에 내려갔을 때 절대로 말에서 내리면 안 된다는 당부도 하였습니다.

드디어 나무꾼은 천마를 타고 꿈에도 그립던 어머니를 만날 수 있게 되었습니다. 말에 탄 채로 어머니에게 문안을 드렸습니다. 어머니는 그것이 몹시 안쓰러워서 말했습니다.

"얘야, 말에서 내려 방안에 들어와서 쉬었다 가렴."
"안 됩니다, 어머니. 말에서 내리면 하늘나라에 갈 수가 없어요."

나무꾼이 말했습니다.

"오냐, 알았다. 그러면 이 팥죽이라도 먹고 가렴."

어머니는 금방 쑨 뜨거운 팥죽을 사발에 담아서 아들에게 건넸습니다. 나무꾼은 천마의 잔등이에 앉은 채 팥죽을 먹으려고 하였습니다. 그런데 말이 흔들리는 바람에 뜨거운 팥죽을 말 등에 몇 방울 흘리고 말았습니다.

아! 그러자 뜨거운 팥죽에 놀란 말이 갑자기 날뛰기 시작하였습니다.

나무꾼은 팥죽을 먹느라 잠시 말고삐를 놓고 있었기 때문에 그만 말에서 떨어졌습니다. 천마는 소리를 지르며 지붕 위를 한두 바퀴 빙 돌더니 금방 하늘 높이 날아 시야에서 사라졌습니다.

이렇게 하여 나무꾼은 영영 하늘나라에 갈 수 없게 되었습니다. 대신 땅 위에서 예전처럼 나무를 팔아서 어머니를 모시며 살아야 했습니다. 그러다가 하늘나라에 사는 아내와 아이들이 보고 싶어서, 혹 하늘에서 천마가 내려오지 않나 하고 밤낮 하늘만 올려다보고 살다가 그만 죽어서 수탉이 되었습니다. 지금도 수탉이 지붕 위에 올라가 하늘을 쳐다보고 우는 것도 그 까닭이랍니다.

2. 어울리지 않는 결혼생활은 성공하기 어렵다

뻐꾸기의 유래

'나무꾼과 선녀'도 '콩쥐 팥쥐'만큼이나 많이 알려진 유명한 이야기다. 그런 이유 가운데 하나는 이 이야기가 1955년에서 1972년까지 초등학교 3학년 국어 교과서에 수록되었기 때문이다.[1] 그 이후 여러 작품의 소재가 되기도 하고, '선녀와 나무꾼'이라는 대중가요도 만들어졌다.

민담이라는 것은 사람들의 입을 통하여 전승되기 때문에 원형을 찾기도 어렵고 변이도 많이 생긴다. 심지어 제목마저도 그렇다. 이 이야기에도 다양한 제목이 있다. '나무꾼과 선녀', '선녀와 나무꾼', '선녀와 머슴', '금강산 선녀', '선녀와 수탉이 된 총각', '사슴을 구해 준 총각', '총각과 선녀', '노루와 나무꾼', '수탉의 유래', '수탉이 높은 데서 우는 유래', '뻐꾸기의 유래', '은혜 갚은 쥐', '쥐에게 은혜를 베풀어 옥황상제 사위 된 이야기' 등이 그것이다. 연구자들은 이것들을 통틀어 '나무꾼과 선녀'를 대표적인 제목으로 삼는다. 이 제목으로 된 이야기가 가장 많기 때문이기도 하고, 그것이 이 이야

---

1) 배원룡, 「나무꾼과 선녀 설화의 연구」, 성균관대학교 대학원 박사학위논문, 1991, 30쪽.

기의 두 주인공의 이름을 나타내기도 하거니와 이 이야기의 서사구조에서 중추적 역할을 하기 때문이기도 하다.

다양한 변이 중 '뻐꾸기의 유래'라는 제목으로 된 이야기의 내용을 살펴보면 다음과 같다. 이야기 1의 끝에 천마를 타고 내려온 나무꾼이 팥죽을 먹는 장면은, 이 이야기의 다른 변이 속에서는 어머니(또는 친척)가 박국을 끓여주는 장면으로 바뀐다. 박국이란 박의 속살을 파서 끓인 국이다. 박국을 먹다가 천마를 놓쳐서 영영 하늘에 못 올라가게 되었고, 그래서 나무꾼이 죽어서 새가 되어 '박국! 박국!' 하고 울었다고 한다. 박국 때문에 하늘에 못 올라간 한(恨) 때문에 말이다. 그 소리가 '뻐꾹! 뻐꾹!'과 흡사해 '뻐꾸기의 유래'란 제목이 붙었다. 이 얼마나 해학이 넘치는가? 그 외에 이같이 다양한 제목도 이 이야기의 주제와 일정한 맥락이 닿고 있다. 나중에 하나씩 관련된 설명에서 밝히겠다.

학자들이 밝힌 이 이야기의 원형은 호주 지역을 제외한 전 세계적으로 분포되어 있는데, 중국에서는 곡녀전설(鵠女傳說), 일본에서는 우의전설(羽衣傳說), 서양에서는 백조처녀(swan maid)로 알려져 있다.[2] 모두 새와 관련이 있다. 백조는 우아한 여성과 너무나 흡사하다. 대개의 이야기는 백조(새)가 연못가로 날아와 인간으로 변신해 목욕하는 사이 사냥꾼이 깃옷을 감추면서 사건이 발단된다.

그러나 백조처녀 이야기라고 다 같은 것은 아니다. 서양에서는 남녀 간의 사랑을 다루고, 몽골의 백조처녀 이야기는 보리야드 족의 여섯 부족의 기원과 제사를 지내게 된 내력을 말한다.[3] 우리나라에서는 백조가 아닌 선녀로 바뀐다. 그리고 몽골의 그것과 다른 점은 선녀가 아이를 데리고 떠난다. 그것이 우리 문화 코드에 맞았기 때

---

2) 최운식, 「나무꾼과 선녀 설화의 고찰」, 『청람어문학』, 1988, 60쪽.

3) 전신재, 「나무꾼과 선녀의 변이 양상」, 『강원문화연구』, 1999, 3쪽.

문이었을 것이다. 때문에 말하고자 하는 내용도 달랐다.

이처럼 민담은 동일한 유형에 속해도 문화권에 따라 달라지기 마련이고, 같은 문화권이나 나라에 있어서도 지역이나 구술자에 따라 수많은 변이가 생겨난다. 그런 변이는 전승자들의 사유와 의식을 포함하며, 그들 사이에 변증법적인 관계를 거치면서 다양하게 전개된다. 왜냐하면 한 구술자의 일방적인 생각만으로 변이를 주동한다고 말하기는 어렵고, 다른 사람의 그것에 대한 공감(동의)이나 대립을 통해 비판·극복하면서 전승되기 때문이기도 하다. 필자의 관심은 이러한 전승자들의 사유의 궤적을 탐색하는 데 있다.

이렇게 변이가 많기 때문에 이야기의 종류도 그 제목만큼이나 매우 다양하다. 대다수 학자들은 이 이야기를 크게 몇 가지 유형으로 분류한다. 우선 나무꾼이 선녀를 만나 지상에서 살다가 선녀가 아이들을 데리고 하늘나라로 올라가는 유형, 다음으로 이 이야기를 이어 나무꾼이 선녀를 따라 하늘에 올라가는 유형,[4] 또 나무꾼이 하늘나라에 올라가서 옥황상제와 그의 가족들로부터 오는 각종 시험(시련)을 극복하고 하늘에서 잘 살았다는 유형, 그리고 하늘나라에 살다가 지상의 어머니(친지)를 보러 왔다가 하늘에 못 올라가고 수탉이 되었다는 유형, 나무꾼이 죽자 하늘나라에 있는 자식들이 나무꾼의 시신을 하늘나라로 갖고 올라갔다는 유형, 끝으로 나무꾼과 선녀가 하늘나라보다 땅이 좋아서 같이 지상으로 하강하여 행복하게 살았다는 유형이 그것이다.[5]

---

4) 필자의 기억을 더듬어 보면 초등학교 교과서에 실린 이야기는 이 유형에 속한다. 최근 연구자들이 채록한 이야기는 이 유형에 집중되는데, 아마도 구술자들이 이 기간에 학교에 다닌 것과 무관하지 않으리라 생각된다.

5) 배원룡은 이것을 각각 선녀 승천형, 나무꾼 승천형, 나무꾼 천상시련 극복형, 나무꾼 지상 회귀형, 나무꾼 시신 승천형, 나무꾼과 선녀 동반 하강형으로 분류한다(앞의 논문, 14쪽).

유형이 많으므로 그만큼 다양한 해석이 있을 수도 있지만, 텍스트의 다양성으로 인하여 그것을 마구잡이로 인용하다 보면 연구자들이 자신의 주관에 따라 뭐든지 다 말할 수 있어 전혀 엉뚱한 해석이 가능하다. 텍스트 선정과 비판이 중요한 이유가 여기에 있다. 이런 태도에 어울리는 우스갯소리가 있다. 어떤 기독교 신자가 성경책에서 오늘의 말씀을 매일 읽었다. 하루는 차례대로 읽는 것이 귀찮아 아무 데나 척 펼쳤는데, "이 사람(예수를 판 유다)이 불의의 삯으로 밭을 사고 후에 몸이 곤두박질하여 배가 터져 창자가 다 흘러나온지라."[6]라는 글이 눈에 띄었다. 그러자 재수 없다고 생각하고 다른 곳을 휙 펼쳐 보니, "해와 빛과 달과 별들이 어둡기 전에, 비 뒤에 구름이 다시 일어나기 전에 그리하라."[7]라는 구절이 보이더라는 것이다. 아마 그 사람은 모르긴 해도 상당히 황당했을 것이다. 이 경우는 자신이 의도하는 것과 정반대의 상황을 빗댄 것이지만, 역으로 텍스트가 풍부하면 텍스트가 자신의 의도를 증명해 주는 도구가 될 수 있음을 보여주는 예다.

앞의 이야기 1은 '나무꾼과 선녀' 이야기 가운데 나무꾼이 수탉이 되는 과정을 그린 하나의 유형인데, 필자가 다시 쓴 것이다. 앞으로 이 유형을 중심으로 해석할 것이다.

필자가 이 유형을 선택한 데에는 그럴 만한 이유가 있다. 우리나라에서 가장 최초로, 그리고 두 번째로 채록된 것도 이 유형이며, 가장 많은 것도 이 유형이기 때문이다. 최초의 이야기는 1913년에 정덕봉 구연으로 정인섭이 채록한 것이며, 그 다음은 방정환의 제보로 손진태가 채록한 것으로 역시 이 유형에 속한다.[8] 특히 변이가 많은

---

6) 행 1:18.

7) 전 12:2.

8) 배원룡, 앞의 논문, 21-22쪽. 같은 시기 1924년 조선총독부에서 발간된 『조

것은 광복 후에 채록된 것들로서 다양한 유형을 보이는데, 그것은 그만큼 이야기의 원형이 변질되었다는 뜻도 되고 전통과 더 멀어졌다는 생각에서 다 다루지 않기로 했다. 그래서 필자가 다시 쓴 이야기 1도 1926년 임석재가 채록한 것을 중심으로 이 유형을 종합하였다.

다음의 표와 같이 조사된 몇 개의 이야기가 이것을 이해하는 데 참고가 될 것이다.

남자는 늑대?

이 이야기에는 자잘한 의문이 많아 독자(청자)들의 관심을 충분히 끌기도 하지만, 그보다도 가장 큰 문제가 되는 것은 주제가 무엇이냐 하는 점이다. 연구자들 사이의 공통된 주제를 찾기 어렵다는 점은 그것을 잘 말해 준다.

자잘한 의문점부터 나열해 보면 다음과 같다. 우선 반강제, 즉 비열한 속임수에 당하여 혼인한 선녀는 말할 것도 없고, 그런 나무꾼도 행복했을까 하는 점이 먼저 떠오른다. 진정한 행복이란 나뿐만 아니라 내가 사랑하는 나의 파트너도 행복해야 하기 때문이다. 그때문에 나무꾼은 선녀에 대하여 늘 측은하고 미안한 마음을 가지고 살았는지 모른다. 그래서 아이 셋 낳을 때까지 보여주지 말라는 날개옷을 둘 낳았을 때 보여주었을 것이다.

선동화집』에도 이 이야기가 있는데, 효자가 아버지의 병을 고치기 위해 날개옷을 훔치고 그것을 돌려주는 대가로 천도복숭아를 얻어 아버지의 병을 낫게 하고 함께 불로장생했다는 것이다. 이 동화집 자체가 민담을 교육적으로 꾸민 것이므로 사료적 가치가 크지 않아 참고하지 않았다(권혁래 편역, 『조선동화집』, 집문당, 2003, 60-64쪽).

1. 임석재 전집, 『한국구전설화』, 평민사

채록 연대	채록 지역	제목	내용과 특이한 점
1926	충남 서산	나무꾼과 선녀	- 충남 서산군 해미면. 한기하 - 노루가 스스로 숨음, 구해 줌, 아이 넷의 금기-셋(양손, 등) 데리고 상승 - 두레박, 천상에서의 시험(선녀의 남동생, 처남댁)과 선녀의 도움 - 고향생각, 천마, 하강, **호박죽을 먹자 말이 죽음** - **나무꾼의 어머니는 등장하지 않음**
1932	경남 김해	총각과 선녀	- 경남 김해군 대저면. 박종순(14세, 여) - 총각 머슴, 팔자타령, 노루, 선녀 셋, 아이 셋-둘 겨드랑에 끼우고 상승, 집이 사라지고 총각 홀로 남음 - 타루박(두레박), 승천, 천상에서의 시험(장인, 선녀의 도움) - 고향생각, 먹지 말라는 금기, 닭국(닭국), 닭 누린내에 천상의 아들들이 두레박줄을 당기다가 놓아 버림, 대밭 위에 떨어져 찔려 장닥(수탉)이 됨, 고르르 소리 내고 움 - **어머니는 등장하지 않음**
1943	황해 연백	나무꾼과 선녀	- 황해도 연백군 해성면 화양리 당하동. 김광홍수 - 노루가 살려 달라고 함, 셋 중 가운데 선녀의 옷 - 아이 둘 낳았을 때 옷을 줌 - 아이 둘 양 겨드랑이에 끼고 상승함 - **뒷부분 천상의 이야기는 없음**
1969	전북 장수	나무꾼과 선녀	- 전북 장수군 장수면 선창리 양광부락. 배윤선(58세, 남) - 노루가 스스로 숨음, 구해 줌, 셋 중 **셋째 선녀의 옷**, 아이 **셋**의 금기-둘 데리고 상승, 두레박 - 두레박, 천상에서의 시험(장인, 장모, 처형들)과 선녀의 도움 - 고향생각, 천마, 하강, 뜨거운 박속 국, 추락, 장닭(수탉) - **나무꾼의 어머니는 등장하지 않음**

2. 한국학중앙연구소 편, 『한국구비문학 대계』

채록연대	채록지역	제목	내용과 특이한 점
1981	충북 청주	나무꾼과 선녀	- 충북 청주시 모충동. 이화옥 - 총각, 놀갱이(노루)의 도움 요청, 삼월 보름 못 둑, 세 선녀, 가운데 선녀의 옷을 훔침, 아이 셋-아이 둘, 승천 - 후에 나무꾼은 하늘에서 내려 준 줄을 타고 올라가 상봉, 신선이 됨 - **나무꾼의 어머니 등장 안 함**
1982	충남 보령	나무꾼과 선녀	- 충남 보령군 오천면. 편만순 - 머슴, 노루의 도움 요청, 큰 샘, 옥황상제의 셋째 딸 선녀, 아이 셋의 금기, 선녀가 먼저 구혼함, 선녀가 재주를 부려 집을 지음, 독주를 먹인 후 아들 둘 데리고 승천, 나무꾼은 원래대로 돌아옴 - 세 번째 두레박에 올라탐, 선녀는 하늘나라 초가집 오두막에서 살고 있음, 장인 장모 찾음, 두 언니의 시기, 지상에 내려가 화살 찾는 시험, 용마를 타고 주위와 잘 살았음 - **지상으로 추락하는 장면 없음**
1982	경기 강화	선녀와 나무꾼 (뻐꾹새의 유래)	- 경기 강화 양도면. 윤태선 - 총각, 노루의 도움 요청, 아이 셋-아이 둘, 승천, 두레박으로 승천, 화살 줍기 벌칙(시험), 천마, 어머니, 말울음 세 번 울기 전 승마해야, 박국 먹다가 놓침, 박국-뻐꾹-뻐꾸기가 됨
1984	경북 선산	선녀와 나뭇꾼	- 경북 선산군 장천면. 김을년 - 총각, 노루의 도움 요청, 선녀 둘, 둘째의 선녀 옷, 부자(도깨비) 방망이로 집을 짓고 삶, 아이 셋-아이 하나 낳고 또 임신, 옷을 줌, 선녀의 승천, 있던 곳이 원래대로 돌아 감(못 둑으로) - 금뚜르박(금두레박), 승천, (중간 불확실), 밥국, 말, 수탉
1983	전북 정읍	선녀와 머슴	- 전북 정읍군 풍양면. 최상근 - 머슴, 노루(호랑이), 둠벙(웅덩이), 선녀 셋 - 아들 셋과 함께 선녀 승천, 그륵(그릇: 두레박 대용), 승천 - 천상에서 (땅)애비를 못 부르게 함, 차별 받음, 지하(상)로 하강, 부자로 잘 살았음

340

3. 임동권 엮음, 『한국의 민담』, 서문문고 031, 서문당, 1996

채록 연대	채록 지역	제목	내용과 특이한 점
1955	경기 파주	사슴을 구해준 총각	- 경기 파주군 교하면. 박삼용 - 나무꾼, 노루의 도움 요청, 선녀들, 아이 셋-아이 　둘-선녀의 승천, 기와집이 오두막으로 바뀜 - 두레박, 승천, 부인과 아이들을 만남 - 어머니는 등장하지 않음

4. 서정오, 『우리 옛이야기 백가지 1』, 현암사, 2007

채록 연대	채록 지역	제목	내용과 특이한 점
		나무꾼과 선녀	- 나무꾼, 노루의 도움 요청, 선녀 셋, 마음에 드는 선 　녀(셋째)의 날개옷, 아이 넷-아이 셋-선녀의 승천 - 두레박, 승천, 옥황상제의 세 가지 시험(숨바꼭질, 화 　살 찾기, 선녀의 도움) - 지상의 어머니 생각, 천마로 하강, 세 번 울기 전 승 　마의 금기, 박속 지진 것 먹다가 말을 놓침, 수탉이 　됨

　흔히 우리는 이런 비열한 기만에 대하여 분노를 느낀다. 그러나 인생사가 순진무구한 도덕군자처럼 깨끗하게 살게 내버려 둘 정도로 만만치는 않다. 아니 그럴 필요도 없다. 인간에게는 누구나 마스크가 필요하다는 니체의 말을 상기하지 않더라도, 인간이 남녀를 불문하고 자신의 짝을 고를 때조차도 그런 조그마한 기만이나 과장이 전혀 없던가? 이 이야기는 그런 상황을 다소 과장하면서 리얼하게 형상화시킨 작품이 아닌가? 그리하여 인간 존재에 있어서 그런 심오함을 말해 주는 것일까?

다음으로 나무꾼은 영악한 사람일까? 아니면 어수룩하고 순진한 청년이었을까? 이 질문에 대한 답은 매우 중요하다. 이야기의 주제의 방향을 뒤흔들 만큼 중요성을 갖기 때문이다. 만약 그가 영악하다면 나무꾼과 같은 성향을 지닌 남자들은 늑대로 치부될 수 있다.

또 이런 것도 생각해 볼 만하다. 선녀들은 왜 보름날 지상에서 목욕을 했을까? 더 이상 지상에서 목욕을 할 수 없게 되자 두레박으로 물을 퍼 올려 했는데, 그 이유가 무엇일까? 단순히 그것이 나무꾼과 선녀를 이어주기 위한 문학적 장치였을까? 아니면 지상의 물로 목욕하지 않으면 안 되는 필연성이 있었을까?

그리고 왜 선녀는 하늘나라로 승천할 때 나무꾼은 버려둔 채 아이들만 데리고 갔을까? 반강제로 납치하여 혼인한 나무꾼은 미워도, 아이들은 버릴 수 없다는 모성본능의 표현일까? 조선시대의 풍습에 따르면 반강제의 혼인도 혼인인데, 하늘같은(?) 지아비를 버려두고 도망간다는 것이 어디 가당키나 한 일인가? 그것이 사람이 아닌 선녀니까 가능했다고 인정해 준 걸까? 아니면 무능하고 못난 남편에게 시달림을 당하는, 당시 남편보다 유능하고 잘난 여성들의 심리를 상징할까?

한편 나무꾼이 하늘에 올라가 시험을 당할 때 선녀가 도와준 것은 무슨 까닭일까? 어떻게 보면 자신의 신세를 망친 사람이고, 그래서 하늘로 도망쳐 왔는데, 그런 '웬수'를 도와주는 마음은 또 어떻게 보아야 할까? 밉지만 아이들의 아버지라서 그럴까? 아니면 미운 정도 정이니까 그동안 지상에서 같이 살았던 정 때문일까? 그도 아니면 선녀는 자신을 속인 나무꾼이 싫은 것이 아니라, 그가 사는 공간인 지상에서의 삶만 싫었을까?

끝으로 왜 나무꾼은 죽어서 수탉이 되었을까? 다른 물건이나 동물도 있는데, 왜 하필 수탉인가? 그리고 왜 결말이 행복하지 않은가?

이야기가 반드시 끝에 가서 행복해야 한다는 법칙이 있는 것은 아니지만, 행복한 결말을 맺는 대다수의 이야기와도 다르며 또 그러기를 바라는 많은 사람들의 기대에 어긋난다.9)

그렇다면 연구자들이 해석한 주제는 무엇일까? 그것은 연구자들의 수만큼이나 다양한 편차를 보인다. 그 까닭은 연구 방법의 차이에 기인한 것도 있고, 이 이야기의 맥락에 절대적인 영향을 주는 전통에 대한 이해 부족, 특수한 시각에 따른 탓도 있다. 어쨌든 그 주제를 요약해 보면 대략 다음과 같이 나타낼 수 있을 것이다.

우선 눈에 띄는 것은 남성들의 꿈과 소망을 나타낸 약탈혼을 다룬 점이다.10) 이와 유사하게 이 이야기는 남성 이야기이고 남성 심리의 산물이라고 보며, 선녀의 이미지는 전형적인 남성의 내면에 존재하는 여성성(아니마)이라고 본다.11) 이쯤 되면 나무꾼과 같은 이런 부류의 남성은 늑대요, 여성을 제 맘대로 할 수 있다고 여기는 구제받을 수 없는 색마(色魔)의 화신이다. 반면 약탈혼이 아니며 나무꾼과 선녀 이야기는 남성들뿐만 아니라 여성들의 꿈과 소망 또한 면면히 이어져 내려온다고 연구한 것도 있다. 구술자 중에는 여성이 단연코 많다는 점이 그 반박 논리다.12)

---

9) 그 비극의 원인을 이 이야기가 원래 신화(神話)였기 때문이라고 말하기도 한다(조현설, 『우리 신화의 수수께끼』, 한겨레출판, 2006, 44쪽). 즉 원래의 신화의 구조가 그러니까 따를 수밖에 없다는 말이다. 그러나 그보다도 더 깊은 뜻이 있다. 왜냐하면 굳이 신화적 결말에 얽매인다면 모두 함께 하늘나라에 올라가거나, 지상으로 내려와 행복하게 사는 이 '나무꾼과 선녀' 이야기의 다른 유형은 없어야 한다.

10) 김대숙, 「나무꾼과 선녀 설화의 민담적 성격과 주제에 관한 연구」, 『국어국문학』, 2004, 348쪽.

11) 고혜경, 『선녀는 왜 나무꾼을 떠났을까』, 한겨레출판, 2006, 125쪽.

12) 서은아, 「나무꾼과 선녀의 인물 갈등 연구」, 서울여자대학교 대학원 박사학위논문, 2004, 7쪽.

그리고 주제가 너무 보편적이고 덤덤하긴 하지만, 행복을 누리고 자 하는 인간의 염원이 반영된 것[13]이라는 것도 있고, 기복 많은 결 혼생활[14]로 보는 것도 있는데, 특이한 점은 인류학이나 생물학 등을 동원하여 나무꾼이나 사람들이 짝짓기를 위해 사용한 기만과 위선은 도덕적 인간이 억제해야 할 절대 악도 아니고, 사회진화가 진전됨에 따라 소멸되어야 할 동물적 특성도 아니며, 사회생활의 복잡한 업무 를 수행하기 위해 사용되는 인간적인 전략으로 보았다는 점이다.[15]

그리고 이야기가 무의식적인 심리를 나타낸다고 보아, 어머니에게 고착된 미숙한 남성에 관한 이야기라는 관점도 있다. 즉, 결혼이란 성숙한 자만 할 수 있는 것으로 어머니로부터 분리를 의미하므로, 근원적인 욕망과 인간이 되기 위해 무엇이 필요한지 알려 주는 것으 로 보기도 한다.[16] 또 이와 유사한 방법으로 연구된 것은 한 남자와 아내와 어머니 사이에서 벌어지는 삼각관계의 갈등으로 본 것으로, 결국 어머니 치마폭을 벗어나지 못한 한 남성의 이야기[17]라는 것이 다. 이와는 달리 여러 갈등을 종합적으로 다룬 것[18]도 있다.

또 하늘과 땅을 혼동해서는 안 된다는 것, 중요한 것은 하늘과 땅 의 만남이요 서로 바라는 그리움이지, 결코 땅의 것은 하늘이 될 수 없다는 관점도 있다. 인간이 어떤 존재인지, 어떻게 사는 것이 인간

---

13) 최운식, 앞의 논문, 72-73쪽. 배원룡의 앞의 논문도 그런 점을 주장하면서도 다양한 의식을 각 유형에 수렴하고 있다고 본다(175쪽).

14) 전영태, 「나무꾼과 선녀에 대한 통합적 해석」, 『선청어문』, 2005, 242-243쪽.

15) 같은 논문, 228쪽.

16) 노제운, 「한국 전래동화의 심층 의미 분석: 정신분석적 접근」, 고려대학교 대 학원 박사학위논문, 2003, 88쪽.

17) 하지현, 『전래동화 속의 비밀코드』, 살림, 2005, 148-149쪽. 그러나 이 책은 텍스트 선정의 편협성을 가지고 있다. 다시 말하면 앞에서 필자가 제시한 여 러 유형에서 보이듯이 어머니가 등장하지 않는 유형도 많기 때문이다.

18) 서은아, 앞의 논문.

다운 삶인지 다분히 신학적인 인간론을 민담의 틀에 담은 것으로, 이야기 자체가 하나의 철학이요, 삶의 철학이라고 규정한 것[19]이다.

필자도 다른 책에서 '못 올라갈 나무는 쳐다보지도 말라.' 또는 '송충이는 솔잎을 먹고 살아야 한다.'는 속담의 뜻을 나타낸다고 보아, 서로 다른 계급의 조화는 어려운 것으로 풀이했지만,[20] 청소년들을 상대로 하는 책이어서 깊이 있게 다루지는 못했다.

그 외 행복에 대한 강한 소망, 천상계와 지상계의 한계 인식, 통과의례, 동물의 보은, 의외의 행운 등이 이 이야기의 주제로 거론되기도 한다.

이렇듯 다양한 방법론과 텍스트 속에서 다양한 주제를 주장하고 있지만, 모든 것을 다 긍정할 수는 없다. 텍스트 선정과 연구방법의 편협성, 그리고 몰역사적이고 비현실적인 이해와 너무 상식적이고 포괄적인 주제로 이 이야기의 성격을 오롯이 드러낼 수 없기 때문이다. 한마디로 제시된 주제들이 필자의 마음에 들지 않는다. 이렇듯 민중들이 말하고자 하는 논리가 명쾌하게 전달되지 않음은 연구자들이 구조 분석, 유형 정리, 심리 파악, 설화의 발상과 분포 및 계보, 성격 파악에 치중한 나머지 민담의 의미에 관한 사상사적 맥락에서 심층적인 접근을 하지 못하고, 역사적인 것과 논리적인 것을 관계 짓는 방법이 부족해서 나온 결과가 아닌가 하는 생각이 든다.

물론 이런 점은 관심분야가 필자와 다르기 때문에 생기는 것일 수도 있다. 기본적으로 필자가 취하는 관심은 '민중들이 그들이 살았던

---

19) 이현주, 『호랑이를 뒤집어라』, 생활성서, 1999, 157-168쪽. 이 또한 필자의 텍스트 선정과 해석의 문제를 노정하고 있는데, 하늘에서 벌어지는 일 또한 성스러운 일이 아니다. 즉, 성(聖)과 속(俗)의 대비 속의 하늘이 아니라 인간사와 전혀 다를 바 없다. 하늘을 빌려 말하는 인간의 이야기일 뿐이다. 다른 논문에서도 이 점은 지적된다(서은아, 앞의 논문; 김대숙, 앞의 논문 참조).

20) 이종란, 『전래동화 속의 철학 3』, 철학과현실사, 2005, 15-56쪽.

세계로부터 어떤 의미를 만들어내는가?'를 탐구하는 일이다. 적어도 기존의 관념에 어떻게 반응하는지 살피는 일이다. 즉 철학자들이나 역사가들이 주목하는 관념의 역사와는 별개로, 그들이 세상을 어떻게 보았으며 사회와 역사에 대하여 어떤 태도를 견지하고 살았는지 파악하는 것은 매우 중요하다. 그럼으로써 사상이나 철학이 현실적 인간의 삶에 있어서 어떤 영향을 주고받았는지 생생히 파악할 수 있기 때문이다.

따라서 필자는 실제 역사 속에서 일어날 수 있는 일을 전제로 한다. 다시 말해 비록 이 이야기가 비현실적이고 은유적으로 표현되었다고 하더라도, 그것이 지상의 인간적 삶을 초월한 천상의 일을 다루는 것도 아니고, 인간의 심리만을 묘사한 또는 특수한 인간의 몽상으로 생각하지도 않는다는 것이다. 그렇지 않다면 이토록 생명력을 가지고 전승될 까닭이 없기 때문이다. 그러므로 이 이야기는 성(聖)과 속(俗)의 대비가 아니라, 현실적 인간사회의 일을 은유적으로 표현한 것이다. 그것도 한 가족 내의 남녀의 위치와 가족 구성원들, 그리고 두 가문 사이의 계급 갈등, 또 그럼으로써 자연히 결론으로 유도되는 민중들의 의식을 종합적으로 다룬 것으로 보고 해석을 시도할 것이다.

설명의 편의를 위해 아래와 같이 이야기의 단락을 나누어 보았다.

(가) 나무꾼이 사냥꾼(포수)에게 쫓기는 사슴(노루)을 숨겨 준다. 사슴은 목숨을 구해 준 보답으로 선녀를 아내로 맞이하는 방법을 알려 주고, 아이 셋(넷)을 낳기 전까지는 날개옷을 주지 말라고 당부한다.

(나) 나무꾼은 보름날 연못가에서 선녀의 날개옷을 훔쳐 그 의도대로 선녀와 같이 살았다.

(다) 아이를 둘(셋) 낳았을 때 선녀의 날개옷을 내어 주자, 선녀는 아이들과 함께 하늘로 올라가 버린다.

(라) 나무꾼은 다시 사슴을 찾아가 하늘나라로 가는 방법을 알아 내 보름날 두레박을 타고 하늘로 올라간다.

(마) 하늘에 오른 나무꾼은 아내와 아이들을 만나고, 선녀의 도움으로 여러 가지 시험에 통과한 후에 거기서 살았다.

(바) 지상에 살고 있는 노모가 걱정되어 선녀의 당부를 듣고 용마를 타고 지상으로 하강한다.

(사) 노모를 만나 팥죽(호박죽, 박국)을 먹다가 말에서 떨어져 하늘에 오르지 못하고, 죽어서 수탉이 된다.

이야기 분석

나무꾼이 사슴을 구해 주다

이제 우리는 이 이야기의 남자 주인공인 나무꾼에 주목해 보자. 원래 이 이야기의 원형이라는 백조처녀의 상대 파트너는 사냥꾼이다. 사냥꾼이 백조의 깃옷을 훔쳐서 결혼하게 된다. 우리 이야기에서는 사냥꾼이 보조적으로 등장하지만 주인공은 아니다.

사냥꾼과 나무꾼은 격이 다르다. 사냥꾼은 이 이야기의 다른 유형에서는 포수(砲手)로도 등장하는데, 포수는 조선 후기 화승총이 개량되면서 생겨난 직업적으로 사냥하는 사람들이었다. 조선 말 일제의 침략에 맞선 의병운동 때 이들이 동원되어 의병의 화력이 증가하기도 하였으나, 일제강점기 때는 총포의 소지를 금지하였기 때문에 점차 직업으로서 포수는 사라졌고, 광복 후 일부 사람들에게 엽총의 소지를 허가하여 요즘처럼 일종의 스포츠로 즐기는 경우도 있었다. 필자의 부친도 1960년대 엽총을 소지하여 수렵이 허가되는 가을이나 겨울에 사냥을 하기도 했고, 필자도 종종 따라 다닌 기억이 있다. 그러니까 1960년 이후 채록된 자료에 등장하는 포수의 이미지는 이들과 일정한 연관이 있고, 나름대로 부를 소지한 사람들이었다. 정신분석학적 관점에서는 사냥꾼을 나무꾼의 초자아(superego)의 상징으로 본다.

이런 포수(사냥꾼)와 나무꾼의 차이는 크다. 사냥꾼은 수렵자라면 나무꾼은 채집자다. 채집자는 남성으로 택할 수 있는 최하위 직업이다.[21] 다른 유형에서는 나무꾼 대신에 가난한 총각, 머슴, 심지어 '만수', '난수' 등의 구체적인 사람으로 대체되기도 하는데, 머슴은 일반인 가운데 빈곤한 사람이 부잣집에서 계약을 맺고 일을 하는 사람이므로, 신분의 차이가 없는 사회 속에서는 최하위 계층에 속한다.[22]

그러므로 이러한 표현은 모두 나무꾼의 처지와 관련된 것으로, 신분이 낮고 빈곤하여 결핍이 많은 남성을 상징한다. 더군다나 나무꾼이든 머슴이든, 직접적으로 땅과 마주 대하며 일하는 사람들이다. 땅을 떠나 살아가기 힘든 사람들이다. 그러니까 백조처녀의 주인공인 사냥꾼과 우리의 나무꾼을 동일한 선상에서 보아서는 안 될 것이며, 이야기 주제 또한 그것과 달라질 수 있다는 점을 예상할 수 있다.

이렇게 결핍이 많고 신분이 낮은 나무꾼을 남자 주인공으로 설정한 것은 그의 파트너인 선녀와 대비해 신분적 차이를 극단적으로 드러내기 위한 의도된 문학적 장치로 판단된다. 만약 몇몇 연구물에서 보이는 것처럼 이 이야기의 주제가 약탈혼, 남성 심리, 또는 남성의

---

21) 전영태, 앞의 논문, 225쪽. 이 경우에는 이것이 적용되겠지만, 필자의 생각으로는 보편적으로 통용된다고 말하기는 어려울 것 같다. 희귀한 약초나 광물을 채집하는 경우는 이런 생각을 뒤집는다.
22) 나무꾼 대신 총각이나 머슴으로 표현된 이야기는 대부분 광복 이후 채록된 것들이다.

꿈이나 소망과 관련된 것이라면, 굳이 남자 주인공을 가장 비천한 상태로 설정할 필요가 없었을 것이다. 힘과 돈도 있고 음흉하고 간교하며 여자를 자기 소유물이나 하찮은 존재로 여기는 고집불통의 남성을 주인공으로 내세워도 이런 주제를 나타내기에 충분하기 때문이다. 설령 이 이야기의 주제가 남성의 여성에 대한 심리나 꿈과 관련된다 하더라도, 평소 여자 구경도 할 수 없는 비천한 남자의 여성에 관한 꿈이라면, 더욱 일반화시켜서도 안 될 일이다.

이러한 나무꾼의 결핍은 단지 신분상의 그것만이 아니라 전통사회에 있어서 남성상의 결핍으로 나타난다. 그것은 아버지가 없다는 점, 이웃에도 남성적 성역할을 할 대상이 없다는 점, 심지어 어떤 유형에서는 가족조차도 없는데, 이것이 간접적으로 남성상의 결여를 암시한다. 전통에서는 '남녀 칠세 부동석'이라 하여 남녀의 구별을 강조하기도 했지만, 또 다른 기능적 측면에서는 남자아이가 여자들 속에 있을 때 생길 수 있는 남성의 여성화를 방지하기 위하여 남성끼리 생활하도록 배려하였다. 나무꾼에게는 이런 것이 없었다. 오늘날로 보면 성역할을 학습할 기회가 없었다.

심리학적 방법으로 연구된 자료를 보면 역시 나무꾼은 어머니의 영향에서 벗어날 수 없는 일종의 미숙아로 분석되고, 성숙하지 못했기 때문에 결혼생활이 성공으로 이어질 수 없다는 해석을 하기도 한다.23) 이러한 분석은 이 이야기의 주제와 부합되는지의 여부를 떠나 나무꾼의 성격을 드러내는 것으로 충분하다.

전통적 음양(陰陽) 관념에서 볼 때 남성은 양(陽)의 속성에 속한다. 양의 속성과 관련된 사물은 하늘[天], 태양[日], 활동[動], 강건[健], 낮[晝], 불[火] 등인데, 전통사회에서 정상적인 남성이 소지해

---

23) 노제운, 앞의 논문, 88쪽.

야 할 자질은 활동성과 적극성, 그리고 강건함이다.

특히 『주역』에서 모두 양효(陽爻)로만 이루어진 괘가 건괘(乾卦)요, 모두 음효(陰爻)로만 된 것은 곤괘(坤卦)인데, 건은 하늘을 상징하고 곤은 땅을 상징한다. 그래서 건의 도(道)가 남성적인 것을 이루고 곤의 도가 여성적인 것을 이룬다고 본다. 그리하여 하늘은 사물의 출발을 주관하고 땅은 만물을 이룬다.[24] 양이 먼저하고 음이 뒤따르며 양은 주고 음은 받는다. 양은 가볍고 맑아 형체가 없으나 음은 무겁고 탁해 흔적이 있다.[25]

이러한 말은 원래 역의 괘(卦)와 효(爻)를 설명하기 위한 것이지만, 변화하는 현실이나 사물에 있어서 음양이 고정적인 것으로 보아서는 안 된다. 또 이것을 천지자연의 이치로서 설명할 때도 남성적인 것과 여성적인 것은 제한적으로 적용되어야 할 것이나, 후대로 오면서 남녀를 이러한 음양의 특징에 고정시켜 이해하는 경향이 강하였다. 특히 속유(俗儒)들의 영향을 받는 민간에서는 더욱 그러했다. 그것이 전통사회에 있어서 바람직한 남녀상의 이해가 불가능한 코드가 되어 버렸다. 어쨌든 일반 민중들의 의식을 지배한 남성에 대한 관념은 하늘, 양, 강건, 굳셈 등일 것이다.

그러니까 선녀의 배필로서 적당한 남성에 대한 기대치는 나무꾼의 품성과 자질 및 신분을 훨씬 뛰어넘는 그런 자일 것이다. 여기서 선녀에 짝으로 알맞은 군자(君子)나 호걸의 특성까지 거론하지는 않겠다. 그러니까 애초부터 못난 놈은 좋은(잘난) 여자의 짝이 될 수 없

---

24) 『周易』, 「繫辭上」, "乾道成男, 坤道成女, 乾知大始, 坤作萬物." 이러한 구도는 남녀관계에도 그대로 적용되었다. 전통적 관념에 있어서 생식(生殖)은 남자가 여자에게 씨 뿌리는 것으로, 여자가 그것을 받아 길러 완성하는 것으로 이해되어 왔다. 그래서 이러한 구조에서 볼 때 하늘, 군왕, 아버지가 양에 속한다.

25) 『周易』, 「繫辭上」, 朱子本義.

다는 생각이 아닌가?

그런데 나무꾼은 위기에 처한 사슴을 숨겨 줌으로써 그의 생명을 구해 준다. 대부분의 이야기에서는 사슴 대신 노루가 등장한다. 한반도의 지형적 여건상 깊은 산속에 사는 사슴보다는 인근 야산이나 들녘에 돌아다니는 노루(때로는 고라니)를 자주 접하기 때문이다. 나무꾼이 노루를 구해 주는 것을 보면 일단 인정이 있는 사람으로 보인다. 어떤 연구자는 나무꾼이 선녀의 날개옷을 훔쳐서 강제로 혼인하는 기만과 위선을 완화시키기 위해서 이런 동물을 살려 주는 내용이 들어갔다고 본다. 다시 말해 나무꾼은 일방적이고 이기적인데, 동물(사슴) 보은담은 나무꾼의 행동에 정당성을 부여하기 위한 장치라고 본다.26) 그러나 이어지는 내용, 가령 선녀가 측은하여 아이 둘을 낳았을 때 날개옷을 내어 주는 것이나 나중에 지상의 노모(또는 친척이나 이웃)를 보고 싶어 하는 것 등을 보면, 나무꾼은 무능하고 우유부단하고 순진하고 인정에 쉽게 이끌리는 점은 있어도, 영악하거나 이기적이지는 않다. 원래 인정에 약한 사람 치고 나쁜 사람은 드물지 않은가?

어쨌든 나무꾼의 입장에서는 사슴을 도운 덕으로 행운을 잡게 된다. 사슴이 등장하여 말을 하는 것에 대하여 토템, 십장생, 신령한 동물 등으로 너무 천착하지 않겠다. 민중들은 민담의 특정 장면에 어떤 사물이 등장한다고 해서 그 배경을 논리적이고 현학적으로 설명하는 것보다, 그것이 어떤 역할을 왜 했는지에 대하여 관심이 더 많다. 등장하는 사물의 상징성을 따지는 것도 이런 점에서 제한적으로 다루어야 할 것이다.

하여간 노루가 나무꾼에게 결핍된 것을 충족할 수 있는 길을 열어

---

26) 김대숙, 앞의 논문, 340쪽.

준다. 은혜의 보답이다. 다시 말해 노루는 나무꾼의 본능과 결핍을 충족시켜 줄 수 있는, 진정한 남성이 될 수 있는 길을 안내한다. 아내와 가족이 생기게 한다. 문제는 그 방법이다. 나무꾼이 정상적인 방법으로 아내를 맞이할 수 없었던 이유는, 그가 고립되어 있었고 경제적으로 너무 가난하고 신분상으로도 비천했기 때문이다. 그런데 이게 웬 행운인가? 날개옷만 감추면 된다니. 옷을 감추어 혼인한다는 것은 분명 기만적인 행위다. 인권이 신장된 현대적 시각에서 보면 분명 기만에 앞서 범죄행위다.

그런데 '선녀의 날개옷을 훔쳐 같이 산다.'는 기만적 문제에 대하여 당시 민중들은 어떤 태도를 가졌을까? 선녀란 천도복숭아처럼 상상 속에서나 존재한다. 오늘날로 말하면 사이버 공간의 인물과 흡사하다. 천도복숭아를 몰래 따 먹었다고 인간의 입장에서는 도둑질로 여기지 않듯이, 사이버 공간의 게임 속에서 상대를 속이거나 물건을 훔친다고 해서 양심의 가책을 느끼지 않듯이, 현실 속에 실제로 존재하지도 않는 인물을 내가 아닌 제삼자, 그것도 순진하고 가난하고 불쌍하고 착하기만 한 나무꾼에 의하여 강압적으로 그의 아내가 되도록 한다고 해서 그걸 문제 삼았을까? 현실세계에 존재하는 여성에게 강압적인 행동을 할 경우에는 사회적 비난, 걱정하는 여성의 부모, 가해자에게 다가올 형벌이나 책임 등이 고려되기 때문에 이런 일을 실행하지 못하지만, 선녀의 경우는 전적으로 하늘나라의 문제요, 인간의 관심 밖 세상의 일이다. 잘 먹고 잘 사는 다른 세상의 여성을 어떤 식으로든 취하고 보자는 생각이 아니었을까?

사실 남성들이 생각하는 선녀는 자신이 이상적으로 생각하는 여성상이다. 오늘날로 말하자면 선녀는 당시 남성들에게 일종의 인기 있는 여자 연예인과 같다. 이런 점에서 선녀의 이미지를 전형적인 남성의 내면에 존재하는 여성상으로 보는 것은 전적으로 옳다.[27] 이런 시각에서 보면 선녀는 더 이상 신적인 존재가 아니다. 그저 예쁜 섹스 파트너요, 능력 있는 아내요, 자식에게 자애로운 어머니이면 그만이다. 이 점은 뒷이야기나 다른 유형에서 고스란히 반영시켜 놓고 있다.

근원적으로 볼 때 혼인, 특히 짝짓기를 위한 전조 행위에는 크든 작든 기만이 따른다. 여자들이 화장을 하거나 몸치장을 하는 것과, 남자들이 멋있게 또는 능력 있게 보이려고 행동하는 것도 자신의 실제 모습을 남에게 다르게 보이게 한다는 점에서 기만이 아닐까? 중매쟁이가 혼인을 성사시키기 위해 신랑이나 신부 집에 상대편을 과장해서 소개하는 것이 상식처럼 되었는데, 그 또한 일을 성사시키기 위해 기만이 필요하다는 것을 입증하는 것이 아닌가? 누구의 말대로 인간 존재란 원래 각자의 마스크를 가진다는 심오한 생각을 민중 스스로 터득한 것이 아닐까?

필자는 남성의 본능적 욕구 충족의 대상이 이웃, 아니 이 세상의 여성이 아니라, 상상 속의 선녀로 대체되면서 구비문학이라는 장치를 통해 그것이 승화되고 있다고 말하고 싶다. 젊고 건강한 남성이라면 그가 누구이건 성인군자가 아닌 이상, 아름다운 여성을 보고 음욕(淫慾)[28]을 품지 않는 것이 이상할지 모른다. 그것을 모두 기만으로 위장하는 것으로 보아야 하는가? 그래서 이 세상의 이런 남성들이 불순한 늑대로 취급받아야 할까? 동물생태학적 관점에서 보더라도, 물론 예외는 있지만, 수컷은 되도록 많은 암컷을 거느리려고 하고, 암컷은 능력 있는 수컷에게만 몸을 허락하지 않던가? 이것이

---

27) 고혜경, 앞의 책, 125쪽.

28) 예수는 음욕을 품고 여자를 보는 것 자체만으로도 간음이라고 말했지만(마 5:28), 세상에 건강한 남성 치고 그렇지 않은 사람이 없기에, 그 말의 의도는 행동의 결과보다 동기의 중요성을 강조한 말일 것이다. 예수 자신도 남성이니까 그런 경험이 있지 않았을까?

인간 문화의 저변에 흐르는 변주곡의 테마가 아닐까? 인간을 진화의 산물이라 인정하고, 인간의 본질을 형이상학적인 기초 위에 정초시키지 않는다면 말이다. 그래서 현대에도 능력 있는 남성들은 일부일처제라는 제도적 제한점이 있음에도 불구하고 많은 여성을 거느리고 또 거느리려는 노력이 애처롭다. 물론 그 반대 현상도 없는 것은 아니다. 반면에 아리따운 여성은 대개 능력 있는, 자신을 편안하게 해 주는 남성을 따른다. 모두 동물적 생태가 위장되어 적용된다.

이런 현상에 대하여 필자도 도덕적, 법적 제재가 어느 정도 필요하다고 인정하는 사람이지만, 도덕이라는 것도 그 기원적 입장에서 따지고 보면 하늘에서 뚝 떨어진 것이 아니라 인간사회의 질서를 위한 이성적 산물이므로, 근원적으로 인간의 본능적 행위를 막을 수는 없는 노릇이다. 더구나 법적으로 문제가 없다면 도덕적 민감성이 둔해진 현대의 뻔뻔스러운 인간들이 못할 것이 뭐가 있는가? 이들이 자신의 의도를 은밀히 진행하는 한, 이드(id)를 제어하는 초자아(superego)는 더 이상 이들을 간섭하는 존재는 못 된다. 우리나라의 성매매금지법은 이러한 도덕이 법제화된 것이지만, 음성적인 매춘과 유사 성매매 업소의 수나 이른바 불륜까지 합쳐서 본다면, 그것이 얼마나 실효성이 있는지 의문스럽다. 오히려 변종 매춘을 확대시킬 뿐이다. 매춘은 인간의 역사만큼이나 오래되었다는 점은 그것이 인간의 이성이나 제도로서 근절시킬 수 있는 문제가 아니라는 것을 시사한다. 매춘을 인권의 문제로 접근하여 문제를 해결하려는 것과 매춘 자체를 부정하는 것은 다른 차원의 문제다.

이런 설명은 상대를 (성적으로) 잡아먹고 싶은 동물적인 욕망이 더 근원적이고, 상대를 여성으로나 남성으로 인정해 주고 배려해 주는 것은 이성적이며 부차적이라는 뜻이다. 감성이 지배하는 세계를 야만이라 부르든 동물사회라 부르든, 그 또한 생명력과 에너지의 원천임을 부인할 수 없고, 인간 삶의 한 부분으로서, 아니 인간의 모든 행동을 좌우하는 동력으로 인정할 수밖에 없는 것이다. 그러니 나무꾼의 기만적 행위를 두둔하는 남성 전승자들뿐만 아니라, 자신의 방에 인기 연예인의 사진을 붙여 놓고 매일매일 바라보면서 온갖 상상을 하는 오늘날의 청년들도 이들과 하나도 다르지 않다.

현대적 도덕, 그것도 순수한 결벽증에 가까운 추상적 윤리의 잣대로 신화나 민담을 본다면 주인공들은 거의 몹쓸 사람이 된다. 주몽신화의 해모수나 무가(巫歌) 속의 천지왕이 그렇고, 심지어 단군신화의 환웅은 수간(獸姦)한 변태에 속한다. 만약 변태가 아니라 인간의 존재방식의 신화적 설명쯤으로 이해한다면, 우리 민족은 신을 아비로 동물을 어미로 한, 신성(神性)과 동물성을 겸비한 존재인 것이다. 인간이란 원래 그런 양면을 소유한 존재가 아닌가? 서양 사람들이 말하기 좋아하는 천사와 악마의 중간 말이다. 이 나무꾼과 선녀 이야기의 뿌리도 신화이기에 덧붙여 본 말이다.

지금까지 논의된 것을 정리하면, 마음씨가 나쁘지도 않고 별 볼일 없는 남성이 운 좋게도 사슴을 살려 준 보답으로 선녀를 아내로 맞이할 기회를 포착했다는 것이다. 최하층의 남성이 최고의 여성을 만났다는 말이다. 이것이 이 드라마틱한 이야기의 서막이다. 임자 없는 호박이 넝쿨째 굴러 오는데 못 먹는 놈이 바보다. 지나친 도덕적 해석을 일단 자제하고, 있는 그대로 볼 것을 제안한다.

선녀의 날개옷을 훔치다

선녀는 왜 지상에서 그것도 대낮처럼 밝은 보름날 밤에 목욕을 해야 했을까?

아마도 가장 큰 이유는 선녀라는 대상을 나무꾼이 만날 수 있는 계기를 마련해 주는 문학적 작품 구성상의 배려 때문일 것이다. 그렇다면 왜 목욕인가? 지상에서 유람할 수도 있고, 다른 일도 할 수 있는데 말이다. 민속학자나 신화학자, 심지어 정신분석가들 사이에서도 일치하는 견해는 물은 생명, 생산력, 재생(再生), 정화(淨化)와 관련된다는 것이다. 우리 전통의 음양론으로 보면 물[水]은 땅[地], 달[月], 정지[靜], 유순(柔順), 밤[夜]과 함께 음에 속한다. 보름[月]날 밤[夜]에 목욕[水]하러 지상[地]으로 하강한다는 것은 선녀가 음(陰)에 속한다는 사실을 심미적으로 절묘하게 나타낸 말이다.

이것은 선녀가 비록 양의 성질을 지닌 천상에 살더라도 음적인 존재[29]이기 때문에 지상의 것과 관계되지 않으면 안 된다는 생각을 내포하고 있다. 다시 말하면 여성으로서 혼인도 하고 아이를 생산해야 한다는 생각, 언제까지나 하늘나라의 시녀로서 살아야 한다는 것은 가혹한 운명이라는 생각이 들어 있다. 선녀도 여자인 이상 혼인해서 자식 낳고 살아야 한다는 것, 아무리 지체가 높아도 여자인 이상 여자의 역할을 벗어날 수 없다는 것이 민담 전승자들의 생각이었을 것이다. 그것이 당시 사회에서 여성이 갖는 당연한 삶이기 때문이다. 남성 또한 예외가 아니다. 도대체 남녀가 혼인하지 않고 산다는 것이 말이 되는가? 그래서 유학자들은 승려들에 대하여 혼인하지 않는 이유 하나만으로도 인륜(人倫)을 위반한 외도이단(外道異端)이라 배

---

29) 여성성을 음(陰), 남성성을 양(陽)의 성격 모두와 동일시하는 것은 범주 적용의 오류다. 그건 분명 문제가 있고 어떤 이데올로기가 작용한 결과다. 여성성이란 음의 성질 가운데 일부다. 음양이란 본래 변화하는 자연을 설명하는 두 원리로서 상보적(相補的), 대대적(待對的: 서로 짝이 되기를 기다림) 관계가 주를 이룬다. 더구나 고정된 실체가 아니라 변화 가운데 있는 속성으로서, 심지어 한 사물 속에서도 공존하는(韓醫學을 참고하라) 속성이기에 음양론으로 다양하게 설명할 수 있다. 동일한 논리로 (서구 학자들이) 이 세상의 사물을 남성성과 여성성인 것으로 나누어 보는 것 또한 지나친 이분법적 발상으로, 문제가 있다고 본다. 따라서 선녀 또한 음적인 존재이면서 양적인 특성을 소유하고 있다.

척하지 않았던가?

이렇듯 선녀의 목욕이란 가임기(可妊期) 여성의 생산과 이에 수반하는 성적인 사건을 암시하고 있다. 선녀가 지상에 내려와 대낮처럼 환한 보름달 아래서 목욕하는 것 자체가 엄청난 도발행위다. '누가 날 데려가서 살았으면 좋겠다.'는 표현일 수 있다. 이런 상황에서 모든 책임을 나무꾼에게만 전가하는 것은 부당하다. 사슴이란 나무꾼의 본능을 상징하는 이드(id)일 수 있겠지만,[30] 굳이 사슴이 아니라도 시간이 되면 이런 천기(天機)는 누설되기 마련이고, 나무꾼이 아닌 또 다른 누군가의 아내가 될 가능성이 농후하다.

얼핏 부당하게 보이는 남녀관계도 이렇게 어쩌면 조금은 서로 원해서 된 것이라고 말한다면,[31] 독자들은 필자를 강간범에게 성폭행을 당한 피해자에게 '피해자에게도 일말의 책임이 있다.'고 여기는 무식한 법조인쯤으로 오해하겠다. 또는 여성을 희롱하면서 '당신도 좋으면서 뭘 그래?' 하는 무뢰배 정도로 여길 수도 있겠다. 그러나 필자가 말하는 것은 그런 범죄행위를 놓고 말하는 것이 아니다. 그 결과에 대해서 오늘날과 같은 범죄행위의 요건이 되지 않는 범위 내에서 '남자는 앞장서고 적극적이어야 하고, 여자는 소극적으로 따라야 한다.'는 전통적인 통념을 이 이야기가 충실히 반영하고 있다는 점을 지적하기 위해서다. 선녀가 정말 나무꾼을 싫어했다면 끝내 혼인하지 말았어야 하지 않는가?

우리 전통에서 보면 흔히 남자는 여자가 어떤 속마음을 가지고 있는지 배려하지 않고 제 맘대로 지레짐작해서 행동하고, 반대로 여자

---

30) 노제운, 앞의 논문, 66쪽.

31) 혼인이 이루어진 것도 이 양자에 결핍이 있었기 때문에 가능했다고 보는 견해는 신태수, 「나무꾼과 선녀 설화의 신화적 성격」, 『어문학』, 2005, 163-164쪽; 배원룡, 앞의 논문, 105쪽 등이 있다.

는 속마음을 숨기고 내숭을 떨면서 따르는 경향이 있다. 일이 성사되었다는 것은, 남성은 적극성을 띠었고 여성은 내숭을 떨지만 마음속으로 은근히 바라면서 못 이기는 척 남성을 따랐다는 뜻이다. 남자에겐 내숭인지 거절인지 판단하는 것은 결코 쉬운 일이 아니다. 실패하더라도 도전하는 것이 남자의 몫이다. 한두 번 실패했다고 단념하면 여성으로부터 진정성을 의심받는다. 끊임없는 구애작전이야말로 성공의 어머니다. '열 번 찍어 안 넘어가는 나무 없다.'는 속담을 모토로 삼고 말이다. 그래도 안 넘어가면 빨리 단념해야 한다. 마음이 전혀 없다는 뜻일 테니까.

이것이 남성의 기만적 짝짓기 전략에 대한 여성의 현명한 방어 전략인지도 모른다. 필자는 청년 시절에 연애를 제대로 시작도 못해보고 끝난 경우가 더러 있었는데, 당시 이러한 구도를 이해하지 못했을 뿐만 아니라 여자의 내숭의 본질을 이해하지 못한 순진(무능)함 때문이기도 했다. 요즘 젊은이들을 보니 자신의 주장을 분명히 드러내 이런 내숭이 줄어들어 연애하기가 편해진 것같이 보인다. 그래서 남녀의 행동방식에 전통적인 음양의 관념을 탈피해 가는 점이 확실해 보인다. 그러나 기만과 내숭의 전통적 방식은 그렇게 쉽게 포기될 성향이 아니다. 그것은 오랜 진화의 산물이고 삶을 유지하는 기본전략이기 때문이다.

그런데 모든 남성이 전형적인 양의 성격을 띠고 모든 여성이 전형적인 음의 성격을 띠는 것이 아니라면, 음양사상에 의한 남녀의 규정은 남성과 여성의 성 모델을 고착화시켜 이 특징에 벗어나는 남자와 여자는 사회에서 소외된다. 계집애 같은 남자 또는 사내 같은 여자가 그것이다. 우리의 전통에서는 이들을 좋은 시선으로 바라보지 않았다. 음양사상에 의한 남녀의 역할 규정은 아직도 유효한 문화현상이다.

그러니까 나무꾼은 어쩌면 이런 적극성이 부족한 계집애 같은 사내다. 그에게 날개옷을 훔친다는 것은 대단한 용기가 필요한 모험이다. 설령 마음속에 여성을 궁지로 몰아넣어 아내를 삼고자 하는 욕망이 있었을지라도, 대부분의 남성들이 그렇듯 자신의 욕망을 그대로 거침없이 실행에 옮기는 것은 어려운 일이다. 선녀의 동의 없이 그녀와 혼인한다는 것은 그에게 상당히 벅찬 일이다. 다른 유형을 보면 선녀는 비록 날개옷을 잃어도 신적인 존재로서 신통력을 갖고 있기 때문에, 그녀가 정말로 싫었다면 나무꾼의 혼인 제의를 끝내 물리칠 수 있었을 것이다. 그러니 선녀 또한 천상과 지상의 삶에 대한 갈등이 없을 수는 없었으나, 겉으로는 내숭을 떨어도 속마음은 나무꾼을 받아들이려고 하지 않았을까? 더구나 여성이긴 하지만 혼인 후에는 일반 남자들처럼 적극성을 띤다. 뒤에서 자세히 살피겠지만, 다른 유형을 보면 선녀가 지상에서나 천상에서 나무꾼을 리드해 나간다. 부창부수(夫唱婦隨)가 아니란 뜻이다. 바로 이런 점에서 내숭은 적극적 행동으로 변하고, 전통적 관념에 이 둘의 행동이 어긋난다. 전통적 방식대로 일반적인 행복한 결혼생활이 이어지기 어려운 이유다.

　그런데 여기서 제일 어린 선녀의 옷을 훔치라는 사슴의 말은 무엇을 의미할까? 대다수의 유형에서 이같이 전하고 있는데, 대개 그럴 만한 이유가 있다. 나중에 나무꾼이 천상에 올라가면 확인되는데, 나머지 두 선녀는 선녀의 언니들이며 어떤 변이에서는 혼인한 사람들이다. 이들에게 나무꾼이 시련을 당하기도 한다. 천상에서의 결혼생활의 방해꾼들이다. 이것은 또 사회적 관계에 있어서 갈등의 당사자의 역할을 한다. 아마 그게 가장 어린 선녀의 날개옷을 훔치라는 가장 큰 이유일 것이고, 젊은 여성을 좋아하는 남성들의 관심이 반영되기도 했을 것이다.

어쨌든 나무꾼은 선녀의 날개옷을 훔침으로써 혼인을 성사한다. 선녀의 입장에서 볼 때 천상에서의 삶이 상실된 셈이지만, 대신 남편과 자식을 얻게 된다. 진정한 여성으로서의 지위를 획득하게 된다. 아내와 어미가 된 것이다. 반면 나무꾼은 남편과 아비가 되었다.

사실 말이 혼인이지 엄밀한 의미에서 동거다. 혼인의 유교적 예속(禮俗)에서 보면 반드시 친영(親迎)32)이 전제되어야 한다. 친영이라는 것은 중국의 예법이고, 애초에 사위가 처가에 머무는 일이 다반사인 조선에서는 거부감이 많아 절충식의 반친영(半親迎)33)을 한 예도 있었다. 친영을 떠나서 볼 때도 혼인이란 당자자의 문제가 아니라 가문끼리의 결합이고 사회적 통과의례라는 점에서 보아도 나무꾼의 그것은 정상적인 일이 아님이 분명하다. 물론 이런 경우는 가난한 사람들이 정화수 한 그릇 떠 놓고 부부의 연을 맺는 경우를 생각해 본다면 이해되는 점이 있지만, 상대가 선녀라는 입장에서 볼 때는 뭔가 맥이 빠지고 비정상적이다.

이것은 애당초 나무꾼의 파트너로 선녀를 설정할 때부터 노정되어 있었다. 음양사상적 관점에서 하늘과 땅은 각기 남성과 여성, 양과 음을 상징하므로, 여러 신화에서 보이는 환웅과 웅녀, 해모수와 유화부인, 천지왕과 총명부인, 심지어 성령과 마리아의 관계는 여기에 부합된다. 이들 모두 남성은 하늘과 관계되고 여성은 땅과 관계된다. 하늘은 비(씨)를 뿌리고 땅은 받아서 기르며, 하늘이 앞서고 땅이 뒤따르고, 하늘이 적극적이고 땅이 수동적이다.

그런데 이와 반대로 양인 나무꾼은 지상에 묶여 있고 속세의 인간

---

32) 친영(親迎)이란 신랑이 신부를 신부 집에 가서 몸소 맞아들여 자기 집에서 혼례를 치르는 것으로 중국의 주례(周禮)에 등장한다.

33) 반친영(半親迎)이란 이러한 친영의 정신을 살려 신부를 신랑 집으로 잠시 맞아들여 혼례를 치르고 다시 신부 집으로 장가가는 것이다. 중국식 친영과 우리 고유의 장가가는 것의 절충식이다.

이나, 선녀는 천상의 신적 존재다. 앞의 신화적 구도와 관계가 역전되어 있다. 이것이 이 민담의 다양한 변주(變奏)를 일으키는 주요소다. 순탄치 않은 결혼생활을 예고하는 부분이다. 시대적 문화 코드에 어긋나는 사건이 어떤 결말을 가져올지는 분명하지 않은가?

그런데 서두에서 사슴은 나무꾼에게 아이 셋(어떤 유형에서는 넷)을 낳을 때까지 날개옷을 보여주지 말고 당부했다. 금기의 설정이다. 대부분의 이야기에서 금기는 깨어지기 위해 있다. 그럼으로써 이야기가 다양한 사건으로 변주된다. 때로는 주인공의 부당한 시련(거절당함)에 원인을 부여하기 위해서 깨어질 수밖에 없는 금기를 설정한다. 현실세계에서도 종종 일어나는 문제다. 아이들이 부모들에게 물건을 사달라고 조르면, 아이들이 지키기 힘든 것을 설정해 놓고 그것을 어기지 않는다면 사준다고 약속하는 부모의 경우다. 금기는 언제나 깨지고 부모는 그 핑계로 사주지 않는다. 교사인 필자도 아이들에게 수업시간에 조용히 하면 원하는 것을 들어준다고 종종 공언한다. 그러나 아이들이 떠들지 않는 때가 어디 있던가? 독재정권 시절 국민의 지적 수준이 올라가면 과감하게 민주화를 하겠다고 공언하는 것과 무엇이 다른가? 국민 대다수의 지적 수준을 올리는 것은 민주화가 진행된 지금도 요원한 문제다.

다시 이야기로 돌아와서, 왜 아이 셋(넷)일까? 둘은 양팔에 끼고 갈 수 있으니 셋(넷)은 다 데리고 갈 수 없다는 계산일까? 아마도 그것이 가장 큰 이유일 듯싶다. 비록 선녀가 속아서 같이 살아 왔지만, 그도 여자이니 차마 자식을 버리지 못하리라는 생각이 작용했을 것이다. 속세의 여인이라면 출가외인이니 갈 곳도 없다. 그래도 선녀니까 나은 편이다. 돌아갈 곳이 있으니 말이다.

아이 셋(넷)을 낳을 때까지 날개옷을 보여주지 말라는 또 다른 이유는, 적어도 자식을 서너 명 낳을 때까지 산다면 부부 사이의 정이 깊어져 헤어지지 않는다는 점이 고려되었을 것이다. 고귀한 신분이었던 선녀가 속세의 인간으로 완전히 적응하는 데는 그만한 시간이 필요하다고 여겼을 것이다. 서로를 완전히 이해하고 정이 쌓이려면 그만한 기간이 필요하다는 것일 수 있다. 설령 선녀가 나무꾼과 혼인하는 것을 원했다 하더라도, 사람의 마음이란 믿을 수 없어서 어려운 상황이 되면 어떻게 변할지 모르는 것 아닌가?

날개옷을 보여주지 말라는 또 하나의 상징은 자기보다 신분이 높은 사람과 결혼할 때는 금기가 많다는 것을 상기시킨다. 오늘날의 상황으로 보면 잘난 여자와 불리한 조건에서 혼인하여 사는 못난 남자는 그 여자가 언제든 자신을 버릴 수 있다는 조바심 속에서 살아야 함을 암시하는 대목이다. 그 잘난 여자의 비위를 건드려서도 안 되고, 떠날 수밖에 없는 핑계거리를 절대로 주어서도 안 된다. 적어도 일정기간 동안 그렇다는 말이다. 이 점은 그 흔해 빠진 텔레비전 연속극의 주제가 아닌가? 걸핏하면 못 살겠다고 화장실 가듯 친정으로 달려가는 모습 말이다. 이런 남자에겐 눈에 보이지 않는 금기가 많다는 뜻이다. 상류층은 그들만의 생활 패턴이 있기 때문이다. 그래서 날개옷이 선녀에게 신분적 차이를 상기시키거나 옛일을 떠올리게 할 수 있기 때문이리라.

선녀가 나무꾼을 떠나다

선녀는 나무꾼의 아내가 되었다. 자식도 둘(셋)이나 낳았다. 고단한 지상의 삶이지만 그래도 행복한 세월을 보낸다. 다른 몇 개의 변이를 보면 선녀는 신통력을 발휘하여 무능한 나무꾼을 부자로 만들어 준다. 살아가는 데 큰 장애물이나 어려움이 없다는 뜻일 것이다.

그런데 선녀는 날개옷을 보고 싶어 한다. 아마 줄곧 그랬을 것이라고는 생각되지 않는다. 그런 표현을 여러 민담에서 찾아보기 힘들다. 이것은 결혼생활을 하면서 세월이 좀 흘렀을 때일 것이다. 잊고 있었던 날개옷이 불현듯 보고 싶었다. 왜 그랬을까?

그 까닭은 잠시 보류하고, 날개옷에 대해 알아보자. 날개옷은 선녀에게 있어서 과거 신분의 상징이다. 과거로 회귀할 수 있는 유일한 도구다. 또 그걸 입고 천상과 지상으로 왕래했으니 가볍고 자유로움을 상징한다. 날개옷을 다시 찾는다는 것은 지상의 법도와 관습의 순응에서 벗어나는 일이다. 더구나 시집살이의 굴레에서 벗어나게 해주는 일이며, 나무꾼인 남편과의 분리를 의미한다.

이렇듯 날개옷의 의미 가운데 하나는 해방과 자유로움이다. 그리고 그것을 걸치면 갈 곳이 있다는 뜻이다. 그러나 조선 후기의 대부분의 여자들에겐 날개옷이 소용이 없었다. 출가외인이니 갈 곳이 없었기 때문이다. 당시 현실로 보아 갈 곳이 있는 여성은 극소수의 권력이나 부를 소유한 집안의 딸일 것이다. 그러나 그마저도 집안이나 가문의 체면을 중시하는 풍토 때문에 친정으로 불러들이는 경우는 매우 이례적인 일이다. 그래 당시 남성들로선 이렇게 말했을 것이다. '너에겐 날개옷이 필요 없어.'라고 말이다.

그러므로 날개옷을 입고 싶은 선녀의 마음은 현실의 고된 삶에서 벗어날 수 없었던, 비록 상상 속에서나마 현실을 벗어나고 싶은 조선 여성들의 염원이 들어 있는 대목이다. 그래서 이 이야기의 배경은 현실적 삶이고, 천상이란 신성한 곳이 아니라 또 다른 세속적 삶이 이어지는 곳이며 고된 여성들의 삶에 대한 도피처일 것이다.

그럼 왜 나무꾼을 떠나고 싶었는가? 아니, 왜 지상을 떠나고 싶었는가? 일부 연구자들은 선녀가 지상적 삶보다는 나무꾼이 싫어서 떠나는 것에 더 비중을 두고 해석한다. 그 단초는 처음의 기만에 두고 있고, 나무꾼이 자신을 바라보는 여성상에 대한 실망 때문으로 보기도 한다. 선녀에게 있어서 하늘나라는 삶이 시작되는 원천, 언제나 되돌아가 잃어버린 자신의 중심을 회복할 수 있는 심리적, 영성적 본향이고 깊은 고독의 세계라는 관점에서의 해석이다.[34] 여성을 제대로 보지도 이해하지도 못한 나무꾼 때문이라는 것이다.

그러나 대다수 민담 속에서 보이는 것처럼 선녀가 살았던 하늘나라는 영성적 본향도 깊은 고독의 세계도 아닌, 또 다른 세속에 불과하다. 바로 그런 세계가 없기 때문에 그것은 각자의 내면적 심리 속에서만 존재하는 것이요, 공간의 지배를 받지는 않는다. 그러므로 떠난다고 해결되는 문제는 아니다. 그래서 선녀가 기만당한 그림자를 지울 수 없어서, 또 나무꾼의 무능함과 자신에 대한 이해의 결여를 문제 삼아 떠나는 것처럼 보이지만, 뒤집어 보면 선녀 자신의 퇴행적 사고나 행동과도 무관하지 않을 것이다. 결혼이 필연적으로 상실-희생-단절-죽음이 요청되는 주요 통과의례 중 하나임[35]은 옳은 지적이다. 따라서 남성이 여성에 대한 왜곡된 상을 가진 것과 똑같이 여성도 남성에 대한 왜곡된 상을 가지게 되면 문제가 된다. 남성들이 자기 아내가 자기와 자식만을 위해서, 자기가 생각한 방식대로 살아야 한다고 믿는 것과 똑같이 여성들이 자기 남편이 자기만을 알고 사랑해야 한다고 믿는 것도 잘못된 남성상일 수 있다. 남성들처럼 여성들이 이상적으로 생각하는 남성도 자기 자신의 마음에서 만들어낸 그런 남성상일 것이다. 흔히 일반적인 이야기 속의 선녀는 신적인 존재로 여기지만, '나무꾼과 선녀' 속의 선녀의 퍼스낼리티를 말할 때는 전혀 인간의 그것과 다르지 않다.

설령 남성이나 여성이 서로를 위해 진심으로 사랑하고 헌신한다고 해도 그건 잠깐이다. 모든 것은 변한다는 것을 이해해야 한다. 심지어 자기 자신마저도 그렇다. 제행무상(諸行無常)이다. 이 세상 어떤

---

34) 고혜경, 앞의 책, 143쪽.
35) 같은 책, 140쪽.

존재도 고정된 실체를 갖지 않는 것, 그게 바로 엄연한 우주론적 진리가 아닌가? 결혼생활이란 새로운 삶이고, 세월이 가면 그 결혼생활은 새로운 국면으로 바뀌고, 더 지나면 주인 잃은 빈 둥지만 남는 것이 인생이 아니던가? 그걸 받아들여야 성숙한 인간일 것이다.

따라서 선녀가 나무꾼을 떠나는 이유를 전적으로 나무꾼의 기만이나 무능력, 자신에 대한 이해 부족 탓으로만 돌리는 것은 문제가 있다. 특히 선녀 자신도 이 이야기의 후반부의 천상에서 나무꾼을 돕기 위해 기만을 사용하는데, 기만을 정말로 싫어했고 하늘나라 자체가 기만을 전혀 사용하지 않는 곳이라면, 자신이 결코 기만을 사용하지 않았으리라. 어려움을 해결해야 할 때라면 기만이 필요하다는 것을 그녀도 무의식적으로 인정하지 않을 수 없었다.

그래서 결혼생활을 전제로 했을 경우에 천상으로 승천한 것은 현실도피다. 만약 선녀가 처음부터 결혼을 허락하지 않았고, 강제로 살 수밖에 없었다면 이야기는 달라질 것이다. 그 경우는 탈출과 해방이다. 그러나 결혼의 시작이 타의에 의하여 이루어졌다고 해서 부부관계가 내내 부정된 것은 아니다. 이어지는 하늘나라에서 생긴 일을 보면 선녀는 나무꾼을 반갑게 맞아들이고 앞장서서 기만을 써가며 도와주기 때문이다.

어쨌든 오늘날 우리가 생각하는 남성상이나 여성상을 염두에 두고, 두 남녀 사이에 사랑이 식어서, 둘만의 사랑에 문제가 있어서 나무꾼을 떠나는 가능성은 낮아 보인다. 그래서 만일 선녀가 역사적 민중 가운데 여성의 상징이라면, 필자가 앞에서 선녀의 행동이 퇴행적이라고 말한 주장은 다소 무리수라는 것도 인정한다. 왜냐하면 조선 후기의 여성은 남편보다는 고부(姑婦)갈등의 희생물이 될 가능성이 크기 때문이다. 게다가 가난한 민중이라면 고된 육체적 노동과 분리될 수 없기 때문이기도 하다. 우리의 나무꾼과 같은 우유부단한 성격이라면 그 고부갈등을 조정하지도 못하고, 그렇다고 아내 편도 들어주지 못한다. 왜냐하면 효도를 최고의 가치로 알았던 당시에는 부모의 뜻을 어길 수 없기 때문이다. 내심 아내의 편을 들고 싶어도 오히려 겉으로는 아내를 나무라는 형국을 취할 수밖에 없었다.

이런 상황 속에서 여성들은 어디 하늘나라라도 갈 수만 있다면 가고 싶지 않았을까? 그래도 그 야속한 남편은 버릴지언정 자식만은 버릴 수 없다고 생각했으니 얼마나 갸륵한가? 그러면서 실제로는 참고 꿋꿋하게 버텨 왔고, 자신들도 종내 그런 시어머니가 된다. 자식은 버릴 수 없었던 것은, 자식은 자신의 분신이고 미움의 대상은 아니기 때문이다. 고부 간, 부부 간 갈등은 있어도 어린 자식에 대해서는 모성애가 발휘된다. 세계 어느 민족보다도 자식을 끔찍이도 사랑하는 우리 한국의 어머니, 할머니, 그 할머니의 할머니들의 생각이 반영되었을 것이다.

이야기대로 선녀가 정말로 떠났다면, 아니 그런 일이 현실세계에서 실제로 가능했다면, 필자가 볼 때 선녀의 승천은 그것이 가능한 태생적 배경과도 관련이 된다. 인간적 삶이란 누구나 어려운 환경에 처하게 되면 현실을 탈출하고 싶은 어느 정도 퇴행적인 생각을 하기 마련이다. 더구나 과거의 삶이 현재보다 더 좋았다면 물어볼 것도 없다. 따라서 그런 화려한 배경 때문에 현실을 극복하지 못하고 퇴행적 행동을 하게 된다.

그러나 누구나 그것이 가능한 것은 아니다. 그 여성이 누구이든 현실적 이데올로기인 삼종지도(三從之道)를 벗어날 수 없기 때문이다. 이렇게 가혹한 현실에서 벗어날 수 있는 방법 가운데 대다수의 여성들이 택할 수 있는 길은 죽음뿐이다. 당시 시대적 배경에서 그렇다는 뜻이다. 선녀가 나무꾼을 떠난 참뜻은 이 땅에 살았던 수많은 여성들이 그렇게 할 수 없었던 억눌린 한(恨)의 카타르시스를 위한 문학적 표현이었다. 전승자들의 가난, 고된 노동, 고부갈등, 남편의 무능력과 무관심 및 여성비하 등이 점철된 민중적 삶의 무게가 그녀를 떠나게 했으리라.[36] 선녀처럼 날개옷이라도 있었으면 좋겠다 이 말이다.

선녀의 이런 모습은 오늘날에 와서야 겨우 텔레비전 연속극에 흔히 등장하는 단골 메뉴가 되었다. 나무꾼을 떠나는 것이 흉도 아니요, 비난받을 일도 아니다. 시대와 사회적 여건이 더 이상 여성들로 하여금 억누르면서 참고 사는 것이 미덕이 아니라고 보기 때문이다. 부당한 대우에 대하여 더 이상 희망이 없을 때 나무꾼을 떠나는 것이 오늘날 선녀들의 능력이자 권리가 아닐까? 그러나 이 이야기가 오늘날 자신의 자유로움을 위해 가정을 쉽게 내팽개치는 사람들의 핑계거리를 위해 있는 것은 분명 아니다. 이 나무꾼과 선녀의 결말이 행복하지 않기 때문에 자신의 삶이 이 이야기를 닮아서는 더욱 안 된다. 설령 나무꾼을 떠나더라도 결말은 아름답게 끝내도록 자신들의 삶을 통하여 보여주어야 한다. 누가 그들에게 돌을 던지겠는가?

그런데 나무꾼이 사슴이 말한 금기를 잊고 선뜻 날개옷을 내어 주는 것은 그의 심성이 인정에 약하고 모질지 못하다는 점을 반증한다. 어떤 해석자들은 '네까짓 게 애를 둘(셋)씩이나 낳았는데 설마 다 데리고 도망가랴?'는 나무꾼의 자만심 때문이라고 하지만,[37] 이야기 속에서 계속되는 사건이나 다른 유형에서 나무꾼의 자만심이나 심지어 자존심 따위는 찾아보기 힘들다. 그리고 아내가 떠나자 다시 만나기 위해 사슴을 찾는 것도 아내나 자식에게 모질지 않다는 성격을

---

36) 그런데 어떤 유형에서는 선녀가 신통술을 부려 부자로 살았다고 한다. 이 경우는 선녀가 떠난 이유를 좀 더 좁혀서 보아야 할 것 같다. 그러나 대다수 이야기는 가난하게 살았다고 한다. 또 나무꾼의 어머니가 등장하지 않은 곳도 더러 있는데, 이 경우도 고부갈등이 문제되지 않는다.

37) 김대숙, 앞의 논문, 339쪽.

드러낸다. 이러한 고부갈등에 소극적으로 대처하고 우유부단한 점을 인정하더라도, 나무꾼이 어머니의 치마폭에 눌려 결혼생활을 감당하지 못해 심리적으로 퇴행하여 내심 선녀가 떠나기를 바라고 있었다는 해석[38]은 이 대목에서 전혀 이해가 되지 않는다. 그렇다면 선녀를 찾아 나설 이유가 전혀 없기 때문이다.

나무꾼을 떠날 수밖에 없는 선녀의 행동에 대한 또 하나의 해석은 부모에 대한 딸의 결핍으로 보는 견해도 있다.[39] 정말 그럴까? 그렇다면 선녀의 행동은 너무나 퇴행적이다. 이런 식이라면 오늘날 필리핀이나 베트남에서 한국 남자에게 시집 온 여성들은 부모님이 그립다고 가정을 버리고 되돌아가는 것을 용납할 수 있을까?[40] 만약 이들에게 기회가 주어진다면 순전히 그런 이유 때문에 되돌아갈까? 인간이란 언제나 결핍 없이 살기는 힘들다. 결핍이 성숙의 과정으로 나타날 수 있고, 때로는 예기치 않은 일을 말미암아 극복하기도 한다. 혼인이란 진정으로 성숙한 자에게 주어지는 것이기에, 그런 이유 때문에 선녀가 나무꾼을 떠났다면 분명 너무나 퇴행적인 행동이다. 처음에 선녀가 누군가(나무꾼)와의 혼인을 내심 바라고 있었다는 점(내숭)을 전제로 했을 때 말이다.

나무꾼이 두레박을 타고 하늘로 올라가다

나무꾼과 선녀는 금슬이 크게 나쁘지 않았다. 적어도 나무꾼은 선

38) 노제운, 앞의 논문, 82쪽.

39) 배원룡, 「나무꾼과 선녀 설화에 나타난 가족의식 연구」, 『한국민속학보』, 1994, 24쪽.

40) (위장) 결혼만 해주면 한국에서 취업할 수 있다는 결혼중개업자에게 속아서 시집 온 자들은 태도가 분명 다를 것이다. 이 경우 신랑과 신부 모두 피해자다. 그러나 정상적으로 혼인했을 경우 정당한 이유 없이 영원히 되돌아가고자 하는 것은 퇴행적 행동, 곧 성숙하지 못한 행동이다.

녀를 사랑했다고 말할 수 있고, 선녀에게 있어서 나무꾼이 야속하긴 해도 무슨 벌레처럼 소름끼치게 싫은 사람은 아니다. 물론 선녀가 떠난 이후 나무꾼은 아이들도 보고 싶었을 것이다. 그래서 사슴에게 다시 물어 하늘에 오를 수 있는 길을 알아냈다.

여기서 집 나간 아내를 찾아 하늘까지 오르는 것은 나름대로 그 용기와 의지를 인정해야 할 것 같다. 일이 잘못되었을 때 그 일이 시작되었던 출발점, 곧 사슴을 다시 찾는 것도 현명한 방법이다. 이렇게 해서라도 하늘에 올라 아내와 자식들과 같이 살고 싶었을 것이다.

앞에서 정신분석적 해석자들이 사슴을 나무꾼의 이드(id)라고 말했는데, 그럼 여기서는 어떤가? 필자가 볼 때 두 번째 사슴은 순수한 이드의 상징이라고 보기 어렵다. 정신분석학에서 인간의 행동은 이드와 초자아를 자아가 적절히 통제하는 과정이다. 이드라고만 본다면 하늘나라에 오르는 것은 단지 선녀와의 성적인 관계가 그 동력이 된다. 초자아가 그것이라면 나무꾼은 마지못한 의무감에서 가족을 찾을 뿐이다. 자아가 이 둘을 통합해서 실천에 옮긴다고 볼 때, 두 번째로 사슴을 만나는 의도는 이렇게 복합적이다. 고로 사슴을 이드의 상징으로만 보는 것은 문제가 있다. 민담 속에서 어떤 사물이 자신들의 이론을 증명해 주기 위해 알라딘의 램프처럼 숨겨져 있다고 믿으면 위험하다. 따라서 나무꾼이 하늘에 다시 오르려는 동기는 욕망과 의무감(자식과 아내 사랑)의 결합 정도로 이해하자.

그럼에도 불구하고, 하늘에서 두레박으로 물을 퍼 올리는 것은 일차적으로 나무꾼이 하늘로 올라갈 수 있다는 천기(天機)이자 사건의 전개를 위한 장치다. 부차적으로 생각해 볼 수 있는 것은 역시 하늘나라의 여성들도 여전히 음(陰)의 요소가 결핍되어 있음을 상징한다. 그것도 보름날 달밤에 지상의 물을 두레박으로 퍼 올린다. 천상이지만 지상의 음적인 요소가 필요하다는 말이다. 유유상종이라 하지 않던가?

그래서 나무꾼이 도착한 곳도 선녀들이 목욕하는 곳이다. 물을 퍼 올리는 곳이 당연히 목욕하는 곳일 테니까. 혹자는 이것이 나무꾼이 여전히 목욕하는 곳으로 침투하여 하늘나라 여성을 성적으로 겁탈하는 것을 암시하거나 본능적인 욕구충족을 상징한다고 하는데, 나무꾼을 무슨 색마(色魔)로 취급하여 성의 노예로 보는 것 같아 씁쓸하다. 인간의, 특히 (젊은) 남성의 무의식 가운데 섹스에 관한 집착이 없는 것은 아니지만, 이 또한 현실의 초자아에 의하여 제어되기 때문에 이드의 화신으로 보는 것은 무리가 있다. 그래서 프로이트 자신도 그 이드를 무엇으로 규정할지 몰라 오락가락하지 않았던가?

만약 선녀가 기만적 강압을 통한 혼인에 대한 탈출의 일환으로 승천을 하자, 나무꾼이 단지 그 강압적 행동을 이어가기 위해 '네가 도망가 보았자 어디까지 가겠느냐? 하늘까지 지옥 끝까지라도 찾아간다.'는 식이라면 더욱 문제가 많다. 이후 전개되는 내용에서 이런 모습을 찾기 힘들기 때문이다.

그런데 나무꾼이 두레박을 타고 올라가는 일차적 이유는 아내와 자식을 다시 만나는 것이겠지만, 거기에는 나름대로 의미를 부여할 필요가 있다. 여기서 대개 우리는 나무꾼의 노력을 간과한다. '올라간다'는 것, 곧 상승은 노력이나 의지를 통하여 향상되는 지위를 반영한 말이다. 그가 가족을 찾기 위해 사슴을 찾는 것도, 또 달밤을 기다려 위험을 감수하고 모험을 발휘하여 두레박에 올라타는 것도 나름대로 가상한 노력이라고 인정해야 한다.

그러나 나무꾼은 이마저도 기만으로 해결한다. 즉, 하늘에 오르는 가상한 노력(?)을 인정한다고 하더라도, 하늘나라의 입장에서 볼 때는 속임수를 통하여 무임승차한 것이다. 그러나 이 또한 선택의 여지가 없었다. 날개옷을 훔친 것도 혼인을 하기 위해 자신의 신분으

370

로 어쩔 수 없는 선택이겠지만, 이 경우도 가족을 만나기 위해서는 기만의 길밖에는 없었다. 우리는 한 번 기만하면 계속해서 기만할 수밖에 없음을 경험을 통하여 잘 알고 있는데, 이 경우도 거기에 해당된다. 다른 각도로 말한다면 기만은 기만을 낳을 수밖에 없다는 것을 말하려는 것이 아닐까?

우리가 여기서 알 수 있는 것은 서로 다른 위치에 있는 사람이 같이 살려면, 강압이든 기만이든 노력을 통하여 수직 이동을 해야 한다는 점이다. 선녀가 그랬고, 이번에는 나무꾼이 그렇게 한다. 따라서 처음엔 선녀의 신분이 신적인 존재에서 인간적 존재로 하강했고, 그 상징이 날개옷의 상실이다. 반면에 나무꾼이 천상에 올라가야 하는 것은 거기에 걸맞는 신적인 징표나 능력이 있어야 한다. 그런 것 없이 하늘에 올라간 나무꾼이 어떤 봉변을 당할지 상상하는 것은 그리 어렵지 않다.

현대의 가난한 집 청년이 부잣집 딸과 혼인하려면 그에 걸맞는 징표가 있어야 한다. 대단한 능력이 있거나 가능성이 있어야 한다. 그렇지 않다면 그 패밀리의 구성원이 절대로 될 수 없다. 아마도 모진 시련과 냉대가 이어질 것이고, 그것을 견디지 못해 포기하는 남성들도 많을 것이다. 그것이 싫으면 오르지 못할 나무는 쳐다보지 않으면 된다.

하늘나라의 시험을 통과하다

나무꾼은 사슴의 도움으로 드디어 꿈에 그리던 하늘나라에 올라간다. 아내와 자식들이 반갑게 맞아주었지만 그 기쁨도 잠시뿐이다. 비천한 지상의 인간이 하늘나라에 살 수 없으니 옥황상제는 자신이 낸 시험에 합격해야 같이 지낼 수 있다고 한다. 로열패밀리의 일원이 되기 위해서는 거기에 걸맞는 능력을 보여주어야 한다는 것이다.

이것이 어찌 하늘의 일이겠는가? 인간세상에서 벌어지는 일이 아닌가? 온달은 한때 바보였지만, 평강공주의 도움으로 비범한 인물이 되고 무술대회를 통해 왕가의 일원이 되었다. 그러나 그러한 자격을 입증하기 위하여 전쟁에서 전공을 세워야 했고, 결국 아차산성에서 전사하지 않았는가? 또 무왕은 산마를 캐는 비천한 사람이었지만, 기만(일종의 여론조작)을 통하여 선화공주를 꾀어 혼인했다. 그러나 많은 금을 캐서 장인에게 보내어 그의 능력을 보이고, 결국 백제의 왕이 되었다. 이렇듯 신분이 낮은 사람이 높은 사람과 혼인을 맺으려면 예나 지금이나 그만한 자격이 있어야 한다.

그래서 옥황상제는 나무꾼에게 시험을 내는데, 그것이 일종의 숨바꼭질이다. 숨바꼭질은 누가 잘 찾고 잘 숨느냐에 따라 승부가 결정된다. 숨바꼭질의 논리는 은폐와 적발의 배중률(排中律)이다. 이기든지 지든지 승부는 그것뿐이다. 비기는 것은 없다. 다시 말해 냉엄하게 평가한다는 뜻이다.

여기서 나무꾼이 신통력이 뛰어난 옥황상제와 겨룬다는 것은 전혀 공평하지 않다. 어차피 진 게임이다. 그래서 낙담하고 포기한다. 나무꾼다운 태도다. 그런데 선녀가 도와주어서 시험에 통과한다. 선녀의 능력이 발휘되는 장면이다. 남자의 문제지만 여자가 앞장서서 도와준 것이다. 위험을 무릅쓰고 모험이 요구되는 시험에서 선녀의 적극성이 발휘되는 대목이다. 그것은 옥황상제를 기만했기 때문에 가능했다. 이 기만은 나무꾼이 앞에서 세 번이나 사용한 것이고, 결국 그 기만의 연장선에서 선녀가 또 사용할 수밖에 없었다. 천상에서의 나무꾼의 존재를 인정받기 위해서 말이다. 기막힌 기만의 연속이다. 기만이 기만을 낳음을 또 한 번 확인할 수 있다.

이토록 기만을 사용하면서 선녀는 왜 그를 도와주었을까? 그래도 지상에서 살았을 때 정이 남아 있어서 그랬을까? 아니면 아이들 아버지라서 아이들의 처지가 불쌍해서 그랬을까? 적어도 우리가 여기서 알 수 있는 것은 지상에서 나무꾼의 기만적 동거에 대한 증오는 엿볼 수 없다는 점이다. 그것을 달리 말하면 선녀가 앞서 나무꾼을 떠난 이유가 단순히 나무꾼의 기만에 대한 증오나 저항이 아니라는 것이다.

다른 변이를 보면 앞의 이야기 1에 나오는 시험 외에 더 많은 시험이 있는데, 쥐와 같은 동물이 도와주는 것으로 나온다. 그 동물들은 나무꾼이 지상에 살 때 은혜를 베푼 짐승들이다. 이 또한 나무꾼의 성품이 나름대로 어질다는 점을 확인할 수 있으나, 시험의 통과가 그의 능력이 아니라 보은에 의한 것임을 말해 준다. 이렇게 볼 때 나무꾼의 성격은 모질고 간교한 사람은 아니고, 선녀에게 크게 미움을 받을 만한 사람은 아니다. 선녀가 나무꾼에 대해 기만과 무능함에 대한 원망은 있었을지라도 증오의 감정은 없었다는 말이다. 그러므로 하늘나라에서 그래도 남편인 나무꾼이 딱한 처지에 놓였을 때, 게다가 아이들 아버지가 아이들로부터 떨어져 나가는 것을 두고만 볼 수 있었겠는가? 이 장면에서 열렬한 사랑이 보이지는 않아도 두 부부 사이의 은근한 정이 묻어 나오지 않는가? 어쩔 수 없이 운명을 같이하는 가족의 모습이다. 게다가 하늘나라에서 땅이 보고 싶어 내려가려고 할 때도 선녀는 적극 만류한다. 분명 부부 사이가 그렇게 나쁘지만은 않은 모양이다.

또 한 가지 확인할 수 있는 것은 장인인 옥황상제만이 아니라 선녀의 두 언니도 나무꾼이 가족이 되는 것을 원치 않는다는 것이다. 그래서 방해공작을 편다. 어떤 유형에서는 황후도 숨바꼭질에 참여한다. 선녀의 모든 가족들이 나무꾼이 하늘에 사는 것을 바라지 않는다는 뜻이다. 혼인은 격에 맞는 사람끼리 해야 하는 것이고, 그렇지 못할 때는 모든 가족들이 반대하는 지상의 모습과 똑같다. 신분의 차이가 나는 혼인에 필연적으로 일어나는 현상이다.

어쨌든 나무꾼은 아내의 능력으로 하늘나라에서 살게 되었다. 선녀가 문제의 답을 가르쳐 주기도 하고 직접 나서서 돕기도 한다. 그야말로 나무꾼은 무임승차다. 부창부수(夫唱婦隨)가 아니라 부창부수(婦唱夫隨)다. 대개 이런 경우는 부잣집 딸이 가난한 집 총각을 너무 사랑한 나머지 가족을 속이고 자신의 능력으로 신랑감의 능력을 위장시켜 주는 전형(典型)인데, 선녀의 이런 행동은 그녀가 나무꾼을 전혀 사랑하지 않았다는 몇몇 연구자의 주장을 의심케 한다. 그래서 필자는 앞에서 선녀가 내심 나무꾼을 자신의 짝으로 바라고 있었다는 내숭이 전제된다고 본 것이다. 지상의 남성이 그리웠고, 그래서 하강했다는 해석 말이다.

그런데 단군신화와 주몽의 건국신화 등에서 보이는 것처럼 하늘의 남성이 지상의 여성과 혼인할 때는 별다른 문제를 보이지 않는다. 그것은 오늘날 부잣집 청년이 가난한 집 처녀를 아내로 맞아들일 때는 그다지 심한 가족의 반대를 겪지 않는 것과 동일한 구조를 갖는다. 가난해도 청년이 사랑하는 여자라서, 또는 성격이 착하고 미모가 탁월해서, 어느 것 하나라도 마음에 드는 핑계거리가 있으면 혼인을 허락한다. 바로 이 점이 가난한 총각과 부자인 처녀의 혼인과 다른 점인데, 후자의 경우 총각의 외모나 성격 외에 탁월한 능력이 요구되는 것이며, 그 능력이 기만에 의한 것이라면 행복한 결혼생활로 이어지기는 쉽지 않다. 이것이 전통이다.

이것은 부잣집 총각과 가난한 처녀는 혼인이 가능해도, 가난한 총각과 부잣집 처녀의 혼인은 어렵고, 혹 기만 등에 의해 성사되더라도 심한 냉대와 시련이 도사리고 있음을 말해 준다. 그래서 오죽하면 '보리쌀 서 말이면 처갓집 신세 안 진다.'는 말이 생겼을까?

도대체 이런 현상을 어떻게 설명해야 할까? 앞에서 잠깐 설명한 전통적인 음양론(陰陽論)을 다시 상기할 필요가 있겠다. 남성은 양으로서 강건하고 적극적인 속성을 지녔기에, 꼼수를 부리거나 속임수를 써도 안 되고 언제나 당당하고 떳떳해야 한다는 전통적 관념 때문이다. 심지어 남자는 눈물을 보여서는 안 되고, 부엌 근처에 얼씬거려서도 안 되며, (음기에 양기가 눌리니까) 여자들 속에서 살아도 안 된다는 생각과도 연관된다. 그러니까 남자가 오죽 못났으면 처갓집 신세를 지느냐는 것이다. 좋게 말하면 남자의 패기와 호방함과 자존심을 권장하는 것이겠고, 나쁘게 말하면 여성은 자기 친정의 배경을 믿고 남편을 함부로 대하거나 목소리를 높여서도 안 된다는 전통이라고 말할 수 있겠다. 그러니까 천상에서의 이러한 나무꾼의 시련을 종합해 보면 이러한 관념이 추출된다. 나무꾼은 천성이 우유부단하고 남성다운 굳센 모습이 없으므로, 이 민담의 전승자들이 강제로라도 이러한 곳으로부터 그를 지상으로 탈출시켰는지 모르겠다. 이야기의 결말을 두고 보자면 그렇다.

지상으로 내려오다

이야기대로라면 나무꾼은 하늘나라에서 잘 살다가 지상의 노모가 어떻게 사는지 걱정이 되어 지상에 내려가고 싶어 한다. 다른 유형에는 노모가 나오지 않고, 친척이 보고 싶거나 고향생각이 나서 그랬다고 한다. 여하간 이것을 종합해 보면 두고 온 지상의 것이 보고 싶었다는 말이다. 그렇다고 해서 천상의 삶이 싫은 것 같지는 않다. 왜냐하면 타고 간 말에서 스스로 떨어진 것이 아니기 때문이다.

그렇다면 나무꾼은 왜 지상의 것을 그리워했을까? 적어도 겉으로는 천상의 생활에 만족하고 행복했을 것이다. 아리따운 아내와 사랑스러운 자식들, 그리고 안락한 생활이 보장되었기 때문이다. 그런데 지상의 것이 보고 싶었다는 것은 역으로 실은 그러한 삶이 진정으로 행복하지 않았음을 반증한다. 왜 그랬을까?

우리는 여기서 나무꾼의 지난날의 행적을 되돌아볼 필요가 있다. 선녀를 만나기 위해, 하늘에 오르기 위해, 천상에서의 시험에 통과하기 위해 사용한 전략은 동물(들)에게 보여준 약간의 동정심과 주 무기인 기만이다. 기만으로 점철된 천상의 삶이 과연 행복했을까? 만약 행복하지 못한 삶이 기만과 관련이 있다면, 그에게 일말의 양심은 있다. 나라의 장래나 백성의 삶보다 가문과 문벌(門閥)과 당색(黨色)의 이익을 위하면서도 민본정치와 정학(正學)을 한다는 조선 말 노론 사대부들이나, 오늘날 온갖 부동산 투기와 병역비리, 자녀의 국적 문제 등으로 비리의 종합선물세트가 된 장본인들이 낯 뜨거운 줄 모르고 자본주의 국가에서 있을 수 있는 일이라고 항변하면서 국가의 요직에 등용되려고 애쓰는 것에 비하면, 그래도 나무꾼은 양심이 있고 스스로를 속이지 않는다.41) 그래서 지상의 것이 그리운 것이다. 노모나 고향이라 했으니 자신의 본래 모습이 그리웠던 것이다. 기만으로 이룩한 삶이기 때문에 자신의 참모습을 보고 싶었던 것은 아닐까?

우리는 여기서 또 '모로 가도 서울만 가면 된다.'는 속담이나 '결과만 좋으면 모든 게 다 좋다.'는 할리우드 영화식의 가치관에 동의할 수 없다는 전승자들의 한결같은 마음을 읽어 낼 수 있다. 자신의 신분상승이나 이익을 위한 위선과 기만적 태도가 결코 삶을 행복하게 만들지 않는다는 점은 말할 것도 없고, 더 나아가 목적이 좋으면 수단은 문제될 것이 없다는 지나친 실용주의적 태도도 온당치 않다는 관점을 보여주고 있다.

---

41) 『大學』, "所謂誠其意者, 毋自欺也, 如惡惡臭, 如好好色, 此之謂自謙, 故君子必愼其獨也." 또 『論語』, 「子張」의 "子夏曰, 小人之過也, 必文." 朱子 주석의 "小人憚於改過, 而不憚於自欺."에서도 소인은 스스로 속이기를 꺼려 하지 않는다고 한다. 반면 군자는 스스로 속이지 않으며, 나무꾼 또한 군자라고 말할 수는 없지만, 그래도 작은 양심은 가지고 있다고 판단된다.

여기서 나무꾼은 어정쩡한 태도를 취한다. 지상에 내려가 노모(또는 친척)를 한 번 보기만 하고 돌아오겠다고 한다. 그 말은 결코 하늘나라의 삶을 포기하지 않겠다는 뜻이기도 하다. 나무꾼에게 있어서 하늘나라의 삶이란 인간들이 상상하듯 절대 선에 입각한 이상적인 삶은 결코 아니다. 그들만의 삶이다. 욕망과 기만이 결합된 그들만의 이기적 삶일 뿐이다. 사실 많은 보통 사람들에게 있어서 이상적 삶이란 인간의 세속적 삶과 연관되어 있어서 욕망과 기만이 배제된 순수한 이상적 삶은 찾아보기 힘들다. 세속에 몸담고 있는 대다수의 종교인들이 생각하는 내세나 피안도 이렇게 현세적 욕망이 투영된 것이리라. 그런 내세관은 현실적 욕망과 신학적 가치관을 뒤섞어, 때로는 절묘하게 조화를 이루어, 자아가 영원히 영속되기를 바라는 사람들에게 손짓한다.

따라서 기만으로 얼룩진 나무꾼의 삶을 천상에 살도록 허용하지 않고 낙마(落馬)시키는 것이 민중, 곧 전승자들의 뜻이다.[42] 어쩌면 오늘날 국가기관의 중요 자리에 앉으려는 인사들을 국회 청문회나 언론을 통해 여론이 낙마시키는 것과 그 본질이 하나도 바뀌지 않았기에 나는 여기서 전율한다. 인간의 공통적 심성은 바뀌지 않는다는 점에서, 그러한 전통이 면면히 이어지고 있다는 점에서 말이다.

혹자들은 이렇게 풀이한다. 어머니의 치마폭을 떠나지 못하는 나무꾼이 결국 한 남성으로 성숙하지 못하고 미숙함으로 말미암아 지상으로 회귀한 것이라거나,[43] 나무꾼의 하강은 아들로서 결핍을 해소하기 위한 것이라는[44] 해석인데, 이것이 노모(시어머니) 이야기와

---

42) 필자도 나무꾼 하강은 민중들의 요구가 반영되었다는 것(전영태, 앞의 논문, 236쪽)과 전적으로 동일한 생각이다.

43) 노제운, 앞의 논문, 88쪽.

44) 배원룡, 「나무꾼과 선녀 설화에 나타난 가족의식 연구」, 25쪽.

전혀 상관이 없다는 것45) 또한 필자와 같은 생각이다. 이러한 해석은 텍스트를 지나치게 좁게 선정한 한계이고 노모가 등장하지 않는 이야기를 어떻게 이해해야 하는가 하는 난감한 문제에 빠진다.

나무꾼이 천마에서 낙마하는 것은 선녀의 금기를 어긴 것이지만, 그 원인은 팥죽 때문이다. 필자는 여기서 팥죽이 붉은색이고 양(陽)의 기운을 북돋우거나 벽사(辟邪)의 역할을 한다는 등으로 천착하고 싶지는 않다. 왜냐하면 팥죽 외에 호박죽, 박(속)국, 밥국, 박지짐이 등으로 표현되는 것도 있기 때문이다. 물론 일부 전승자의 생각은 나무꾼이 처가의 기세에 눌러 양기가 부족하기 때문에 그것을 보충하기 위해46) 팥죽을 먹어야 하겠기에 그랬는지 모른다. 그래서 남성성을 보충시켜 하늘나라에 가서 음기에 눌리지 말고 당당하게 살게 하기 위한 배려인지도 모르겠다. 그 외 박국도 그 소리가 '뻐꾹'과 유사하니까 나무꾼이 죽어서 뻐꾸기가 되었다는 이야기로 결말을 맺는데, 이 또한 전승자들의 관심이 그쪽에 있었기 때문이리라. 뭐가 되었든 이야기의 기본적 구조에는 변함이 없다.

그보다도 선녀의 금기 설정은 진실에 발을 들여 놓으면 기만적 삶이 송두리째 무너지게 된다는 것을 우려했기 때문이 아닌가? 지상이란 나무꾼의 현주소요, 진실의 보루이기에 진실과 거짓은 공존할 수 없기 때문이기도 하다.

그리고 사회학적으로 볼 때 나무꾼의 하강은 두 가문의 갈등을 상

---

45) 김대숙, 앞의 논문, 345쪽. 일부 연구자들 가운데는 노모를 등장시킴으로써 전통적인 유교적 효 사상과 아내 사이의 갈등을 자아냈다고 보고, 그럼으로써 유교적 가치관이 부부의 정보다 중요하다고 해석하기도 한다.

46) 동짓날 팥죽을 먹고 뿌리는 것은 벽사(辟邪)의 뜻과 함께 『주역』의 복괘(復卦) 해석과 관련이 있다. 복괘는 맨 아래 효만 양이고 위 다섯 효는 음인데 양이 생겨나는 것을 상징하는 괘다. 동짓날을 기점으로 낮이 길어지므로 양을 권장하고 음을 누르면서 생긴 풍습이다.

징한다고 볼 수 있다. 아들이 전적으로 가족을 책임져야 하는 조선 후기, 아니 최근까지의 관습에서 볼 때, 처가살이를 하면서 가족(노모)이나 친척 또는 고향(선산)을 돌보지 않는 것, 특히 그가 잘 살면서 그렇게 하는 것은 충분히 갈등의 요소가 될 만하다. 이렇듯 남자가 처가에 머물면서 본가를 돌보지 않는 것은 당시 사람들의 시각에서 볼 때는 꼴불견이고 몰상식한 행동이다.

반면 선녀가 말에서 내리지 말라고 한 것도 이런 상황에서 보면 남자 쪽의 일에 대해서 적극적으로 개입하지 말라는 뜻으로 해석이 가능하다. 상황파악을 하되 개입하지 말라는 뜻이다. 하찮은 신분과 엮이기 싫다는 상류층의 오만함이 돋보이는 부분이기도 하다. 만약 그것을 어기면 모든 게 끝장이라는 경고의 메시지가 아닐까?

혹자들은 나무꾼의 지상으로의 회귀를 퇴행으로 보지만, 결론적으로 앞에서 밝힌 것처럼 거짓된 삶에 대한 잠시 동안의 도피성 여행을 통하여 자신의 본모습을 파악하는 것쯤으로 생각하자. 기만으로 쟁취한 천상의 삶이지만 그것을 결코 포기하지는 않으려고 하기 때문이다. 비록 기만적 삶이지만 그것에 철저하지 못한, 자신의 의지를 집요하게 관철시키지 못한, 또 치밀하고 간교하게 주변을 이용하지 못한 좀 덜 나쁜 사람, 일말의 양심은 있으나 우유부단한 그런 사람이었기에 지상에 오고 싶었던 것이다. 그러나 그것이 한 많은 변주곡의 피날레가 될 줄이야.

죽어서 수탉이 되다

결론적으로 나무꾼을 낙마시켜 죽을 때까지 지상에 머무르게 한 것은 민담 전승자들의 뜻이다. 그러므로 낙마 사건은 별 볼일 없는 인간이 기만으로 처가살이를 잘하는, 그러면서 억세게 운 좋은 남성을 꼴사납게 여기는 민중의 뜻이다. 운도 매우 좋고 속임수도 잘 쓰고, 마누라 잘 만나 처갓집에서 호의호식하며 살아도 끝내 뒤끝이 안 좋다는 것을 말하려는 것이 아닐까?

죽어서 수탉(장닭)이 되는 것에 대해서 너무 천착하지 말자. 닭은 영물이고, 길조(吉鳥)이며 봉황의 상징이고, 위인의 탄생이나 국가의 여명을 알리니 어쩌니 하는 것은 의미가 퇴색된다. 단지 수탉만 새벽에 운다는 실제 사실과 죽어서 나무꾼의 영혼이 새가 되었다고 보는 관점으로 생각해 보자. 짝사랑하는 사람을 두고 죽어서 접동새(두견새)가 되었다고 하는 것처럼 말이다.

필자가 어렸을 때 우리 마을에 한 총각이 짝사랑을 하다가 병으로 죽었다. 사람들은 상사병이라고 했는데 병명은 정확히 모르겠다. 공교롭게도 그때 한 달여 동안 뻐꾸기가 그 총각의 무덤 근처 나무 위에서 밤새도록 울었다. 동네 사람들은 모두 그 총각의 혼이 뻐꾸기로 환생했다고 믿었다. 그때가 내 기억으로 1968년 초여름이다. 가뭄이 무척 심해서 평소 같으면 항상 물이 넘쳤던 논바닥이 거북 등처럼 갈라지기도 했다. 당시 우물이 거의 말라 밤중에나 겨우 물이 조금 고여 아낙네들이 가끔씩 물을 길러 왔는데, 그 뻐꾸기 소리(사실은 그와 연관된 죽은 총각의 소문) 때문에 무서워서 밖에 잘 나오지 못했다. 필자의 형은 시인인데 이 사건을 소재로 시를 짓기도 했다. 하여간 뻐꾸기의 울음과 총각의 죽음 사이에 필연적 관계가 있는 것은 아니겠지만, 당시 우리 마을 사람들은 이렇게 시간적으로 일치하는 사실만 가지고 쉽게 둘을 관계 지었던 것이다.

나무꾼이 죽어 그 혼이 수탉이 되었다는 것은 이와 같은 맥락으로 이해할 수 있겠다. 그러니까 생전의 원망이나 염원을 반영하여, 잃어버린 낙원에 복귀하고자 하는 한이 맺혀 죽어서 새가 되었다는 것이다. 그런데 왜 수탉인가? 새벽에 우는 것은 수탉이고, 나무꾼이 남성이니까 수컷으로 환생한다는 생각은 당연지사로 이해되지만, 왜 하

필 닭인가? 뻐꾸기도 있고, 두견새도 있지 않은가? 물론 뻐꾸기로 환
생했다는 이야기도 있지만 닭이 제일 많다. 그럼 여기서 닭 이야기
를 해보자.

우선 닭은 때를 안다. 새벽에 우는 것이 바로 그것이다. 그래서 민
간에서는 닭에 대한 특별한 지위를 부여하기도 한다. 때를 안다는
것은 다른 말로 천시(天時) 또는 천기(天機)를 안다는 의미다. 나무
꾼은 사슴의 고지(告知)로 천기를 알았고, 그래서 천상에 올라가 하
늘에서 살았다. 바로 이런 특성이 닭이 때를 아는 것과 잘 어울린다.

다음은 닭이 새이지만 마음대로 하늘을 날지 못하는 특성과 연관
된다. 닭은 새이므로 상징적으로 볼 때 하늘을 지향하지만 다른 새
처럼 자유롭게 날지 못한다. 기껏해야 죽을힘을 다해 지붕 위에 올
라가는 것이 고작이다. 수탉이 겨우 지붕 위에 올라간다는 것은 천
상에서의 삶을 추구하다가 실패한 나무꾼의 위상을 상징하는 것이
다. 사회적으로 볼 때 미천한 신분을 지닌 남성이 혼인을 통해 신분
상승을 하려는 한계를 표현한 것이리라.

게다가 수탉은 많은 암컷을 거느린다. 수탉은 다른 암컷들이 딴
맘먹지 못하게 거짓 짝짓기도 한다는데, 어쨌든 짝짓기 대상을 많이
가진 수탉은 바로 나무꾼의 욕망과 관련되는 대목이다. 나무꾼의 삶
이 기만과 욕망이 적절히 배합된 것이기에 그렇다.

끝으로 이 욕망과 관련지어 닭의 울음에 대하여 생각해 보자. 결
론부터 말하면, 지붕 위에 올라가 '꼬끼오' 하고 우는 것이야말로 인
간적 삶의 가장 비장한 장면을 상징적으로 보여준 것이라고 생각된
다. 이 민담에서 닭의 울음이란 나무꾼의 비극적 운명에 대한 통곡,
욕망실현의 상실에 따른 회한이요, 삶(욕망)의 이상향을 위한 몸부림
이다. 현실적으로 모든 사람의 삶이란 욕망과 관계가 있기에, 이를
보편화시키면 낙원을 상실한 인간의 모습이 아닐까? 많은 평범한 사

람들이 생각하는 이상적 삶이란 욕망실현과 관계가 있고, 천상의 삶이란 진정한 이상적 삶이 아니라 욕망의 이상적 삶이기 때문이다.

그러니까 인간은 하늘(낙원)을 지향하지만 결코 그러한 낙원에 들어갈 수 없다. 아니, 그런 낙원은 애당초 없었고, 앞으로도 없다는 메시지가 아닐까? 인간의 욕망이 개입한 낙원, 그런 낙원은 없다. 그것을 깨달은 선구자가 공자, 부처, 예수가 아닌가? 이런 시각에서 볼 때 인간의 욕망을 부채질하여 신도들을 끌어 모으는 세속의 종교는 모두 예수, 석가의 이단이다.[47] 따라서 민중들이 꿈꾸는 낙원이란 인간의 욕망이 투영된 곳이며, 욕망이 배제된 낙원이란 열반(涅槃)의 세계나 천인합일(天人合一)[48]은 될지언정 이런 종류의 극락이나 천국은 아니다.

고로 인간은 욕망하는 존재다. 허나 그 욕망은 결코 다 채울 수 없다. 그래서 늘 갈망한다. 단지 못 올라갈 나무를 쳐다볼 뿐이다. 역으로 말하면 그런 욕망을 채워 줄 하늘(낙원)은 없다는 뜻이다.

하늘과 땅, 남과 여, 그리고 계급

이 이야기는 오늘날 문학작품처럼 작가가 의도적으로 창작한 것이 아니기 때문에 이야기가 다양한 측면으로 변주(變奏)된다. 따라서 하나의 명확한 주제를 잡아내는 것 자체가 무리일 것이다. 많은 연구자들은 그런 유혹에 빠져 권선징악이나 혼인 이야기, 남녀의 사랑과 같은 간단한 주제를 찾으려고 갖은 애를 썼지만, 모두 허사로 끝나

---

47) 일례로 "인간은 빵(떡)만으로 살 수 없다."(마 4:4)는 예수의 말은 욕망이 인간적 삶에 필요하더라도, 진리의 세계를 위해 그것(식욕, 권세욕, 명예욕 등)이 방해가 되어서는 안 된다는 것을 선언한 말이다.

48) 인간이 수양을 통하여 자연과 인간이 하나가 되는 동양적 사고에 따른 하나의 경지로서, 자연을 어떻게 규정하느냐에 따라 다양한 편차를 보인다.

고 만다. 출발부터 오해를 했기 때문이다.

민담은 한 사람에 의하여 만들어진 것이 아니라 입에서 입으로 전해 온 것이기 때문에 전승자의 관심과 문화적 배경에 따라 다양하게 전개될 수밖에 없다. 그래서 때로는 일관성이 없어 보이기도 하고 비상식적인 내용이 등장하지만, 그 또한 이해될 수 있으며 전승자들에게 무리 없이 받아들여진 것이다.

따라서 이러한 민담을 해석하기 이전에 이 이야기를 전승시킨 사람들의 의식이나 문화, 관습적인 관념, 다시 말해 역사적 요인들이 모두 검토되어야 할 것이다. 특히 당시 사람들에게 지배적으로 작용하는 사상, 이것은 교화의 방식으로 진행된 지배층의 이데올로기이거나 당시 사람들이 보편적이라고 여기던 전통적 세계관과 맞닿아 있다. 그러므로 이러한 민중들의 의식을 지배하던 전통적 가치관을 이해하지 못하면 주제해석에 한 치도 접근할 수 없다. 그렇지 않다면 해석되는 주제란 전통과 상관없는 공허한 보편성만 강조되는 관념일 뿐이다. 그러니까 어떤 배경에서 이야기가 전개되었는지 그 맥락을 이해해야 그 이야기의 의미가 제대로 파악된다는 것이다.

이 이야기에서 주제를 추출해 낼 수 있는 개념적 코드는 하늘과 땅, 남성과 여성, 그리고 그것을 잇는 혼인, 그에 따른 양가의 계급문제 등이다. 그리고 욕망, 기만, 시험 등이 이러한 쌍방의 관계를 결정짓는 변수들이다.

사실 혼인의 문제는 오늘날에도 여전히 계급의 문제와 남녀의 문제를 포함하고 있지만, 그 전통에 있어서는 하늘과 땅의 문제와도 연관되어 있다. 하늘과 땅은 우리 전통에서 윤리문제와 뗄 수 없는 문화 저변에 깔려 있는 사상적 토대이기 때문이다.

따라서 지금까지 몇 개의 단락으로 나누어 산발적으로 논의한 것들을 모아 정리해 보자.

우선 민담의 배경에 하늘이 등장한다고 해서 다 신성성이 있는 것은 아니다. 물론 종교적 신앙이나 그 세계를 말하는 것만도 아니다. 설령 이 민담의 모티프를 신화에서 가져왔다 하더라도, 전승시킨 민중들의 생각에는 결코 신화적인 테마를 연상하지는 않았을 것이다. 그래서 이 이야기에서 등장하는 하늘나라는 천상의 초월적 세계가 아니라, 세속의 민중들이 내심 부러워하는 또 다른 속세일 뿐이다. 고로 하늘은 신성하고, 땅은 속된 것이라는 생각은 말도 안 된다. 이 이야기가 신성혼(神聖婚)과 관련되었다고 보는 것은 더욱 어처구니 없는 소리다. 물론 이야기 가운데서 속된 지상의 인간이 천상에서 그냥 살 수 없다는 표현도 등장하지만, 기실 이런 것도 언제나 상류층이 자신들을 하층 민중과 구분하기 위한 말, 즉 '천한 것'이 '존귀한 것'과 어울릴 수 없다는 그야말로 타파해야 하는 '봉건적 계급의식'일 뿐이다.

전통적으로 하늘이 상징하는 의미는 간단하지 않다. 하늘은 도덕의 근원, 만물의 시원(始原), 자연, 신들의 처소 등 학파나 종교, 민속에 따라 다양하게 규정하기 때문에 한마디로 말하기 어렵다.

그러나 조선 후기 사회에 있어서 지배적인 하늘에 대한 관념은 통치이념의 기초로서 작용한 성리학적 하늘 개념과 민속신앙적 하늘 개념이 주로 민중들에게 작용했다. 일부 천주교인들이 있었다는 것을 염두에 두고도 그렇다. 그러나 더 근본적으로는 통치이념의 근간이 되는 성리학적 하늘 개념이 더 영향을 미쳤을 것이다. 왜냐하면 그것이 지배층의 이념으로 확립되면서 점차 민중들에게 교화(敎化)를 통하여 주입되었고, 그러한 사상의 기반 위에서 제반 문물제도가 기능하였기 때문이다. 특히 성리학적 예법으로 사회적 질서를 유지하려고 했기 때문이기도 하다.49) 반면 민간신앙에 등장하는 하늘은 이러한 통치질서의 하부에 존재하는 민중들의 염원이나 소원이 투영된 대상이다.

그렇다면 사회적 예법이나 교육 등 제반 제도를 통하여 학습된 획일적인 관념은 곧 그것이 다수 민중들이 결코 뛰어 넘을 수 없는 생각의 한계가 된다. 물고기가 물을 떠나 살 수 없듯이 다수의 인간도 사회를 떠나 아무것도 사유할 수 없기 때문이다. 이렇게 세뇌된 민중들의 생각은 그 자체가 문화적 보수층을 형성한다. 현대의 1960, 1970년대에 유년기나 청소년기를 살아 온 사람들 가운데 다수가 자신의 신분이나 경제적 지위와 상관없이 일률적으로 냉전시대의 이데올로기에 갇혀 있고, 선거 때마다 등장하는 '색깔론'이 먹히는 것도 바로 이런 맥락 때문이다.

그런데 이 하늘에 대한 성리학 자체의 태도도 이중적이다. 존재론적으로 보면 하늘과 땅은 상보적(相補的) 관계로 만물을 낳는 두 요소로서 동일한 위상을 지닌다. 그러나 발생론적으로 보면 하늘이 먼저요, 가치론적으로도 보아도 하늘이 우위다. 그것을 잠깐 들여다보자.

우선 성리학이 출발하는 기본적 텍스트 가운데 하나인 『주역』의 「계사전상(繫辭傳上)」에 보면, 하늘과 땅이 서로 만나 만물이 이루어짐을 이렇게 말하고 있다.

하늘이 높고 땅이 낮으니 건(乾)과 곤(坤)이 정해진다. 높고 낮음이 베풀어지니 귀함과 천함이 자리 잡는다. 움직임과 고요함에 (음양이라는) 항상됨이 있으니 (양의) 강함과 (음의) 부드러움이 갈라진다. (선악의) 행방이 같은 동류로 모이고 사물이 무리로 나누어지니 길(吉)함과

---

49) 예법으로 통치하는 것을 예치(禮治)라고 하고 그 반대는 법치(法治)다. 조선은 예치를 유교사회의 이상으로 보고 지향했으나 현실적으로 구체적이고 명확한 통치를 위해 법을 사용할 수밖에 없었다. 자세한 것은 이재룡, 『조선 예의 사상에서 법의 통치까지』, 예문서원, 1995를 참조 바람.

흉(凶)함이 생긴다. 하늘에 있어서는 (일월성신과 같은) 상(象)이 이루어지고 땅에 있어서는 (산천이나 동식물 같은) 형체를 이루니 (음이 양이 되는) 변(變)과 (양이 음으로 되는) 화(化)가 나타난다.

그러므로 (양효의) 강함과 (음효의) 부드러움이 서로 비비고 팔괘(八卦)가 서로 움직여, 우뢰와 번개로 두드리고 바람과 비로써 적시며 해와 달이 운행하며 한 번은 춥고 한 번은 덥다. 건(乾)의 도가 남성적인 것을 이루고 곤(坤)의 도가 여성적인 것을 이루니, 건이 큰 시작을 주관하고 곤이 만물을 만들어 이룬다.[50]

위의 글은 원래 역의 이치를 자연물로서 설명한 것인데,[51] 여기서 건(乾)은 모두 양으로만 된 괘요, 곤(坤)은 모두 음으로만 된 괘다. 귀함과 천함이란 신분을 말하는 것이 아니라 역(易) 가운데 괘와 효(爻)의 상하의 위치를 말하는 것이다.[52] 주희(朱熹)는 성인이 역을 만들 때 음양의 실체를 가지고 괘와 효를 나열하는 방법과 상징으로 삼았다고 하여, 가장 기본적인 구성요소가 음양이라고 보았다.

여기서 볼 때 자연스럽게 양－하늘－강함－동(動)－높음－남(男)과 음－땅－부드러움－정(靜)－낮음－여(女)로 그 구조를 생각하기 쉽다. 그래서 물리적인 높고 낮음이 섣불리 남자는 하늘같이 높고 강해야 하며 여자는 땅처럼 낮고 부드러워야 한다는 논리로 쉽게 오해될 수 있다. 그러나 끝까지 읽어 가면 양이 음으로, 음이 양으로 변화됨을 알 수 있고, 건과 곤이 있어야 만물이 시작되고 이루어짐

---

50) "天尊地卑, 乾坤定矣. 卑高以陳, 貴賤位矣. 動靜有常, 剛柔斷矣. 方以類聚, 物以羣分, 吉凶生矣. 在天成象, 在地成形, 變化見矣. 是故剛柔相摩, 八卦相盪, 鼓之以雷霆, 潤之以風雨, 日月運行, 一寒一暑. 乾道成男, 坤道成女. 乾知大始, 坤作成物." ( ) 안은 주자 주를 참고하여 필자가 첨가한 것임.

51) "易與天地準, 故彌綸天地."(『周易』, 「繫辭上」)도 자연과 역의 관계성을 나타낸 말이다.

52) "貴賤者, 易中卦爻上下之位也."(주자 주)

을 쉽게 알 수 있다. 음양이 고정된 것이 아니라 변화하고 있다. 어디에도 남녀의 차등을 두는 점은 발견할 수 없다. 단지 건의 도가 남성적인 것을 이루고 곤의 도가 여성적인 것을 이룬다는 것은 남녀의 교합에 비유하여 만물이 생겨남을 설명한 말이다.

그리고 『주역』에서 양의 속성이 가장 강한 괘는 건괘(乾卦)인데 건은 하늘, 임금, 아버지를 상징하는 경우가 많고, 그 반대로 음의 속성이 가장 강한 괘는 곤괘(坤卦)이며 땅, 신하, 어머니를 상징한다. 바로 이런 관계로 보아 인간을 만물로 비유하면 아버지는 하늘이요 어머니는 땅이다. 이런 관점에서 볼 때 나무꾼과 선녀의 결합은 『주역』의 세계관과 어긋난다.

그런데 『주역』에서 하늘(남)과 땅(여)의 교합이 잘 이루어지지 않고 어긋나는 상황을 상징적으로 나타낸 것이 비괘(否卦)인데, 내괘(內卦)가 곤이요 외괘(外卦)가 건으로 괘의 모양을 보면 하늘이 위이고 땅이 아래다. 상식적인 공간적 개념으로 볼 때 이것이 정상으로 보이지만, 내괘를 중시하는 전통적인 『주역』 해석에 있어서는 이것이 좋지 못하다. 그 이유는 내괘는 점차 다가오는 미래에 가깝고 외괘는 이미 지나가거나 지나갈 것이기 때문이다. 이 점은 『주역』이 원래 변화를 말하고 그 변화란 시간 속에 있기 때문에, 그래서 미래를 점치는 책이라는 점은 감안하면 충분히 이해된다. 여하튼 비괘의 해석을 종합하면 천지가 교합하지 못하여 만물이 소통되지 못하고, 소인의 도가 성장하고 군자의 도가 소멸된다고 본다.[53] 그러니까 내괘를 중시하는 전통에서 볼 때 나무꾼과 선녀는 내괘가 양이 아니라 음으로 차 있는 형국이다. 남성성(양, 하늘)을 중시하는 입장에서 볼

---

53) "象曰否之匪人不利君子貞大往小來, 則是天地不交而萬物不通也, 上下不交而天下无邦也. 內陰而外陽, 內柔而外剛, 內小人而外君子, 小人道長, 君子道消也."

때, 이러한 남성성이 나무꾼에게 미흡한 점도 있지만, 펼쳐지는 이야기에서 장차 주도권을 행사하는 사람이 음인 선녀이기 때문에 나무꾼의 앞일이 나쁘게 막힌다는 의미다.

반면 남녀의 교합이 순조로운 괘는 하늘과 땅의 배치가 하늘이 아래이고 땅이 위, 곧 건괘가 아래이고 곤괘가 위인 태괘(泰卦)이다. 그것은 가벼운 하늘의 양기(陽氣)가 위로 올라가고 무거운 땅의 음기(陰氣)가 아래로 내려와 두 기운이 교감하는 공간적 관념과 더불어 장차 내괘인 양이 번성할 것이라는 점을 중시하는 해석이다.[54] 나무꾼은 내면에 양의 속성이 부족해 여기에 해당되지 않는다. 그래서 끝이 형통하지 않고 비극적이다.

그런데 '하늘이 높고 땅이 낮다.'는 말은 부부가 교합할 때 정상위의 체위를 연상시키기도 하지만, 그것을 가치론으로 해석해 하늘과 땅에 각각 남과 여를 대입시켜 '남존여비(男尊女卑)'라는 말이 이로부터 생겼을 것이라고 지레짐작하기도 하는데, 실은 그렇지 않다. '남존여비'라는 말은 엉뚱하게도 유가(儒家)가 아닌 도가(道家) 계열인 『열자(列子)』 「천서(天瑞)」편에 최초로 등장한다.

공자가 묻기를 "선생이 즐거워하는 까닭이 무엇이오?"라고 하자, "내가 즐거워하는 까닭은 매우 많소. 하늘이 만물을 생기게 할 때 오직 인간만이 가장 귀한데, 내가 사람이 되었으니 그것이 첫 번째 즐거움이요, 남녀의 구별에 **남자는 존귀**하고 **여자는 비천**(男尊女卑)하므로 남자를 귀하게 삼는데 내가 이미 남자가 되었으니 그것이 두 번째 즐거움이요, 사람이 태어나 하루나 한 달도 살지 못하고 죽기도 하는데 내가 이미 90년을 살았으니 이것이 세 번째 즐거움으로소이다."라고 하였다.[55]

---

54) "彖曰泰小往大來吉亨, 則是天地交而萬物通也, 上下交而其志同也. 內陽而外陰, 內健而外順, 內君子而外小人, 君子道長, 小人道消也."

열자는 노자 이후 장자 이전에 살았던 사람으로 추정되기 때문에 성리학, 아니 공자의 유교가 사회적 통치이념으로 성립되기 이전부터 이러한 남존여비 관념이 존재했다는 것을 말하고 있다. 그래서 필자는 남존여비 사상의 폐해를 고스란히 유교에게 전가하는 것은 부당하다는 점을 지적하고 싶다. 사실 기독교도 남녀차별과 노예제도를 인정했는데, 그것은 기독교의 탓이 아니라 기독교가 그런 문명 속에서 탄생했기 때문이다. 유교 또한 그렇다. 그러나 기독교도 중세 암흑세계와 무관하지 않듯이, 유교의 그러한 남녀차별에 대한 것에 면죄부를 주려는 것은 결코 아니다.

그런데 성리학의 기본적 강령이라 할 수 있는 주희의 『태극도설(太極圖說)』에서는 태극(太極)은 형이상(形而上)의 도로서 모든 만물이 태극으로부터 나왔다고 본다. 이러한 태극은 세계의 존재와 가치의 궁극적 원리로, 성리학에서는 이 존재와 가치를 일치시킨다. 따라서 이 태극이 곧 하늘의 이치로서 소위 천리(天理)라 부르는 것이다. 그러니까 태극, 곧 하늘이 모든 존재와 궁극적 가치의 출발이다.

여기서는 앞의 『주역』의 방식과 다르게 리(理) 또는 태극을 정면으로 드러내 강조하고 있다. 그래서 음양 이전에 태극(또는 무극)이라는 리(理)가 먼저 있어서 음양이 나왔고 음양은 기(氣)이며, 어떤 사물에서든 모두 이 태극과 함께 들어 있다는 것이다. 그러나 어찌되었든 성리학적 전통은 기보다 리 우위적 사유이며 하늘을 본받아야 하는 관점이 녹아 있다.

정리해 보면 적어도 조선 후기를 지배해 온 성리학적 세계에서는 하늘이란 절대적으로 불변하는 가치를 담보한 대상이다. 이렇듯 하

---

55) "孔子問曰, 先生所以樂, 何也. 對曰, 吾樂甚多. 天生萬物,唯人爲貴. 而吾得 爲人,是一樂也. 男女之別, 男尊女卑, 故以男爲貴, 吾旣得爲男矣, 是二樂也. 人生有不見日月不免襁褓者, 吾旣已行年九十矣, 是三樂也." 강조는 필자.

늘과 땅이 절대로 바뀌어서는 안 되는 가치관 속에서 민담의 전승자들은 살았던 것이다.

이런 철학적 배경 속에서 남성은 양이며 하늘의 속성을 지녔기에 굳세고 적극적이고 정의롭고 활발하게 이끄는 존재로, 여성은 부드럽고 순종적이고 소극적으로 이끌리는 존재로 규정되는 것은 너무나 당연하다. 이러한 사고는 모든 예법은 물론이요 사소한 관습에까지 침투해 있었다. 심지어 우스갯소리로 남자가 바지를 입고 여자가 치마를 입는 이유를 음기와 양기로 설명하기도 했다. 남성은 음기를 받아서는 안 되기에 바지를 입고 대님으로 묶었으며, 여자는 반대로 음기를 많이 받기 위해 치마를 입었다는 생각이 그것이다. 여자가 달밤에 목욕하는 것도 이 같은 맥락이다.

이런 관념이 사람들의 의식을 지배하는 과정에서 이전의 남녀의 차별에 대한 양상을 더욱 확고히 하는 데 이바지하였다. 그 지배과정은 특히 예법을 통해 가능했다. 특히 임진왜란과 병자호란을 당하자 무너진 사회기강을 이러한 성리학적 예법으로 바로잡으려 함과 동시에 정적(政敵)을 견제하려는 정치 지배층의 의도가 맞물려 하나의 이데올로기로서 강력한 구속력을 지닐 수밖에 없었다.

사회적 제도로서 일반적인 남녀차별은 여성의 정치참여 배제에 있었고, 가정 내에서는 남자는 정치(관직)에 참여하여 가문을 유지해야 한다는 점과 제사를 받든다는 점에서 우대되고, 여자는 출가외인으로서 그 역할이 축소되므로 자연히 차별을 받게 되었다. 이렇듯 남존여비적 관념이나 관습의 강화는 여성의 사회적 활동 배제와 가통(家統)이나 가산(家産)을 적장자에게 승계시키는 관습 속에서 생긴 남아선호(男兒選好)의 태도를 낳기도 했다.

이 점은 분명 유교로서도 이중적 태도다. 원리적으로나 철학적으로 남녀의 차별보다는 조화를 전제하면서도, 그 이론의 현실적 적용

390

에 있어서는 이렇게 차별상을 더 확대시킨 점을 발견할 수 있다. 물론 이런 점은 앞에서 지적되었듯이 현대 이전의 대부분 문명에서 나타나는 보편적 현상이기도 하다. 현대에도 그 양상이 여전히 잔존해 있는 국가가 많지만 말이다.

이야기가 좀 길어졌지만, 이러한 관념은 이 나무꾼과 선녀를 전승시킨 대다수의 당시 민중들의 사고를 지배하였기 때문에, 나무꾼과 선녀의 주제를 제대로 파악하기 위해서는 이러한 문화적 맥락이 선행적으로 이해되어야 한다.

이렇듯 남녀의 음양관, 곧 하늘과 땅, 남편과 아내의 속성에 나무꾼과 선녀가 구조적으로 제대로 배치되지 않음은 이미 살펴보았다. 이런 두 사람 사이의 혼인이 이루어진 것도 이상하지만, 결혼생활이 오래 지속된다는 것은 전통적 가치관에서 볼 때 있을 수 없는 일이다. 게다가 전통적 관념에서의 혼인이란 두 남녀의 사랑의 결실보다는 두 가문의 결합이요, 가문을 이을 후사를 생산하는 일이 더 중요하다.

바로 여기서 우리는 신분 또는 계급이라는 당시 문화 코드를 살펴볼 때가 되었다. 우리는 나무꾼이 사는 지상과 선녀가 사는 하늘나라를 극단적인 신분의 차이가 나는 두 가문으로 쉽게 생각해 볼 수 있다. 나무꾼이 선녀를 포기하지 않고 끝까지 따라가고, 또한 하늘나라의 삶을 포기하지 않으려는 점에서 우리는 그에게서 신분상승을 위한 피나는 노력을 발견할 수 있다. 나무꾼이 선녀를 따라 하늘나라에 갔을 때 선녀 가족에게 당한 시련, 즉 나무꾼을 쉽게 가족의 일원으로 받아들이지 않으려 한 것도 이러한 신분갈등이 강력하게 노출되는 부분이다.

이 점은 당시 사회에 신분관계가 강력하게 고착되어 있음을 시사한다. 당시 신분이 다른 계급과 혼인하지 않는 것은 불문율이었다.

누구에게도 축복받을 수 없는 일이며 미풍양속을 무너뜨린 장본인으로 낙인찍힌다. 양반끼리라도 권력이나 돈, 하다못해 명예나 훌륭한 조상이라도 없으면 혼인하기를 꺼린다. 당색(黨色)이 다르면 물어보나 마나다. 그런데 나무꾼과 선녀라면 그 신분의 차이가 너무나 크다. 설령 나무꾼과 선녀가 서로를 위해 죽을 만큼 사랑한다고 해도 허용될 수 없는 한계가 엄연히 존재한다. 이런 두 계급을 혼인으로 연결하는 것은 금기다. 선녀가 현실의 특정한 계급을 상징한다면 그렇다는 말이다.

따라서 나무꾼과 선녀의 혼인에는 어울리지 않는 요소가 너무 많다. 계급, 가치관, 동시대의 관습과 성역할, 능력 등이 그것이다. 이런 두 사람의 혼인이 어떻게 가능했을까? 앞에서 살펴본 대로 그것은 바로 기만을 통해서다. 그리고 나무꾼 부부는 기만을 통해 그러한 결혼생활을 연장시키려고 애쓴다. 기만이 또 다른 기만을 낳는다. 그러나 끝내 결혼생활은 실패로 끝났다.

눈치 빠른 독자들은 벌써 감을 잡았겠지만, 이 이야기는 어떤 면으로 보아도 어울리지 않는 어떤 커플의 실패한 혼인 이야기다. 남성답지 못한 딱한 처지의 한 남자가 자신의 신분에 넘치는 여성과 기만으로 혼인하고, 또 서로가 기만을 통하여 결혼생활을 연장하려고 하였으나 실패할 수밖에 없다는 점을 말해 주는 것이다. 선녀의 입장에서 볼 때 비록 기만을 당해서 혼인했지만, 그래도 무능한 지아비와 함께 살기 위해 여성 특유의 유순(柔順)한 품성을 버리고, 활동적이고 적극적인 태도로 변한다. 때로는 기만을 사용하기도 하지만, 결국 혼인에 실패하고 말았다는 이야기다.

그러니까 지체 높은 양반들이 자신의 딸에게 (사랑에 눈이 멀어) 속아서 혼인한 결과가 이렇게 끝날 수도 있으니 조심하라고 경고하는 이야기가 아닐까? 반대로 못난 남성들에게 쓸데없는 헛꿈 꾸지

392

말고 분수나 제대로 알라고 경고하는 이야기가 아닐까? 못난 놈은 절대로 잘난 여자의 짝이 될 수 없다는 것이리라.

그러니까 좀 더 보편적으로 말하면 전통적인 남녀관이나 신분관념에 위배되는 혼인은 결코 성공할 수 없다는 이야기다. 자유연애와 사랑 지상주의에 빠진 현대인들의 시각에서 볼 때 너무 가혹한 결론이라고 여길지 모르지만, 그들 역시 이와 유사한 장애를 만나지 않을까? 가치관에 반(反)하는 혼인은 성공할 수 없었다. 그러니 배경이 좋고 능력 있는 여성과 그렇지 못한 못난 남성의 결혼생활은 순탄치 않다는 이야기다.

존재와 당위의 이중주

민중들이 의식했든 못했든 간에 이 이야기에 들어 있는 심오한 철학적 의미 가운데 하나는, 인간은 결핍된 욕망을 충족시킬 수 있는 이상향을 갈구하지만 그것은 없다는 것이다. 인간의 욕망을 채워 줄 낙원은 기만으로 찾을 수 있는 것이 더욱 아니다. 인간은 자신의 욕망을 충족시키기 위해서 기만을 사용하지만, 그런 기만을 사용해서는 진정한 행복을 찾을 수 없다는 말이다.

그렇다면 어쩌면 인간이라는 존재가 기만과 가까이 살 수밖에 없다는 생각인지도 모른다. 다른 사람 위에서 군림하기 위해서는 말할 필요도 없고, 더 이상 어찌할 수 없는 상황에서도 기만은 필요할 것이다. 살아남기 위해서나 장가가기 위해서 말이다. 이러한 전략에 방어하는 여자의 내숭도 일종의 기만이다. 따라서 당시 민중들에게 뼛속까지 도덕군자가 되라는 것은 어불성설이다. 기만하지 않고 살 수만 있는 세상이라면 내심 그마저도 족한 일일 것이다.

그러나 더 본질적으로 인간은 누구나 기만이라는 가면이 필요하다. 그것은 사람들은 자신의 추악한 생각이나 행동을 감추거나 타인에 대한 자신의 감정을 숨기고 싶기 때문이기도 하지만, 더 나아가 상대를 위하거나 배려하기 위해서도 필요하기 때문이다. 그래서 예나 지금이나 사람들은 자신들의 속마음을 몽땅 보여주기를 원치 않는다. 몽땅 보여주지 않는 것이 생활예절이자 관습이다. 전통시대의 예법이라는 것도 인간의 상황에 따라 표출되는 감정을 숨기거나 억제해서 천리를 절도 있게 표현한 것인 만큼, 감정이나 본능의 측면에서 볼 때는 꾸밈(일종의 기만)에 해당된다.

그러므로 더 나아가서 보면 인간은 어쩌면 기만하는 존재다. 물론 기만이 몽땅 비도덕적이라는 뜻은 아니지만, 도덕과 도덕이 아닌 것의 차이는 그 문화나 관습이 결정할 문제다. 그런 문제를 떠나서 인간이 기만적인 존재라는 뜻은 다른 동물과 마찬가지로 욕구충족을 위해 다양한 전략을 상대가 눈치 채지 않게 사용한다는 점이다. 상대가 경쟁자이거나 욕구충족의 대상이라면 더욱 그러하다. 그것이 생존의 기술이다. 특히 요즘 세상에는 그것을 잘할수록 찬양 받는다. 자신의 이익이나 이윤을 정직하게 말하거나 알리는 바보가 어디 있겠는가? 자본주의란 이러한 인간의 욕망을 마음껏 발휘해 자본을 축적하도록 하는 시스템이기에, 규칙(법)에 어긋나지만 않는다면 기만을 못하는 놈이 바보다. 하물며 그 규칙이 자본가에게 유리하다면야 말해 무엇하겠는가.

하지만 기만이 적극적으로 장려되는 사회, 기만을 잘하는 사람이 잘 사는 사회, 그런 사회는 분명 유토피아가 될 수 없을 것이다. 본질적으로 기만하는 자와 기만당하는 사람들이 공존하기 때문이다. 기만이 인간의 존재에 불가피한 것이라 하더라도 그것이 과도하면 오히려 인간의 존재를 위협하게 된다. 그래서 기만이 일상화되면 결국 강한 자만 살아남는다. 약육강식의 세상이라면 그것은 동물의 세계다. 야만의 세계지 인간세상이 아니다.

진실의 땅에 발을 딛고 인간이 되고자 하는 것, 그것은 바로 가치의식이며 당위를 추구하는 인간의 또 다른 모습이다. 인간은 동물처럼 주어진 삶을 순응하며 본능의 궤도만 순순히 따라 사는 존재는 아니다. 인간은 자신의 생각에 따라 삶을 주체적으로 결정할 능력을 가지고 있다. 비록 지금 당장은 없는 세계지만 있어야 할 세계를 창조할 능력이 있다. 새로운 세상은 현실을 비판적으로 바라보는 토대 위에 세운 당위에서 출발한다. 과도한 기만행위에 따른 불공평한 사회를 증오하고 바꾸고자 하거나, 적어도 그런 세상이 되지 않기를 바라는 사람들이 있는 한 기만적 술책을 미워할 수밖에 없다.

기만적 존재를 어느 정도 긍정하되 당위로써 제어하는 것, 나무꾼과 선녀 이야기는 그런 상황을 일찌감치 알려 주려는 것은 아닐까? 새벽에 수탉이 '꼬끼오' 하고 우는 것을 그냥 닭소리로 무심코 넘길 수만은 없을 터, 욕망의 낙원에서 추방당한 인간의 실존을 알려 주는 진리의 목탁소리쯤으로 말한다면 지나친 해석일까? 기만하는 존재로서의 인간에겐 결코 낙원은 없다. 낙원이란 욕망을 기만적으로 채움에 있는 것이 아니라, 바로 그 욕망을 버리는 내 마음 안에 있는지도 모른다.

3. 기만은 반드시 나쁜 것인가?

전통과 현대

'나무꾼과 선녀' 이야기를 통하여 각자의 처지나 관심에 따라 할 이야기가 많을 것이다. 필자가 앞에서 거기에 일일이 대응하지 않은 것은 그런 다양한 입장에 따른 경험이 부족하기 때문이다. 그러나 그럴 수 없는 또 하나의 이유는, 일부 연구자들에게서 그런 점을 확인할 수 있지만, 이 이야기가 잉태되고 구전되었던 문화적 맥락을 간과하고 지나치게 보편적인 서구적 잣대로 해석하다 보면 이야기의 본질에서 벗어날 수 있기 때문이기도 하다. 즉 심리학이나 신화해석의 방법을 중심으로 한 보편적 담론은 문화적 다양성을 단일한 잣대로 바라보는 우를 범할 수 있고, 거기에 녹아 있는 특징을 사상(捨象)시킬 수도 있다. 특히 이 이야기가 마치 자신들이 주장을 뒷받침하기 위해 존재하는 것처럼 보는 태도는 연구자의 온전한 태도가 아닐 것이다.

그러나 여기서는 좀 더 자유롭게 논의할 수 있을 것 같다. 비록 옛날이야기지만 어차피 오늘의 다양한 관심 속에서 이야기를 들여다보아야 하기 때문에, 아니 오늘의 문제에 나름대로 답을 줄 수 있어야 이야기의 존재가치가 있기 때문이다.

이 이야기를 통해 생각해 볼 수 있는 문제를 다음과 정리해 보았다.

1. 전통을 어떻게 보아야 하는가?
   - 1-1. 전통적 남녀관에 있어서 성역할을 현대에 유지할 필요가 있는가?
   - 1-2. 관습에 반하는 혼인은 과연 비극을 초래하는가?
   - 1-3. 혼인은 꼭 해야 하는가?

2. 기만은 반드시 나쁜 것인가?
   - 2-1. 기만은 보편적 현상일까?
   - 2-2. 기만적 배우자의 선택은 언제나 비극적인가?

우선 첫 번째의 물음을 생각해 보자. 전통을 어떻게 보아야 하는가? 아마도 이 나무꾼과 선녀 이야기에 반영된 논리대로라면 모두가 전통에 대하여 찬성하기는 힘들 것 같다. 특히 여성이라면 더욱 그러할 것이다. 남편은 하늘과 같고 아내는 땅과 같으며, 결혼생활에서 남편이 적극적으로 앞장서고 아내가 순종하며 따라야 한다는 점 말이다. 더구나 아내는 자신의 남편을 능가할 정도로 잘나도 안 되고, 잘난 자신의 배경을 이용하고 발휘하여 더더욱 남편이 주눅 들도록 행동해서는 안 된다는 관점에 동의하지 않는 사람도 있을 것이다. 반면 주변의 예를 들면서 남편보다 잘난 아내를 둔 가정이 결국 행복하지 않게 보인다는 경험적 사례를 들어 이 이야기의 논리가 타당성이 있다고 고개를 끄덕이는 사람들도 있을 것이다.

전자의 주장에는 논리적 근거가 유효하듯 후자의 주장에는 경험적 근거가 작용할 것이다. 특히 경험이 많은 사람들, 다시 말해 나이 든 사람들의 입장에서는 아마도 후자 쪽을 택할 가능성이 높다. 필자도 살아오면서 그런 생각을 가진 사람들을 적지 않게 보아 온 것이 사실이다. 설령 그렇다고 해서 젊은이들이 살아가는 미래에도 반드시 경험대로 될 것이라는 확실성은 없다. 왜냐하면 여기서 말하는 경험이란 확률적인 근거이지, 그 경험에 필연성을 부여할 근거가 부족하기 때문이다.

바로 이 점 때문에 전통이 그대로 미래에 이어질 것이라고 확신하기는 어렵다. 전통은 바람직하게 재해석을 거쳐 적용되는 것이 마땅하지만, 반드시 그대로 고수할 수도 없고 고수해서도 안 된다. 왜냐하면 사회적 시스템과 그 배경이 되는 세계관이 다르기도 하고, 과거 성리학적 질서로 사회를 유지하던 방식대로 논리적 필연성56)을 가지고 사회를 이끌어 갈 수 없기 때문이다. 그래서 오늘날 오륜과 같은 관념은 그것이 천리로서 필연적 법칙이라고 말할 수도 없거니와 자연 속에서 그것을 증명할 길도 없다.

따라서 갓 쓰고 도포 입고, 때로는 개량한복과 꽁지머리에 수염 기르며 '우리 것이 좋은 것이여!'를 외치며 언어나 예법, 풍습 등의 옛것을 무조건 묵수(墨守)하는 것도 우스운 일이지만, 그것을 우리가 꼭 지켜야 할 필연성도 없고 현대적 관점에 부합되지도 않기 때문에 일고의 가치도 없는 전근대의 유물쯤으로 생각하는 것도 온전한 태도가 아니다.

전통이란 집단적 개념이어서 싫든 좋든 자신의 존재를 가능케 한 뿌리다. 부정하려고 해도 부정될 수도 없는 운명과 같은 것이다. 그것을 부정할수록 자기를 더욱 부정하는 것이요, 찬양할수록 자기도

---

56) 성리학적 질서 속에서 전통(예법이나 윤리체계 등)을 따라야 하는 이유는 그것이 바로 천리(天理)이기 때문이며, 그 천리는 소이연지고(所以然之故: 필연성)와 소당연(所當然: 절대적 가치)으로 언표된다.

취에 빠져 현실에 뒤처지고 만다. 이렇듯 전통에 대한 태도는 묵수(墨守)도 거부도 경계해야 할 일이다.

그럼에도 불구하고 우리가 전통에 관심을 갖는 이유는 그것이 우리의 존재의 근거가 된다는 점도 있지만, 현대 자본주의 내의 신자유주의 경제체제[57]에 대한 비판적 대안의 한 방향으로서 전통에 관심을 갖는다는 점 때문이다. 현 체제를 성찰할 수 있는 진보적 대안을 전통의 정신을 재해석해서 찾아보자는 것이다. 미래는 아직 알 수 없고 미래를 예측하거나 개선시킬 수 있는 자료는 과거에서 찾을 수밖에 없기 때문이다. '온고이지신(溫故而知新)'의 논리가 바로 그것이다.

그럼 어떻게 해야 하는가? 우선 손쉽게 '비판적 계승'[58] 같은 태도를 생각해 볼 수도 있다. 그러나 그것도 전통보다 현재에 더 비중을 둔 태도다. 현재를 어느 정도 옳다고 보고 거기에 기준을 두고 비판하기 때문이다. 전통이라고 해서 다 나쁜 것도 아니다. 물론 다 좋은 것도 아니다. 이분법적으로 예스나 노를 택할 문제가 아니다. 전통은 해당 시기의 세계관과 사회적 가치관을 가지고 있고, 또 그것을 누가 어떤 권력을 가지고 어떤 의도로 강요했는지도 문제이지만,

---

57) 필자는 각 국가의 산업발달의 수준이나 출발을 고려하지 않고 자유로운 경쟁만 강조하는 신자유주의는 20세기 초에 약육강식과 우승열패를 강조한 사회진화론의 아류라고 본다. 자유경쟁이라는 이데올로기로서 전혀 공정하지도 않은 시장의 논리를 당연시 여기고, 국민 전체를 경제전쟁에 동원하고 서로 대결하게 만들어, 결국 공동체 구성원을 위한 복지, 생존, 환경이 아닌 자본의 독식을 지향하기 때문이다.

58) 원래 '비판계승'은 현대 중국의 문화열(文化熱), 곧 '문화 연구 토론의 붐(boom)'에 있어서 유학부흥론, 비판계승론, 서체중용론, 철저재건론 가운데 하나의 입장이다. 여기서 전통적인 것과 서구적인 것이 다 문제가 된다. 더 자세한 것은 한국철학사상연구회 논전사분과 엮음, 『현대중국의 모색』, 동녘, 1992을 참조할 것.

그것이 오늘날 온전히 적용된다고 볼 수 없기 때문에 결국 재해석되어야 한다. 그리고 인간의 의식이나 삶을 좌우하는 것이 물적(경제적) 토대라는 마르크스의 소박한 이론을 굳이 빌리지 않더라도, 인간의 가치와 삶은 자연과 사회 환경의 변화로 얼마든지 달라질 수 있기 때문이기도 하다.

따라서 전통을 그대로 따라서 될 일도 아니고, 비판만 하는 것도 능사가 아니다. 전통에도 문제가 많지만 현재에도 문제가 적지 않다. 결국 오늘의 문제를 해결하기 위하여 전통을 창조적으로 재해석하여 적용하는 문제로 귀결된다.

그러나 전통을 재해석하여 적용한다고 해도 여전히 문제는 남는다. 누가 무엇을 어떤 의도에서 받아들이느냐가 문제다. 자본의 지배를 더욱 가속화하면서 시민들을 경쟁체제에 몰아넣기 위해서 시장경제의 활성화에 도움이 될 만한 것을 찾는 경우도 있고, 그 반대로 자본주의 체제 내에 도사리는 추악한 탐욕과 비인간성을 극복하는 데 도움이 될 것을 찾을 수도 있기 때문에, 현실적 삶에 대한 비판적 작업이 선행되어야 한다. 현실에 대한 비판 없이 과거의 전통을 무비판적으로 따르거나 배척하는 것은 바람직하지 않다. 그리고 그 주체는 건전한 의식을 지닌 시민연대가 아닐까 생각된다. 어차피 신자유주의 체제에 따른 자본주의의 문제점을 비판하게 될 것이고, 또 민주주의라는 측면을 고려한다면 소수 특권층에 맡길 문제가 아니기 때문이다.

그렇다면 왜 전통에서 대안을 찾아야 하는가? 앞에서도 잠시 언급했지만, 우선 그것은 우리 문화의 뿌리로서 싫든 좋든 우리 자신을 존재하게 한 장본인이기 때문이다. 이 세상 어느 나라, 어느 민족의 인간이든 자신의 뿌리를 부정하면 자신의 정체성을 잃고 만다. 이것은 자신의 전통이 싫든 좋든, 또는 그것을 부정하든 찬양하든 자신의 의사와 상관없이 그 사람의 핏속에 흐르는 특징, 예컨대 그가 한국인, 미국인, 일본인이 되게 하는 그것이 그 나라의 전통과 연관되어 있다는 뜻이다. 자신의 존재는 이러한 전통을 부정할 수 없다. 부정한다면 그것은 자기부정이다.

이렇듯 전통을 재해석하여 적용하는 것은 자기긍정이다. 곧 자긍심(自矜心)을 갖는 일이다. 혹자는 자신의 가치관이나 생활태도는 전통에서 하나도 취할 것이 없고 모두 서양의 사상이나 종교에서 그것을 찾아 불편 없이 행복하게 잘 살고 있다고 강변할 것이다. 실제로 그런 사람이 많다. 그들에게 있어서 전통이나 역사는 부정되어야 할 것들이다. 그들이 따르고 추종해야 할 대상은 우리 역사에 있지 않다. 귀감이 되는 것은 내가 아니고 남이다. 나는 언제나 못나고 죄인이고 내게 바른 삶을 살게 해준 그것이 스승이자 생명의 젖줄이다. 내가 부정되고 타인이 귀감이 되는 삶, 그것은 바로 정신적 노예의 삶이다.

우리의 현대사는 개화기와 일제강점기, 그리고 미군정, 6·25 전쟁, 경제개발을 거치면서 이런 외래사조에 의해 전통적 자아를 상실한 역사였다. 근대화의 최면에 걸려 우리 문화의 주류를 담당하는 자들이 개화기부터 신교육을 통하여 우리 것을 부끄러워하도록 배운 것이다. 이른바 오리엔탈리즘[59]이나 식민사관 등에 의하여 자신을 바라보는 방식으로서, 곧 정신에 있어서 노예적 교육이었다. 이들에게 비춰지는 자신의 전통이란 이들이 추종하는 외국인이 바라보는 그런 것이다. 우리의 문제를 일본식이나 미국식으로 해결하려 한다.

---

59) 서구인들이 바라보는 동양에 대한 시각 또는 관점을 총칭하는 말, 곧 동양에 관계하는 방식으로서 서양인의 경험 속에 동양이 차지하는 특별한 지위에 근거하는 것이다. 더 자세한 것은 에드워드 사이드, 박홍규 옮김, 『오리엔탈리즘』, 교보문고, 2004 참조 바람.

이들 국가야말로 우리가 본받을 대상이며, 우리를 근대화시키고 적으로부터 보호해 살게 해준 은인이다. 우리끼리 지지고 볶고 싸우고 비하하는 일이 더 치열할수록 이들을 닮아가는 일이다. 자신의 전통에서 자긍심을 갖지 못하는 일은 이렇게 비극적일 수도 있다.

누가 그런 이야기를 했다. 한국에 공자가 들어오면 한국의 공자가 아니라 중국의 공자가 되고, 예수가 들어오면 우리의 예수가 아니라 미국의 예수가 된다고 말이다. 어디 그뿐인가? 학문이나 예술, 거의 모든 분야가 그런 것이 아닌가? 평소 사람들은 우리나라의 선승(禪僧)들에 대하여 관심이 없다가도, 서양의 유수한 대학을 졸업한 외국인이 한국에서 승려가 되어 깨달음의 세계를 이야기하는 책을 내면 베스트셀러가 된다.60) 또 사람들은 한국의 토박이 학자가 한국어로 자신의 전통을 이야기하면 귀담아 듣지도 않다가, 서양의 대학에 유학하여 서양인들의 시각으로 재구성한 동양의 문화와 사상을 수입해 영어를 섞어서 전달해 줄 때 비로소 관심을 가진다.61) 이렇듯 우리는 철저하게 자신을 부정하는 데 길들어 있다. 자긍심을 가져보지 못했기 때문이다.

또 하나 전통을 재해석하여 적용해야 하는 하나의 이유는 오늘의 문제를 해결할 수 있는 열쇠를 찾을 수 있기 때문이다. 물론 그것은 전통에만 있는 것은 아니다. 외국의 사례에서도 얼마든지 찾을 수 있다. 그러나 그러한 열쇠도 이른바 '체질'에 따른 약이 있듯이, 그 문화적 체질에 맞는 전통적 약이 더 효과적이지 않을까?

---

60) 이승환, 『유교 담론의 지형학』, 푸른숲, 2004, 40쪽.
61) 같은 책, 39-40쪽. 저자는 이런 이러한 태도를 우리 안에 내면화된 오리엔탈리즘적 사고방식으로 본다.

남녀

전통에 대한 자만도 부정도 결코 유익하지 않다는 것을 앞에서 살펴보았다. 이제는 '전통적 남녀관에 있어서 성역할을 현대에 유지할 필요가 있는가?'라는 질문에 대한 답을 할 차례가 되었다. 이 점은 나무꾼과 선녀 이야기를 현대적 관점에서 어떻게 비판해야 하는지와 거기에 계승할 요소가 있는지 살펴보는 것과 맥락을 같이한다.

사실 어느 문화권에서나 고대로 갈수록 신분의 차별과 함께 남녀와 노소(老少)에 따른 구별은 보편적 현상이다. 그것이 당시의 질서 유지의 핵심 축이다. 평민이나 노예는 귀족에게 대항할 수 없으며, 가정 내에서는 가장인 남편을 따라야 하고, 또 젊은 사람들은 노인에게 순종해야 한다.

이런 전통을 대표하는 것 가운데 하나가 이른바 삼강(三綱)이다. 임금과 남편과 아버지가 각각 신하와 아내와 자식에 대하여 기준이 된다는 윤리다. 오륜(五倫) 가운데도 그런 요소가 있다.[62] 또 삼종지도(三從之道)라는 것도 여성의 입장에서 아버지, 남편, 자식을 따라야 한다는 윤리인데, 이 또한 강건(剛健)하다고 여기는 남성이 가정을 이끌고 유순(柔順)한 여성은 따르기만 하면 된다는 전통적 남녀 관념이 반영되어 있다.

그렇다면 현대의 우리는 이런 윤리로부터 얼마나 자유로울까? 남성과 여성의 이러한 전통적 관념이 한국인들의 삶에 얼마만큼 남아 있을까? 겉으로는 남녀의 평등을 주장하고 남성과 여성의 고정적 성역할을 배격하면서도, 속으로는 이러한 남녀관에 철저하게 사로잡혀

---

62) 대표적인 것이 장유유서(長幼有序)다. 부부유별(夫婦有別)도 그렇다고 하는 견해도 있으나, 필자는 부부유별을 '내 아내와 남편을 다른 사람의 그것과 구별한다.'는 해석에 동의하기 때문에 여기서 제외한다.

있지는 않은가? 일례로 남녀가 서로 사랑해서 혼인을 하려고 할 때 다수의 여성들은, 그가 전통에 대하여 어떤 입장을 견지하든, 내심 남성이 먼저 프러포즈를 하기를 바란다. 이것은 남성은 적극적이고 여성은 소극적으로 따른다는 전통적 관념의 연장이기도 하지만, 서구적 기사도(騎士道, chivalry)와도 무관하지 않다. 기사도 역시 여성은 나약하고 남성으로부터 보호받아야 하는 존재라고 보는 점에서 전통적 남녀관념이 반영된 태도다. 또 남성들이 회식 자리에서는 여자 동료들에게 술을 권하거나 여성들이 늦게 귀가하는 것을 대수롭지 않게 여기다가도, 자신의 아내나 딸이 회식에서 술을 마시거나 늦게 귀가하는 것을 못마땅하게 여기는 것도 그런 이중적 태도다.

이렇게 하나의 예를 살펴보았지만 우리의 생활방식에서 전통적 관념으로부터 자유로운 것은 그리 많지 않다. 문제는 전통적 태도를 따른다고 찬양해서도 안 되지만, 따르지 않는다고 비난해서도 안 된다는 점이다. 전통에 대한 사회적 구속력이나 합의가 없기 때문이다. 대개 전통은 관습형태로 남아 있는데, 관습이란 전통에서 말하는 바람직한 정신에서 벗어난 껍데기가 많기 때문에 관습을 따르지 않는다고 비난하는 것은 정당하지 않다. 반대로 특별한 대안도 없이 관습을 따르는 일을 무가치하다고 단정하기 어려운 것은 아직도 많은 사람들이 따르는 데는 나름대로 눈에 보이지 않는 순기능의 역할이 숨어 있기 때문이리라.

그런데 전통적인 남녀관념은 해당 시기에 사회적 관습으로 드러나고, 그 관습은 예속이나 풍속이란 이름으로 사회의 질서를 규정하는 핵심 요소였다. 그래서 사회적 예법이 무너지면 전통적 사회체제가 붕괴된다고 여겼기 때문에 관습을 중요시하였다. 단순하게 보이는 복식이나 풍습 하나하나에 오랑캐와 중화를 구별하는 이유가 바로 여기에 있었고, 다른 요소와 함께 남녀관계도 엄격히 규정할 필요가 있었던 것이다.

그러나 시대는 변했다. 그래서 전통에 대하여 자유롭다. 전통을 따른다고 우쭐대서도 안 되지만 따르지 않는다고 비난할 수도 없다. 왜냐하면 남녀관계를 과거처럼 일률적으로 규정할 수도 없겠지만, 현대 철학적인 입장에서 볼 때도 전통적인 규정이 반드시 옳은 것은 아니기 때문이다. 또 고정된 예법으로 사회를 통제할 수 없는 이유는 사회가 너무나 다양해졌기 때문이다.

그런데 정작 진보적 여성단체에서는 교육에 있어서 남성은 본질적으로 씩씩하고 여성은 온순하다고 가르치는 것, 심지어 교과서의 삽화에서 여자 어린이들이 치마를 입고 있는 그림이 많은 것 등도 성차별이라고 규정한다. 다양성을 존중한다는 측면에서 볼 때 이러한 방식의 교육이 너무 전통 편향적인 것으로 보일 수도 있을 것이다. 그러나 문제는 행동과 생각의 이중성이다. 물론 예외는 있겠지만, 정작 가정이나 사회 내에서 힘든 일을 만나면 '나약한 여성'에 대한 배려를 요구하면서도, 여성을 나약하게 대우하는 현실에는 분개한다는 것이다. 남성 또한 그런 점에서 자유롭지 못한 부분이 있다. 남자는 원래 씩씩하고 굳세니까 연약한 여성을 보호하고 자기 스스로 위험을 감수하는 것이 남성답다고 여기면서, 정작 본 모습은 여성보다 더 나약하고 보호받기를 원하는 남자들이 꽤 있다.

이 같은 이중적 의식을 만든 것은 모든 남성이 양(陽)적이고 모든 여성이 음(陰)적이라는 획일적 사고다. 반대로 전통적인 남녀관은 아예 쓸모없다는 생각도 극단적인 것이며, 전통에는 아직도 유효한 부분이 있다. 전통과 반대로 음의 요소가 월등히 많은 남성도 있고 양의 요소가 많은 여성도 있다. 여성이 적극적으로 프러포즈를 할 수도 있고, 남편이 집에서 살림을 하고 여성이 직장에 나가 돈을 벌어올 수도 있다. 여성 같은 남성도 있고 남성 같은 여성도 있다. 따라서 오늘날 입장에서 선녀가 적극적으로 나무꾼을 리드해 나가도 전혀 문제될 것이 없다. 여성이 가정 내에서 적극적으로 활동한다고 해서 꼭 결혼생활이 비극으로 끝나지는 않을 것이다. 그러나 문제가 되는 것은 과거 기준의 남녀 상을 마음속에 갖고 있으면서 여성 의존적으로 사는 삶이다. 이 경우 남자나 여자 모두 비극이다.

정리하면 남녀의 성역할의 문제는 개인이 처한 위치나 상황에 따라 다를 수 있고, 당사자의 가치관의 문제임과 동시에 자신의 삶이 그 가치관을 비판하면서 합리적으로 이해하고 받아들이는가에 달려 있다. 획일적인 남녀의 성역할을 강요하는 것은 또 다른 차별을 낳는다. 그러나 이 경우에 있어서도 전통은 여전히 사람들의 의식을 일정 정도 지배하고 있으며 참고할 만한 가치도 있고, 때로는 강력한 영향을 미치고 있다.

그렇다면 우리는 다음의 문제, 즉 '관습에 반하는 혼인은 과연 비극을 초래하는가?'의 질문에 답할 때가 되었다. 이미 절반 이상은 앞의 논의에서 답을 한 것 같다. 사회적 관습이 획일적인 가치관으로 지배하던 전통사회에서는 확실히 그럴 확률이 높다고 말할 수 있겠다. 가령 서양 중세 사회에서 기독교적인 가치관에 따른 관습을 배제하면 당시 사람들의 삶을 설명할 수 없는 것과 마찬가지로, 불과 몇 백 년 전의 우리 전통사회도 유교적 관습을 떠나서 삶을 설명하기 어렵다. 획일적인 하나의 세계관이 작동되는 사회 내에서 그 사회가 요구하는 논리를 떠난 혼인행위는 사회가 용납하지 않는다. 고로 그런 혼인의 당사자는 불행해질 수밖에 없다. 그러나 현대사회는 그런 관습에 대해서 좀 더 유연하다. 획일적인 관습을 강요하지도 않지만, 다양한 가치관과 습속이 공존하기 때문에 전통적 관습에 반한다는 것 자체가 사회적 파장을 크게 일으키지 않는다.

그럼에도 불구하고 혼인은 신분의 차이가 별로 나지 않는 비슷한

계층끼리 하는 것이 좋고, 신분의 차이를 뛰어넘은 결혼생활이 행복하게 지속되는 경우는 드물다는 관점은 주로 경험에 의하여 형성된 것이지만, 상당히 설득력이 있는 것 같다. 그래서 혼인은 끼리끼리 하는 경우가 많다. 현대사회는 결국 재산(돈)이나 대중의 인기, 권력, 능력(학벌), 미모 등이 신분을 결정하겠지만, 이런 것들이 없는 사람들은 좀처럼 이런 사람들과 혼인이 성사되지 않는다. 재산과 재산, 권력과 권력, 미모와 미모가 짝을 이루어 혼인이 성사되기도 하고, 재산과 미모, 인기와 능력, 권력과 재산, 학벌과 재산이 서로 교차하면서 각각 조합을 이루어 혼인이 이루어지기도 한다.

이런 현상을 두고 나무꾼과 선녀의 양상, 즉 '능력 있는 여성과 무능한 남성은 결혼생활에 성공할까?'라는 질문을 생각해 볼 수 있다. 능력 있는 여성이 무능한 남성과 혼인할 이유도 없지만, 그것을 가능케 한 것이 기만적 전략이었다면 이러한 질문을 할 수 있다. 결론부터 말한다면 실패할 확률이 크다고 본다. 남성에게 다른 특별한 것이 없고, 하다못해 남성이 여성의 유능함과 맞먹는 외모나 마음씨, 또는 훌륭한 인격이라도 있으면 모르되, 그렇지 않으면 십중팔구 깨어질 수밖에 없다. 지금은 유교적 가치관이 강하게 작동하는 조선시대가 아니다. 유능한 아내가 무능한 남편을 적절한 이유로 버릴 수도 있고, 남편이 죽은 후 재가를 해도 그 여자의 자손의 출세 길이 막히지 않는다.

한편 남성이 기만하지 않았는데 여성 자신이 스스로 기만당해 혼인한 경우도 그런가? 이에 대한 답도 경험적으로 말할 수밖에 없는데, 젊은 시절 남자의 외모에 홀딱 반해 혼인했지만, 나중에 평생 백수로 살면서 무능하기 짝이 없는 남편을 버리지는 못하고, 마지못해 고생만 죽어라 하고 데리고 사는 불행한 여성들을 주변에서 종종 본다. 물론 이런저런 이유로 이혼한 커플도 부지기수다. 그리고 남녀가 상대에 대하여 환상을 가지고 스스로 기만당한 경우도 불행한 결과를 초래하는 모습을 보인다. 이 경우 잘 사는 커플도 있지만, 그렇지 못할 때는 자신은 잘나고 유능한데 상대가 형편없다고 판단하는 일이 다반사다.

그러니까 현대사회라 하더라도 본질적으로 신분의 차이, 곧 경제력, 학력, 능력 등을 무시한 혼인은 아직도 강한 금기로 작동된다. 나무꾼이 선녀와 혼인해서는 안 되는 이유가 지금도 철옹성처럼 단단히 작용한다. 아니, 인간의 권력을 행사하는 제도와 사유재산제도가 없어지지 않는 한 영원히 지속될 것처럼 보인다.

이렇듯 관습에 반하는 혼인은 애초부터 성립할 수 없다는 것이 민담 전승자들의 생각이 아닌가? 그래서 나무꾼과 선녀처럼 관습에 반하는 혼인은 비극을 초래하는 것으로 결론지었으리라. 아직도 이것은 우리의 이야깃거리이며, 현실적으로 이루어질 수 없으니까 텔레비전 드라마나 소설 등을 통하여 신데렐라 같은 인물을 양산해서 대리만족을 시키기도 한다. 그래서 아직도 일부 남성들 가운데는 평강공주를 기다리고, 또 일부 여성들 가운데는 백마 타고 오는 왕자를 기다릴지 모르겠다. 이들에게 꿈을 깨라고 말한다면 너무 가혹한 처사인가? 그래도 희망은 있다. 조건에 맞는 것이 아무것도 없더라도, 대신 자신의 능력을 키우라고 말해 줄 수 있기 때문이다. 가난하고 못생기고 키 작은 사람들이여 부디 힘을 내자!

독신

이제 우리는 1-3의 질문 곧 '혼인은 꼭 해야 하는가?'에 답할 때가 되었다. 이 문제에 대한 답을 하기 전에 현대인의 비극에 대하여 말해 보자. 그 비극은 다름 아닌 이상적인 남성과 여성에 대한 각자의 눈높이를 높여 놓았기 때문에 생긴 것이다. 대중매체와 인터넷을 통해 잘생기고 예쁜 사람, 돈 많은 부자들을 주로 보아 왔기 때문에, 그런 잘생긴 여성이나 남성, 부자를 자신의 짝으로 맞이하기 위한 특별한 능력이 없는 보통의 남성들과 여성들은, 특히 그들이 젊거나 어린 청년의 경우에는, 웬만한 사람이 마음에 차지 않는다. 너무 잘생기고 예쁘고 날씬한 미남 미녀들만 보면서 자랐기 때문에 자신의 이상형도 그런 사람 가운데서 찾으려고 한다. 허나 현실은 그렇지 못하다. 그런 사람을 배우자로 맞을 특별한 능력이 없는 사람은 끝없는 좌절 속에서 산다.

그런데 못생긴 사람이 죽으라는 팔자는 없는 법, 성형수술로 자신의 얼굴을 예쁘게 만들 수 있게 되었다. 기만, 즉 합법적 기만을 사용할 수 있게 되었다는 것이다. 이제 웬만큼 밥 먹고 사는 집의 자녀들은 미모까지 갖출 수 있게 되었다. 그래서 잘사는 동네의 길거리에서 지나가는 사람들을 유심히 보면 모두 잘생겼다. 이런 동네에서 잘생긴 건 선택이 아니라 필수다. 비단 부자 동네가 아니더라도 이제는 잘생긴 사람들을 자주 볼 수 있다. 돈이나 능력, 웬만한 재주가 없이는 이제 잘생긴 것만 가지고 혼인 시장에 명함을 내밀기는 점점 어려울 듯싶다. 돈이나 능력, 그리고 재주가 있는 사람은 혼인도 쉽지만, 미모도 안 받쳐주고 가진 것도 능력도 재주도 없는 사람은 혼인하기 힘들다. 게다가 직장조차도 없다면 더욱 그렇다.

만약 혼인을 꼭 해야 한다면, 어떤 수를 써서라도 혼인할 것이다. 없는 사람은 없는 사람끼리, 못난 사람은 못난 사람끼리 말이다. 그러나 굳이 그렇게 해서 혼인하려고 하지는 않는다. 혼자 사는 독신이 점점 늘어난다. '초라한 더블보다 화려한 싱글이 낫다.'는 유행어가 생긴 지도 오래되었다. 신붓감이 모자라서 농촌 총각은 외국에서 신부를 수입해서 맞아들인 지 오래다. 그래서 단일민족 운운하면 안 된다. 우리는 명실 공히 다민족 국가가 되었다.

사람이 혼인을 하지 않고 독신생활을 하는 것은 이렇듯 자신의 이상에 맞는 사람이 없기 때문이기도 하지만, 실은 다른 이유도 많다. 자신이 좋아하는 일 때문에, 결혼생활에서 상대에게 구속받기 싫어서, 특히 아직도 우리나라에서는 가정 내에서의 역할이나 가사노동 등 가정생활이 여성에게 불평등하기 때문에 섣불리 혼인을 생각하지 않는 사람들도 있다.

그런데 더 큰 이유는 혼인을 할 경제적 준비가 안 되었기 때문인 경우도 많다. 혼인할 나이는 되었지만, 아직 경제적으로 독립을 못해서 가정을 이룰 수 없는 젊은이들이 많다는 것이다. 그것은 특히 부동산 가격의 상승으로 집값이 비싸고, 안정적인 직장 대신 비정규직이 늘어나고, 그마저 찾기 힘들기 때문이다. 더 자세하게 말한다면 기성세대가, 그것도 가진 자들의 횡포가 젊은이들의 미래를 빼앗아 버렸기 때문이다. 비정규직의 양산은 자본가의 이윤만 보장하고, 부동산 투기는 가진 자들은 더 부자가 되고 없는 자들은 더 가난하게 만드는 일이기에 그렇다. 비록 부동산 투기를 하지는 않았더라도, 집값이 뛰는 바람에 가만히 앉아서 이득을 보는 것도 기성세대다. 부잣집 자식들은 혼인도 하고 집도 부모가 마련해 주겠지만, 가진 게 없는 집의 자식들은 영락없는 나무꾼 신세가 아닌가? 그래, 이런 나무꾼들이 혹 선녀를 꿈꿀까? 제발 날개옷이라도 훔칠 수 있는 행운이라도 있었으면 좋겠다고 생각할까? 아니면 혼인을 포기하고 살까?

전통시대에는 혼인은 필수다. 자식을 낳아서 가문을 이어야 한다. 그리고 사회보장이라는 것이 없던 당시에는 노후에 자식의 봉양도 받아야 한다. 자식이 일종의 보험인 셈이다. 특히 여자는 몸을 의탁하기 위해서는 혼인을 피할 수 없다. 재산상속이 남자를 중심으로 이루어지기 때문에 여자는 혼인하지 않으면 나이 들어 부모가 죽고 나면 갈 곳이 없다. 일단 혼인이 이루어지면 출가외인이요, 시집의 식구가 되고 거기서 살아야 한다. 여생이 편안하려면 자식, 그것도 아들을 낳는 것이 필수다. 그러고 세월이 흐르면 당당한 안주인이 된다. 여성들은 혼인하지 않고 달리 사는 방식이 없다. 혼인은 선택의 여지가 없는 필수였다.

이렇게 기능적으로 볼 때도 혼인이 필요하지만, 철학이나 종교의 가르침에서도 혼인은 천리, 곧 하늘의 뜻으로 생각한다. 기독교 『성서』의 「창세기」에서는 신이 인간을 창조해 놓고 "생육하고 번성하여 땅에 충만하라. 땅을 정복하라."[63]고 하였고, 『주역』에서도 "천지의 큰 덕을 일러 생(生: 낳음)이라 한다."[64] 하고, "생(生)하고 생(生)함을 일러 역(易)이라 한다."[65]고 하여 만물만이 아니라 인간도 혼인해서 자식을 낳아 세대를 이어가는 것을 당연한 일로 보았다. 그것이 후대 성리학에서 말하는 천리, 곧 하늘의 이치다. 따라서 누구도 하늘의 이치를 어겨서는 안 된다. 그러니 나무꾼과 같은 못난 사람도 어떻게든 혼인을 하지 않을 수 없었다.

그런데 요즘 같은 세상에 혼인을 꼭 해야 하는가? 바보 같은 질문이지만 그 답은 선택의 문제다. 독신생활도 마음먹기에 따라서는 충분한 매력이 있다. 성욕과 같은 욕망을 충족시켜야 한다면, 혼인하지 않고 연애를 통해서도 얼마든지 가능하다. 나무꾼처럼 날개옷은 훔치되 꼭 선녀를 따라 하늘나라까지 따라갈 필요도 없다. 혹 운이 좋다면 다른 선녀를 만날 수도 있다. 오늘은 이 여자(남자), 내일은 저 여자(남자), 자유롭게 자신의 욕망을 채우면 된다. 이른바 만남과 헤

---

63) 창 1:28. 또 "하나님이 노아와 그 아들들에게 복을 주시며 그들에게 이르시되 생육하고 번성하여 땅에 충만하라."(창 9:1)고 하였다.

64) 『周易』, 「繫辭下」, "天地之大德曰生."

65) 『周易』, 「繫辭上」, "生生之謂易."

어짐이 자유로운 군혼(群婚) 시대처럼 말이다.

이렇듯 한 사람과 혼인해서 자기 배우자에게 얽매일 필요가 없다. 자유롭게 살면 된다. 자식은 이미 인기 있는 보험이 못 된 지 오래되었다. 젊었을 때 인생을 즐기면서 살다가 노후에 힘이 없으면, 쓰다가 남은 돈 갖고 복지시설에 들어가면 된다. 자식 있는 사람들도 어차피 누구나 그렇게 할 텐데, 굳이 혼인을 할 필요가 있나? 혼인하면 피치 못하게 아이들이 생길 테고, 그러면 보살피고 학비 걱정해야 한다. 학원에다가 외국 연수에다가 또 애들이 보채면 외국 유학까지 시켜야 한다. 혼자 사는 것에 비해 비용이 너무 많이 든다. 다 미친 짓이다. 무자식 상팔자고 혼자 사는 게 신선놀음이요 장땡이다. 인구가 줄어들어 걱정이긴 해도 말이다.

그래도 혼인을 꼭 해야 한다면 아마 이런 이유 때문일 것이다. 우선은 상대를 너무 사랑해서 결혼해서 같이 살지 않고는 못 배길 것 같아서 결혼하는 경우다. 그런 신혼의 달콤함이 없이 결혼생활의 고달픔만 있다면 누가 혼인을 하겠는가? 사실 아이만 없다면 혼자 사는 것보다 둘이 사는 것이 더 경제적일 때가 많다. 최소한 새로운 상대와 연애를 할 때마다 드는 비용을 줄일 수 있고, 밖에서 해결해야 할 많은 일들을 집 안에서 해결하면 그만큼 비용이 줄어든다.

그러나 결혼생활이란 언제나 달콤한 꿈 같은 세월의 연속은 아닐 것이다. 서로 이해하고 배려하지 않으면 한시도 편안하지 않은 것이 가정생활이다. 어떤 면에서 결혼은 무덤이다. 따라서 혼인은 성숙한 사람이 될 수도 있다는 증표다. 물론 인격적으로 독신자보다 못한 기혼자도 있지만, 혼인을 해서 훌륭한 인격을 갖추는 것은 독신자의 그것에 비할 바가 아니다. 굳이 낫다고 말할 수는 없어도 질적으로 다르다고 말할 수 있다. 혼인을 하면 이런 성숙한 인간이 될 수 있으므로 그래도 밑지는 장사는 아니라고 할 수 있다.

또 혼인을 하는 이유는 다름 아닌 전통의 영향이 크기 때문일 것이다. 혼인을 하고 아이를 낳고 키우고 교육시키는 데 돈이 든다 하더라도, 안락함을 누리고 소속감을 가지며, 의지하고, 고독이나 외로움에서 벗어나 위로받을 수 있는 곳은 그래도 가정이기 때문일 것이다. 혼자 사는 것보다 가정이라는 것이 있음으로 해서 더 행복하기 때문에 아직도 다수의 사람들이 혼인을 하는 쪽을 택하지 않을까? 인류의 발명품 가운데 이같이 수많은 임상실험을 거친 것이 또 어디 있을까? 그래도 이 방식이 인간에게 유리하니까 전승된다는 것이다.

게다가 사람들은 자신의 지위나 권세, 재산을 그 누구도 아닌 자식에게 물려주려고 한다. 특히 유교 문화권에 이런 가족주의 전통이 강하다. 이것은 자식을 낳아 가문을 잇는 것과 연관되어 있다. 경제적으로 말한다면 사유재산 또는 자본의 세습이다. 잘사는 사람들, 재벌가의 자식들에게 왜 혼인이 필수가 되는지 이해되는 대목이다. 이들에겐 혼인이 새로운 기회다. 자신들의 세력이나 영향력을 확대시킬 수 있는 기회가 되기 때문이다. 이들은 혼인관계를 통하여 지배층의 네트워크를 구성한다.

그러니까 어쩌면 독신이란 현대판 나무꾼이 어쩔 수 없이 하게 되는 선택일 수 있다. 혼인할 능력은 있는데 자신의 철학이나 원칙이 독신주의자라면 어쩔 수 없는 일이지만, 혼인할 형편이 못 돼서 혼자 사는 가난한 사람들이나 장애인들에겐 독신생활이 가혹하면서도 억울한 형벌이다.

그래서 '혼인은 꼭 해야 하는가?'라는 질문에 대한 답은 오늘날에도 여전히 긍정적일 수밖에 없지만, 혼인을 꼭 해야 한다고 획일적으로 강요할 수도 없고, 강요해서도 안 되는 일이다. 현대인들은 그런 획일적 가치관에 얽매이지도 않지만, 경제적으로 혼인할 여건이 되지 않는 사람들에게 대책 없이 강요할 수 없기 때문이다.

기만

　이 이야기에서 최초의 기만은 나무꾼이 선녀의 날개옷을 훔쳐 혼인함으로써 시작된 것은 아니다. 최초의 기만은 나무꾼이 사슴을 숨겨 줌으로써 사냥꾼을 속이면서 시작되었다. 이 점은 기만이 전적으로 나쁜 것만은 아니라는 것을 나타내는 민담 전승자들의 가치의식을 드러내는 대목이다. 이 점을 생각하면서 우리는 두 번째로 큰 질문, 즉 '기만은 반드시 나쁜 것인가?'라는 질문에 답할 차례가 되었다. 기만의 사전적 뜻풀이는 '남을 속임'이다. 그리고 '속이다'의 사전적 풀이는 '거짓을 참으로 곧이듣게 하다.'이다. 그러니까 기만은 남에게 거짓을 참으로 곧이듣게 하는 것이 되겠다.

　우선 '기만은 반드시 나쁜 것인가?'라는 질문에서 '반드시'라는 말에 유의할 필요가 있다. 그 말이 들어가면 제한적 질문이 된다. 즉 그 질문의 내용은 기만이 일반적으로 나쁜 것인데, 모든 기만이 다 나쁜 것이 될 수 있는가를 묻는 질문이다. 이에 대한 답은 적절한 예를 통하여 논의될 것이다.

　일반적인 질문인 '기만은 나쁜 것인가?'를 먼저 생각해 보자. 어떤 면에서 기만은 생물적 존재와 깊은 관련을 맺고 있다. 오랜 진화의 과정을 통해 동물세계에서는 생존경쟁이나 약육강식이 자연스러운 현상이 되었다. 이 과정에서 기만도 일종의 전략으로서 유용하게 받아들여졌을 것이다. 만약 이런 기만을 동물세계의 그것처럼 인간세계에서 스스럼없이 사용한다면 그야말로 인간세계는 동물의 왕국과 다름이 없을 것이다.66) 결국 그런 사태를 '나쁘다'라고 표현할 수밖

---

66) 19세기 말에서 20세기 초에 유행하던 제국주의 논리인 사회진화론도 바로 이런 다윈의 생물진화론을 스펜서(Herbert Spencer) 등이 인간사회에까지 확대 적용한 이론이다. 특히 제국주의가 식민지 인민들을 기만하고 착취하는

에 없는데, '나쁘다'라는 말 자체가 가치판단이고 윤리적인 당위의 문제다. 그런 동물적 사태가 인간에게 적용되는 것을 막는 것이 당위의 문제요, 윤리와 도덕이다.[67] 그러니까 기만을 존재의 한 측면으로 이해하더라도 윤리적인 제재의 필요성이 요청된다.

그런데 우리는 아주 어릴 때부터 교육을 철저하게 시킨다. '거짓말을 하면 나쁘다. 정직해라.' 등으로 아이들을 훈계한다. 착한 아이들은 그것을 금과옥조로 여기고 도덕군자로 자라난다. 그러다가 그런 아이들이 성인이 되어 현실의 벽에 부딪히는 것은, 세상이 반드시 배운 대로 돌아가지 않는다는 사실이다. 그래서 일부는 배운 것에 문제가 있다고 생각하고, 세상을 살려면 기만을 적절히 사용해야 한다고 믿게 된다. 한술 더 떠 아예 기만으로 점철된 삶을 사는 가련한 인생들도 있다. 반면 아직 그것을 깨닫지 못하고 곧이곧대로 행동하다가 벽에 부딪히기도 하고, 순진한 사람이나 뭘 모르는 샌님으로 취급받아 왕따를 당하기도 한다. 결국 학교 다닐 때 모범생이라 취급받던 사람들은 그래도 직업 속성상 덜 기만하는 쪽을 택하게 된다.

이런 점은 인류 역사에 통용되는 점이지만, 기만을 비교적 덜 사용하는 직업은 종교인, 교사, 예술인, 문학가 등이고, 합법적인 기만을 사용할 수밖에 없는 직업은 군인, 정치가, 외교관, 기업가, 상인 등이다. 그래서 예전에 사농공상의 사민(四民) 가운데 사(士)인 선비

데 기여한 이론으로 생물계의 생존경쟁이나 우승열패가 인간사회에도 그대로 적용된다는 이론이다. 즉 자본가의 착취와 대중의 빈곤, 백인의 유색인종에 대한 침략과 정복 및 지배는 자연의 법칙이라 주장하였다. 이때 기만도 하나의 생존전략에 포함될 것이다. 더 자세한 것은 이승환, 앞의 책 참조.

67) 『진화와 윤리(*Evolution and Ethics*)』를 써서 이러한 다윈의 생물진화를 인간사회에 동일하게 적용할 수 없다고 반대한 사람은 헉슬리(Thomas H. Huxley)다. 왜냐하면 인간사회는 선험적 도덕준칙이 있어 자율적으로 욕망을 억제하면서 도덕과 윤리를 통하여 이상적 사회를 만들어 나갈 수 있는 주체적 능동성이 있다고 보았기 때문이다(이승환, 앞의 책, 209-210쪽).

를 최고로 대우하고, 그 다음으로 농민, 장인, 속성상 기만할 수밖에 없는 상인을 가장 천시한 것은 바로 이런 이유에서다. 그러나 오늘날은 자본주의가 극도로 발전해서 가장 잘 기만하는 사람이 대접받는 사회다. 그것도 많은 상대가 기만당한다는 느낌 없이 기분 좋게 속아 주도록 만드는 것이 유능하다고 인정받는다. 마케팅, 광고나 홍보, 포장, 판매 전략 등이 모두 이런 기만과 관련이 있기 때문이다. 여기서는 다만 합법적(?)으로 인정되는 기만을 두고 이야기하는 것이고, 불법상속을 위한 기업주의 부도덕한 비자금 조성과 같은 범죄적 기만행위 따위는 논외로 한다.

그래서 정직하라는 대원칙을 강조하는 교육과 기만을 잘할수록 대접받는 사회현실의 괴리는 착하고 순진한 학생들을 혼란스럽게 만들고, 성인이 되어서도 이런 학생들이 사회에 적극적으로 참여하지 않는 비극적 현실을 만든다. 소위 은나라가 망하자 수양산에 숨어 들어간 백이·숙제와 같은 사람만 양산하게 된다. 더러워서 같이 살기 싫어 현실을 도피해 고고하게 사는 것 말이다. 아니면 학교교육이란 원래 엉터리라고 단정하고 쉽게 현실과 야합해 버리기도 한다. 바로 이것은 우리의 도덕교육의 문제이기도 하다. 특히 이 점은 중등학교의 윤리교육이 대학입시를 위해 사용되지도 않는 지식이나 학술이론만 가르치고, 실생활에서 그런 도덕적 판단을 훈련시키지 못한 결과이기도 하다. 현실이 자신의 도덕관에 맞지 않는다고 도피하는 것도 문제이지만, 자신의 도덕관이 과연 근거가 있는지, 합리성이 결여되지 않았는지 반성해 보는 태도도 중요하기 때문이다. 그래서 어떤 경우든 도덕적 판단을 적절히 사용하며 적극적으로 현실에 참여하는 인간을 육성하는 것이 중요하지 않은가?

기만을 사용할 수 있느냐, 해서는 안 되느냐에 대한 적절한 기준으로 유교에 상도(常道)와 권도(權道)라는 것이 있다. 상도란 변할 수 없는 대원칙이다. 가령 살인하면 안 된다, 거짓말을 하면 안 된다와 같은 것들이다. 그러니까 원칙적으로 기만하면 안 되는 것이다. 반면 권도란 일종의 상황윤리다. 예를 들어 선의의 거짓말은 할 수 있고, 또 인간은 살인해서는 안 되지만 강도나 적군에게 내 목숨이 위태로울 때 그를 죽이고 내가 사는 정당방위를 할 수 있다. 그러니까 똑같은 논리로 어쩔 수 없을 때, 불가피할 때는 기만도 필요하다는 것이다. 맹자도 그런 이야기를 한 적이 있다. 남녀가 신체 가까이서 물건을 주고받아서는 안 되는 것이 예(禮)이지만, 형수가 물에 빠졌을 때 손을 잡아 건져 주는 것이 권도라고 말이다.[68] 이 경우 예(禮)는 상도에 해당된다.

하지만 이런 상도와 권도의 문제는 개인이나 사회에 있어서 적용상의 신중함과 성찰이 요구되는 분야다. 만약 성찰이나 신중함이 없이 권도를 남용하게 되면 사회가 혼란하게 되고 질서가 무너지게 된다. 이런 우려를 무시하고 흔히 우리는 엉뚱한 함정에 빠지게 된다. 가령 도덕보다 더 중요한 것은 먹고사는 경제문제라고 보는 견해다. 이 경우 그들이 단지 먹고살기 위해 어쩔 수 없이 기만을 사용하는 경우는 극히 드문 일이며, 실은 하나의 방어적 변명으로서 상대를 이기고 더 많은 이익을 챙기기 위해 기만적 전술로 사용하는 말이다.

더구나 기존의 가치나 절차 및 원칙을 기업활동에 방해된다고 무시하고 실용적 경제만을 앞세운다면, 그 경제활동으로 인한 이득이 합리적으로 분배되기 어려울 뿐만 아니라, 오로지 자본을 많이 투자하거나 전략을 잘 사용한 쪽으로 쏠리게 된다. 그것은 자본주의의 속성이기도 하지만, 가치나 절차 및 원칙이 무시된 경제 시스템의

---

68) 『孟子』, 「離婁上」, "淳于髡曰, 男女授受不親, 禮與. 孟子曰, 禮也. 曰, 嫂溺則援之以手乎. 曰, 嫂溺不援, 是豺狼也. 男女授受不親, 禮也, 嫂溺, 援之以手者, 權也."

필연적 결과이기도 하다. 윤리 및 절차나 원칙은 강자가 아니라 약자를 위해서 더 필요하기 때문이다. 강자는 그것들 없이도 살아 갈수 있다. 이명박 정부를 소위 '강부자' 내각이라고 부르면서 비판적으로 바라보는 시각도 이와 같다. 그들이 이끌어 가는 정책이 가난한 사람들에게는 겨우 빵 부스러기 정도만 흘려주는 것이 되지 않을까 우려되기 때문이다. 이런 우려가 단지 기우(杞憂)로 끝난다면 대통령뿐만 아니라 국민 모두의 행복이다.

현실에서는 윤리나 도덕보다 법이 더 큰 힘을 발휘한다. 인간의 삶에서 한 점 기만도 없이 살아가기 힘들기에, 현명하게도 인간사회는 이러한 기만의 강도를 도덕이나 양심에 맡겨 두면서도 어느 정도 법적으로 허용하고 있다. 그 법이란 남에게 직접적인 피해를 주지 않는 범위 내에서만 그 행위를 인정한다. 그런 기만을 뻔히 알고 속는 것은 속은 사람의 책임이다. 가령 카드사나 보험사와 거래를 할 때 약관을 꼼꼼히 읽지 않고 회사 측 설계사나 모집자의 설명만 듣고 계약을 한다면 낭패를 보기 쉽다. 회사 측은 소비자가 읽기 힘들게 일부러 작은 글씨로, 가능한 한 어려운 용어로 길게 약관을 만들어 제시하는 것 같다. 만약 소비자들이 대수롭지 않게 여기고 제대로 읽어 보지 않았다면, 정작 사건이 터졌을 때 보상을 못 받거나 엉뚱한 피해를 보는 사례가 적지 않다. 만약 회사 측 모집자의 과장된 선전을 입증할 자료가 없다면, 이 경우는 약관을 꼼꼼하고 세밀하게 읽지 않은 소비자의 책임으로 본다. 약관을 읽기 어렵게 만든 것은 엄밀히 말하면 일종의 기만이지만, 그 자체로는 법적으로 기만의 요건이 되지 않는 사례다. 광고나 홍보의 경우도 이 같은 사례가 많다.

어디 이것뿐인가? 인간사회는 모든 것을 일일이 법으로 규정할 수 없다. 그 법을 집행하거나 합법적으로 일을 처리하는 과정에서도 기만은 여지없이 개입하기도 한다. 과거 군대나 회사나 공무원 사회도 이 같은 기만적 현상이 적용되었다. 특히 군대 같은 상명하복의 규율이 적용되는 특수한 사회에서 상관의 명령을 수행해야 하는 데서 유래된 일로서, 이른바 전시행정(展示行政)이란 것이 있다. 알맹이야 어떻든 우선 실적이 겉으로 보아서 윗사람의 눈에 들도록 만드는 일을 두고 한 말이다.

일반 사회에서도 권력이 집중되면 이런 현상이 두드러진다. 공무원 사회의 경우 기관장이나 책임자가 합리성을 바탕으로 일처리를 하지 않고 불도저식으로 밀어 붙이기만 한다면, 공무원들은 눈치 보기에 급급하여 기만적 전시행정이나 복지부동의 유혹을 물리치기 어렵다. 회사 또한 기업가가 합리적 경영을 통해 사원들을 격려하고 독촉하지 않고, 비합리적인 명령이나 인원감축 등으로 위협한다면, 아랫사람은 기만을 통하여 무리수를 써서라도 위기를 모면하려 할 것이다.

필자는 과거뿐만 아니라 지금의 학교 사회에도 그런 문제점이 노출되고 있다고 본다. 일부 언론과 여론은 학생들의 성적만 올려 주면 훌륭하고 실력 있는 교사라고 생각한다. 그래서 이제 교사도 평가를 해서 실력 없는 교사는 퇴출시켜야 한다고 주장한다. 학원에 이미 판정패를 당한 학교는 어떻게든 자기들끼리 경쟁을 해서 순위를 매겨 하위권 학교는 책임자를 문책하거나 소속 교사들에게 불이익을 주도록 하자는 방안이 거론된다. 여기에 기만이 개입하지 않겠는가?

다 좋은 말이다. 교사도 평가를 하고 실력 없는 교사나 문제교사도 퇴출시키고, 학교 경영을 잘못하는 학교장도 좌천시켜야 한다. 그러나 교사 평가를 누가 무엇을 어떻게 합리적으로 할 것인지 문제다. 합리적으로 못한다면 역시 기만적 전시행정이 될 것이고, 교사들도 비합리적인 평가기준 앞에서는 기만적인 전략 사용에 대한 유혹을 떨쳐 버리기 어려울 것이다. 일례로 작년에 시범적으로 실시된 교사 평가 가운데 상호평가라는 것이 있었다. 교육청은 이 평가에 대해서 특별한 방안 없이 학교에서 자율적으로 시행하라고 그 책임을 학교에 맡겼다. 학교라고 특별한 재주가 있는 것은 아니다. 학교에 따라 어떤 학교는 부장들이 일반교사를 평가하기도 하고, 어떤 학교는 평가위원회를 구성하여 교사대표가 평가하기도 했다. 다행히 평가결과를 공개하지 않았지만, 아마 그것이 밝혀지면 난리가 날 것은 물어보나 마나다. 성과급 지급 문제를 놓고 논란이 일고 있는 것을 보면 알 것이다. 문제는 현행 학교 시스템 상 상호평가를 할 수 있는 기반이 없다는 점이다. 특히 중등학교의 경우 담당과목도 다르고 동료교사의 수업에 참관도 안 하는데 무슨 재주로 평가하겠다는 것인가? 결국 피상적인 견해로 평가하거나 근무평정과 유사한 경력 위주의 평가로 이어질 가능성이 농후하다. 방법 자체가 무리하기 때문에 취지와 목적, 실상에 어긋나는 기만적 결과를 낳을 가능성이 있다는 것이다.

사실 필자가 늘 주장하는 것은 어떤 일이든 비용과 노력이 들어야 기본적으로 성공을 기대할 수 있다는 것이다. 돈 안 드는 교육개혁, 교사평가, 학교평가는 교육의 실태를 자세히 모르는 일반국민에게 기만적인 전시행정으로 선전하여 그들의 환심을 사거나 정치계로 진출하려는 교육 관료의 득표 전략일 뿐이다. 대책 없는 교사평가, 학교 자율화, 성적경쟁은 과거처럼 교육에 대한 확대투자 없이 기름만 짜먹고 열매만 따 먹어 보자는 시대착오적 발상의 다름 아니다.

학교평가와 교사 및 학교장 평가는 뚜렷한 방법이 있을 것이다. 그 예를 하나 들면 전문적인 상설 평가단이나 평가기구를 구성하는 것이다. 유급으로 교직원 대표, 학부모 대표, 교육기관(교육청) 대표 등 교육 전문가로 구성된 평가단을 구성하여 수시로, 때로는 불시에

학교를 방문하여 수업도 참관하고 아이들의 모습을 관찰하거나 질문도 해보고 학부모들의 의견을 청취하고, 해당교사(우수교사나 문제교사 등)와 면담을 하는 등 다각적인 방법을 활용하여 누적된 평가를 하면 가능하다고 본다. 원래 이런 일은 교육청 장학사들의 몫이다. 그런데 교육청 장학사들은 학교 수에 비해 인원도 턱없이 적고, 나름대로 학교를 지원하려고 노력하고 있지만, 그런 일을 하기가 어렵게 되어 있다. 더구나 장학사의 업무가 교사 하나하나를 평가하지도 않는다. 게다가 행정적으로 처리해야 할 일이 너무 많아 학교를 살필 여력이 부족하다. 그뿐만 아니라 지금 현장에는 장학사 못지않게 수업이나 가르치는 일에 유능한 교사들이 우후죽순처럼 늘어나는 추세다.

이렇듯 제대로 그 평가가 안 되는 이유는 불합리한 교육행정 때문이다. 일반 행정적인 명령이나 지침, 사업 등을 시행하거나 전달하고 보고하는 행정적 절차에 힘을 엄청나게 쏟아서 본연의 가르치는 일에 전념할 수 없기 때문이다. 국회의원이나 지방자치단체 의회의 의원, 심지어 교육위원회의 교육위원의 자료 요구에 응하는 학교는 더이상 교육기관이라기보다 행정기관의 말단으로 전락한지 오래다. 그 보고 자료를 대부분 일선 교사들이 때로는 수업을 팽개치고 몰두해야 하니 기가 막히는 일이다. 일례로 국회의원 한 사람이 자료를 요구하면 교육부에서 시·도 교육청으로, 시·도 교육청에서 지역 교육청으로, 지역 교육청에서 학교로 내려오는데, 그것도 몇 년 치를 요구할 때도 있다. 그것을 전달하고 조사하고 보고하고 통계 내는데 인력과 시간이 소요된다. 게다가 시·도 의원, 교육위원의 요구사항까지 합쳐지면, 장학사와 교감들은 물론이고 현장 실무자(부장교사)는 수업과 보고 업무 처리 사이에서 기진맥진한다. 게다가 학부모와 교육관련 단체, 언론기관의 요구와 감시 사이에서 학교는 샌드위치가 되어 재량껏 할 수 있는 일이라곤 거의 없다. 그러니 무엇을 어떻게 합리적으로 평가할지 참 우스운 일이다.

그럼 불합리한 평가를 강행하면 교사들은 어떻게 대응할까? 다양한 사태가 벌어지겠지만, 당장 예상되는 것은 가르치는 일 외의 그런 행정적 업무를 소홀히 하거나 거부할 것이다. 당장 보직을 맡은 부장교사들의 보직 사퇴가 줄을 이을 것이다. 그 알량한 승진점수를 위해 더 이상 이들을 보직에 묶어 둘 명분은 허약하기 짝이 없다. 교사들이 맡은 학생들에게 소홀할 수도 있다는 학부모들의 우려와 편견을 누가 떠맡으려 할 것인가? 실제로 학부모들은 부장교사가 담임이 되는 것을 좋아하지 않는다. 이런 이유로 학교에서 보직을 맡은 부장들이 없다면 교육행정적 일이 현장에서 마비될 것은 명약관화하다. 교사평가를 강행하려는 당국은 이 대목에서 무엇을 생각하고 있는지 자못 궁금하다.

이런 상명하복 식 교육 시스템을 개선하지 않으면 진정한 교육은 요원하다. 그러므로 교사나 학교를 제대로 평가하는 데 드는 예산은 그런 시스템을 개선하는 데서 찾아야 한다. 그러니까 제대로 하려면 학교를 독립된 회사처럼 만들라는 뜻이다. 대폭적인 지원과 자율성 및 권한을 주되 평가는 엄격하게 하는 것, 그것이 진정한 경쟁으로 유도하지 않을까? 즉 유능한 학교장을 뽑아 그에게 대폭의 권한을 주어 교육청은 지침과 방향만 제시하고 확인과 평가는 평가단이 하면 된다. 현재의 학교장에겐 책임만 있지 권한은 거의 없다. 지금의 학교장에게 그럴 만한 능력이 없다고 말한다면, 그런 학교장을 선발한 교육정책이나 시스템의 문제요, 그 제도를 만들었거나 관리하는 자의 자기모순이고 직무유기다.

교사평가의 경우 더 쉬운 방법은 현행 교감의 업무를 전적으로 교내 장학 업무로 전환시켜야 한다. 물론 교감을 선발할 때 장학을 할 수 있는 능력이나 탁월한 수업 기술 능력이 우선적이고도 실증적으로 고려되어야 할 것이다. 그렇게만 된다면 그 교감이 교장으로 승진하므로 자연히 교사평가의 일부를 관리자들이 책임질 수 있다. 현재의 교감은 교내 장학보다 대부분 교육행정 업무에 시달린다. 교육청 장학사의 업무 내용이 학교에서 재현되기 때문이다. 교감도 장학사도 기계가 아닌데 어떻게 그 많은 업무를 제대로 소화해 낸단 말인가?

평가란 원래 그 결과를 활용하는 것보다 현실을 개선하는 데 주목적을 두어야 한다. 우리 사회는 너무 평가결과에만 집착해 정작 교육활동의 과정에 평가결과가 피드백 되는 일에 관심이 적다. 교육의 주목적이 아이들의 실력을 올리는 것만은 아니지만, 백 번 양보해서, 왜 교사가 아이들의 실력을 못 올리는지, 그 이유가 교사 자신의 무능함 탓인지, 교사에게 교육활동 이외의 잡무가 많아서인지, 지역의 낙후성 문제인지, 학교장 경영방침의 문제인지, 아니면 교육 시스템의 문제인지, 그 원인을 밝혀야 해결의 실마리를 찾을 수 있을 것이다. 무조건 아이들 실력만 올리라고 닦달하면 겉보기에는 실력이 올라갈지 모르지만, 아이들 영혼은 죽어 가고 학부모들의 지갑은 얇아질 것이라는 것을 왜 모르는가? 이는 교육본질에 대한 기만이다.

혹자는 이렇게 말할 것이다. 기존의 학교평가가 있는데 이중의 일이 아니냐고 말이다. 그러나 기존의 학교평가는 급조된 일시적인 평가단에 의해 이루진다. 그 평가단은 대부분 교육계 내부의 인사들이며, 한 학교의 평가를 단 몇 시간 안에 하는 것이므로, 그 또한 기만적 실적으로 보여주고자 한다면 속수무책이다. 상황이 이러한데 학생들의 성적을 위주로 평가한다고 했을 때 생기는 문제는 심각할 것이다. 성적 올리는 일에 밀려난 인성교육의 부재는 차치하고서라도 기만적인 실적 부풀리기를 염려하지 않을 수 없고, 그 성적 향상에 희생되는 아이들의 창의성이나 심적 부담은 고스란히 개인이나 국가의 장래를 어둡게 만드는 씨앗이 될 것이다.

이렇게 한 줄 세우기 교육을 통하여 우수한 인재로 판명된 학생들이 일류대학에 들어가 판·검사나 고급 관료나 기업의 경영자가 된 것은 본 적이 있어도, 이들이 노벨상을 받았다거나 창의적인 활동을 통해 사회를 밝은 빛으로 이끌었다는 말은 들은 적이 없다. 이웃나라 일본의 도쿄대학을 졸업한 사람들의 이야기다. 우리나라 명문대 출신은 어떠한가?

말이 길었지만 정리하자면, 우리가 어쩔 수없는 기만을 허용하더라도 기만이 일상화되는 사회는 사회의 안정성을 해치고 불안감을 조성하여 끝내 사회 붕괴나 정체(停滯)의 요인이 될 수 있다. 비록 인간의 존재에 있어서 근원적 기만성을 인정하더라도, 제도로서의 기만적 요소의 발생을 최소화해야 하는 이유가 바로 여기에 있다. 마치 반칙이 남용되는 경기가 재미없는 이유와 유사하다. 그러나 삶은 재미로 보는 게임과는 다르다는 데 문제의 심각성이 있다.

동물의 왕국

동물세계에서 기만은 보편적인 현상으로 보인다. 동물학자들은 동물들도 의식이 있고 제한적인 사고를 하지만, 하등동물로 내려갈수록 거의 무의식의 지배를 받는다고 한다. 그런데 이런 하등동물들까지도 나름대로 생존전략을 탁월하게 사용한다. 그 전략 가운데 하나가 보호색이나 위장술 등으로 상대를 속이는 기만전략이다. 이는 자신을 적으로부터 보호하기 위한 것이기도 하지만, 한편 먹잇감을 유리하게 공격하여 포획하기 위한 것이기도 하다. 곤충 같은 작은 동물에게도 이런 기만적 전략이 발견되는데, 상대를 잡아먹기 위해 주변과 어울리는 보호색은 기본이고, 주위의 물체와 형체가 거의 똑같이 몸이 진화한 것들도 있다. 또 어떤 동물들은 불가피하게 도망을 갈 수 없을 때는 죽은 시늉을 하며 가만히 있는 것도 있다. 이런 현상은 고등동물로 올라갈수록 더 치밀하고 적절하게 사용된다.

필자가 좋아하는 텔레비전 프로그램 가운데 '동물의 왕국'이라는 것이 있는데, 필자는 그것을 단지 흥밋거리로만 보지 않는다. 자연환경에 따른 동물 자체의 습성이나 생태도 관심의 대상이지만, 그런 습성이나 행동이 인간의 그것과 어떻게 같은지 다른지, 또는 그 동물의 행동이나 생태가 인간에게 그대로 적용되는지 여부를 따져 보기도 한다. 다시 말해 동물을 통해 인간을 바라본다는 것이다. 가령 무리생활을 하는 동물들 가운데 짝짓기 전략의 경우, 수컷이 암컷을 자기의 짝으로 만드는 일은 주로 상대 경쟁자를 제압하는 힘이다. 인간들의 그것은 기본적인 외모에서부터 돈, 권력, 능력 등으로 표현 방식이 문화적으로 변형되기는 했지만, 본질적으로 인간이나 동물이나 암컷(또는 상대 배우자)을 안정적으로 대우해 줄 것으로 기대되는 탁월한 능력에 의하여, 또는 경쟁자를 물리치고 차지한다는 점에서 유사점을 발견하곤 한다. 다른 것에서도 분명 그런 점을 찾을 수 있다.

한편, 초식동물에 대한 육식동물의 기만적 전략은 탁월하고, 어떤 점에서는 안타까울 정도로 그 인내심이 감탄스럽기도 하다. 가령 사자나 표범 같은 동물은 초식동물을 잡아먹기 위해서 처음부터 달려들지 않는다. 왜냐하면 초식동물이 빠르기도 하거니와 사자나 표범 등의 육식동물들은 대개 오래 달리면 쉽게 지치기 때문이다. 그래서 이들은 자신의 몸 냄새가 나지 않게 바람이 불어오는 반대쪽 풀숲에 숨어서 사냥감이 다가오기를 기다리거나 사냥감에게 살금살금 조심스럽게 다가간다. 그리고 사냥감이 방심할 때를 기다리다가 기회가 오면 최후의 기습을 가한다. 그래도 성공할 확률은 낮은 편이다. 그 래서 이들이 택한 전략 가운데 하나는 손쉽게 잡을 수 있는 새끼나 병든 동물, 아니면 무리에서 멀리 떨어진 동물을 잡는 것이다.

이런 기만적 전략은 종종 상대 배우자에게까지 사용된다. 동물적 개체는 가능한 한 많은 이성과 교미하고 자식 양육은 모두 상대에게 떠맡기기를 '바라고' 있는데, 많은 종의 수컷이 그와 같은 습성을 나 타낸다고 한다.69) 또 실제로는 십중팔구 수컷과 암컷을 포함한 모든 개체가 조금씩은 사기적인 성격을 가지고 있다.70)

이렇듯 이런 종류의 기만적 전략은 동물들이 살아가는 데 있어서 생존을 위한 보편적 현상으로 보인다. 동물에겐 윤리나 도덕이 없기 때문에 그런 기만이 좋다 나쁘다 판단할 수 있는 문제는 아니다. 그 저 동물들의 생존방식 또는 생존법칙으로 이해하면 되겠다.

필자는 가끔 지인들에게 인간 남성의 바람둥이들도 맹수들과 유사 한 이런 전략을 사용한다고 농담으로 말하곤 한다. 바람둥이들은 낭 만적인 사랑 따위에는 별로 관심이 없다. 마치 맹수가 먹잇감을 노 리듯이 유독 여성의 육체에만 관심을 갖는다. 그들은 아무 여자나 농락의 대상으로 고르지 않는다. 이것이 그들의 첫째 원칙이다. 빈틈 이 없는 여자들은 절대로 건드리지 않는다. 동물적 감각으로 보기에 뭔가 허점이 있고, 예쁘고 몸매도 좋지만 별로 똑똑하지 않은 그런 여성을 고른다. 그리고 이들은 기만적 전략의 명수로서, 자신의 매력 으로 여성을 사로잡는다. 일반적인 남녀 사이의 사랑과 바람둥이의 사랑의 차이점은 바람둥이가 상대를 자신의 밥, 곧 육체적 욕구충족 의 대상으로만 바라본다는 점이다. 그리고 일단 의도한 것이 성취되

---

69) 리처드 도킨스, 홍영남 옮김, 『이기적 유전자』, 을유문화사, 2005, 229-230 쪽.

70) 같은 책, 252쪽.

면, 상대 여성이 자신을 붙들고 늘어지는 것을 딱 질색으로 여긴다. 그래서 이제 필요 없는 먹잇감(동물에 비유하자면)을 처분하는 일만 남게 된다. '쿨'하게 헤어지기 바랄 뿐이다.

동물사회의 수컷에도 바람둥이형과 성실형이 있다. 암컷이 이런 수컷의 기만을 알아차리는 방법은 수컷의 최초 구애에 대해서는 특별히 까다롭게 대해 주고 그 후 번식기를 겪을 때마다 같은 수컷의 구애에 대해서는 점점 빨리 응하는 것이다.[71] 인간으로 치면 내숭과 같은 역할이다.

암컷과 수컷의 기본적인 차이는 바로 암컷과 수컷이라는 그 차이 때문이다. 인간이나 포유동물을 포함하여 일반적인 동물의 암컷과 수컷의 차이를 특징짓는 것은 외관상의 모습이나 기능이 아니라, 성세포의 크기와 숫자에 있다. 즉, 수컷의 성세포는 작고 수가 많으며 암컷의 성세포는 수컷에 비해 크고 수가 적다. 그 차이는 조류나 파충류에서 특히 뚜렷하게 나타난다.[72] 그러니까 성 차이는 이 하나의 기본적인 차이에서 파생한다고 하는데, 그래서 수컷은 어디에서나 가능한 한 많은 암컷을 통하여 자신의 유전자를 퍼뜨리려고 하고, 반면 암컷은 얼마 되지 않는 성세포를 이용해 안정적으로 자신의 유전자를 남기려고 한다. 곧 경제적 논리가 적용되는 것이다. 그러므로 수컷은 암컷을 선택하는 데 신중함보다는 기회와 횟수를 늘림으로서 유전자 전파의 확률을 높이고, 반면에 암컷은 수컷을 경계하면서 쉽게 응하지 않고 수컷의 성실성과 생존능력, 우량한 유전자를 탐색하여 유전자 전달의 확률을 높인다.

인간사회 내에서도 정도의 차이는 있지만 이런 현상이 강하게 작용한다. 남성들은 이처럼 본질상 바람둥이 같은 기질을 갖고 있다.

---

71) 같은 책, 251쪽.
72) 같은 책, 230-231쪽.

'열 여자 마다하는 남자 없다.'와 '연애(로 상대하는 여성)와 결혼(을 전제로 상대하는 여성)은 다르다.'라는 말처럼 능력만 있다면 많은 여성을 상대하고 싶은 욕망이 마음 깊은 곳에 도사리고 있다.

그러나 다행스럽게도 우리는 법으로 일부다처제를 허용하지 않으므로 아무리 재산이나 능력이 많아도 공식적으로 한 남자가 여러 여자를 거느리고 살 수는 없다. 설령 일부다처가 허용된다 하더라도 나름대로 경제적 능력이 있어야 가능하기 때문에 대부분의 남성들이 그렇게 살 수 있는 것도 아니다. 그것을 허용한다면 가진 자들이 더 많은 여자를 차지할 테니까 아마 죽을 때까지 혼인도 못하고 사는 남성들이 많을 것이다.

이러한 남성들의 욕망을 비난하거나 추하다고 생각하고 싶지는 않다. 필자가 남성이라서 그런 것만은 아니고, 필자가 생각하기에는 이는 동물적 본성이기 때문이다. 그러나 이러한 본성을 이해한다고 해서 전통과 법을 무시하고 마음대로 해도 좋다는 뜻은 아니다. 우리에게는 동물적 생존법칙 이상의 윤리와 도덕이 있기 때문이다. 전통적인 방식대로 수양(修養)하고 인격을 쌓아 자신의 욕망을 억누르거나, 즉 이성적이고 도덕적인 인간으로 살거나, 종교의 가르침을 본받아 순순히 따르거나, 혼인하지 않고 여러 여성과 수시로 번갈아 연애하며 살 수도 있다. 현재의 배우자가 마음에 안 들 경우 이혼하고 새 배우자를 맞이하면 되고, 간통죄가 적용되지 않는 나라에 가서 살면 된다. 문제는 자신의 선택에 달려 있다. 이것도 저것도 안 되는 사람, 그럴 능력도 없는 사람은 우리의 나무꾼처럼 기만적 전략을 사용해서라도 짝짓기를 시도할 것이다. 그 어떤 경우든 그 결과에 대하여 본인이 책임을 져야 하는 만큼 신중하게 결정할 문제다.

여성의 경우도 마찬가지다. 동물의 암컷이 더 젊고 힘 있고 자신에게 성실한 수컷에게 끌리듯, 여성들이 심리적으로 더 힘 있고 젊고 능력 있고 자신에게 성실한 남성에게 매력을 느끼는 것은 지극히 당연한 일이다. 차선책으로 상대에게 젊음이 없더라도 돈이라도 많으면 마음이 움직인다. 돈이 여타의 것을 가능하게 하니까 말이다. 이것 또한 동물적 본성의 연장이라 본다.

이야기를 다시 되돌려 보면, 여성들은 이런 남성들의 전략에 대하여 어떻게 대응하는가? 이것은 경험이나 명민함의 정도에 따라 달라진다. 예를 들어 남자에 대한 경험이 전혀 없이 순진한 여성들은 겉으로 보아 잘생기고 이상형이라고 생각되는 남성이 다가오면 쉽게 사랑에 빠져 버리는 경향이 강하다. 남자를 많이 사귀어 본 경험이 많은 여성보다 공부만 하고 자기 일만 했던 여성들이 쉽게 남자의 기만적 전술에 잘 넘어간다는 말이다. 물론 이것은 경험에 따른 근거이지만, 여성이 상대 남성에 대하여 아무런 의심 없이 받아들이면 문제가 생길 수 있으므로 조심해야 할 것이다.

이때 변변치 못한 남성들이 내세우는 기만적 전술은 돈이 많은 척하는 것, 부잣집 아들인 척하는 것, 명문학교를 졸업했다고 하는 것, 사법연수생이라고 하는 것, 친지 가운데 유명인사나 권력자가 있다고 하는 것 등이다. 이런 자의 유혹에 말려 넘어간 여성들이 수없이 많았다. 다 뉴스에 나온 이야기들이다. 경험이 있거나 똑똑한 여성의 경우 그 말을 곧이곧대로 믿지 않는다. 쉽게 넘어가지 않는다. 그리고 남자의 진정성을 테스트해 본다. 그래서 내숭이 필요하다. 첫눈에 마음에 들더라도 남자의 말의 진실성을 살피고, 자신을 정말로 마음에 두고 있는지, 정말로 이 남자가 믿음직스러운지, 능력이 있는지 관찰하고 시험할 것이다.

지금까지 남녀의 짝짓기와 동물의 그것을 연관시켜 말했지만, 인간사회는 크든 작든 기만을 사용하고, 그에 대한 대비책도 활용해 왔다. '나무꾼과 선녀' 이야기도 실은 기만의 일상화에 대한 이야기이다. 혼인과 상거래, 정치행위, 각종 경쟁적 상황이나 생존현장에서 많이 필요했을 것이다. 특히 관리들의 횡포에 맞서 이들을 기만하여 생존하는 행위는 매우 일상화되었을 것이다. 기만적 혼인은 현대적 관점에서 보면 도덕적 문제가 될 수도 있겠지만, 전통사회에서 비록 장려할 것은 못 되더라도 불가피하게 통용되었던 것은 아닐까?

좀 더 근원적으로 볼 때 도덕적인 잣대로 그것을 재단하기 이전부터 하나의 생물적 속성으로서 인간이 기만을 사용해 왔다면 지나친 해석일까? 일찍이 순자는 이런 생물적 존재로서의 이기적이고 기만적인 인간의 모습을 보고 인간의 본성이 악하다는 성악설을 주장하여, 이런 행동을 성인(聖人)의 예(禮)로서 바로잡아야 한다고 보았다. 이런 점에서 순자의 예(禮)는 법(法)에 가깝고, 또 순자의 제자 계보에서 법가(法家)가 등장하였다는 것은 아마도 이런 점을 예리하게 관찰한 결과이리라. 오늘날의 법은 모든 사람들에게 평등하게 적용되는 점이 법가의 주장과 차이가 나지만, 사실 그것도 인간의 그러한 측면이 사회적 질서를 깰 수도 있다는 점에서 인간의 욕망을 제한하고 있다.

그러나 필자는 그러한 법은 미봉책이요, 겨우 표면적인 질서를 유지하는 기능을 한다고 본다. 인간의 욕망이 더 끈질기고 강하기 때문이다. 인간은 더 많은 자유를 원하고 자신의 본능을 더 충족시키려고 노력할 것이다. 다른 선진국들처럼 우리의 간통죄도 언젠가 폐지될 것이고, 남성이든 여성이든 그가 능력 있는 사람이라면 더 젊고 예쁘거나 힘 있는 상대를 배우자나 애인으로 둘 것이다. 자본주의는 이러한 면에 대중문화의 상징을 통하여 욕망을 부채질하고, 그래서 그 점을 이용해 자본을 축적하기도 한다. 돈이 되는 일이라면 못할 것이 없을 테니까 말이다.

이상이 '기만은 보편적 현상일까?'라는 2-1의 질문에 대한 답이다.

430

베트남 신부

'나무꾼과 선녀'는 결혼생활에 대한 각종 유전자가 들어 있는 이야기다. 신분에 어울리지 않는 혼인, 그리고 전통적 남녀관념에 배치되는 인물의 결합이 결코 행복한 결혼생활로 이어지지 않았음을 보여주었다. 그리고 기만적 태도에 대하여 그것이 어찌할 수 없는 것이라 하더라도, 그 기만으로 인해 결과가 엄청난 것이었으므로 뒷감당하기가 쉽지 않았다. 사냥꾼에게 거짓말을 하여 사슴을 숨겨 준 그런 작은 기만은 일상생활에 흔히 있는 일이므로 이것으로 끝냈으면 좋으련만, 선녀의 옷을 훔치고 결혼한 기만과 하늘나라의 시험에서의 기만은 결정적으로 주인공들의 운명을 의도하지 않은 방향으로 몰고 갔다. 나무꾼과 같은 하층민에게는 인생이 어차피 밑지는 장사라면 실패하더라도 한 번 시도라도 해보는 게 나중에 한을 남기지 않는다는 갸륵한 교훈이 작용했는지도 모르겠다. 그래서 기만적인 결혼생활은 비극적이라는 자연스러운 결론에 도달하게 되었다.

그렇다면 이제 우리는 2-1의 '기만적 배우자의 선택은 언제나 비극적인가?' 하는 질문을 할 수가 있다. 이런 질문이 가능한 것은 이야기가 만들어진 당시와 현대는 상당한 거리가 있기 때문이다. 그리고 앞에서도 여러 사례를 인용하면서 현대에도 그럴 가능성이 농후하다고 지적했다. 여기서는 다만 기만의 정도에 따른 사례들을 통하여 답을 대신하고자 한다.

앞에서도 말했지만 인간은 고의성이 있든 없든, 또 범죄적 요건이 성립되든 안 되든, 결코 기만으로부터 자유로울 수 없다. 기만이란 도덕이나 법 이전의 문제이기 때문이다. 우리가 나쁘다고 단정하는 기만의 경우는 상대를 속임으로써 피해를 줄 경우다. 사실 이렇게 말해도 명확하지 않다. 상대의 피해가 어느 정도인지에 따라 다르기 때문이다. 그래서 법이 필요한 것이고, 법 적용이 명확하지 않을 경우에는 재판을 통해서 판단하는데, 바로 여기서 재판관의 철학적 성찰이 요구된다.

그러니까 '기만적 배우자의 선택'이라고 할 때, 기만이 어느 정도이며 또 그 기만으로 인한 피해가 어느 정도인가에 따라 결혼생활이 행복할 수도 있고 불행할 수도 있다. 가령 신랑이나 신부가 자신의 키를 좀 더 커 보이기 위해 키높이 구두나 하이힐을 신은 것에 깜박 속아서 결혼한 경우를 생각해 보자. 이 경우 신랑이나 신부가 상대의 본래의 키를 보고 자신을 속였다고 상대를 비난할 수 있을까? 아마도 그것을 알아보지 못한 자기 탓으로 돌릴 것이다. 이것은 작은 기만에 대하여 허용되는 것으로, 따라서 그 문제가 결혼생활에 치명타를 주기는 어려울 것이다.

한편 의사 사위를 얻기 위해 재산이 많은 척했는데, 나중에 사위가 병원을 짓는 데 도와주지 못해 그 딸이 시댁에서 박대를 받거나 결국 이혼하는 사례를 흔히 볼 수 있다. 이 경우는 적어도 신랑 측 입장에서는 으레 신부 측에서 기만했다고 여긴다. 이 외에 신랑이나 신부에게 과거에 다른 사람과 동거한 일이 있어서 나중에 발각되어 결혼생활이 파탄 나는 경우가 더러 있는데, 이 경우도 상대에게 큰 기만으로 인식된 것이다.

단순논리로 '기만적 배우자의 선택'을 한마디로 말하기는 어렵다. 당사자의 생각과 사회·문화적 가치에 달려 있는 문제로 보인다. 어쨌든 이 문제도 전통적 사례가 당시에 그랬듯이 현대적 가치와 문화적 측면에서 볼 때도 동일하게 적용되는 문제다. 그러니까 기만이 크고 상대에게 피해가 클수록 결혼생활은 그만큼 어려워진다는 뜻이다.

그런데 그런 기만이 당사자의 의도와 상관없을 때도 마찬가지인가? 분명 전통시대에도 혼인을 성사시키기 위하여 어느 정도 통용되는 기만을 중매쟁이가 사용하기도 했다. 가령 그 집의 규수가 참 예쁘더라, 총각이 너무 믿음직하게 생겼더라, 몇 대조 할아버지가 영의정을 지냈다더라 등과 같은 것이다. 이런 종류의 인물 평가는 주관적인 것이기 때문에 설령 상대가 자기의 기대에 다소 어긋나도 크게 항의할 것도 못 된다. 이미 가문끼리 다 알아보고 매파를 통해 형식을 갖추는 경우가 많기 때문이다.

그러나 오늘날 국제결혼의 경우는 양상이 이와 완전히 다르다. 이른바 결혼중개회사(또는 결혼중개업자)를 통해 혼인하는 경우다. 성실한 회사와 업자는 예외가 되겠지만, 당장 돈을 벌기 위해 나중에 어떻게 되든 혼인부터 성사시키려는 태도가 문제가 된다. 이미 사회적인 문제가 되어 버린 일부 사례를 보면, 현지 처녀들에게는 정식혼인이 아니라 위장결혼만 하면 된다고 해놓고, 국내 농촌 총각에겐 정식으로 혼인한다고 기만하는 경우다. 회사의 말만 믿고 외국 처녀들은 국내에 들어와 일정 기간 살다가 도망을 치고, 농촌 총각들은 그 속사정을 모르고 신부가 위장으로 결혼하고 도망갔다고 생각한다.

외국인 신부가 도망가는 일이 잦아지자, 이번에는 베트남 처녀들이 예쁘고 생활력이 강하고 유교적인 전통이 남아 있어 남편을 잘 따르고 정조관념이 강하다고 대문짝만하게 현수막을 내걸어 여론의 질타를 받은 적이 있었다. 이 또한 일종의 기만적 홍보로 보인다. 왜냐하면 베트남 여성을 비하하는 시각은 일단 접어 두고라도, 그 대상을 농촌 총각만이 아니라 이혼이나 사별로 재혼하려는 남자, 심지어 나이 많은 사람으로까지 확대하는 것을 보면, 어떻게든 베트남 여성의 기대와 생각은 무시하고 우리 식 가치관과 요구에 접목시켜 수요를 늘리고자 하는 속셈이기 때문이다. 분명 베트남 처녀에게도 한국 사람과 혼인하고자 하는 분명한 이유가 있을 것이데, 이 점을 고려하는 것은 실패할 확률이 적겠지만, 베트남 신부에게 신랑에 대한 정확한 정보를 주지 않고 결혼을 성사시키는 일이 허다하다. 아마 신랑 측 사정을 다 이야기하면 혼인하려는 사람의 수가 줄어들지도 모르기 때문일 것이다. 그래서 혼인 후 가정 내에서 차별을 받기도 하고 심지어 폭행을 당해 사망하는 경우도 있다. 이 경우 혼인 상대자가 직접 기만하지는 않았지만, 결혼중개회사의 기만에 의하여 양측이 모두 피해를 입은 사례다.

물론 정당하게 외국인 여성과 혼인해서 잘 사는 사람들에게는 축하할 일이다. 그러나 이런 중개인의 기만책에 속아 울며 겨자 먹기로 결혼생활을 지속하거나, 남에게 말 못할 속앓이를 하는 신랑과 신부들에게는 깊은 위로의 뜻을 전한다. 기만이 큰 결혼생활은 성공하기 어렵기 때문에 하는 말이다.

맺음말

　신화는 신들의 이야기가 아니라 인간의 삶이 투영된 이야기다. 민담은 신화보다는 더 현실적이지만, 역시 인간의 이야기다. 고로 지구상에 있는 텍스트가 될 만한 모든 것들은 모두 인간의 자기 고백이다. 그게 뭐라고 포장되든 문제될 것은 없다. 다만 그 가운데 일부는 종교의 외피를 입고 권위를 획득하여 여전히 인간 위에서 군림하기도 하지만, 우리의 경우는 일연 이후 거의 방치되어 왔다고 해도 과언은 아니다.

　전통사회 내의 민중이 자신들의 세계에 대하여 어떤 관념을 발생시키는지, 또는 기존의 관념이나 정신적 권위에 대하여 어떻게 대응했는지 살펴보는 것은 단순히 학문적 호기심만이 아니라, 여러 가지 어려운 문제에 봉착하고 있는 현대의 우리들에게 새로운 메시지를 던져 줄 수 있기 때문에 중요하다. 그렇다면 그것은 크나큰 행운이 되고도 남을 것이다. 무엇보다 지상명령과 같은 시장 이데올로기의 영향 아래 물질을 최고의 가치로 여기도록 세뇌당한 이 시대 사람들에게, 그 물질을 향유하기도 전에 경쟁에서 내몰린 가련한 인생들에게 무엇이 제대로 된 삶인지 시사되는 바가 있다면, 그 또한 우리 민족에게 복음(福音)이 아닐 수 없으리라.

　이 글에서는 앞에서 다룬 민담 네 편의 공통적 의미를 살펴보고자 한다. 즉, 민중들이 당대의 현실에 대하여 어떻게 대응하면서 살았는지, 기존 관념과는 어떤 관계를 고수했는지, 사회적 시스템에 대하여 어떤 태도를 가졌는지, 특히 민중을 억압하는 대상에 대하여 어떤 행동방식을 취했는지 정리해 볼 것이다. 물론 네 편의 이야기만을 다루었기 때문에 전통사회 속의 민중들이 모두 이렇다고 단정하기는 어려울 것이다. 그런 점에서 이 연구의 결과가 다소 제한점을 갖고 있음을 솔직히 부인하기는 어렵고, 일반화하기에는 섣부른 감이 있을 것이다. 그 점을 감안해서 이해해 주었으면 좋겠다.

가장 먼저 지적되는 것은, 전통사회의 민중들은 체제나 관습에 순응하고 그 안에서 문제를 해결하려고 하지, 체제나 관습 자체의 문제점을 발견하고 해결하려고 하지는 않는다는 점이다. 다시 말해 체제 유지를 위해 이데올로기화한 관념마저도 당연한 것으로 받아들이고 있다. 네 편 모두에 걸쳐 나타나는 남아선호 사상이나 남성 우위적 사고, 가부장적 질서의 존중, 사회적 악에 대한 적극적 저항의 결여 등이 그것이다. 이러한 태도의 원인은 당시 사회체제가 그러한 관념을 중심으로 작동되는 사회였기 때문이고, 또 교화의 영향 때문이기도 하다. 개인은 그런 사회를 떠나서 살 수 없었다. 아니, 그런 체제를 부정하기도 쉽지 않았을 것이다. 사회가 인간의 의식을 규정하기 때문이기도 하지만, 그 체제를 부정하거나 벗어나는 것 자체가 강력한 금기로 작동했기 때문이다. 이 점은 민주의식이 싹트기 이전의 우리 현대사에서도 찾아볼 수 있다. 지금도 비록 표현의 자유가 보장되긴 했어도 '자유민주주의'라는 간판을 거부하는 사람은 거의 없다. 그 순간 그 사람은 좌경분자나 빨갱이로 낙인찍힌다. 금기는 여전히 작동된다. 그리고 아직도 이전의 냉전적 이데올로기에 갇혀 자신들의 행동이 본인의 사회적 처지와 어긋나는 사람들도 많다. 일정한 체제 속에서 교육이나 교화로 주입된 관념의 관성이 사람을 이렇게 만들 수 있다는 점을 새삼 확인시켜 주는 대목이다.

다음으로 민중들은 체제 유지를 위한 이데올로기를 받아들이지만, 사회적 시스템이 그 이데올로기화된 사상의 본질적 측면에서 제대로 작동되기를 바라고 있다는 점이다. 대신 체제 자체의 문제는 보지 못한다. 이 점은 '콩쥐 팥쥐'에서 두드러지게 보이는데, 개인이나 사회적 악행이 제도 자체가 갖고 있는 문제나 불합리에서 비롯함을 보는 것이 아니라, 개인이나 집단의 이기적 탐욕으로만 보고 그것을 징치함으로써 해결하려는 것이다. 다시 말하면 가정 내에서의 문제는 가장의 올바른 역할에 기대고, 사회적으로는 관장(官長)이 민본을 위한 책무를 다해 주기를 바란다는 것이다. 그러니까 사회적 제도나 관습을 바꾸기보다는 그 본래의 기능을 제대로 해주기를 바란다는 것이다. 대신 악행을 저지른 당사자의 냉혹한 응징을 요구하고 있다.

그리고 악인의 응징이나 악의 세력에 대한 도피 의식도 체제 내의 사유의 틀 속에서 가능한 것이었다. '여우누이', '콩쥐 팥쥐', '해와 달이 된 오누이'에서 보이는 바와 같이, 가부장에 대한 순종적인 여성이나 불법(佛法)과 관련된 스님을 통하여 여우를 징치하고, 가부장의 역할을 하는 감사(원님)를 통해서 팥쥐를 응징하며, 신앙적인 하늘을 통하여 호랑이를 심판하지, 주인공 스스로 직접 나서지 않는다. 그것은 전통사회에서 개인이 그것을 할 위치에 있지 않고 그럴 능력이 없음을 뜻한다. 즉, 당시의 민중은 그들 자신을 위한 세력으로 성숙하지 못했음을 반증한다. 비록 과거에 민중운동이 있었지만 성공을 거두지 못했고, 최근에 와서야 시민단체의 결성과 민주화의 덕택에 겨우 시민세력이 성장하고 있으나 정치적 역할이 답보상태인 점을 감안한다면, 전통사회의 민중의 저항이 미약한 점은 충분히 이해된다.

대신 타력에 의한 문제해결의 염원이 엿보인다. 일종의 신이나 구세주와 같은 역할을 하는 인물에 의한 문제해결을 기다린다. '여우누이'와 '해와 달이 된 오누이'나 '콩쥐 팥쥐', 그리고 부분적으로는 '나무꾼과 선녀'에서도 보인다. 기독교의 모태가 되는 유대교의 전통이나 메시아 사상도 그런 점이 강하다. 이 점은 고대사회의 인간들이 갖는 보편적인 현상이다. 이는 민중 스스로의 권력과 정부를 가져보지 못한, 또는 그럴 능력도 없는 상황에서 당연한 것일지도 모른다. 멀리까지 돌아볼 필요도 없다. 사실 오늘날의 민중들도 이러한 경향을 가지고 있다. 아직도 우리나라 사람들 가운데는 대통령이 바뀌면 세상이 확 달라질 것이라고 순진하게 믿는 사람들이 많다. 그러면서 가련하게도 자신들의 행동이 자신들의 삶을 개선시키는 데 역작용을 한다는 것을 깨닫는 사람들은 그리 많지 않다.

또 계속되는 교육(교화)에 의하여 지배층의 관념은 그대로 민중에게 체화된다. 그 관념이 제도화된 것이라면 더욱 문제 삼지 못한다. 그 관념이 어떻든 간에 거기에서 벗어나는 것은 악행이나 잘못된 것으로 본다. 금기다. 이 점은 '여우누이'와 '콩쥐 팥쥐' 그리고 '나무꾼과 선녀'에서 보이는데, 특히 남녀의 성역할과 혼인에 대한 관념은 철저하게 고수되며, 한 집안에서 남아를 선호하는 것도 철칙으로 받아들여진다. 이것은 교화의 효과와 함께 그러한 관념이 제도로서 작동되었기 때문이다. 다른 대안은 인정되지 않는다. 특히 '여우누이'에서는 딸을 선호하는 것이 집안을 망치게 하는 근본이라고 단정 짓는다. 우리는 여기서 일본의 우익 집단이나 한국의 일부 특정 집단이 왜 역사 교과서 문제를 집요하게 물고 늘어지는지를 확인할 수 있다. 비록 거짓된 역사지만 제도교육을 통해 주입시키면, 다수가 아니면 비록 일부 사람들이라도 왜곡된 역사가 진실이라고 믿게 되고, 그럼으로써 자신들의 정치적 목적을 달성할 수 있기 때문이다. 바로 이들도 민중의 이러한 특징을 잘 이해하고 있다는 것을 반증한다.

잘못된 교육에 대한 혼란은 이 시대에서 끝내야 하지 않을까?

한편 민중들이 현실의 문제를 극복하기 위한 새로운 관념을 창출한다는 것은 쉬운 일이 아니다. 이야기를 전승한 민중들은 대다수가 글도 모르며 무식하다. 시대적 문제의 본질을 이해하고 그것을 극복할 안목이 없기 때문이다. 네 이야기에 공통적으로 적용되는 문제다. '여우누이'에서는 긍정적 여성상이 발견되지 않는다. 반면에 무가(巫歌) 같은 데서 오히려 적극적인 여성이 등장하는데, 이 점은 여기서 다룰 문제는 아니다. 또 '해와 달이 된 오누이'에서는 도피만 했지 호랑이에게 창의적으로 저항하는 모습(기껏해야 나무 위로 도망가는 것뿐)을 보여주지 못했고, '콩쥐 팥쥐'에서는 가부장제의 문제점을 지적하고 그것을 극복하는 사회구조에 대한 담론이 없으며, '나무꾼과 선녀'에서는 선녀의 가치, 곧 여성 주도적인 행복한 혼인생활이 부각되지 않고 나무꾼의 적극적인 활약상이 보이지 않는다. 아마도 이는 당시 사회가 너무나 획일적인 가치로 유지되었고, 새로운 세계의 경험으로부터 차단되었기 때문이리라.

다음으로 민중이 세계에 대한 관념을 발생하는 경우는 염원 속에서나 하늘에 탄원하는 경우다. 비록 그것이 이론적인 것은 아니지만 그 단초를 열어주고 있다. 가령 '콩쥐 팥쥐'에서 콩쥐를 돕는 동물의 등장은 하늘이 자신(콩쥐)을 돕는 것, 다시 말해 윤리적으로 자신의 행동이 정당하고 보호받아야 한다는 것이다. 그리고 사회적 악에 대한 응징의 염원은 현실적 힘에 대항하는 당위의 표출로 인정된다. '해와 달이 된 오누이'의 경우도, 현실적 악과 그 악을 피하려는 과정에서 윤리적 당위성을 도출할 수 있는 길을 터놓고 있다. 그것은 윤리적으로 하자가 없는 자가 승리한다는 점을 말하고 있고, 무엇이 옳고 그르냐 하는 점에서 새로운 관념을 창출할 수 있다. 물론 기존 관념 속에서 찾기도 하겠지만 말이다. 이 점은 이른바 맹자에 있어서 인간을 금수와 구별 짓는 것 가운데 하나인 선험적 도덕의식, 곧 시비지심(是非之心)을 매개로 현실의 부조리와 악의 세력에 대하여 대항하는 것으로서, 인간사회가 이른바 경쟁이나 약육강식의 논리로만 설명되는 것이 아님을 보여주고 있다. 즉 현실적 힘에 대한 대응 논리가 당위의 논리이며, 여기서 그 출발의 단초를 보여준다.

끝으로 어떤 철학적 관념의 단초가 사건을 통해 표출되기도 한다. '나무꾼과 선녀'의 경우, 인간이 그리는 낙원이란 결국 인간 욕망의 이상화라든지, 인간적 존재가 낙원을 염원하지만 그런 욕망이 가득 찬 존재로서 인간은 결국 낙원에 들어갈 수 없다는 것, 또 인간은 누구나 근원적으로 기만하는 존재라는 것 등이다.

지금까지 민담 자료를 통하여 과거의 민중의 특징을 정리해 보았다. 민담 역시 역사적 산물이므로 시대적 가치와 의식을 반영하고 있다. 우리의 과거가 일제의 식민지로 줄달음친 데는 외적인 요인도 크지만, 일부 계층의 토지 및 권력 독점과 이로 인한 민족적 에너지의 불필요한 소모와 고갈, 다양한 사회와 가치를 지향하지 못한 폐쇄성도 한몫했다. 민담은 그것을 일정하게 반영하고 있다. 그래서 과거 민중들의 태도는 오늘날의 민중(시민)들과 많은 차이를 보인다. 그러나 여전히 몇 가지 점에서 유사성을 나타낸다. 우선 현 체제에 강한 집착을 가지고 있으며 그것을 벗어나는 것을 금기로 여기고, 제도의 틀을 벗어나 대안적 사유를 하기가 힘들다는 점, 이데올로기적 관념을 쉽게 수용하고 거기에 세뇌된다는 점, 세력을 조직화하는 데 어려움을 겪는다는 점, 현실적 힘에 대항하는 유일한 무기는 도덕적 당위뿐이라는 점 등이다. 마치 촛불집회에서 촛불이 그걸 말해 주듯 말이다.

이제 글을 마치려니 옛 민중의 위상과 관련해서 이런 생각이 문득 떠오른다. 대한민국은 민주공화국이다. 주권이 국민에게 있으니 국민이 주인이다. 국민이 주인이니 그들을 민중이라 말하기도 힘들다. 그러나 주인인 국민의 다수가 본질적으로 과거의 민중처럼 생활하면서 여전히 행복하지 않다면, 국민에게 문제가 있다. 혹 지금의 다수 국민들은 과거의 민중적 의식과 행동에 묶여 있지는 않은지, 우매함으로 인하여 주인 노릇 제대로 못하는 것 아닌지, 주인 노릇 포기하고 노예근성으로 메시아만 넋 놓고 기다리는 것은 아닌지, 아니면 시장지상주의 이데올로기에 찌들어 돈 벌려고 경쟁하면서 아귀다툼만 하고 있지는 않은지 걱정된다. 그런데 작금 촛불 들고 벌 떼처럼 모이니 그 또한 틀린 상상인지 모를 일이다.

이상으로 몇 가지 민담에서 발견되는 민중의 특징을 나열해 보았다. 필자의 우둔함으로 겨우 이 정도밖에 밝혀 내지 못했으니, 남의 비웃음만이라도 면할지 모르겠다. 미진한 점은 차후의 과제로 남겨 둔다.

참고문헌

원전자료

『大學』
『論語』
『孟子』
『中庸』
『詩經』
『書經』
『周易』
『禮記』
『春秋左傳』
『荀子』
『道德經』
『列子』
『太極圖說』
『小學』
『聖書』
『三綱行實圖』
『大東野乘』
『增補文獻備考』

『大明律』

王夫之,『讀四書大全說』

崔漢綺,『氣測體義』

崔漢綺,『氣學』

중요자료

任晳載全集 3,『韓國口傳說話』, 평민사, 1999.

任晳載全集 4,『韓國口傳說話』, 평민사, 1995.

任晳載全集 6,『韓國口傳說話』, 평민사, 2003.

任晳載全集 7,『韓國口傳說話』, 평민사, 2003.

任晳載全集 8,『韓國口傳說話』, 평민사, 1991.

任晳載全集 10,『韓國口傳說話』, 평민사, 1996.

한국학중앙연구소(http://yoksa.aks.ac.kr/) 편,『한국구비문학 대계』, 디지털 도서관자료, 1979-2002.

서정오,『우리 옛이야기 백 가지』1·2, 현암사, 2007.

임동권,『한국의 민담』, 서문문고 031, 1996.

창비아동문고,『한국전래동화집』(전집), 창작과비평사, 1993.

단행본

강명관,『조선의 뒷골목 풍경』, 푸른역사, 2004.

고미숙,『열하길기, 웃음과 역설의 유쾌한 시공간』, 그린비, 2005.

고혜경,『선녀는 왜 나무꾼을 떠났을까』, 한겨레출판, 2006.

김용덕 엮음,『김교수가 들려주는 불교 이야기』, 부름이, 2004.

민경배,『한국기독교회사』, 대한기독교서회, 1975.

박노자,『나를 배반한 역사』, 인물과사상사, 2003.

박영호,『진리의 사람 다석 류영모』(상), 두레, 2001.

박용순,『숨겨진 우리의 옛이야기』, 박우사, 2001.

박희병 선주, 『한국한문소설』, 한샘, 1995.

서대석 외, 『한국인의 삶과 구비문학』, 집문당, 2002.

손종흠, 『다시 읽는 한국신화』, Human & Books, 2004.

신동흔, 『살아 있는 우리 신화』, 한겨레출판, 2006.

신병주·노대환, 『고전소설 속 역사여행』, 돌베개, 2006.

안병주, 『유교의 민본사상』, 성균관대학교 대동문화연구원, 1987.

왕부지, 왕부지사상연구회 옮김, 『왕부지 大學을 논하다』, 소나무, 2005.

이승환, 『유교 담론의 지형학』, 푸른숲, 2004.

이재룡, 『조선 예의 사상에서 법의 통치까지』, 예문서원, 1995.

이종란, 『전래동화 속의 철학』 3권, 철학과현실사, 2005

이현주, 『호랑이를 뒤집어라』, 생활성서, 1999.

장덕순 외, 『구비문학개설』, 일조각, 2006.

조선총독부 편, 권혁래 역저, 『조선동화집』, 집문당, 2003.

조현설, 『우리 신화의 수수께끼』, 한겨레출판, 2006.

최창모, 『금기의 수수께끼』, 한길사, 2003.

최운식, 『한국인의 삶과 죽음』, 한울, 1997.

최인학, 『구전설화연구』, 새문사, 1994.

하지현, 『전래동화 속의 비밀코드』, 살림, 2005.

한국철학사상연구회 논전사분과 엮음, 『현대중국의 모색』, 동녘, 1992.

데. 체렌소드놈 편저, 이안나 옮김, 『몽골의 설화』, 문학과지성사, 2007.

로버트 단턴, 조한욱 옮김, 『고양이 대학살』, 문학과지성사, 1996.

리처드 도킨스, 홍영남 옮김, 『이기적 유전자』, 을유문화사, 2005.

리처드 도킨스, 이한음 옮김, 『만들어진 신』, 김영사, 2007.

에드워드 사이드, 박홍규 옮김, 『오리엔탈리즘』, 교보문고, 2004.

논문

강진옥, 「변신설화에 나타난 여우의 형상과 의미」, 『고전문학연구』, 1994.

권혁래, 「조선총독부 편 『조선동화집』(1924)의 성격과 의의」, 『동화와 번역』, 건국대학교 동화와번역연구소, 2003.

김귀석, 「고소설에 등장한 계모 연구」, 『전통문화연구』 4, 조선대학교 전통문화연구소, 1996.

김대숙, 「나무꾼과 선녀 설화의 민담적 성격과 주제에 관한 연구」, 『국어국문학』, 2004.

김정기, 「자본주의 열강의 이권침탈 연구」, 『역사비평』, 1990년 겨울

노제운, 「한국 전래동화의 심층 의미 분석: 정신분석적 접근」, 고려대학교 대학원 박사학위논문, 2003.

노제운, 「해와 달이 된 오누이에 나타난 변형된 모성, 나르시시즘적 욕망」, 『어문논집』 제47집, 2003.

박정세, 「설화의 전래동화 개작의 문제점 연구: '해와 달이 된 오누이'를 중심으로」, 『한남어문학』 제29집, 2005.

박정세, 「'해와 달이 된 오누이' 민담에 투영된 역사적 현실과 민중의 희망」, 『신학사상』 94호, 한국신학연구소, 1996.

배원룡, 「나무꾼과 선녀 설화의 연구」, 성균관대학교 대학원 박사학위논문, 1991.

배원룡, 「나무꾼과 선녀 설화에 나타난 가족의식 연구」, 『한국민속학보』, 1994.

서은아, 「나무꾼과 선녀의 인물 갈등 연구」, 서울여자대학교 대학원 박사학위논문, 2004.

신태수, 「나무꾼과 선녀 설화의 신화적 성격」, 『어문학』, 2005.

염희경, 「'해와 달이 된 오누이'에 나타난 호랑이상: 설화와 전래동화 비교를 중심으로」, 『동화와 번역』, 2003.

오윤선, 「'콩쥐 팥쥐' 이야기에 대한 고찰: 당대 연구자들의 국어관을 중심으로」, 『어문논집』, 2000.

유병일, 「한국 서사문학의 재생화소 연구」, 동아대학교 대학원 박사학위논문, 1993.

이도희, 「한국민담 '여우누이'의 분석심리학적 해석」, 『심성연구』 21, 2006.

이원수, 「콩쥐 팥쥐 연구의 경과와 전망」, 『어문학』, 한국어문학회, 1997.

이윤경, 「계모형 고소설 연구: 계모설화와의 관련성을 중심으로」, 성신여자대학교 대학원 박사학위논문, 2004.

이종란, 「최한기 윤리사상 연구」, 성균관대학교 대학원 박사학위논문, 1997.

이종란, 「朴殷植의 儒敎求新論과 孔子觀」, 『孔子學』 第3號, 韓國孔子學會, 1998.

이종란, 「초등학교 도덕교육과 동양윤리」, 『동양철학연구』 제47집, 2006.

이종서, 「전통적 계모관의 형성과정과 그 의미」, 『역사와 현실』 제51권, 2004.

이호주, 「일월설화와 복수설화 연구: 분석심리학의 관점에서」, 『어문논집』 28권, 1989.

장덕순, 「신데렐라와 콩쥐팥쥐」, 『국어국문학』 제16권, 국어국문학회, 1957.

장효현, 「18세기 문체반정에서의 소설 논의」, 『한국한문학연구』 15집, 한국한문학연구회, 1992

정상진, 「계모형 설화의 전승 및 서사양상과 의미」, 『외대어문논집』 18집, 부산외국어대학교 어문학연구소, 2003.

전신재, 「나무꾼과 선녀의 변이 양상」, 『강원문화연구』, 1999.

전영태, 「나무꾼과 선녀에 대한 통합적 해석」, 『선청어문』, 2005.

차기벽, 「한국 민족주의와 기독교」, 『한국근대화와 기독교』, 숭실대학교 부설 한국기독교문화연구소 편, 1992.

최운식, 「나무꾼과 선녀 설화의 고찰」, 『청람어문학』, 1988.

한완상, 「한국교회의 양적 성장과 교인들의 가치관」, 『한국근대화와 기독교』, 숭실대학교 부설 한국기독교문화연구소 편, 1992.

허성애, 「해와 달이 된 오누이 설화의 구조와 의미」, 『청람어문학』 13권, 1995.

찾아보기

450

이종란(李鍾蘭)

서울교육대학교를 졸업하고, 성균관대학교 대학원에서 한국철학을 전공하여 박사학위를 받았다. 한국방송대학교, 한국체육대학교, 성균관대학교에 출강하였으며, 현재 서울등현초등학교 교사로 재직 중이다.

주요 저서로는 『전래동화 속의 철학 1-5』, 『이야기 속의 논리와 철학』, 『청소년을 위한 철학논술』 등이 있고, 철학동화로 『최한기가 들려주는 기학 이야기』, 『주희가 들려주는 성리학 이야기』, 『이이가 들려주는 이통기국 이야기』, 『왕수인이 들려주는 양지 이야기』, 『정약용이 들려주는 경학 이야기』, 『박지원이 들려주는 이용후생 이야기』, 『신채호가 들려주는 자강론 이야기』, 『성인이 되려면』, 『물 흐르듯 살아라』와 한국철학 이야기인 『한국철학 스케치』(공저) 등이 있으며, 번역서로는 『주희의 철학』(공역), 『왕부지 大學을 논하다』(공역) 등이 있다.

전래동화·민담의 철학적 이해

·

2008년 9월 20일 1판 1쇄 인쇄
2008년 9월 25일 1판 1쇄 발행

지은이 / 이 종 란
발행인 / 전 춘 호
발행처 / 철학과현실사
서울시 종로구 동숭동 1-45
TEL 579-5908 · 5909
등록 / 1987.12.15.제1-583호

ISBN 978-89-7775-674-8 03190
값 20,000원